中华优秀传统文化

六百篇·初级本

主编 任翔

北京师范大学出版集团
BEIJING NORMAL UNIVERSITY PUBLISHING GROUP
北京师范大学出版社

中华优秀传统文化六百篇·初级本

主编 任翔 副主编 姚守梅

编委 孙荻芬 吴东 黄甜甜

高杨 陈昕

⊙本书为教育部哲学社会科学研究重大委托项目"中国阅读文化建设的战略与策略研究"（17JZDW03）、国家语委"十三五"科研规划重点项目"中华优秀传统文化教育的目标、内容及实施策略研究"（ZD1135-83）及北京市教育科学"十四五"规划优先关注项目"中华优秀传统文化融入课程体系研究"（CIEA22018）的研究成果。

前　言

　　中华优秀传统文化是中华民族语言习惯、文化传统、思想观念、情感认同的集中体现，凝聚着中华民族普遍认同和广泛接受的道德规范、思想品格和价值取向，具有极为丰富的思想内涵。加强中华优秀传统文化学习，是构建中华优秀传统文化传承体系，推动文化传承创新的重要途径。基于课题研究和充分调研，我们整体编写了"中华优秀传统文化六百篇"。本书旨在帮助国民特别是青少年通过有序、有效学习中华优秀传统文化，感知和领会优秀传统文化的思想内容美与语言形式美，提高传统文化的阅读能力、鉴赏能力和践行能力。为切实推动全民阅读文化经典、提升思想道德素养、实现新时代美好生活奠定基础。

　　本书编写原则有三：一是坚持学习者视角。依据学习者的认知特点和身心发展规律、语言文字演化和形成规律、传统文化创造性继承转化和创新性发展规律，由浅入深、由易到难、循序渐进地编排学习内容，充分尊重读者的不同阅读习惯和接受水平。二是坚持经典性原则。系统梳理了百余年语文教材传统文化选篇及历史和思政教材的传统文化内容，分析了近年中高考试题的传统文化内容，调查了我国台湾地区和日本的传统文化课程设置及教学状况，吸收了历史上影响深远的《昭明文选》《乐府诗集》《古文观止》《古文辞类纂》《经史百家杂钞》和《唐诗三百首》等，以及近年出版的多种传统文化读物的优长。基于历史考察、现实需求和统计分析，选取了流传久远、影响深广和新时代中国人特别是青少年必读可读的603篇(首/章)作品。三是坚持学以致用精神。引导学习者随时随地反复研读领悟，内化于心、外化于行，融于生活，融于工作，融于语言文字表达和做人做事，涵养文化气质，正所谓"腹有诗书气自华"，从而成为一个真正的文化人、文明人。

本书重点围绕中华优秀传统文化的思想理念、传统美德和人文精神三大内容展开，突出天人合一、自强不息、厚德载物、贵和尚中、家国情怀等主题。从经、史、子、集里选择文质兼美之作，注重选篇的思想性、审美性和可读性的统一，深入挖掘和阐发其中讲仁爱、重民本、守诚信、崇正义、尚和合、求大同的时代价值，以期全面而准确地帮助读者领悟中华文化的精髓和真谛。选篇上起先秦，下迄民国，涵括诗歌、辞赋、故事、语录、杂记、尺牍、碑铭、序跋、诏奏、论辩、杂说、哀祭以及小说、戏曲等主要体裁，多角度、多维度呈现中华优秀传统文化的思想道德之美和语言文字之美，以护文明之火种，传永续之文脉。

本书是我国历代优秀诗文的荟萃，是新时代中国人学习优秀传统文化的必读篇目。本书力求体现整体系统、分层分级、可学可用，科学呈现传统文化学习梯度，按照读者的接受能力，依次分为启蒙级、初级、中级和高级四个层级，相当于小学、初中、高中和大学分别应达到的阅读水平，对应这四个层级，整体编写启蒙本、初级本、中级本和高级本，形成中华优秀传统文化经典阅读体系。在总体设计上，以优秀传统文化学习为根本，以民族精神的薪火相传和爱国主义的牢固树立为核心，启发引领国民特别是青少年对传统文化由知识层面学习向能力提高、智慧增长和修为养成逐步提升。通过本书的学习，国民特别是青少年可以了解经典篇目、熟知经典篇目、读懂经典篇目，具备基本的传统文化阅读能力、鉴赏能力和践行能力。

本书选篇大体依据经、史、子、集的编排方式，择取经、史、子、集中的精粹，由浅入深分类编排。经、史、子的选篇自成序列，集部选篇涵括文章和文学两大类，这些选篇，分则自成序列，合则互为一体。以期使读者通过系统学习，形成良好的道德品质和行为习惯。

"经史子"编排。经、史、子的编排参考《三字经》记载的历代文人阅读经验，即由"孝经"（含《小学》）到"四书"再到"诸经""诸子"最后到"诸史"的学习序列。使读者从中感知蕴含在选篇中的道德规范、思想品格和价值取向，能正确处理个人与他人、个人与社会、个人与自然的关系，学会心存善念、理解他人、关心社会、尊重自然，形成乐于奉献的良好风尚，做一个高素养、讲文明、有爱心的中国人。

"集部"编排。一是文章编排。文章学习循序渐进，启蒙级主要学习蒙学经典，重点学习声律与属对，培养学习传统文化的兴趣和语感；初级主要学习杂记类文章，重点学习传统杂记类文章的文体结构、记叙方式及叙事、描写和抒情的技巧；中级主要学习传统实用类文章，重点学习实用类文章的文体结构、说明方式及说明、抒情和议论的技巧；高级主要学习传统论说类文章，重点学习论说类文章的文体结构、议论方式及议论、辩驳和解说的技巧。二是文学编排。文学学习整体系统，启蒙级主要学习浅易古诗词、神话故事、寓言故事和成语故事，初步了解传统节日、廿四节气及各类故事的基本知识和内容，体会汉语的音韵美和节律美；初级主要学习《诗经》、绝句律诗和笔记故事、历史故事、人物传记、山水游记及台阁名胜记，了解《诗经》、绝句律诗和杂记文的基本知识和内容，体会诗文的音律美和情感美；中级主要学习乐府（含古诗）、词曲和尺牍文、家书（含家训）、碑铭文、序跋文及古典小说，基本掌握乐府、词曲和实用文及古典小说的知识和内容，理解诗文的情感美和意境美；高级主要学习辞赋、古体诗和诏奏文、论辩文、杂说文、哀祭文、史传文及古典戏曲，掌握辞赋、古体诗和论说文及古典戏曲的知识和内容，把握诗文的意境美和哲理美。此外，各单元篇目除专门设计外，概以作者时代或成书先后为序。凡同一时代作者，按生卒年先后为序。如作者生卒年不详，则在题解里予以说明。另外，选篇以原篇目为题，如《报任安书》；若出自某书而原书未设置篇目，即以某书为题并注明选录情况，如《论语》二十九章。所选篇目全部出自权威版本。

本书以单元形式呈现，每本书设 9 个单元，共计 36 个单元，单元设置以文体为纲，以能力和素养为要，逐级螺旋上升。各单元均设计 3 个板块，分别为"导与引""文与解"和"思与行"，这 3 个板块前后关联，形成一体。

导与引。以简约的文字概述本单元的文体知识、选篇情况、学习方法及通过本单元学习应达到的能力和素养的目标。文体知识，简要阐述单元文体的发展历程及变化特点；选篇情况，明示本单元选篇的类型、数量及特色，便于学习者了解；学习方法，根据本单元选篇体裁，提出适合本单元的学习方法，便于操作。希望通过本单元学习，实现预期的能力目标和素养目标。

文与解。包括题解、选篇、注释和解读。题解，除启蒙本外，初级本、中级本和高级本均设有题解，简介作者生平、写作背景及篇题含义，力求要言不烦，言之有据，如在同一本书里出现多篇选文的同一作者，其生平简介安排在首次出现的题解里；选篇，精选历代流传的经典篇目，其中不少篇目曾入选百年中小学语文教材，已成为融入一代又一代中国人血脉里的文化基因；注释，解释字词句，标注疑难字及古今不同的读音，解释常用的文法、重要的句式和句子大意，包括历史典故、地理沿革、职官制度、各种称谓、文学流派和现象、重要人物和事件等，力求简明准确；解读，在精心研读选篇、历史文献及历代名家解读基础上，根据本书编写要求，深入浅出地阐释选篇的主要内容、文体结构和写作特色，深入发掘选篇的思想内涵及时代价值，便于读者更好地理解与接受。

思与行。为巩固提升单元学习效果，更好地体现知行合一理念，有效落实中华优秀传统文化传承目标，达到学以致用、学以成人的目的，本书在各单元后辟"思与行"栏目。具体涵括三个方面：一是记诵与积累。记诵与积累是中国传统教育的重要读书方法，整理本单元的名言佳句、成语、典故、对联等，以启发引导学习者的兴趣，日积月累，集腋成裘，为其读书作文奠基。二是熟读与精思。传统教育非常讲究读书与思考，熟读以精思为基础，精思以熟读为凭依，两者相互为用，互为表里。在熟读本单元选篇的基础上，围绕本单元内容设计问题，引发读者深入思考，准确领悟中华文化的要旨。三是学习与践行。学习是基础和前提，践行是学习的重点和关键，要以学促行，以行达信，实现学、行、信三者有机融合，力图体现课题研究中凝练、总结而成的"学行信教育模式"。从本单元里择取与优秀传统文化传承目标相契合的内容，特别是蕴含在选篇里的美德教育、劳动教育、审美教育、家庭教育等主题，以此设计问题，使学习者在日用而不觉中践行，养成自觉遵守学校守则、履行家庭义务、践行社会公德的习惯，从而树立坚定的理想信念，信守中国方式、信奉中国智慧、信仰中国精神。

为提高本书的审美品质，特精选中国绘画、书法等不同门类的 162 幅艺术作品作为插图，其中启蒙本 52 幅，初级本 40 幅，中级本 34 幅，高级本 36 幅。所选插图涵盖了不同题材，既有表现社会生活的人物画，又有表达思想观念的山水画，还有托物寄情的花鸟画，皆为中国绘画史上的杰作，代表了中国绘画艺术的高峰。而所选书法作品涵盖了楷书、行书、草书等不同形式，均有极高的思想内涵和艺术价值，表现了中国书法艺术的审美追求。这些作品原作多数收藏于海内外著名的博物馆、美术馆，是不可多得的艺术珍品。本书用此作插图，与所选名篇佳作相互映衬，既能调动读者的阅读激情，又能帮助读者通过插图更全面深入地理解诗文背后蕴含的深邃意旨，激活其生命力、影响力和感召力，开辟守正创新的新境界。

本书不但内容整体编排，封面也整体设计。四本书象征一年四季和人生四个阶段。四季颜色分别对应四本书。启蒙本用象征春季万物萌生的草绿色，初级本用象征夏季热烈奔放的朱红色，中级本用象征秋季沉稳大气的金黄色，高级本用象征冬天辽阔浑厚的月白色。春兰、夏竹、秋菊、冬梅是中国四季植物的代表，也是中国人普遍认同的文化人格的象征，表现了中国人对时间秩序和生命意义的深切感悟。春夏秋冬与梅兰竹菊交相辉映，四本书，四个季节，伴随人生四个阶段，让中华优秀传统文化学习演绎为人生的一篇和美乐章。

任　翔

2023 年元旦于北京师范大学

目　录

第一单元　诗　经

第二单元　绝　句

第三单元　律　诗

第四单元　笔记故事

第五单元　历史故事

第六单元　人物传记

第七单元　山水游记

第八单元　台阁名胜记

第九单元　四书精选

第一单元　诗　经

　　《诗经》是我国最早的一部诗歌总集，收录了从西周至春秋时期共三百零五首诗歌，是中国文学的源头。《诗经》包括风、雅、颂三部分内容。其中，"风"包含十五国风，"雅"包括大雅和小雅，"颂"包括周颂、鲁颂和商颂。在上古时代，诗、乐和舞原本是三位一体的，当时的诗都是可以吟唱的，各地的民歌即是"风"，宫廷宴飨或朝会时的乐歌即是"雅"，而宗庙祭祀的舞曲歌辞则是"颂"。虽然《诗经》的乐和舞已经失传，但是我们今天还是能够通过那些优美的诗文，感受到上古礼乐文化的盛美。

　　早在孔子生活的春秋时代，《诗经》就已经成为中国文化的重要经典。孔子说："诗三百，一言以蔽之，曰'思无邪'。"司马迁亦说："诗三百篇，大抵圣贤发愤之所为作也。"这说明《诗经》不只是文学经典，更是促进人向善至美、成全品格的文化经典。《诗经》在表现手法上，注重赋、比和兴等手法的应用。"赋"即铺陈直叙地表达所见所想；"比"即比喻，以彼物比此物；"兴"即联想，先言他物以引起所咏之词。《诗经》的语言形象生动，整体上以四言体诗为主，句内常见重言、双声和叠韵，章内往往押韵，篇内常用重章叠句的形式，富有结构美和音乐美。在思想旨趣上，既有对美好爱情和劳动生活的歌颂，也有对不合理社会现象的批判。

《诗经》内容丰富，俨然一幅幅周代社会生活的画卷。本单元从风、雅和颂三类诗歌中选取了极具代表性的 16 篇，其中有描写爱情与婚姻的《关雎》《汉广》《蒹葭》《子衿》《木瓜》，反映农耕等社会生活的《芣苢》《七月》，展现同仇敌忾、奋勇杀敌精神的《无衣》，诉说战争给普通百姓带来痛苦的《君子于役》《蓼莪》《采薇》，讽刺剥削者不劳而获的《伐檀》，描绘宫廷宴乐场面的《鹿鸣》，追述先祖功业、表达追思之情的《文王》《有瞽》《丰年》。

学习这些诗篇有多种方法。可以用诵读法，把握诗歌的节奏和韵律，欣赏重章叠唱的结构之美和音乐之美。例如，《秦风·蒹葭》三章结构对称，每章单独押韵，而且各章起始的"蒹葭苍苍""蒹葭萋萋""蒹葭采采"又变换用词，显得工整又不失灵动。也可以用研究法，注意诗中丰富而有趣的植物、动物、生活器具和礼乐器物，了解周代社会生活的方方面面。例如，《卫风·木瓜》中，古人给予玉器各种各样的美称，"琼琚""琼瑶""琼玖"等。还可以用观察法，感悟古代先民的勤劳勇敢，感受战争给普通民众带来的苦难。例如，《豳风·七月》所见四季不同的劳动，采桑、染绩、缝衣、狩猎、建房、酿酒、劳役、宴飨等，构成一幅幅社会风俗画。又如，《小雅·采薇》"昔我往矣，杨柳依依"以乐景衬哀情，显示出远役之人的无奈和辛酸。不断提升自己对《诗经》的感知能力和审美鉴赏能力。

文与解

周南·关雎

【题解】

　　《诗经》包括风、雅、颂三部分内容，《关雎》是十五国风之首《周南》的首篇，也是整个《诗经》的首篇。《关雎》描绘的是周代贵族青年的恋歌，孔子曾说，"《关雎》乐而不淫，哀而不伤"，恰当地道出了这首诗的诗意基调。"关雎"取自首句"关关雎鸠"中的二字。与国风大多数诗一样，《关雎》的作者已经无法考证，可能是民间人士。

关关雎鸠，在河之洲。①
窈窕淑女，君子好逑。②

参差荇菜，左右流之。③
窈窕淑女，寤寐求之。④

求之不得，寤寐思服。⑤
悠哉悠哉，辗转反侧。⑥

参差荇菜，左右采之。
窈窕淑女，琴瑟友之。⑦

参差荇菜，左右芼之。⑧
窈窕淑女，钟鼓乐之。

① 〔关关〕水鸟和鸣的声音。〔雎鸠〕一种水鸟，相传这种鸟情意专一。② 〔窈窕（yǎo tiǎo）〕纯洁美丽的样子。〔逑〕匹配，这里指求偶。 ③ 〔参差（cēn cī）〕长短不齐。〔荇（xìng）菜〕一种水生植物，叶子漂浮在水上，根茎可以食用。〔流〕采摘。 ④ 〔寤寐（wù mèi）〕寤，睡醒。寐，睡着。 ⑤ 〔思服〕思，发语词。服，思念。 ⑥ 〔辗转反侧〕翻来覆去，睡不着觉。 ⑦ 〔友〕亲爱。 ⑧ 〔芼（mào）〕采摘。

【解读】

《诗经》的国风部分包含十五国风，分别是《周南》《召南》《邶风》《鄘风》《卫风》《王风》《郑风》《齐风》《魏风》《唐风》《秦风》《陈风》《桧风》《曹风》《豳风》，共160篇。"周南"大概位于今天的河南西南部和湖北北部，"召南"位于周南以西，大概在今天的陕西南部到湖北西北部一带。也有人认为"南"指一种乐器，《周南》和《召南》的诗歌最初是"周"和"召"两地用"南"这种乐器演奏出的音乐来唱诵的。无论如何，《周南》和《召南》和其他十三国风一样，都是当时民间诗歌的代表，《关雎》就是周南之地的一首恋歌。现代诗人和学者闻一多曾概括这一篇说："女子采荇于河滨，君子见而悦之。"具体说来，这首诗写的是一个男青年爱慕、追求采荇菜的姑娘，并想象着迎娶她的热烈场面。在诗中，他反复倾诉着自己的思念之情，迫切向往着美好的婚姻。

欣赏《关雎》，首先要注意诗中"兴"这种修辞手法的运用。所谓"兴"，宋代朱熹的概括是"先言他物以引起所咏之辞"。在《关雎》诗中，雎鸠的关关和鸣之声恰当而且巧妙地引出下文的君子和淑女之间的爱恋，堪称"兴"手法运用的典范。其次全诗大量运用了重章叠句的手法，比如相同位置上的"左右流之""左右采之""左右芼之"，既有重复，又在重复之中变换用词，整体上不仅声韵和谐，而且显示出诗人用词的丰富和优美。

［明］唐寅《仕女图》

周南·芣苢

【题解】

和《关雎》《汉广》一样，《芣苢》也选自十五国风的《周南》。《芣苢》可能就是当时女子采摘车前草时随口吟唱的民歌。

采采芣苢，薄言采之。①
采采芣苢，薄言有之。②

采采芣苢，薄言掇之。③
采采芣苢，薄言捋之。④

采采芣苢，薄言袺之。⑤
采采芣苢，薄言襭之。⑥

【注释】

①［采采］反复采摘的样子。一说指植物茂盛的样子。［芣苢（fú yǐ）］车前草，古人认为这种草可以治疗不孕。［薄言］语助词。 ②［有］相对于前一句的"采"，这里表示已经采摘到。 ③［掇（duō）］拾取。 ④［捋（luō）］从茎上把籽抹下来。 ⑤［袺（jié）］用衣襟兜东西。 ⑥［襭（xié）］用衣襟的角系在腰带上兜东西。

【解读】

有一种说法认为劳动创造艺术，最典型的例子就是我们熟知的民间采茶歌，采茶的人情不自禁地唱起优美的歌儿。《芣苢》就相当于当时民间的采茶歌。全诗用"采采芣苢，薄言X之"的句式重复六次。第一章泛写"采"的过程，第二章具体写"采"的方式方法，第三章写"采"的收尾过程。三章中通过"采""有""掇""捋""袺""襭"等不同动作，生动描绘出采摘的不同过程和行为。

　　闻一多先生曾建议读这首诗的时候，"抓紧那节奏，然后合上眼睛，揣摩那是一个夏天，芣苢都结果子了，满山谷是采芣苢的妇女，满山谷响着歌声。"这提示我们阅读这首诗，要想象众人采摘的场景，要用心感受重章叠唱的表达效果。

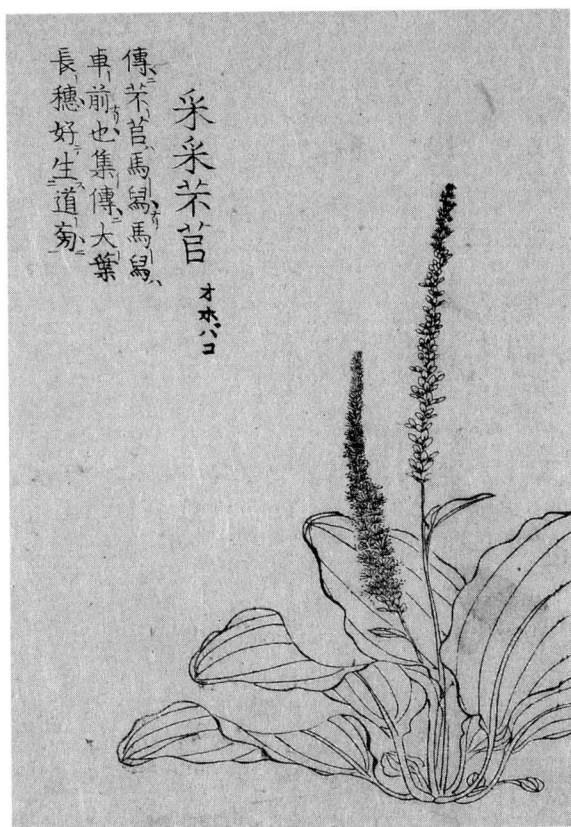

芣苢

周南·汉广

【题解】

和《关雎》一样,《汉广》选自《周南》。篇中反复出现的"汉之广矣"就是对汉江江面之宽的描写。《汉广》也是爱情诗,与《国风》大部分诗一样,具体作者已经不可考。从诗歌内容来分析,作者可能是思慕女子的那位男子。

南有乔木,不可休思。①

汉有游女,不可求思。②

汉之广矣,不可泳思。

江之永矣,不可方思。③

翘翘错薪,言刈其楚。④

之子于归,言秣其马。⑤

汉之广矣,不可泳思。

江之永矣,不可方思。

翘翘错薪,言刈其蒌。⑥

之子于归,言秣其驹。⑦

汉之广矣,不可泳思。

江之永矣,不可方思。

【注释】

①〔乔木〕高大的树木。〔休思〕休，休息。思，句末语助词，无义。下同。〔汉有游女〕汉水中有游玩的女子。 ②〔不可求思〕难以追求到。 ③〔永〕水流长。〔方〕乘筏过江。 ④〔翘翘〕高出的样子。〔错薪〕杂乱的树木。古代女子出嫁是傍晚，往往需要用柴薪之类来制作火炬。〔言〕句首语助词。一说相当于第一人称代词"我"。〔刈（yì）〕用镰刀等工具割。〔楚〕树枝，荆条。 ⑤〔之子于归〕女子将出嫁。归，古代指女子出嫁。〔秣（mò）〕用草料喂养牲口。⑥〔蒌〕蒌蒿，草本植物。 ⑦〔驹（jū）〕小马。

【解读】

不同于《木瓜》中男女双方的情意绵绵，《汉广》主要描述的是男方对女方单向度的思慕。第一章诗人先后用乔木之下难以安适和汉水难以渡过来做比喻，表达自己思慕女方而不得见的惆怅。第二章和第三章则是男子想象为迎新娘而制作火炬和喂马的场景。"汉之广矣，不可泳思。江之永矣，不可方思"作为每一章的末句，反复出现，将诗人那种惆怅而无奈的心情表达得淋漓尽致。

阅读这首诗，请反复吟诵，注意体会"汉之广"和"江之永"等句象征性地表达出的那种男子想见女方而不得见的怅惘，感受古人这种作诗手法的高超。

卫风·木瓜

【题解】

《木瓜》原是十五国风之一《卫风》中的一篇，《卫风》是反映卫地音乐风格的古诗。全诗描写的是男女之间通过互赠礼物表达对美好爱情的期望。因篇中第一个出现的礼物是"木瓜"，"木瓜"自然被选作篇名。诗的作者已经具体不可考，从诗歌的内容来看，本篇的作者极有可能是诗中那位男性青年。

> 投我以木瓜，报之以琼琚。①
> 匪报也，永以为好也！②
>
> 投我以木桃，报之以琼瑶。③
> 匪报也，永以为好也！
>
> 投我以木李，报之以琼玖。④
> 匪报也，永以为好也！

【注释】

①［木瓜］类似于梨的一种果实，有香气。古代风俗中，有以瓜果作为男女定情信物的。［报］回报，酬报。［琼琚（qióng jū）］美玉。琼，古代美玉的通称。琚，一种起装饰作用的佩玉。　②［匪］同"非"。匪报也，意思是"不仅仅是回报"。［好］相好。　③［木桃］果名，即楂（zhā）子，楂子似梨而酸涩。［琼瑶］美玉。　④［木李］李子。［玖（jiǔ）］佩玉。

【解读】

《诗序》认为《木瓜》是赞美齐桓公帮助卫国人复国的义举，这种观点早已经不为后人所赞同，南宋学者朱熹就直接说这首诗是"男女相赠答之词"，现代学者闻一多也认为这是定情之诗。木瓜是当时一种有瓜香、味道甜美的小瓜。桃和李可以单用，诗人为了追求三个词的对称，分别称之为"木桃"和"木李"。琼琚、琼瑶、琼玖都是美玉。这些甜美的瓜果、温润而且坚实的玉石，象征了男女双方对忠贞爱情的向往。

全诗三章的结构完全对称，每一章的前两句只是变换了"瓜""桃""李"和"琚""瑶""玖"这些礼物，后两句完全相同，整体上结构整齐而且紧凑。三章之间，回环叠唱，表达出男女双方缠绵的情意。请在诵读中，仔细体会全诗结构安排的妙处。

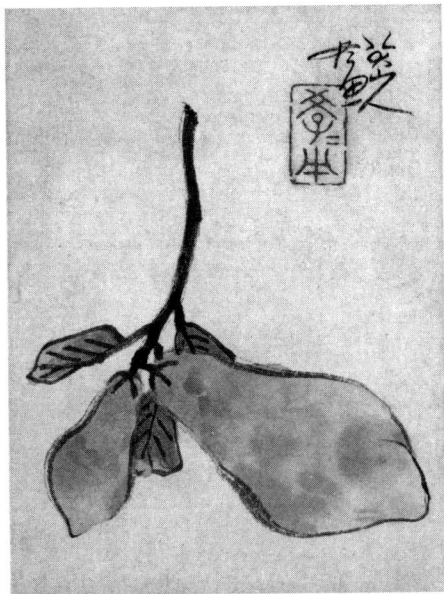

［清］八大山人《木瓜图》

王风·君子于役

【题解】

《君子于役》选自十五国风的《王风》，《王风》收录的是西周末年、东周初年周平王东迁洛阳之后当地的诗歌。不同于《无衣》描写士兵同仇敌忾的精神，《君子于役》有较强的反战思想，展示了战争给普通家庭生活带来的悲苦。

君子于役，不知其期。曷至哉?①

鸡栖于埘，日之夕矣，羊牛下来。②

君子于役，如之何勿思?③

君子于役，不日不月，曷其有佸?④

鸡栖于桀，日之夕矣，羊牛下括。⑤

君子于役，苟无饥渴。⑥

【注释】

①〔君子于役〕男子前去服役。〔期〕归期。〔曷至〕什么时候归来。曷，同"何"。 ②〔埘（shí）〕泥土砌的鸡窝。一说是在墙壁上挖洞做成的鸡窝。〔夕〕傍晚。〔羊牛下来〕牛羊从山坡等放牧处回到圈里。 ③〔如之何勿思〕怎么会不思念呢？ ④〔不日不月〕没有定期。〔佸（huó）〕相会，相见。 ⑤〔桀（jié）〕木头做的鸡窝。〔括（kuò）〕归来。 ⑥〔苟无饥渴〕怎么会没有挨受饥渴。一说指如饥如渴地想家。

【解读】

　　《君子于役》主要描写的是留守家中的妻子对在外服役丈夫的思念，间接表现出当时频繁的战争给普通家庭带来的苦难。全诗由两章组成，每章结构基本对称，每一章分为三层，分别表达思念、感怀和挂念的主题。以第一章为例，"君子于役，不知其期，曷至哉"表达的是淡淡的思念之情；而"鸡栖于埘，日之夕矣，羊牛下来"，如同一幅画面，描绘出妻子在落日余晖下，看见羊牛下山归圈，不免内心感伤，更加思念在外服役的丈夫；最后一句"君子于役，如之何勿思"再次强调对丈夫的挂念。

　　欣赏这首诗，要特别注意每章的第二句以景起兴，情景交融。日暮、羊牛下山、鸡栖，平平常常的景和物恰如其分地烘托出妻子对丈夫的思念和牵挂，情中有景，景中有情。

郑风·子衿

【题解】

　　《子衿》原是《郑风》中的一篇，《郑风》是反映郑地音乐风格的古诗。诗的作者已经不可考。按照现存最早给《诗经》作注的毛亨的观点，"子衿"指的是学子的衣领，后人也常常用"子衿"来代指学子。

青青子衿，悠悠我心。①

纵我不往，子宁不嗣音？②

青青子佩，悠悠我思。③

纵我不往，子宁不来？

挑兮达兮，在城阙兮。④

一日不见，如三月兮。

【注释】

　　①〔子衿（jīn）〕子，对男子的美称。衿，衣领。〔悠悠〕忧思不断的样子。②〔纵〕纵然，纵使，即便。〔宁〕难道。〔嗣（sì）音〕寄传音讯。嗣，寄送，传来。　③〔佩〕古代贵族身上的佩玉。　④〔挑兮达兮〕来回走动着。兮，语助词。〔城阙（què）〕城门边的角楼。

【解读】

　　战国秦汉时期，存在一种专门解读《诗经》每一篇诗旨的文献，叫作《诗序》。《诗序》认为"《子衿》，刺学校废也。乱世则学校不修焉"。即是说《子衿》是在讽刺当时的教育事业陷入荒废的状态。这种观点已经不为后人所赞同，与《关雎》《蒹葭》一样，《子衿》可能也是一首爱情诗。第一章说"青青子衿，悠悠我心"，表达出女子对年轻学子的爱慕。诗人特地用学子的衣着"子衿"来代指学子。"纵我不往，子宁不嗣音"，既有对学子有所回应的期望，也带有一丝哀怨。第二章的结构与第一章大体相同，只是变换了用词，以求错落有致的效果。"青青子佩，悠悠我思"，改用"子佩"来代指学子。"纵我不往，子宁不来"，表达出对情人前来的深切期望。随着女子心理的变化，第三章一上来就用"挑"和"达"传递出女子主动走上城楼踮起脚尖期盼情人的殷切之情。"一日不见，如三月兮"将女子的思念之情推向了高潮。

全诗在内容上层层递进，将女子思念男子的心理描绘得生动形象。在章法上，整齐又不失变化有致。特别是前两章八句，前后对称，变换用词，节奏紧凑。此外，"青青""悠悠"等叠词的使用，也表达出绵长的诗蕴。

魏风·伐檀

【题解】

《伐檀》选自《魏风》，《魏风》收录的是魏地音乐风格的诗歌。一般认为，《伐檀》是一首当时的劳动者讽刺权贵阶层不劳而获的诗歌。

坎坎①伐檀②兮，置之河之干③兮。河水清且涟猗④。不稼不穑⑤，胡⑥取禾三百廛⑦兮？不狩不猎，胡瞻⑧尔庭有县貆⑨兮？彼君子兮，不素餐⑩兮！

坎坎伐辐⑪兮，置之河之侧⑫兮。河水清且直⑬猗。不稼不穑，胡取禾三百亿⑭兮？不狩不猎，胡瞻尔庭有县特⑮兮？彼君子兮，不素食⑯兮！

坎坎伐轮⑰兮，置之河之漘⑱兮。河水清且沦⑲猗。不稼不穑，胡取禾三百囷⑳兮？不狩不猎，胡瞻尔庭有县鹑㉑兮？彼君子兮，不素飧㉒兮！

【注释】

①［坎坎］伐木声。 ②［伐檀］伐木。檀，一种质地坚硬的木材。 ③［置（zhì）之河之干］放在河的岸边。置，放。 ④［涟猗（lián yī）］风吹水面形成的波纹。猗，语助词。 ⑤［不稼不穑（sè）］指的是剥削者不参加劳动，不劳而获。稼，耕种。穑，收获。 ⑥［胡］同"何"，为什么。 ⑦［廛（chán）］百亩。 ⑧［瞻］仰望。 ⑨［县貆（huán）］悬挂的貆。县，同"悬"，悬挂。貆，动物名，小貉。 ⑩［素餐］白吃饭。素，白，空。这里的"君子"可能指前文那些辛苦伐檀的人。 ⑪［辐］车轮的辐条。 ⑫［侧］河边。 ⑬［直］直的

波纹。 ⑭［亿］周代十万为一亿，这里是形容收获庄稼之多。 ⑮［特］四岁
野兽。 ⑯［食］餐饭。 ⑰［轮］车轮。 ⑱［漘（chún）］水边。 ⑲［沦
（lún）］水面微波。 ⑳［囷（qūn）］圆形的粮仓。 ㉑［鹑］鹌鹑。 ㉒［飧
（sūn）］熟食，与上文的"餐""食"对应。

【解读】

《诗序》认为《伐檀》的诗歌主旨是"刺贪也。在位贪鄙，无功而
食禄，君子不得进仕尔"。意思是当时的权贵阶层靠着对中下层人民的
剥削，不劳而获，占据高位，导致有贤德的君子无法晋升。这大体符
合诗意。全诗分为三章，每章九句，章与章结构对称，文意相似。每
一章都是先写砍伐檀木制造车轮的劳动场景，再写对剥削者的责问，
最后表达对剥削者的讽刺和愤怒。

《伐檀》是《诗经》中运用重章叠句和变换用词的手法最丰富最成
熟的诗之一。学习这首诗，要注意反复吟咏，体会其用词的精妙、领
略其音律的和谐。

秦风·蒹葭

【题解】

　　《蒹葭》原是《秦风》中的一篇，《秦风》是反映秦地音乐风格的古诗。篇名"蒹葭"取自诗歌首句的前二字，诗的作者已经不可考。前人称这一首诗是国风"第一篇缥缈文字"，全诗的主旨古往今来有多种看法，读者可以有自己的解读。

蒹葭苍苍，白露为霜。①
所谓伊人，在水一方。②
溯洄从之，道阻且长。③
溯游从之，宛在水中央。④

蒹葭萋萋，白露未晞。⑤
所谓伊人，在水之湄。⑥
溯洄从之，道阻且跻。⑦
溯游从之，宛在水中坻。⑧

蒹葭采采，白露未已。⑨
所谓伊人，在水之涘。⑩
溯洄从之，道阻且右。⑪
溯游从之，宛在水中沚。⑫

【注释】

①［蒹葭］芦苇。［苍苍］茂盛的样子。 ②［伊人］那人。 ③［溯洄］逆着河向上游游去。［从］追寻。［阻］险阻。 ④［溯游］顺着河向下游游去。［宛］仿佛、好像。 ⑤［萋萋（qī）］茂盛的样子。［晞（xī）］干。 ⑥［湄（méi）］岸边。 ⑦［跻（jī）］高起。这里指道路上有山丘不易攀登。 ⑧［坻（chí）］水中的高地。 ⑨［采采］众多的样子。［未已］未止，没有消退。 ⑩［涘（sì）］水边。 ⑪［右］路途多弯道。 ⑫［沚（zhǐ）］水中小洲。

【解读】

《蒹葭》是一首描写追求意中人而不得的爱情诗篇。全诗意境缥缈，开篇即以秋日的蒹葭和白露来起兴，诗人踏上了寻找意中人的漫漫路途，道路的险阻又暗示着找寻的不易，衬托出求而不得的惆怅。而"所谓伊人"究竟是谁，是男是女，似乎无法确定，这恰恰给读者留下了丰富的想象空间，无怪乎有人认为这是爱情诗篇，也有人认为是写君王渴望求贤的诗。

这首诗将暮秋之景与人物惆怅的相思感情融合在一起，创造了一个恍惚迷离的凄美意境。章法结构上，采用重章复沓的手法，写出了白露从凝霜到融化再到逐渐干涸的过程，表现了随时间推移诗人上下求索的情状，一唱三叹，感人至深。

秦风·无衣

【题解】

　　和《蒹葭》一样，《无衣》也选自十五国风的《秦风》。因为《国风》大部分是周代王廷的官员从各地采风而得，其具体作者已经不可考，《无衣》可能就是秦地军队中流传的一首表示士兵同仇敌忾的战歌。

　　　　　　岂曰无衣？与子同袍。①
　　　　　　王于兴师，修我戈矛，与子同仇！②

　　　　　　岂曰无衣？与子同泽。③
　　　　　　王于兴师，修我矛戟，与子偕作！④

　　　　　　岂曰无衣？与子同裳。⑤
　　　　　　王于兴师，修我甲兵，与子偕行！⑥

【注释】

　　①〔岂曰无衣？与子同袍〕谁说"我"没有衣服穿？（你们穿袍，）我与你们一同穿袍。言外之意是我不能上战场，与你们一同战斗；要是我能上战场，一定与你们一同穿袍、穿泽和穿裳，团结协作，同仇敌忾。袍，长衣。　②〔于〕语助词。〔兴师〕出兵打仗。〔同仇〕面对共同的敌人，同仇敌忾。　③〔泽〕贴身的内衣。　④〔戟（jǐ）〕合戈与矛为一体的长柄兵器。〔作〕兴起，行动。　⑤〔裳（cháng）〕下衣。　⑥〔甲兵〕铠甲和兵器。

【解读】

　　《无衣》表现的是秦国普通士兵同袍同衣、同仇敌忾的协作精神。全诗分为三章，每章五句，章章之间结构对称。前两句讲战友之间同袍同衣、同心同德的团结精神；后三句写每当战争来临，修整兵器，共同迎敌的豪迈精神。东周以后，秦国的国力和军力逐渐强大，最终统一了六国。有人认为《无衣》有"吞六国气象"，连唐人所写的《出塞》都不能及《无衣》展示出的"英壮迈往"。

　　学习这种重章叠句的诗，要注意在重复之中的差异，注意差异背后的意思变化。《无衣》每章第二句先后用到"袍""泽""裳"，分别系外衣、内衣和下衣，从外到内，从上到下，一层一层地推进，表现出战友之间亲密协作的团结精神。

秦兵马俑·坐姿御官俑

豳风·七月

【题解】

　　《七月》选自十五国风的《豳风》，《豳风》收录的是豳地音乐风格的民歌。《诗经》中超过三四章、篇幅较长的诗并不多见，《七月》是其中之一。全诗呈现了一年四季的物候和人们的劳动生活，成为了解当时民俗不可多得的珍贵材料。

　　七月流火①，九月授衣②。一之日觱发③，二之日栗烈④。无衣无褐⑤，何以卒岁⑥？三之日于耜⑦，四之日举趾⑧。同我妇子，馌彼南亩⑨，田畯至喜⑩。

　　七月流火，九月授衣。春日载阳⑪，有鸣仓庚⑫。女执懿筐⑬，遵彼微行⑭，爰求柔桑。春日迟迟，采蘩祁祁⑮。女心伤悲，殆及公子同归⑯。

　　七月流火，八月萑苇⑰。蚕月条桑⑱，取彼斧斨⑲，以伐远扬⑳，猗彼女桑㉑。七月鸣鵙㉒，八月载绩㉓。载玄载黄，我朱孔阳㉔，为公子裳。

　　四月秀葽㉕，五月鸣蜩㉖。八月其获，十月陨蘀㉗。一之日于貉，取彼狐狸，为公子裘。二之日其同㉘，载缵武功㉙。言私其豵㉚，献豜于公㉛。

　　五月斯螽动股㉜，六月莎鸡振羽㉝。七月在野，八月在宇，九月在户，十月蟋蟀入我床下。穹窒熏鼠㉞，塞向墐户㉟。嗟我妇子，曰为改岁㊱，入此室处。

　　六月食郁及薁㊲，七月亨葵及菽㊳。八月剥枣，十月获稻。为此春酒，以介眉寿㊴。七月食瓜，八月断壶㊵，九月叔苴㊶。采荼薪樗㊷，食我农夫。

九月筑场圃，十月纳禾稼。黍稷重穋㊸，禾麻菽麦。嗟我农夫，我稼既同，上入执宫功㊹。昼尔于茅㊺，宵尔索绹㊻，亟其乘屋㊼，其始播百谷。

二之日凿冰冲冲㊽，三之日纳于凌阴㊾。四之日其蚤㊿，献羔祭韭。九月肃霜51，十月涤场52。朋酒斯飨53，曰杀羔羊，跻彼公堂54，称彼兕觥55，万寿无疆！

【注释】

① [七月流火] 指的是七月黄昏时火星已经偏西沉下去。七月，夏历七月。火，星宿的名称，又称大火。　② [授衣] 妇女缝制冬衣。　③ [一之日觱（bì）发（bō）] 十一月冷风劲吹。一之日，周历一月，夏历十一月。依次类推，二之日即夏历十二月，三之日即夏历正月，四之日即夏历二月。觱发，大风触物声。　④ [栗（lì）烈] 寒气太盛。　⑤ [褐（hè）] 粗布衣。　⑥ [卒岁] 终岁，年底。　⑦ [于耜（sì）] 整修、修理农具。耜，古代的一种农具，装在犁上，用于翻土。　⑧ [举趾] 抬足，这里指下地种田。　⑨ [馌（yè）彼南亩] 往田里送饭。南亩，南边的田地。　⑩ [田畯（jùn）至喜] 农官来了，请吃酒菜。田畯，掌管农业的官员。喜，请吃酒菜。　⑪ [载阳] 天气开始暖和。载，开始。　⑫ [有鸣仓庚] 黄莺鸣叫。有，词头没有实际意义。仓庚，俗称黄莺。　⑬ [懿（yì）筐] 深筐。　⑭ [遵彼微行（háng）] 沿着小路走。微行，小路。　⑮ [采蘩（fán）祁祁] 采白蒿者众多。蘩，白蒿。祁祁，人多的样子。　⑯ [殆及公子同归] 怕被女子带去陪嫁。归，女子出嫁。　⑰ [萑（huán）苇] 芦苇。　⑱ [蚕月条桑] 夏历三月修剪桑枝。蚕月，养蚕的月份，即夏历三月。条，修剪。　⑲ [斧斨（qiāng）] 泛指各种斧子。装柄处圆孔的叫斧，方形孔的叫斨。　⑳ [远扬] 这里指向上长的长枝条。　㉑ [猗（yǐ）彼女桑] 用手攀引桑枝从而摘取嫩叶。猗，攀折。女桑，嫩桑。　㉒ [鵙（jú）] 伯劳鸟。　㉓ [绩] 织麻布。　㉔ [孔阳] 非常鲜艳。　㉕ [秀葽（yāo）] 秀是草木结的籽，葽是草名，俗称远志。　㉖ [蜩（tiáo）] 蝉，知了。　㉗ [陨萚（tuò）] 植物枝叶凋落。　㉘ [同] 会合。　㉙ [缵（zuǎn）] 继续。[武功] 指打猎。　㉚ [言私其豵（zōng）] 小的猎物归私人所有。言，语助词。私，私人占有。豵，一岁的野猪。　㉛ [豣（jiān）] 三

岁的野猪。 ㉜［斯螽（zhōng）动股］蚱蜢弹动双腿发出鸣叫声。斯螽，蚱蜢。㉝［莎鸡］虫名，俗称纺织娘。 ㉞［穹窒］堵塞鼠洞。 ㉟［塞向墐（jìn）户］堵住朝北的窗，用泥涂抹门缝。向，朝北的窗。 ㊱［改岁］除岁。 ㊲［郁及薁（yù）］郁李和野葡萄。 ㊳［亨葵及菽］煮食葵菜和豆类。亨，同“烹”。葵，蔬菜名，滑菜。菽，豆。 ㊴［以介眉寿］意思是为主人求长寿。介，求取。眉寿，长寿，人老眉间有毫毛，叫秀眉，所以长寿称眉寿。 ㊵［壶］同“瓠”，葫芦。 ㊶［叔苴（jū）］拾起秋麻籽。叔，采收，拾取。 ㊷［采荼（tú）薪樗（chū）］采摘苦菜又砍柴。荼，苦菜。薪樗，砍臭椿树作柴。 ㊸［重（tóng）穋（lù）］重，即“穜”，晚熟作物。穋，即“稑”，早熟作物。 ㊹［上入执宫功］还要为官家修建宫室。上，同“尚”，尚且，还要。宫功，修建宫室。 ㊺［于茅］前去割取茅草。于，前往。 ㊻［索绹（táo）］搓绳子。 ㊼［亟（jí）其乘屋］急忙爬上屋顶去修理。亟，急忙。 ㊽［冲冲］用力敲冰的声音。 ㊾［凌阴］冰室。 ㊿［蚤］同“早”，即早祭，一种祭祖仪式。 (51)［肃霜］降霜。(52)［涤场］打扫场院。 (53)［朋酒斯飨（xiǎng）］意思是用两樽美酒敬宾客。朋酒，两樽酒。飨，同“享”，享用。 (54)［跻（jī）彼公堂］登上主人的庙堂。跻，登上。 (55)［称彼兕觥（sì gōng）］举起酒器。兕觥，古代用犀牛角做的酒器。

【解读】

《七月》反映了周人一年四季的劳动生活，涉及衣食住行各个方面，它的作者当是豳地常年劳作，有丰富的农业知识和劳动经验的人。诗作以十二月为序，从各个侧面展示了当时社会的风俗画。全诗围绕时令物候和农事活动展开，可分为八章。第一章总括从冬至春的基本活动。第二、第三、第四和第五章分别写采桑、蚕织、制衣和冬猎等活动。第六和第七章写秋收、为冬季储存食物和房屋维修等事项。第八章写年终的宴饮和祭祀活动。正如清代学者姚际恒评价的那样，“凡春耕、秋收、冬藏、采桑、染绩、缝衣、狩猎、建房、酿酒、劳役、宴飨，无所不写”。

学习这首诗，一方面，可以带着探究的眼光，多去了解当时的民俗习惯，看看哪些民俗习惯值得我们今人学习和继承；另一方面，诗中的许多手法也值得我们学习，特别是诗中看似平淡的叙事中也巧妙地加入多处抒情，如"春日迟迟，采蘩祁祁。女心伤悲，殆及公子同归"一句，既有安详的劳动画面，也有女子因为可能被作为陪嫁女而离开家乡的担忧。此类高超的手法仍然值得我们在写作时参考。

［宋］马和之《豳风图》（局部）

小雅·鹿鸣

【题解】

《诗经》风、雅、颂三部分中的"雅"包括大雅和小雅，一般认为大雅和小雅最初都是宫廷音乐，二者只有音乐风格的差别。收入《诗经》中大雅和小雅部分的诗，就是当时宫廷音乐相应的歌词。《鹿鸣》是《诗经·小雅》的第一篇诗，描绘的是贵族在宴会上招待宾客的场景。

> 呦呦鹿鸣，食野之苹。我有嘉宾，鼓瑟吹笙。①
> 吹笙鼓簧，承筐是将。人之好我，示我周行。②
>
> 呦呦鹿鸣，食野之蒿。我有嘉宾，德音孔昭。③
> 视民不恌，君子是则是效。我有旨酒，嘉宾式燕以敖。④
>
> 呦呦鹿鸣，食野之芩。我有嘉宾，鼓瑟鼓琴。⑤
> 鼓瑟鼓琴，和乐且湛。我有旨酒，以燕乐嘉宾之心。⑥

【注释】

①〔呦呦（yōu）〕鹿的叫声。〔苹〕草名，即四叶菜，田字草。〔瑟〕一种中国传统的弹拨乐器，外形类似筝但略宽。〔笙（shēng）〕一种中国传统的簧管乐器。 ②〔簧（huáng）〕本来指笙中用以发声的片状振动体，这里也代指乐器笙。〔承筐是将〕指的是向宾客奉上礼品。承，捧着。筐，装有缯帛的筐。将，献上。〔好〕关爱。〔示我周行〕向我指示道路。 ③〔蒿（hāo）〕青蒿。〔德音孔

昭〕美德显明。德音，美德。孔昭，非常显明。　④〔视民不恌（tiāo）〕意思是为人楷模不奸巧。视，同"示"。恌，同"佻"，轻薄，奸巧。〔是则是效〕作为典范和榜样。则，典范。效，可效仿榜样。〔旨酒〕美酒。〔式燕以敖〕欢宴游玩。式，语气词，无义。燕，同"宴"，宴乐。以，而。敖，同"遨"，游玩。　⑤〔芩（qín）〕甘草，属蒿类植物。　⑥〔和乐且湛（dān）〕和乐而且快活。湛，同"耽"，长久地沉浸在快乐中。

【解读】

《毛诗序》中说《鹿鸣》是描述某位周王宴群臣的诗，这种说法大体上符合《鹿鸣》的原意。全诗分为三章，第一章描绘宴会伊始奏乐的场面，第二章重点描绘宴会上宾主饮酒尽欢的场景，第三章描绘宴会高潮时的音乐演奏，以"和乐且湛"代表宴会的高潮。整首诗风格中和典雅，洋溢着一派祥和气象。

这首诗运用了"兴"的手法。古人认为野鹿和谐群居，当鹿发现野外的苹之后，往往会呼叫同伴共食。《鹿鸣》的"呦呦鹿鸣，食野之苹"正是以鹿鸣来起兴，引起君王对群臣的招待。类似的起兴手法在《诗经》中还有很多，阅读时可注意梳理。

《鹿鸣》本来是西周君王招待群臣和嘉宾仪式上所用的乐歌，表达出君王对嘉宾和贤才的喜爱之情。后世也常常用"鹿鸣"来指代科举考试。此外，科举的乡试结束后，州县长官宴请中举士子的宴会也被称作"鹿鸣宴"。

小雅·采薇

【题解】

《采薇》选自《诗经·小雅》，描述的是因为长期在外服役而思念家乡的伤感。从全诗的内容来看，作者应该是西周末年因为西北的玁狁入侵被迫参战的士兵。

采薇采薇①，薇亦作止②。曰归曰归，岁亦莫止③。靡室靡家④，玁狁之故⑤。不遑启居⑥，玁狁之故。

采薇采薇，薇亦柔止⑦。曰归曰归，心亦忧止。忧心烈烈⑧，载饥载渴。我戍未定⑨，靡使归聘⑩。

采薇采薇，薇亦刚止⑪。曰归曰归，岁亦阳止⑫。王事靡盬⑬，不遑启处⑭。忧心孔疚⑮，我行不来。

彼尔维何⑯？维常之华⑰。彼路斯何？君子之车。戎车既驾，四牡业业⑱。岂敢定居？一月三捷⑲。

驾彼四牡，四牡骙骙⑳。君子所依，小人所腓㉑。四牡翼翼㉒，象弭鱼服㉓。岂不日戒㉔，玁狁孔棘㉕。

昔我往矣，杨柳依依㉖。今我来思，雨雪霏霏㉗。行道迟迟㉘，载渴载饥㉙。我心伤悲，莫知我哀！

【注释】

①［采薇］采摘薇菜。当时的士兵为了充饥，不得不采摘路边的薇菜充饥。诗人这是以采薇来起兴。　②［薇亦作止］薇草新芽已经长出。作，生出。止，句末语助词。　③［岁亦莫止］一年的光景又到头了。莫，同"暮"，岁暮即岁终。　④［靡（mǐ）室靡家］无室无家。这里是说士兵征战在外，远离家乡，有家也好比无家。　⑤［玁（xiǎn）狁（yǔn）之故］玁狁的缘故。西周时期西北地区的玁狁部落常常侵略周人。　⑥［不遑启居］没有那么多闲暇去跪和坐。当时

28

的人们往往席地而坐，两膝着地、腰部挺直就是跪，臀部和脚跟相接就是坐。启，跪。居，坐。　⑦［柔］柔嫩。　⑧［烈烈］形容忧心如焚。　⑨［我戍未定］防守的地点不固定。　⑩［靡使归聘］没有使者代我回去问候家人。聘，访，这里指问候。　⑪［刚］坚硬，这里是形容薇草的根茎坚硬。　⑫［岁亦阳止］已经到了第二年温暖的春天。　⑬［靡盬（gǔ）］没有尽头。盬，止息。　⑭［启处］同上文的“启居”。　⑮［疚］伤痛。　⑯［彼尔维何］那是什么花开得盛？尔，同“薾”，花盛开的样子。　⑰［维常之华］棠棣之花开得盛，这是用常棣之花比喻军队车马装饰之盛。常，同“棠”。　⑱［四牡业业］驾车的四匹马高大强壮。牡，公马。业业，强壮的样子。　⑲［一月三捷］一个月有三次胜利，这是形容胜利之多。　⑳［骙（kuí）骙］强壮的样子。　㉑［腓（féi）］隐蔽。这里依和腓的对象是前面的四牡。　㉒［翼翼］行列整齐的样子。　㉓［象弭（mǐ）鱼服］象弭，用象牙装饰的弓。鱼服，用鱼皮做的箭袋。　㉔［岂不日戒］哪儿有一天不要戒备卫戍的。　㉕［孔棘］非常急切。棘，同“急”，紧急。　㉖［杨柳依依］杨柳随风飘拂的样子。　㉗［霏霏］雪飘落的样子。　㉘［迟迟］形容道路遥远。　㉙［载渴载饥］又渴又饥。

【解读】

　　关于《采薇》的写作背景和主旨，《史记·周本纪》郑重记载道“懿王之时，王室遂衰，诗人作刺”，这种说法大体符合诗中的内容。全诗分为六章，第一、第二、第三章都以新出的薇草来起兴，诗人不免想起自己又是一年有家而不能归的凄苦。第四、第五章既有对战斗多次取得胜利的欣慰，又有对疆场上战士困苦的慨叹。第六章以杨柳依依和雨雪霏霏的景物来烘托展示出征时和归家时的心境。

　　这首诗以景写情，富有形象性和感染力。正如明末清初大学者王夫之所评价的，“‘昔我往矣，杨柳依依。今我来思，雨雪霏霏’以乐景写哀，以哀景写乐，一倍增其哀乐”。

［明］戴进（传）《溪谷采薇图》

小雅·蓼莪

【题解】

《蓼莪》选自《诗经·小雅》，和《君子于役》一样属于控诉战争给人民带来苦难的诗篇。从全诗的内容看，作者极有可能是当时一个因为要服兵役，常年在外而无法向父母尽孝的人。

蓼蓼者莪，匪莪伊蒿。哀哀父母，生我劬劳。①

蓼蓼者莪，匪莪伊蔚。哀哀父母，生我劳瘁。②

瓶之罄矣，维罍之耻。鲜民之生，不如死之久矣。③
无父何怙？无母何恃？出则衔恤，入则靡至。④

父兮生我，母兮鞠我，拊我畜我，长我育我。⑤
顾我复我，出入腹我。欲报之德。昊天罔极！⑥

南山烈烈，飘风发发。民莫不穀，我独何害！⑦

南山律律，飘风弗弗。民莫不穀，我独不卒！⑧

【注释】

①［蓼（lù）蓼者莪（é）］又长又大的莪蒿。蓼，长大的样子。莪，一种蒿类，俗称抱娘蒿，常常抱根而生，古人认为这象征着子依母，诗人用莪来起兴。［匪莪伊蒿］不是莪蒿而是青蒿。匪，非。伊，却是。［哀哀］可怜。［劬（qú）劳］辛勤劳苦。　②［蔚］牡蒿，一种蒿类。［劳瘁］身体极度劳累。　③［瓶之

罄（qìng）］水瓶空荡荡。这里是以瓶之空比喻父母已逝。［维罍（léi）之耻］是罍的耻辱。罍，一种盛水的器物，这里是用罍比喻子女。［鲜民］孤子。　④［怙（hù）］依靠。［恃］依靠。［衔恤］怀忧。［靡至］无所归，无所依。　⑤［鞠］养育。［拊（fǔ）我畜（xù）我］抚摸我养育我。拊，同"抚"。畜，养育。⑥［顾我复我］照顾我挂念我。［腹］怀抱。［昊天罔极］天意无常。这是怨恨自己不能像一般人那样可以终养父母。　⑦［烈烈］山势峻险。［飘风发（bō）发］暴起之疾风。发发，迅疾。［民莫不穀（gǔ）］老百姓没有过得不好的。穀，善。［我独何害］唯独我遭遇失亲之苦。　⑧［律律］山势峻险。［弗弗］疾风的声音。［卒］终，这里指终养父母。

【解读】

　　《诗序》中说《蓼莪》表达的主旨是"民人劳苦，孝子不得终养"，这种说法大体上符合《蓼莪》的原意。全诗分为六章，第一章和第二章结构对称，内容上以"蓼蓼者莪，匪莪伊蒿"来起兴，感叹父母生育自己的劳苦。第三章以空瓶自喻，控诉战争是自己不能终养父母的根源。第四章生动地描绘父母生养自己的辛劳。第五章和第六章，将自己和别人对比，凸显自己生活的悲苦。

　　交替运用赋、比、兴的手法是这首诗的一大特色。三种表现手法运用灵活，前后呼应，回环往复，传达出孤子无尽的哀伤。此外，诗中用词生动形象，富有表现力，特别是第四章"生""鞠""拊""畜""长""育""顾""复""腹"九个动词，絮絮道来，如泣如诉。

　　这首诗在中国古代成了孝道文化的重要体现，产生了深远影响。西晋的王裒是古代二十四孝人物之一，相传他的父亲王仪被司马昭杀害，王裒在讲学的时候，每每读到"哀哀父母，生我劬劳"一句就会痛哭，他的学生们不得不废弃这篇不学。唐太宗李世民有次生日时，感叹父母已逝，再也不能承欢膝下，他引用"哀哀父母，生我劬劳"表达出深深的遗憾。

大雅·文王

【题解】

　　古代中国礼乐文明高度发达，古人发明了各种各样的祭祀仪式，针对不同的祭祀对象，会有不同规格的祭祀仪式。祭祀仪式既表达活着的人们对祖先和神灵的崇敬，也寄托对未来的种种期许。《诗经》中有多首描述祭祀的诗篇，《文王》是记述在周的宗庙中祭祀周文王的诗歌，篇名"文王"和《诗经》中许多篇一样，取自篇首二字。《文王》的原作者已经难以考证，不少学者认为极可能是周公这种参与周初建国等重大事件、有高度政治责任感的人，才能写出这种称颂文王，同时警诫后人的诗。

　　文王在上，於昭于天①。周虽旧邦，其命维新②。有周不显③，帝命不时④。文王陟降⑤，在帝左右⑥。

　　亹亹⑦文王，令闻不已⑧。陈锡哉周⑨，侯文王孙子⑩。文王孙子，本支百世⑪，凡周之士，不显亦世⑫。

　　世之不显⑬，厥犹翼翼⑭。思皇多士⑮，生此王国。王国克生⑯，维周之桢⑰。济济多士，文王以宁⑱。

　　穆穆文王，于缉熙敬止⑲。假哉天命⑳，有商孙子㉑。商之孙子，其丽不亿㉒。上帝既命，侯于周服㉓。

　　侯服于周㉔，天命靡常㉕。殷士肤敏㉖，祼将于京㉗。厥作祼将㉘，常服黼冔㉙。王之荩臣㉚，无念尔祖㉛。

　　无念尔祖，聿修厥德㉜。永言配命㉝，自求多福。殷之未丧师㉞，克配上帝。宜鉴于殷㉟，骏命不易㊱！

　　命之不易，无遏尔躬㊲。宣昭义问㊳，有虞殷自天㊴。上天之载㊵，无声无臭㊶。仪刑文王㊷，万邦作孚㊸。

【注释】

①〔於（wū）昭于天〕文王的英灵显耀在上。於，同"呜"，感叹词。昭，显耀。 ②〔其命维新〕周文王受命于天，取代商朝，建立新朝。维，语气助词，用于句中或句首。 ③〔不显〕十分显耀。不，同"丕"，大，非常。 ④〔帝命不（pī）时〕天命是美好的。不，同"丕"，大。时，同"是"，善，好。 ⑤〔文王陟（zhì）降〕文王的英灵在天上和人间之间升降。 ⑥〔在帝左右〕文王服侍在天帝左右。 ⑦〔亹（wěi）亹〕勤勉的样子。 ⑧〔令闻不已〕美好的声誉永远流传下去。令闻，美好的声誉。不已，不止。 ⑨〔陈锡哉周〕厚赐于周，建设周邦。陈，同"申"，重复，再次。锡，同"赐"。哉，同"载"，造。 ⑩〔侯文王孙子〕接受上帝赐予的是文王的子孙。侯，是，唯。 ⑪〔本支百世〕本宗和支系能传百代。 ⑫〔不显亦世〕世世代代显贵享荣光。不，同"丕"。亦，通"奕"，"奕世"即累世，世代。 ⑬〔世之不显〕世代的荣光。 ⑭〔厥犹翼翼〕那些臣下为王朝谋事恭敬勤勉。厥，他们，那些。 ⑮〔思皇多士〕如此多的俊杰之士。思，句首发语词。 ⑯〔王国克生〕王国有了这些贤能之士。 ⑰〔维周之桢〕是为周邦的栋梁。 ⑱〔文王以宁〕文王之国得以安宁。 ⑲〔于缉熙敬止〕啊，心地光明，恭敬谦慎。缉熙，光明。 ⑳〔假哉天命〕大哉天命。假，大。 ㉑〔有商孙子〕商的后代子孙。 ㉒〔其丽不亿〕其数字难以估量。丽，数目。不，语助词，无义。 ㉓〔侯于周服〕侯服于周。服，臣服。 ㉔〔侯服于周〕同上。 ㉕〔天命靡常〕天命无常。 ㉖〔殷士肤敏〕殷士努力帮助周人祭祀，一说这里的殷士指的是商纣王的兄弟微子。肤敏，勤勉，努力。 ㉗〔裸（guàn）将于京〕在周京举行灌祭之礼。裸，古代的一种祭礼，在神主面前铺白茅，把酒浇到茅上，像神在饮酒。将，举行。 ㉘〔厥作裸将〕殷士来助祭。厥，人称代词，代指前面的殷士。 ㉙〔常服黼（fǔ）冔（xǔ）〕仍然穿着殷商的礼服。黼冔，殷商的礼服。 ㉚〔王之荩（jìn）臣〕周王进用的以微子为代表的殷商大臣。 ㉛〔无念尔祖〕不要再怀念商人的先祖。 ㉜〔聿（yù）修厥德〕修其德行。聿，句首语气助词。 ㉝〔永言配命〕永远配命，意思是只有好的德行才能合于天命，才能永保天命。言，句中助词。 ㉞〔殷之未丧师〕和下一句"克配上帝"一起，意思是说殷商没有失去人心、丧失天命的时候，能够合配于天命。师，众。 ㉟〔宜鉴于殷〕应该吸取殷商的教训。 ㊱〔骏命不易〕"不易

骏命"的倒装，意思是不要轻慢天命。易，轻慢。　㊲〔无遏尔躬〕切勿将天命断送在你们身上。遏，停止，断绝。躬，身。　㊳〔宣昭义问〕发扬光大文王创下的周人美好声誉。昭，昭显。义，善。问，同"闻"。　㊴〔有虞殷自天〕而且要事事依照天命而为。有，同"又"，而且。虞，思虑，思考。殷，依从。　㊵〔上天之载〕上天的行为。　㊶〔无声无臭（xiù）〕没有声音，没有气味。　㊷〔仪刑文王〕好好效法文王。　㊸〔万邦作孚（fú）〕万邦就会信服臣服于周邦。孚，信服。

【解读】

这是一首歌颂周文王同时警示后人的诗歌。全诗分为七章：第一章歌颂文王承受天命、建立新朝；第二章写上苍降下天命到周邦，周邦子孙享有天命；第三章写周邦有贤能之士辅助周王保有天命；第四章和第五章警诫殷商后人不可违背天命去反对周人；第六章和第七章告诫周人要吸取殷商亡国的教训，效仿文王，时刻谦慎地遵从天命行事，才能使万邦臣服于周。周人忧患意识很强，明白只有努力修德，才能配享天命，永葆福禄。周人的忧患意识深深地影响并塑造了中华民族的精神品格。这种精神值得我们传承和发扬下去。

《文王》一诗在语言文字的表达上最大特色就是开创了"顶真格"的修辞手法，文中多次使用。如"假哉天命，有商孙子。商之孙子，其丽不亿"，前一句末尾的"商孙子"，下一句靠头又重复为"商之孙子"；又如"思皇多士，生此王国。王国克生，维周之桢"，前一句末尾的"王国"，下一句开头又重复出现。这种修辞手法最早可能是先民们口头传诵诗歌时为了串联上下句和便于记忆形成的习惯。将这种修辞手法运用到诗歌中，既能使前后诗意连贯，又能使诗句音韵和谐。

周颂·丰年

【题解】

　　古人在秋天丰收后，粮食堆满粮仓，就要举行仪式祭祀先祖或农神，感谢神灵的庇佑。《丰年》最初是秋天丰收后祭祀先祖时咏唱的诗歌，篇名"丰年"也是取自篇首二字。

丰年多黍多稌，①

亦有高廪，②

万亿及秭。③

为酒为醴，④

烝畀祖妣。⑤

以洽百礼，⑥

降福孔皆。⑦

【注释】

　　①［黍］五谷之一，小米。［稌（tú）］稻谷。　②［高廪（lǐn）］高大的粮仓。　③［万亿及秭（zǐ）］形容粮食之多。秭，十亿。　④［醴（lǐ）］一种甜酒。　⑤［烝（zhēng）畀（bì）祖妣（bǐ）］进献祖先。烝，献给。畀，给予。祖妣，男女祖先。　⑥［以洽百礼］在多个祭祀仪式上用酒搭配牲、玉和币帛等祭品去祭祀上天。洽，配合。　⑦［降福孔皆］（上天）降下众多嘉福。孔，很。皆，普遍。

【解读】

　　在上古社会，人类抵御自然灾害的能力弱，农业种植技术还不发达，在每年秋季，农业取得丰收是一件天大的喜事。每当此时，先民们会举行隆重的仪式去祭祀先祖或者农神，感谢在神灵保佑下，灾害减少，收成增多。在祭祀时，祭祀官会口诵祝辞，一来向神灵表示感谢，二来希望神灵能够继续保佑农民们来年取得丰收。周人很早就发展成了农耕民族，周人的始祖后稷被后人视作"五谷之神"。《丰年》就是西周时期周人丰收后祭祀先祖的一首颂歌。

有人认为"为酒为醴"是全诗的诗眼，前面三句在讲酿酒的原因，后面三句在讲酿酒的目的。全诗朴实无华，既没有"比""兴"手法的运用，也没有复杂的乐器、酒器和太多的祭品名称，通过简约的文字表达出古人丰收的喜悦和对祖先的崇敬。中国的农业起源很早，丰收一直是农民的期盼。时至当代，我国设置了"中国农民丰收节"，这是一个展示社会主义新时期农业发展成就的固定节日，在精神上也是对传统中国"以农为本"精神的传承。

周颂·有瞽

【题解】

《有瞽》是一篇描绘周代宗庙中大合诸乐祭祀祖先仪式的诗歌。篇名"有瞽"取自篇首的二字，在篇名中出现"瞽"这一表示乐工身份的名称，也凸显出当时礼乐制度的专业性和完备健全。《有瞽》的原作者极有可能是当时一位礼乐文化修养极高的史官或乐官。

> 有瞽有瞽，在周之庭。①
> 设业设虡，崇牙树羽。②
> 应田县鼓，鞉磬柷圉。③
> 既备乃奏，箫管备举。④
> 喤喤厥声，肃雝和鸣，先祖是听。⑤
> 我客戾止，永观厥成。⑥

【注释】

①〔有瞽（gǔ）〕有，词头，没有实际词义。瞽，盲人，这里指周代的盲人乐师。在周代，因为盲人一般听力和乐感较好，一些乐师由盲人担任。〔庭〕宗庙。在周之庭，即在周王室的宗庙。 ②〔设业设虡（jù）〕设，陈列。业，悬挂钟磬等乐器的架子上横着的大板，一般刻如齿状。虡，悬挂钟磬等乐器的架子上竖直的木架，有的呈现立人的形状。〔崇牙〕业上突出的木齿或木钉，用来悬挂乐器。〔树羽〕安插上五彩羽毛。树，安插。 ③〔应田县（xuán）鼓〕将大鼓、小鼓都安置在木架上。应，一种小的鼓。田，一种大的鼓。县：同"悬"，悬挂。〔鞉（táo）磬（qìng）柷（zhù）圉（yǔ）〕鞉，一种立鼓。磬，玉石制的板状打击乐器。柷，木制的打击乐器，音乐开始时乐师以手击柷。圉，即"敔"，一种打击乐器，状如伏虎，背上有锯齿，以木尺刮锯齿发声产生噪声，用来提醒音乐的停止。 ④〔既备〕上述各种乐器已经齐备。〔箫管〕乐器名。萧，竹制的排箫。

管，竹制的单管乐器。[备举]指箫和管齐全。　　⑤[喤喤厥声]乐声洪亮。厥，代词。[肃雍（yōng）]形容乐声的肃穆和顺。[先祖是听]先祖听见这些乐声。为了让最后的一字和前面的"庭""鸣"押韵，把"听"和"是"调换了位置。是，代词，这里指上述喤喤和肃雍的乐声。　　⑥[戾（lì）止]戾，到达。止，句末语气助词。[永观厥成]一直观赏了整个祭祀演奏过程。永，终，一直。成，整个演奏过程，这里也指整个祭祀过程。

【解读】

　　诗中先描述祭祀活动中乐师在宗庙庭院的站位，再写各种乐器的准备工作，然后是洪亮而且肃穆的乐声。古人相信这些肃穆悠远的声音，能让天上的祖先听见，并且能够打动他们的心灵。当祖先被乐声和祭祀品的气味感动之后，才可能长久地保佑在地上活着的子孙。

　　《有瞽》诗中所描绘乐器之多是《诗经》中少见的。打击乐器方面，既有应、田和鞉这些不同大小的鼓，有玉石制成的磬，还有提示音乐开始和结束的柷和圉。吹奏乐器方面，既有箫，也有管。此外，诗中对编钟的不同部分，如业、虡、崇牙的细节描绘，也是古代诗歌中罕有的。仔细诵读这首祭祖的诗，我们仿佛置身于真实的周代大型祭祖现场，听见了喤喤肃穆的音乐，感受到了古人祭祀时的庄敬，进而体会到当时礼乐文化的发达。

思与行

【记诵与积累】

◎关关雎鸠，在河之洲。窈窕淑女，君子好逑。（《周南·关雎》）

◎南有乔木，不可休思。汉有游女，不可求思。（《周南·汉广》）

◎投我以木桃，报之以琼瑶。匪报也，永以为好也！

（《卫风·木瓜》）

◎青青子衿，悠悠我心。纵我不往，子宁不嗣音？（《郑风·子衿》）

◎一日不见，如三月兮。（《郑风·子衿》）

◎蒹葭苍苍，白露为霜。所谓伊人，在水一方。（《秦风·蒹葭》）

◎岂曰无衣？与子同袍。王于兴师，修我戈矛，与子同仇！

（《秦风·无衣》）

◎七月流火，九月授衣。（《豳风·七月》）

◎春日载阳，有鸣仓庚。（《豳风·七月》）

◎七月在野，八月在宇，九月在户，十月蟋蟀入我床下。

（《豳风·七月》）

◎呦呦鹿鸣，食野之苹。我有嘉宾，鼓瑟吹笙。（《小雅·鹿鸣》）

◎昔我往矣，杨柳依依。今我来思，雨雪霏霏。行道迟迟，载渴载饥。我心伤悲，莫知我哀！　　　　（《小雅·采薇》）

◎哀哀父母，生我劬劳。（《小雅·蓼莪》）

◎哀哀父母，生我劳瘁。（《小雅·蓼莪》）

◎周虽旧邦，其命维新。（《大雅·文王》）

【熟读与精思】

本单元是对《诗经》代表性篇章的选取，其中不少篇章涉及周代社会生活中的事物名称，这些事物名称包括动植物的名称、车马不同部位名称、礼器和兵器的名称等。特别是其中的礼器，反映了上古的礼乐文化。例如，《诗经》所见的多种乐器，足见西周礼乐仪式上音乐的繁盛。本单元选文中，吹奏类的乐器就有笙（《小雅·鹿鸣》）、箫、管（《周颂·有瞽》），打击类乐器就有钟（《周南·关雎》）、鼓（《小雅·鹿鸣》）、鞉、磬、柷、圉（《周颂·有瞽》），拨弦类乐器有琴、瑟（《小雅·鹿鸣》）。请借助互联网等平台，搜集相关的文字、图片和视频资料，感受这些名物背后代表的传统文化。

【学习与践行】

中国素有礼仪之邦的美称，中国礼仪以周为最，中国古代一般推行周礼。当今社会中的许多礼仪和民俗都是从古代传承和发展而来，本单元所选诗歌中即包含一些传统的礼仪和民俗活动，比如《文王》中的祭祖仪式，《鹿鸣》中招待宾客的鼓瑟吹笙，《木瓜》中的礼物互赠。请结合自己了解的各种礼仪和民俗活动，想想哪些活动中还保存了传统文化的成分，又有哪些是现代人改进的。你认为这些仪式活动在当下社会还有哪些重要意义？

第二单元　绝　句

导与引

　　绝句是中国古典诗歌最短小的齐言诗体，又称截句、断句、绝诗，基本样式为五言和七言。此外还有六言绝句，但数量极少。绝句每首四句，于偶句用韵且一韵到底，作为歌诀即：句齐言，篇四句，偶句韵，韵不易。绝句的名称可能来自六朝文人的"联句"。据文献记载，六朝时期文人宴集，有联章作诗的风气，每人作四句五言，合成一首整诗，如果将各人所作的割断开来，单独成篇，就叫"一绝"。按照是否符合格律规则，绝句分为古绝（古体绝句）和律绝（近体绝句）。古绝较律绝产生更早，有平韵，有仄韵，句中的平仄不受律诗平仄规律的限制。律绝则要求押平声韵，句内平仄相间，联内平仄相对，联间平仄相粘。绝句从格式上有平起和仄起两种。平起指诗的首句第二字为平声，仄起指诗的首句第二字为仄声。

　　由于绝句篇幅短小，一首绝句最多只能使用 28 个字，所以必须对所要表达的内容进行精心提炼，必须依靠精巧的艺术构思表情达意。著名学者夏承焘先生讲诗，曾用"少，小，了；常，藏，长"六字概括绝句的特点。少，即时间短暂，画面干净；小，即常借细节、小事来表达主旨；了，即语言明白晓畅；常，即选用常见的、带有普遍性的题材和表现手法，即便是用典，也多选用熟典；藏，即含蓄、耐人寻味，言有尽而意无穷；长，即韵味悠长，余味绵长。此外，绝句节奏分明，顿挫有致，声律和谐，富于音乐美，自其兴起后相当长的一段时间里，是被采用来作为唱词的一种最主要的诗体，直至后来被配合燕乐歌唱的词所替代。

　　绝句源远流长，但在唐代之前尝试创作的诗人实属凤毛麟角。进入唐代，绝句陆续在诗人作品中出现，伴随着近体律诗的成熟，至唐玄宗时期，绝句在形式上已完成律化，在内容上一洗六朝绮丽诗风的铅华，视野开阔，气魄雄浑，佳作如林，名家辈出。出现了"七绝圣手"王昌龄，最能代表"盛唐气象"的李白，五绝七绝均有很高成就的王维，自出机杼、对后世诗歌创作影响深远的杜甫等著名诗人。到中晚唐，刘禹锡、白居易、杜牧、李商隐等也都是绝句高手。唐之后，历代均有绝句名作，但总体成就不及唐代。

　　本单元选取了 22 首绝句佳作，以唐代作品为主，兼及其他朝代。这些作品题材丰富，包括边塞战争、山水田园、咏史怀古、咏物抒怀、羁旅思乡、送别怀人等，风格多样，各具特色。阅读这些作品，要注意从全诗着眼，深入理解作品的思想感情，努力寻找书面文字转化为有声语言的内在依据，心悟口诵，感受绝句的声律美、语言美、情感美；要注意丰富语言积累，并尝试在具体情境中运用，以增强文化底蕴，借助联想和想象丰富情感体验，提升古典诗歌的阅读能力与鉴赏能力；还要用心体悟每首作品所蕴含的兴发感动的力量，传承中华优秀传统文化。如果有兴趣，还可以用从启蒙本中学到的声律知识，进行绝句创作。

文与解

宿建德江

孟浩然

【题解】

孟浩然（689—740），本名浩，字浩然，襄阳（今属湖北）人，世称孟襄阳。孟浩然生活在盛唐时期，早年也曾有志用世，但政治上困顿失意，终身未仕，过着隐士的生活，又被称为孟山人。其诗多写山水田园、隐逸、行旅等内容，与王维并称"王孟"，有《孟浩然集》传世。建德江，指新安江流经建德（今属浙江）西部的一段江水。

移舟泊烟渚，日暮客愁新。①
野旷天低树，江清月近人。②

【注释】

①〔烟渚（zhǔ）〕江中雾气笼罩的小沙洲。渚，水中小块陆地。〔新〕这里是添、增加的意思。 ②〔野旷〕辽阔的原野。野，原野。旷，空阔高远。

【解读】

这首诗属于平起，首句不入韵。诗作写客愁乡思，构思极为精巧。首句点题，次句写旅愁，是全诗的核心。"日暮"紧承上句移舟停泊之事、雾霭笼罩之景，"客愁新"又紧承"日暮"，写因"暮"添"愁"。三四句宕开，先写远景，再写近景，原野清旷，天低树远，江水澄澈，月影近人。对仗工稳，"低""近"二字准确传神，写出了诗人一刹那的直觉体验，显得极为真切。这两句诗是传颂古今的名句，在于其写景真切，更在于景中含情，那清丽而又苍茫寂寥的景色中弥漫着的，是诗人无限的愁绪。正如《唐诗笺注》中所言，对这两句诗，"人但赏其写景之妙，不知其即景而言旅情，有诗外味"。

［元］胡廷晖《春山泛舟》

出塞二首（其一）

王昌龄

【题解】

王昌龄（约698—约756），字少伯，京兆长安（今陕西西安）人，唐代诗人。他一生官位不高，曾多次遭贬，安史之乱时，惨遭亳州刺史闾丘晓杀害。王昌龄在开元、天宝年间，以诗名重一时，人称"诗家天子王江宁"，尤善七绝，被誉为"七绝圣手"。《出塞》是乐府旧题，多表现与边塞、战争有关的内容。王昌龄《出塞》诗共二首，为早年赴西域时所作，这里选的是第一首。

秦时明月汉时关，万里长征人未还。①

但使龙城飞将在，不教胡马度阴山。②

【注释】

①［"秦时"句］互文见义，意思是古往今来，明月始终朗照秦汉边关。②［但使］只要。［龙城飞将］指西汉名将李广。龙城即卢龙城，在今河北省喜峰口长城附近，据说李广曾在此练兵，勇猛善战，匈奴为之胆寒，称其为"汉之飞将军"。［胡马］匈奴骑兵。［阴山］昆仑山的北支，在今内蒙古自治区中部，汉代为防御匈奴的天然屏障。

【解读】

王昌龄作为盛唐边塞诗的代表诗人，"以其高亢激越的边塞诗和精粹优美的七言绝句，揭开了盛唐诗歌高潮的序幕，成为盛唐诗坛的先驱者和盛唐边塞诗派的奠基人之一"（《〈王昌龄集编年校注〉序》）。他的《从军行七首》《出塞二首》等作品流传甚广，影响深远。

这首《出塞》，平起首句入韵，押平水韵十五删韵，韵脚字分别为

"关""还""山"。诗人起笔便不同凡响，边塞诗中的常见意象"明月""关"之前加上时间限定词"秦""汉"，瞬间将一幅戍边的时空大幕拉开，给人以雄浑苍茫之感。林庚《唐诗综论》品论此句："这是历史的画面，又是历史的感情，前者如雕塑般地屹立于千古，后者乃流水般地迸出旋律，那力量全在这开门见山的第一句。"第二句接写征人未还，多少男儿战死疆场。"人未还"以"万里长征"修饰，愈显壮阔苍凉。三四句融抒情议论于一体，表达了对飞将军李广式的英雄的呼唤，虽有婉讽之意，但也昂扬豪迈，体现出一派"盛唐风骨"。全诗将丰富的意蕴熔铸于精短的篇幅中，悲壮浑成，具有深远的历史感和强烈的现实感，历代论者评价甚高。明杨慎编选唐诗，以此诗为唐绝第一，认为其"可入神品"；明代"后七子"之一的李攀龙也以此首为唐人绝句压卷之作。

［清］郭朝祚《征西图》（局部）

终南望余雪

祖　咏

【题解】

祖咏（699—约746），唐代诗人，洛阳人，唐开元十二年（724）进士，与王维交好。祖咏一生只短暂为官，渔樵终老，其诗多状景咏物，写隐逸生活。据《唐诗纪事》记载，这首《终南望余雪》是祖咏参加进士考试时所写，按当时的规定，应写六韵十二句，但他只写了两韵四句就交卷了，考官问为什么不把全篇写出，他回答说"意尽"，意思是要表达的意思都写完了。

终南阴岭秀，积雪浮云端。①
林表明霁色，城中增暮寒。②

【注释】

①［终南］即终南山，在今陕西省西安市南面。［阴岭］山的北面，因其背向太阳，所以称"阴岭"。　②［"林表"句］雪后，林梢上闪耀着晴光。霁色，雨雪停止，天色放晴。

【解读】

这首五言古绝是一首咏雪佳作。全诗句句从题目中的"望"字着眼，描写终南山的雪景和雪后增寒的感受。首句写从长安城中遥望终南山的整体印象，一个"秀"字，写出了严冬时节终南山的神采。次句写积雪的高厚，又显出了山的高峻。至此，题目中的"终南""望""雪"都写到了。三、四句则着力表现"余"。"霁色""暮寒"恰从眼前景色和人的主观感受两个角度状写了"余"字的精神。四句诗，将诗题的意思完满地表达出来，清新明朗，朴实自然。

鸟鸣涧

王　维

【题解】

王维（701—761），字摩诘，号摩诘居士。河东蒲州（今山西永济）人，祖籍山西祁县。唐代诗人、画家。于唐玄宗开元九年（721）中进士第，为官后曾多次遭贬，后官至尚书右丞，世称王右丞，晚年隐居辋川。著有《王右丞集》《画学秘诀》等。《鸟鸣涧》是王维题友人皇甫岳所居的云溪别墅所写组诗《皇甫岳云溪杂题五首》中的第一首。

人闲桂花落，夜静春山空。①
月出惊山鸟，时鸣春涧中。②

【注释】

①［春山］春天的山林。　②［惊］惊动，扰乱。［涧］山谷。

【解读】

这首诗写春山夜景。全诗紧扣一个"静"字着笔，从听觉角度写景，又以花落声、鸟鸣声反衬夜之静、山之空、月之明，取得了以动衬静的艺术效果，充满诗情画意。仔细推究，"闲"字方为这首诗的关键所在。闲，闲适、娴静、闲畅、娴雅，是诗人宁静恬淡胸怀的写照。人"闲"，方能"静观万物皆自得"，所谓"闲事闲情，妙以闲人领此闲趣"（黄叔灿《唐诗笺注》）。

从格律上看，王维这首诗的第一、第三、第四句都合律，第二句"夜静春山空"平仄为：仄仄平平平，结尾三个字都是平声，这种现象被称为三平尾或者三平调，出现这种平仄组合的诗都被认为是古体诗。因此，这首诗属于律化的古绝句。

别董大（其一）

高 适

【题解】

　　高适（700—765），字达夫，渤海蓨（今河北沧州）人，唐代边塞诗人。早年生活困顿，仕途失意，曾入塞，熟悉边塞生活。唐天宝八载（749），进士及第。任淮南节度使期间，讨伐永王李璘叛乱、安史叛军，解救睢阳之围。与岑参并称"高岑"，著有《高常侍集》。《别董大》是高适的组诗作品之第一首，为诗人与董大久别重逢，短暂相聚后又各奔他方的赠别之作。

　　　　千里黄云白日曛，北风吹雁雪纷纷。①
　　　　莫愁前路无知己，天下谁人不识君？②

【注释】

　　①〔曛（xūn）〕昏暗。　②〔知己〕彼此了解而情谊深切的人。〔谁人〕哪个人。

【解读】

　　这首七绝仄起平收，首句入韵。前两句由写景起笔，勾勒了送别时阔大而荒寒的环境氛围：北风呼啸、黄沙蔽日、白雪纷纷、断雁南飞。可以想见，在这样的情境下好友相别该是怎样一幅愁惨景象，更何况诗人此时的处境极为困顿不堪。《别董大》（其二）中就有这样的诗句："丈夫贫贱应未足，今日相逢无酒钱"。不料，诗的三四句却笔锋突转，"莫愁前路无知己，天下谁人不识君？"给予朋友的临别赠言格调豪迈，激昂慷慨，鼓舞人心，成为流传千古的名句。这首诗缘情写景，情感真挚爽朗，语言质朴刚劲，境界阔大高远，有盛唐气象。

李白绝句二首

【题解】

　　李白（701—762），字太白，号青莲居士，世称谪仙人，祖籍陇西成纪（今甘肃天水），出生于碎叶（今吉尔吉斯斯坦境内），幼时随父迁居绵州昌明县（今四川江油）青莲乡，唐代诗人。唐开元十二年（724）出蜀漫游。天宝元年（742），奉诏入京，供奉翰林，文章风采，名动一时。被世人誉为"诗仙"，与杜甫并称"李杜"，有《李太白集》传世。《望天门山》是李白赴江东途中行至天门山时所作，《黄鹤楼送孟浩然之广陵》大约作于开元十六年（728）。

望天门山

天门中断楚江开，碧水东流至此回。①
两岸青山相对出，孤帆一片日边来。

黄鹤楼送孟浩然之广陵

故人西辞黄鹤楼，烟花三月下扬州。②
孤帆远影碧空尽，唯见长江天际流。③

【注释】

　　①［天门］天门山，安徽省当涂县西南的东梁山（又称博望山）与西梁山（又称梁山）的合称，两山夹江而立，对峙如门，"天门"由此得名。［楚江］指长

江流经湖北、安徽的一段江水，因这一带古为楚地，故称"楚江"。［回］转。长江水原本向东流，到天门山转弯向北流去。　②［西辞］黄鹤楼在扬州之西，故称"西辞"。辞，离开。［黄鹤楼］故址在今湖北武汉市武昌蛇山的黄鹄矶上，临长江。传说三国时期的费祎于此登仙乘黄鹤而去，故称黄鹤楼。［烟花］指春天柳如烟、花似锦的美丽景色。　③［唯见］只见。

【解读】

　　《望天门山》是李白的写景名篇之一，意境开阔，气魄豪迈。诗歌平起，首句用韵，押"灰"韵，韵脚分别为开、回、来，音节和谐流畅，语言生动形象。全诗从"望"字着眼，从大处落笔，借山势写水势，借水势衬山势，描写了天门山的雄奇壮观和楚江水的奔流浩荡。"断""开""流""回""出""来"六个动词，使得山水景物充满跃动之势，再点染奔流的碧水、天边的红日、远来的帆影，一幅雄伟壮丽的江山画卷如在目前。

　　《黄鹤楼送孟浩然之广陵》是一首送别诗。前两句从字面看是紧扣题目，点出送别的地点、时令及友人所往之地，实则渲染了环境氛围，诗人淡淡的惆怅之情已弥漫在一派暮春烟景之中。后两句表面上是写景，实则蕴含着深深的别离之意、难舍之情，孤帆远影，乃目送，长江天际，乃心送，恰如唐汝询在《唐诗解》中所言："帆影尽则目力已极，江水长则离思无涯，怅望之情，俱在言外。"全诗用"尤"韵，舒缓幽远，与整首诗的意境、情感契合。

杜甫绝句二首

【题解】

杜甫（712—770），字子美，自号少陵野老，祖籍湖北襄阳，生于巩县（今河南巩义），唐代诗人。杜甫20岁后曾游历三晋、吴越、齐赵一带。天宝三载（744）在洛阳与李白相识、同游。天宝五载（746），心怀"致君尧舜上，再使风俗淳"的政治抱负，赴长安求仕。安史之乱爆发后，肃宗在甘肃灵武即位，杜甫赶往灵武，途中被叛军所俘，押至长安后逃出，至凤翔，谒见肃宗，官左拾遗，故世称杜拾遗。后弃官入蜀，筑草堂于成都浣花溪上。之后又被推荐为检校工部员外郎，后人又称杜工部。杜甫被世人尊为"诗圣"，有《杜工部集》传世。这两首绝句均作于唐代宗广德二年（764），当时杜甫居于成都草堂。

其一

迟日江山丽，春风花草香。①
泥融飞燕子，沙暖睡鸳鸯。②

其二

两个黄鹂鸣翠柳，一行白鹭上青天。③
窗含西岭千秋雪，门泊东吴万里船。④

【注释】

① ［迟日］《诗经·豳风·七月》有"春日迟迟"，后以"迟日"指春日。
② ［泥融］这里指泥土松软湿润。　③ ［黄鹂］黄莺。［白鹭］鹭鸶，羽毛纯白

色，善高飞。 ④［"窗含"句］意思是从窗中望去，西边山顶积雪常年不化的岷山好似嵌在窗框中。西岭，泛指岷山，在成都西郊，山顶积雪常年不化。［东吴］指今江苏、浙江一带，在古时属吴地。

【解读】

第一首绝句勾勒出一幅明丽的春日图景。首句从大处着笔，用一"丽"字点染"江山"，描绘了在初春阳光的照耀下，浣花溪一带绚丽明净的春景。第二句再以和煦的春风、芬芳的花草来渲染春光的明媚。三、四两句动静结合，春暖泥融，燕子翻飞，鸳鸯酣睡，画面生机勃勃，优美醉人。全诗格律严整，对仗工稳。

第二首绝句由近及远又由远及近勾勒出一幅明丽清新、开阔生动的图景，写法独特，一句一景：黄莺在翠柳上欢快地鸣叫，白鹭一行飞上碧蓝的晴空，积雪的岷山仿佛一幅嵌在窗上的风景画，浣花溪畔停泊着即将行程万里的航船。四景分开来如四扇条屏，合在一起又组成了一幅明丽清新的风景画。结尾句暗寓去蜀游吴之思。全诗格律精严，对仗工稳，着色鲜丽，动静结合，阔处思接千载，视通万里，细处精雕细琢，声形兼具，确是古代绝句中的典范之作。

这两首绝句作于同一时期，意境明丽，格调清新，表现了杜甫经历漂泊磨难后，在草堂暂得平静、安宁生活的闲适、喜悦情怀。

逢人京使

岑 参

【题解】

岑参（约715—770），祖籍南阳（今属河南），出生于江陵（今属湖北），太宗时功臣岑文本曾孙，唐代诗人，以边塞诗著称于世。他年幼丧父，家道中落，由兄长教养成人，读书极刻苦，30岁应举及第后，曾两次出塞，五入戎幕任幕僚多年。如此经历，使得岑参的边塞诗多描述亲眼所见的边塞风光，在盛唐边塞诗中别具一格，代表作有《白雪歌送武判官归京》等。玄宗天宝八载（749），安西节度使高仙芝奏调岑参为右威卫录事参军，充节度使府掌书记。此诗作于诗人赴安西（今新疆库车）上任途中。

故园东望路漫漫，双袖龙钟泪不干。①

马上相逢无纸笔，凭君传语报平安。②

【注释】

①［故园］指长安。［漫漫］形容路途十分遥远。［龙钟］涕泪横流的样子，这里是沾湿的意思。 ②［凭］托，烦，请。［传语］捎口信。

【解读】

这首绝句撷取了诗人远赴西域途中一个小小的但充满感情色彩的画面，表达了对故乡、亲人强烈的思念之情。岑参和他同时代的许多人一样，有建功立业的雄心抱负。但远赴边陲，路途遥遥，难免备尝艰辛。其作于同一时期的《初过陇山途中呈宇文判官》诗中有云："一驿过一驿，驿骑如星流。平明发咸阳，暮及陇山头。陇水不可听，呜咽令人愁。沙尘扑马汗，雾露凝貂裘。"就描述了边地荒远、旅途劳顿的情形。此时，诗人回望来路，不禁对长安故园产生了深深的思念之情，以致泪下沾襟。恰在此时，得逢入京使者，无奈使者向东，征人向西，马上相逢，行色匆匆，无纸无笔，只能托使者给家人带去一个平安口信。"马上相逢"既突出了军旅生活的特定环境，也暗示了时间紧迫。时间虽紧迫，但还是要传报平安。诗人思念家人，也深知家人思念自己。纵观全诗，"东望路漫漫"的思乡情切，"双袖龙钟泪不干"的极度感伤，最后也只能凭借一个草草的传语得以慰藉，作品的情感在强烈的反差中更显沉挚。

　　这首七绝去声起，首句入韵。整首诗不事雕琢，明白如话，却言浅意深，耐人寻味，正如清沈德潜在《唐诗别裁集》中所言："人人胸臆中语，却成绝唱。"

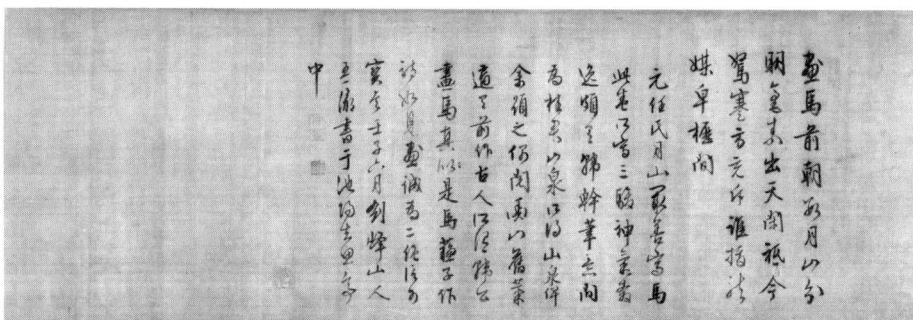

［元］任仁发《人马图》

滁州西涧

韦应物

【题解】

韦应物（737—约792），字义博，京兆万年（今陕西西安）人，出身名门，少时曾为唐玄宗近侍，狂放不羁。安史之乱爆发后，流离失官，始发奋读书。曾外放治理滁州，也曾做过左司郎中、苏州刺史等，故世称韦左司、韦苏州。韦应物诗歌创作深受陶渊明、王维影响，诗风恬淡简远，以描写山水风光与隐逸生活著称。有《韦苏州集》传世。《滁州西涧》作于唐德宗建中二年（781）。

独怜幽草涧边生，上有黄鹂深树鸣。①
春潮带雨晚来急，野渡无人舟自横。②

【注释】

①〔独怜〕偏偏喜爱，特别喜爱。　②〔春潮〕春天的潮汐。〔横〕指任意漂浮。

【解读】

这首七绝描写了山涧水边的幽静景象。碧涧幽草、深树黄鹂、春潮晚雨、野渡横舟，本都是极为寻常的景物，但各得其时，各安其所，缀合成了一幅生动鲜明的画面，充满了纯任自然的真趣。"独怜"隐约透露出诗人恬淡的胸襟、意趣。清宋顾乐《唐人万首绝句选评》评这首诗曰："写景清切，悠然意远，绝唱也。"从格律上看，这首诗每句的格律都符合律句的平仄要求，但第二句和第三句失粘。这两句的平仄为：仄仄平平平仄平，平平仄仄仄平平。按照"一三五不论，二四六分明"原则，这两句失粘。不过，失粘甚至失对在唐诗中是很常见的。

早春呈水部张十八员外二首（其一）

韩 愈

【题解】

韩愈（768—824），字退之，河阳（今河南孟州）人，自称郡望昌黎，世称韩昌黎、昌黎先生。唐代文学家、思想家、哲学家、政治家。贞元八年（792），韩愈进士及第，一生任多个官职，曾因论事被贬阳山、潮州，晚年官至吏部侍郎，人称韩吏部。长庆四年（824）病逝，追赠礼部尚书，谥号文，故称韩文公。韩愈是唐代古文运动的倡导者，被后人尊为"唐宋八大家"之首，有"文章巨公"和"百代文宗"之称。有《韩昌黎集》传世。《早春呈水部张十八员外二首》作于唐穆宗长庆三年（823）早春，这里所选为第一首。诗题中的"水部张十八员外"指的是时任水部员外郎的诗人张籍（766—830），其在同族兄弟中排行十八，故称张十八。韩愈约张籍游春，张籍以年老事忙推辞，韩愈于是作诗寄赠，极言早春景色之美，希望唤起友人的游兴。

天街小雨润如酥，草色遥看近却无。^①

最是一年春好处，绝胜烟柳满皇都。^②

【注释】

① ［天街］京城街道。［润如酥］细腻如酥。酥，酥油，这里用来形容春雨的细腻润滑。 ② ［最是］正是。［处］时。［绝胜］远远胜过。［皇都］帝都，这里指长安。

【解读】

这首诗是韩愈写给水部员外郎张籍的一首七言绝句,诗作描绘并赞美了早春如画的美景,风格清新自然。

首二句紧扣题目中的"早春"二字,以细腻的笔触勾画了京都长安大地春回最初的景象:长安街上细密的春雨润滑如酥,蒙蒙细雨中,郊原小草初生,草色远看似青,近看却无。咏春而写春雨,写草色,取景看似寻常,却妙在体物入微。"润如酥"写出了早春之雨的轻柔细密,润物无声;"草色遥看近却无"写草芽新绿依稀,"正如画家设色,在有意无意之间"(《唐诗笺注》),更是摄住了早春之魂。接下来的第三、四两句,诗人按捺不住内心的喜悦,对初春景色大加赞美:"最是一年春好处,绝胜烟柳满皇都。"意思是说:早春是春光最美之时,远胜烟柳满城的暮春之景。"最是""绝胜",语气斩截有力,独出心裁地表达了早春胜过暮春的体验和感受。

这首小诗是韩愈的暮年之作,读来却全无衰惫之气。其轻快的格调,所传达的细腻的生命体验、乐观的情绪,千百年来引发了一代又一代读者内心强烈的共鸣。"莫道官忙身老大,即无年少逐春心。凭君先到江头看,柳色如今深未深。"(《早春呈水部张十八员外二首(其二)》)是啊,不要说官事冗杂,年纪老大,已经失去了少年时追赶春天的心情,永葆对生活的热爱,对美的向往,生命才有希望。

乌衣巷

刘禹锡

【题解】

    刘禹锡（772—842），字梦得，洛阳人，生于嘉兴（今属浙江），唐代文学家。贞元九年（793）进士及第。曾参与王叔文主导的"永贞革新"，失败后，屡遭贬谪。著有《刘梦得文集》。《乌衣巷》是组诗《金陵五题》中的第二首。乌衣巷，金陵城内街名，位于秦淮河之南，与朱雀桥相近。

朱雀桥边野草花，乌衣巷口夕阳斜。①
旧时王谢堂前燕，飞入寻常百姓家。②

【注释】

    ①［朱雀桥］六朝时金陵正南朱雀门外横跨秦淮河的大桥，在今南京市秦淮区。［花］这里是动词，开花。 ②［王谢］东晋宰相王导、谢安两大家族，当时都居住在乌衣巷。

【解读】

    这是一首怀古诗，仄起平收，一二句对仗工整，通过朱雀桥、乌衣巷昔日的繁华鼎盛与今朝野草丛生、残阳冷照的对比，堂前之燕悄然易主的现实，抒发了盛衰无常、人生多变的深沉感慨。傅庚生先生在《中国文学欣赏举隅》中评这首诗："寥寥二十八字，写尽华屋山丘、桑田沧海之感。才写'朱雀桥'，便凑以'野草花'，既以状其荒芜景物，亦为'百姓'作衬也，及写'乌衣巷'，又接以'夕阳斜'，既以象征门第之衰落，亦为'燕飞'作衬也。前两句既语不离宗，后两句乃寄深慨；则昔日豪华之印象适以助此日之荒凉耳。"可谓至言。

江 雪

柳宗元

【题解】

柳宗元（773—819），字子厚，河东（今山西永济）人，世称柳河东，唐代政治家、文学家。唐顺宗永贞元年（805），柳宗元参加了王叔文集团发动的永贞革新，推行内抑宦官、外制藩镇、维护国家统一的政治措施。但改革很快失败，被贬为永州司马，流放十年，后迁为柳州刺史，卒于任上。柳宗元与韩愈大力倡导古文运动，为"唐宋八大家"之一，著有《柳河东集》。《江雪》就是柳宗元贬官永州后的作品，也是其诗歌代表作之一。

千山鸟飞绝，万径人踪灭。①
孤舟蓑笠翁，独钓寒江雪。②

［清］袁江《江雪楼台图》

【注释】

①〔绝〕没有，空无人影。 ②〔蓑笠〕蓑衣和斗笠。蓑，用棕或莎草编织的雨披。笠，用竹或草编织的帽子。〔独〕独自。

【解读】

这首诗开篇两句不着"雪"字，却为我们展现了一幅苍苍茫茫的江上雪景图。"千山""万径"极写空间的寥廓，"鸟飞绝""人踪灭"则写环境的静寂。就在这样一个一尘不染、被大雪封绝了的世界里，一叶扁舟泛于江面，一个渔翁独自在寒冷的江心垂钓。扁舟、渔翁的出现，点破了画面的静寂，带来了无限生机。浩浩天地、无边雪野中的舟、人是那样渺小，独钓寒江的渔翁却依然故我，显得那样清高孤傲、遗世独立，这又何尝不是诗人自身的写照呢？前人认为诗中渔翁乃诗人"托此自高"（唐汝询语），十分中肯。在这里，渔翁的形象也成了一种象征，一种不畏严寒、不惧险恶的独立不迁的精神品格的象征。这首五言古绝压仄声韵，"绝""灭""雪"，音促清峭，有顿挫凝滞之感，与整首诗苍茫的意境、孤寂的情调暗合。

赠　别

杜　牧

【题解】

　　杜牧（803—853），字牧之，京兆万年（今陕西西安）人，文学家。唐文宗大和二年（828）进士，做过几任州刺史，官至中书舍人，因晚年居长安南樊川别墅，故后世称杜樊川，有《樊川文集》。杜牧有济世之志，有经略之才，好读兵书，性情刚直，诗、文均有盛名，诗作明丽隽永，与李商隐齐名，合称"小李杜"。曾注曹操所定《孙子兵法》十三篇等，代表作品有《阿房宫赋》《遣怀》等。《赠别》为组诗第二首。

多情却似总无情，惟觉樽前笑不成。①
蜡烛有心还惜别，替人垂泪到天明。②

【注释】

　　①［樽（zūn）］酒杯。　②［心］指蜡烛芯，这里用双关。

【解读】

　　这首诗前两句写情，多情还是无情，一个"似"字点出了多情是真，"笑不成"写出了离别双方内心的痛楚。三四句写物，借物抒情，历来为人称道。诗题为"赠别"，这两句却偏偏撇开人，去写筵席上燃烧的蜡烛，"替人垂泪到天明"，以"烛心"比人心，贴切工巧，生动形象，惜别之情，溢于言外。"蜡烛有心还惜别"一句中，"烛""惜""别"三字都为古入声字，入声密集，读来有短、促、急、收、藏的特点，与诗中描述的凄楚难耐又欲语还休的情状颇为契合。

枫桥夜泊

张　继

【题解】

张继，生卒年不详，字懿孙，襄州（今湖北襄阳）人，唐代诗人。大约是天宝十二载（753）的进士，安史之乱时避居江南。大历中，以检校祠部员外郎为洪州（今江西南昌）盐铁判官，卒于任上。他的诗爽朗激越，不事雕琢，可惜流传下来的不足50首，有《张祠部诗集》。《枫桥夜泊》是张继的代表作，写于安史之乱爆发后避乱江南期间。枫桥，在今苏州市阊门外十里枫桥镇。

月落乌啼霜满天，江枫渔火对愁眠。①
姑苏城外寒山寺，夜半钟声到客船。②

【注释】

①［渔火］渔船上的灯火。　②［"姑苏"句］姑苏城，今江苏省苏州市。寒山寺，在枫桥附近，始建于南朝梁代，相传因唐代僧人寒山、拾得曾住此而得名。

【解读】

这首绝句以"愁眠"二字贯穿全诗，通过"月落""乌啼""霜满天""渔火""钟声""客船"等典型意象营造了清冷迷蒙、孤寂忧愁的意境，将羁旅之思、家国之忧、漂泊之苦做了充分表现。全诗景象鲜明，有声有色，可感可画，前两句意象稠密，后两句意象疏朗，疏密有致。诗句格律严整，读来朗朗上口，抑扬顿挫，富于美感。这首诗影响深远，中国历代多种唐诗选本选入了此诗。

江上渔者

范仲淹

【题解】

范仲淹（989—1052），字希文，吴县（今江苏苏州）人，北宋政治家、文学家。幼年丧父，苦读及第。曾任陕西经略安抚副使，采取屯田固守、精练士卒、整顿军备的策略，使西夏不敢进犯。庆历三年（1043），任参知政事，积极推动"庆历新政"，后为保守派所不容，自请外放。谥文正，世称范文正公，有《范文正公集》传世。此诗约作于景祐元年（1034）诗人主政苏州期间。

> 江上往来人，但爱鲈鱼美。^①
> 君看一叶舟，出没风波里。^②

【注释】

①［"但爱"句］只是喜爱鲈鱼的味道鲜美。但，只。鲈鱼，鱼名，形体扁狭，口大鳞细，味道鲜美。　②［风波］波浪。

【解读】

这首诗押仄韵，是一首古绝。全诗仅二十字，却展现了两幅图景：江岸上人来人往，熙熙攘攘，只为一尝鲈鱼的鲜美；险风恶浪中，一叶小舟忽隐忽现，上下沉浮，渔人冒着生命危险在捕鱼。强烈的对比中，诗歌的主旨不言自明。在中国古代文学中，渔人形象往往代表着遗世独立、清高隐逸的人，寄托着古代文人对与世无争、自由惬意生活的向往。像范仲淹诗这样描绘一个现实中平凡的、真实的、在风浪中艰难讨生活的"江上渔者"形象，是罕见的。这也正体现了诗人体恤民生疾苦，"先天下之忧而忧，后天下之乐而乐"的情怀。

泊船瓜洲

王安石

【题解】

王安石（1021—1086），字介甫，号半山，抚州临川（今属江西）人，因封荆国公，世称王荆公，谥号文，又称王文公。北宋时期政治家、文学家。宋仁宗庆历二年（1042）进士，在扬州等多地任职，政绩显著。宋神宗熙宁三年（1070）任宰相，主张变法。后因守旧派反对，熙宁七年（1074）罢相。一年后，被再次启用，旋即又罢相，退居江宁（今江苏南京）。王安石潜心学问，著书立说，被称为"通儒"，创"荆公新学"，文学成就突出，是"唐宋八大家"之一，有《临川先生文集》等存世。《泊船瓜洲》写于熙宁八年（1075）返京复相途中。瓜洲，在长江北岸，扬州南郊。

> 京口瓜洲一水间，钟山只隔数重山。①
> 春风又绿江南岸，明月何时照我还？②

【注释】

①［京口］古城名，在今江苏镇江，与瓜洲隔江相对。［钟山］今南京市紫金山，王安石第一次罢相后寓居钟山。　②［绿］吹绿，拂绿，染绿。此处"绿"为形容词的使动用法。

【解读】

王安石初次拜相时，以"天命不足畏、祖宗不足法、人言不足恤"的气魄推行新法，遭到激烈围攻，以致不得不罢相回金陵，此次复相返京，难免疑虑重重。这首《泊船瓜洲》触景生情，既反映了他当时的喜悦心情，又表达了希望早日身退、投老山林的心愿。诗作仄起平收，首句入韵，先写望中之景。诗人立足瓜洲渡口放眼南望，看到南岸的京口与瓜洲仅一江之隔，进而联想到自己居所所在的钟山也只是隔了几座山。人尚在进京途中，心已思归。第三句写长江南岸的春景，为流传千古的名句，"绿"字用得绝妙。相传王安石数次改动这个字，从"到""过""入""满"等十余字中选定了"绿"字。"绿"字，从春风吹过产生的奇妙效果着想，把看不见的春风转换成了鲜明的、充满生机的视觉形象，写出了春风的朝气。结句"明月何时照我还"直接点明了强烈的思归之情，余韵悠长。

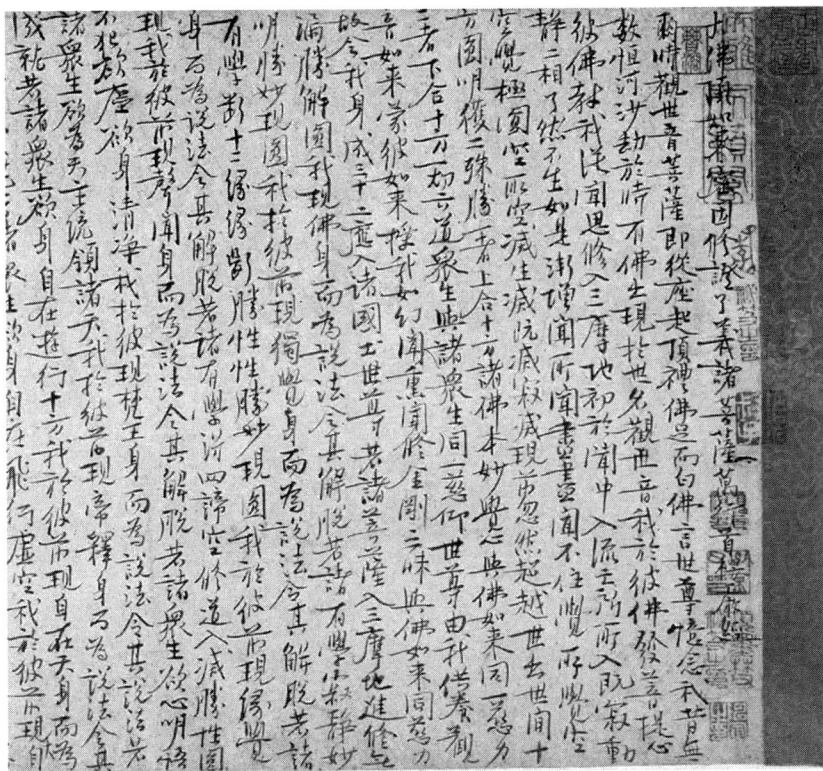

［宋］王安石《楞严经旨要》（局部）

饮湖上初晴后雨（其二）

苏 轼

【题解】

苏轼（1037—1101），字子瞻，号东坡居士，眉州眉山（今属四川）人，北宋文学家、书画家。宋仁宗嘉祐二年（1057）进士，曾在杭州、密州、徐州等地任职。元丰三年（1080），因"乌台诗案"被贬为黄州团练副使。晚年因新党执政被贬惠州、儋州。宋徽宗时获大赦北还，途中于常州病逝。苏轼是北宋中期文坛领袖，为"唐宋八大家"之一，在散文、诗词、书法等方面取得很高成就。有《东坡集》《东坡乐府》等存世。《饮湖上初晴后雨》写于苏轼任杭州通判时。

> 水光潋滟晴方好，山色空蒙雨亦奇。①
> 欲把西湖比西子，淡妆浓抹总相宜。②

【注释】

①〔潋滟（liàn yàn）〕波光闪动的样子。〔空蒙〕形容云雾迷茫，似有若无。②〔西子〕即西施，春秋时代越国著名的美女。

【解读】

这首诗前两句从乍晴又雨的特定情景着笔，用白描和对比的手法，先写晴天的湖光，再写雨天的山色，展现了西湖迷人的美景，极具画面感。"潋滟""空蒙"生动、传神，"方""亦"相互照应、自然妥帖，"好""奇"精准又极具概括性。第三、第四句，诗人驰骋想象，向虚处落笔，以绝世美人比绝世美景，"西子"之于"西湖"，都有一个"西"字，又同具天赋的自然之姿，因此对西湖而言，晴也好，雨也好，对西子而言，淡妆也罢，浓抹也罢，都不改其美。全诗28字，将西湖写得形神俱备，令人神往，以至于宋代陈善在《扪虱新话》中说："要识西子，但看西湖；要识西湖，但看此诗。"正由于苏轼在这首诗中将"西湖比西子"，西湖又得名"西子湖"。

这首诗押上平"四支"韵，二四句入韵。其中"欲把西湖比西子"一句，本来应该是"仄仄平平平仄仄"，这里变通为"仄仄平平仄平仄"了，这叫"拗救"。即因本应用仄声的第六字用了平声，故把本应用平声的第五字改用成仄声。

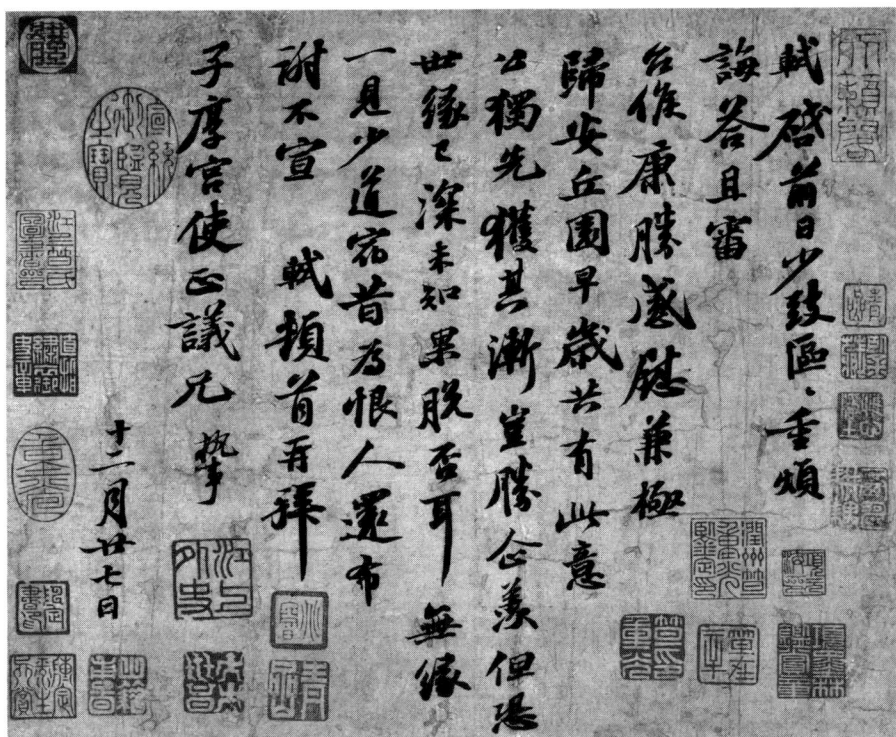

［宋］苏轼《归安丘园帖》

乌 江

李清照

【题解】

李清照（1084—1155），号易安居士，宋齐州章丘（今属山东）人，居济南，宋代女词人，婉约词的代表人物。李清照出身于书香门第，其父李格非是当时著名学者，她小时候就在良好的家庭环境中打下文学基础，词作艺术成就很高，有《李易安集》《易安居士文集》《易安词》等传世，后人辑有《漱玉词》。靖康二年（1127），金兵入侵中原，李清照之夫赵明诚出任江宁知府。一天夜里，城中爆发叛乱，赵明诚不思平叛，反而临阵脱逃。李清照为国为夫感到耻辱，南渡路过乌江时，有感于项羽的悲壮，创作此诗，此诗另有题作"夏日绝句"。

生当作人杰，死亦为鬼雄。①
至今思项羽，不肯过江东。②

【注释】

①［人杰］人中的豪杰。汉高祖刘邦曾称赞开国功臣张良、萧何、韩信是"人杰"。［鬼雄］鬼中的英雄。屈原《国殇》有"身既死兮神以灵，子魂魄兮为鬼雄"句。　②［项羽］秦末下相（今江苏宿迁）人，曾领导起义军消灭秦军主力，自立为西楚霸王，后与刘邦争夺天下，在垓下之战中，兵败自杀。［江东］这里指长江下游一带，是项羽当初随叔父项梁起兵的地方。

【解读】

李清照的词，以婉约见长，这首小诗却充满风云之气。起调高亢，前两句表达了鲜明的人生价值取向：人活着就要作人中豪杰，为国家建功立业；死就要为国捐躯，成为鬼中的英雄。爱国激情，溢于言表。

后两句以历史上的英雄项羽宁肯自杀也不肯逃回江东为例，含蓄地讽刺了南宋君臣只顾逃跑而丢弃半壁江山的无耻行径。这首诗押平水韵"一东"韵，韵脚为"雄""东"，声音宽洪如撞钟，慷慨雄健，既是一首雄浑宏阔的咏史诗，也是一首脍炙人口的言志诗。

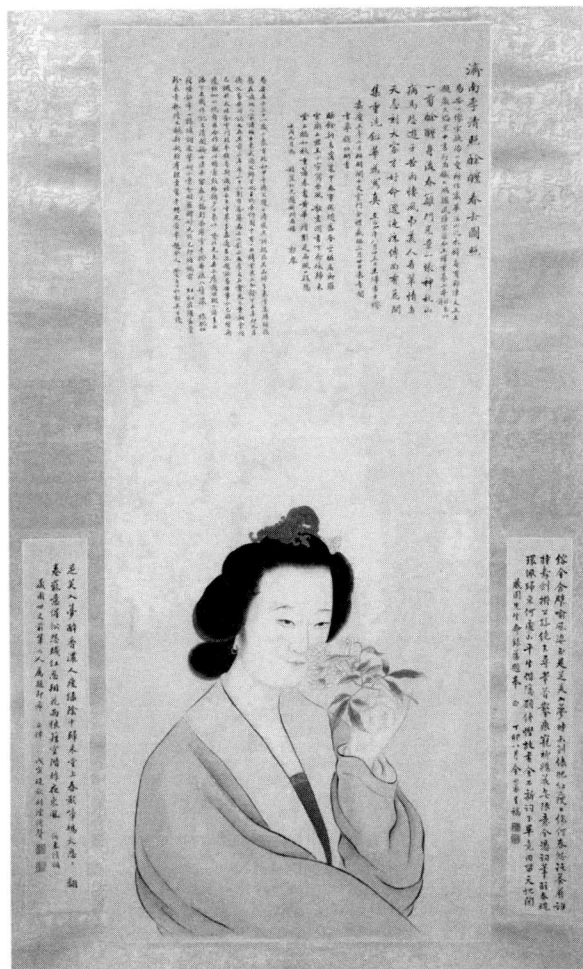

［清］倪田《济南李清照酴醿春去图照》

冬夜读书示子聿

陆　游

【题解】

　　陆游（1125—1210），字务观，号放翁，越州山阴（今浙江绍兴）人，南宋文学家、爱国诗人。绍兴二十三年（1153）应礼部试，遭秦桧黜落。宋孝宗即位后，赐进士出身，因坚持抗金，屡遭主和派排斥。晚年长期蛰居山阴。陆游一生笔耕不辍，诗词文具有很高成就。有《剑南诗稿》《渭南文集》《老学庵笔记》等传世。《冬夜读书示子聿》是陆游训示幼子陆子聿（yù）的教子诗，作于宁宗庆元五年（1199）年底。

古人学问无遗力，少壮工夫老始成。①
纸上得来终觉浅，绝知此事要躬行。②

【注释】

　　①〔无遗力〕用出全部力量，没有一点保留。〔始〕才。　②〔纸上〕指书本上。〔"绝知"句〕意思是想要深入理解其中的道理，必须要亲自实践才行。绝知，深入、透彻地理解。躬行，亲身实践。

【解读】

　　这是陆游为劝勉小儿子刻苦学习而写的一首诗，首句不入韵。前两句总结古人读书为学的经验，首句"无遗力"突出了"勤"，次句由"少"到"壮"到"老"，强调了"恒"，也告诫子聿在少壮之时一定要抓紧大好时光努力学习。后两句则从书本知识与实践的关系着笔，强调了做学问不能仅仅满足于书本，一定要"躬行"，要亲身实践。这首诗以理入诗，以诗说理，引人深思，不仅是一首示子诗，而且是一首深刻的人生哲理诗。

观书有感二首（其一）

朱　熹

【题解】

朱熹（1130—1200），字元晦，号晦庵，祖籍徽州府婺源县（今属江西），生于南剑州尤溪（今属福建），南宋思想家、哲学家和教育家。他19岁进士及第，多次担任地方官职，做官清正有为，但屡遭排挤，仕途不顺。朱熹是理学集大成者，被后世尊为朱子。一生致力倡兴教育，先后创办了考亭、岳麓、武夷、紫阳等多所著名书院。有《四书章句集注》《太极图说解》《通书解》《周易本义》《楚辞集注》等著作传世。《观书有感》为组诗，共二首，有人认为这组诗写于南宋淳熙三年（1176）春，为朱熹在江西上饶三清山游憩时触景顿悟所作。也有人认为这组诗作于南宋乾道二年（1166），当时朱熹居于闽北崇安五夫里。这里所选为第一首。

> 半亩方塘一鉴开，天光云影共徘徊。①
> 问渠那得清如许？为有源头活水来。②

【注释】

①〔鉴〕镜子。〔徘徊〕来回移动。　②〔渠〕第三人称代词，它，这里指方塘之水。〔为〕因为。

【解读】

如果抛开题目只看内容，这完全是一首富有理趣的山水风景诗。但联系题目看，诗人是"观书有感"而作，因此这里是用比喻的手法，以"塘"喻"书"，借物说理。全诗除首句以"一鉴"比"方塘"是明喻外，其他均为借喻。借"方塘"喻书本；借"天光云影"喻书本中丰富多彩的内容；借塘水之"清"喻书本内容让人心情澄净，心胸开阔；借"源头活水"喻创作者的智慧，也比喻读书者不断丰富的学识、见识。这首诗借自然景象阐发读书治学的道理，勾勒出一幅情景生动的图画，把深刻的哲理寓于诗情画意之中，使读者既受到美的艺术形象的感染，又得到哲理的启迪。

这首诗第一句、第二句以开口音（以 a、o 为韵腹的音）为主，开阔、明朗、有力；第三句以闭口音（以 i、u、ü 为韵腹的音）为主，细腻、悠长，引人思索；第四句再以响亮的开口音为主，给人豁然开朗之感。声律的运用与诗作起、承、转、合的结构相得益彰。

朱熹画像

思与行

【记诵与积累】

本单元所选都是流传千古的绝句名篇，韵味深长，建议背诵，并在记诵全诗的基础上，积累名句。记诵时，可以归类积累。一是按照类别，如《出塞》《逢入京使》是边塞诗，《别董大》《赠别》是送别诗，《枫桥夜泊》《泊船瓜洲》是羁旅诗等；二是按诗歌意象，如"月"这一意象，孟浩然笔下是"野旷天低树，江清月近人"，张继笔下是"月落乌啼霜满天，江枫渔火对愁眠"，王安石笔下是"春风又绿江南岸，明月何时照我还"等；三是按照写作手法，本单元不少绝句都具有诗画一体的特点，如王维的《鸟鸣涧》、柳宗元的《江雪》、李白的《望天门山》、杜甫的《绝句二首（其二）》、苏轼的《饮湖上初晴后雨》等。

◎野旷天低树，江清月近人。（《宿建德江》）

◎秦时明月汉时关，万里长征人未还。（《出塞》）

◎林表明霁色，城中增暮寒。（《终南望余雪》）

◎月出惊山鸟，时鸣春涧中。（《鸟鸣涧》）

◎莫愁前路无知己，天下谁人不识君？（《别董大》）

◎两岸青山相对出，孤帆一片日边来。（《望天门山》）

◎孤帆远影碧空尽，唯见长江天际流。（《送孟浩然之广陵》）

◎马上相逢无纸笔，凭君传语报平安。（《逢入京使》）

◎春潮带雨晚来急，野渡无人舟自横。（《滁州西涧》）

◎千山鸟飞绝，万径人踪灭。（《江雪》）

◎姑苏城外寒山寺，夜半钟声到客船。（《枫桥夜泊》）

◎君看一叶舟，出没风波里。(《江上渔者》)

◎春风又绿江南岸，明月何时照我还？(《泊船瓜洲》)

◎纸上得来终觉浅，绝知此事要躬行。(《冬夜读书示子聿》)

【熟读与精思】

诗歌的语言是高度凝练的，它用极有限的字数表达极丰富的内涵。读古诗，要展开丰富的想象，借助想象填补诗句中留下的空白，走进作者所创设的意境。例如，读韦应物的《滁州西涧》，我们要想象诗中所描绘的幽静景象：暮春之际，山涧边幽草萋萋，那样惹人怜爱；凝神谛听，涧上的密林中传来了黄鹂清脆的啼鸣；天色渐晚，春潮伴着夜雨急急而来；此时此刻，郊野的渡口阒无一人，只有一叶扁舟闲横水面，随波摇荡。通过想象这一幅幅生动鲜明的画面，我们就能更好地体会诗作中寄寓的那种向往自然、寻求宁静的心情和恬淡、闲适的意趣。请从本单元中选择两三首绝句，想象诗中描述的画面，想想对自己有怎样的触动。

【学习与践行】

被誉为"中国古典文化的传灯人"的叶嘉莹先生曾经说过，古诗"蓄积了古代伟大之诗人的所有心灵、智慧、品格、胸怀和修养"，而读诗"是和伟大的心灵相互感应"，可以"让我们的心灵不死"。叶嘉莹先生的话引发了你怎样的思考？请根据自己的读诗体验，写一则读诗有感。

第三单元　律　诗

导与引

　　律诗，是近体诗的基本形式之一，也称格律诗。它萌芽于南朝齐永明时沈约等讲究声律、对偶的新体诗，定型于初唐，成熟于盛唐，盛行于唐宋。

　　律诗对格律的要求极为严格，其基本法则为：篇有定句，句有定字，韵有定位，字有定声，联有定对。篇有定句，即律诗通常每首八句，超过八句的称排律或长律，作品数量较少。以八句完篇的律诗，每二句成一联，计四联，从第一联起依次称为首联、颔联、颈联和尾联。句有定字，即每句诗的字数固定，或五言或七言，分别称五言律诗、七言律诗。有六言律诗，但极罕见。韵有定位，即律诗偶句句尾必须押韵，通常押平声韵，且一韵到底，中间不得换韵，首句可入韵可不入韵。五律以首句不入韵为正格，入韵为变格，七律则正好相反。字有定声，即诗句中各字的平仄声调固定，讲究对句相对，邻句相粘。对句相对，是指一联中上下两句的平仄相反。如果上句是：仄仄平平仄，下句就是：平平仄仄平。同理，如果上句是：平平平仄仄，下句就是：仄仄仄平平。邻句相粘，是指上一联对句和下一联出句平仄相同。不过，粘对也具有一定的灵活性，关键要看五言第二、第四字，七言第二、第四、第六字平仄是否分明。联有定对，指律诗的颔联和颈联必须对仗，首联和尾联既可以对仗，也可以不对仗。可见，律诗这一诗歌形式的构筑，贯穿着平衡对称的原则，于严整中透着精巧，于整齐中体现差异，它利用汉语形式、音律、意义的配合，构成了多维的对称和变化，体现了中华传统文化朴素的辩证思想和独特的审美追求。

律诗是中国古代文学长廊中一道靓丽的风景，它格律严谨，言简意丰，修辞琢句，意蕴深厚。唐代，是律诗发展的黄金时代，体式走向成熟，创作一派繁荣，题材风格多样，诗歌流派众多，本单元选取的23首律诗名篇，即以唐代作品为主。其中有以"初唐四杰"为代表的风神初振的初唐律诗，有以李白、杜甫、王维等为代表的声律风骨兼备的盛唐律诗，有以白居易、刘禹锡、李贺为代表的风格多样的中唐律诗，有以李商隐为代表的绚烂多姿的晚唐律诗。此外，本单元还选取了四首宋代七言律诗，比起唐代诗歌，这些作品叙述、议论的成分增多，颇能体现宋诗重"意"主"理"的特质。

阅读这些诗歌，要注意不断增加自己的语文积累，并运用律诗的相关知识、借助联想与想象，从语言、构思、形象、意蕴、情感等多个角度赏析诗歌，感受作品的情趣、理趣，体会诗人的志趣追求、品格修养、境界情怀，领悟作品的深刻内涵，认识作品的美学价值，发现作者独特的艺术创造，增进对中华优秀传统文化的理解，提升对中华民族传统文化的认同感、自豪感，增强文化自信，更好地继承和弘扬中华优秀传统文化，提升自己的阅读与审美鉴赏能力。

文与解

野 望

王 绩

【题解】

　　王绩（590—644），字无功，号东皋子，绛州龙门（今山西河津）人，唐代诗人。隋末举孝廉，为秘书正字，出为六合县丞，后弃官归乡。王绩个性简傲，仰慕陶渊明，其诗多以田园山水为题材，诗风古朴澹远，格律妥帖工稳，在律诗渐趋成熟的文学进程中颇具代表性。有《东皋子集》传世。《野望》作于诗人辞官隐居东皋后。

> 东皋薄暮望，徙倚欲何依。①
> 树树皆秋色，山山唯落晖。②
> 牧人驱犊返，猎马带禽归。③
> 相顾无相识，长歌怀采薇。④

【注释】

　　① ［东皋（gāo）］山西省河津市的东皋村，诗人隐居的地方。［薄暮］傍晚。薄，迫近。［徙倚］徘徊，彷徨。　② ［落晖］落日的余光。　③ ［犊］小牛，这里指牛群。［禽］禽兽，这里指猎物。　④ ［采薇］《史记·伯夷列传》记载，武王伐纣，伯夷、叔齐曾加阻拦。武王灭商后，伯夷、叔齐耻食周粟，隐居首阳山，作歌曰："登彼西山兮，采其薇矣。以暴易暴兮，不知其非矣。神农虞夏，忽焉没兮，我安适归矣？于嗟徂兮，命之衰矣。"这里借用此典，表达对古代隐士的追怀，也表达了诗人内心的苦闷。

【解读】

《野望》写诗人隐居之地的山野秋景，闲逸悠然的情调中流露出孤独无依的彷徨和苦闷。首联首句直接切入题目，由写景起笔，"薄暮"二字，已透出凄凉之意；次句"徙倚"见出怅惘，"欲何依"见出孤寂。接下来两联写望中所见，对仗工稳。颔联"秋色""落晖"是远景、静景，颈联"驱犊返""带禽归"是近景、动景，有远有近，动静结合，自然之景与人文景观相谐。尾联借典抒情，说自己孤独无依，只好追怀古代的隐者，与伯夷、叔齐为友。

这首诗是现存唐诗中最早的格律完整的五言律诗，平起仄收，首句不入韵。以下是这首诗的格律与平起仄收五言律诗标准格式的比较：

标准格式：	《野望》格律：
（平）平平仄仄，	平平［仄］仄仄，
（仄）仄仄平平。	仄仄仄平平。
（仄）仄平平仄，	仄仄平平仄，
平平仄仄平。	平平［平］仄平。
（平）平平仄仄，	仄平平仄仄，
（仄）仄仄平平。	仄仄仄平平。
（仄）仄平平仄，	平仄平平仄，
平平仄仄平。	平平［平］仄平。

标准格式中加括号处表示可平可仄。如果将《野望》的格律与标准格式做比较，不合律的地方只有用方括号标出的三处，全诗基本遵循了律诗的粘对规则，个别处不合律其实也无伤大雅。从律诗的发展历程看，至初唐的沈佺期、宋之问，律诗方最终定型，成为一种重要的诗歌体裁。而早于沈宋六十余年的王绩，已经能写出《野望》这样成熟的律诗，实在难能可贵。

送梓州高参军还京

卢照邻

【题解】

卢照邻（约 637—约 686），字昇之，自号幽忧子，幽州范阳（今河北涿州）人，唐代诗人，"初唐四杰"之一。出身望族，但仕途不顺，曾为王府典签，又出任益州新都（今四川成都附近）尉。卢照邻一生悲苦，染风疾后，服丹药中毒，手足俱残，终因不堪精神身体双重折磨，自沉颍水而死。今存《卢昇之集》和《幽忧子集》。《送梓州高参军还京》是一首送别诗，为作者宦游四川期间所作。梓州，今四川三台。参军，谓参谋军事。晋以后军府和王国始置为官员，沿至隋唐，兼为郡官。

京洛风尘远，褒斜烟雾深。①
北游君似智，南飞我异禽。②
别路琴声断，秋山猿鸟吟。
一乖青岩酌，空伫白云心。③

【注释】

①［京洛］洛阳的别称。因东周、东汉均建都于此，故名。此处代指长安。［褒斜］即褒斜道，古道路名。因取道褒水、斜水二河谷得名。通道山势险峻，历代凿山架木，于绝壁修成栈道，旧时为川陕交通要道。 ②［"北游"句］《庄子·知北游》："知北游于玄水之上。""知"即"智"，是假托的人名。［"南飞"句］指由京来蜀。这里用《庄子·逍遥游》鲲鹏"图南"之典，说自己仕途不顺，未遂进取之心。 ③［"一乖"两句］意思是说一旦与高参军别离，当自己独酌青山之中时，就只能徒然地思念着他了。乖，分离，离别。白云心，思念之情。《白云谣》（出自《穆天子传》）曰："白云在天，山陵自出。道里悠远，山川间之。将子无死，尚能复来。"

【解读】

这首五言律诗抒写了送别高参军的离思愁绪，流露了对友人归途山高路险的担忧，也表达了对友人深深的思念之情。首联应题，设想友人还京，一路风尘滚滚，关山重重，旅途艰辛，关切之情溢于言表。颔联通过友人北还、自身南滞的对比，突出了自己的形单影只，壮志难酬。颈联想象好友在高山峡谷中行进的艰难，用"琴声断""猿鸟吟"渲染离情别绪，寓苦情于幽景，蕴思念于哀词。尾联则想象分别后自己独酌无友的情形，心中生出万千感慨。诗中前三联均用对仗，偶句押韵，韵脚字"深""禽""吟""心"为平水韵下平声十二侵韵，有压抑感，与这首诗景幽情苦的特点相契合。

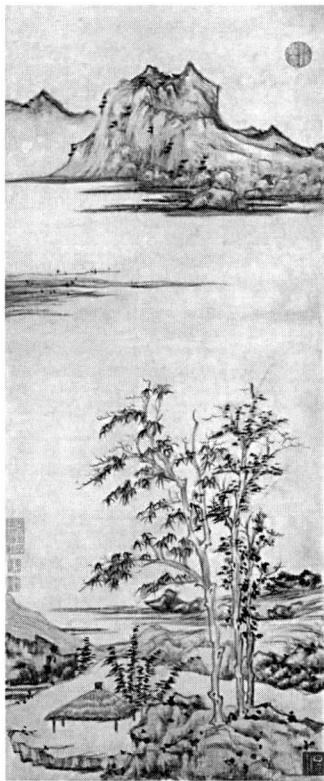

［元］倪瓒《秋亭嘉树图》（局部）

在狱咏蝉

骆宾王

【题解】

骆宾王（约638—约684），字观光，婺州义乌（今属浙江）人，唐代诗人，"初唐四杰"之一。骆宾王出身寒微，少有才名。唐高宗时由长安主簿入朝为侍御史，被诬下狱，获释后任临海丞，后因不得志而弃官，世称"骆临海"。光宅元年（684），跟随英国公徐敬业起兵讨伐武则天，撰写《代李敬业讨武曌檄》。徐敬业兵败后，骆宾王不知所踪。有《骆宾王文集》传世。这首诗作于唐高宗仪凤三年（678）。当时，刚升为侍御史的骆宾王因上疏论事触忤武则天，遭诬，以贪赃罪名下狱。此诗是骆宾王身陷囹圄之作。

西陆蝉声唱，南冠客思侵。①
那堪玄鬓影，来对白头吟。②
露重飞难进，风多响易沈。③
无人信高洁，谁为表予心。④

【注释】

① ［西陆］指秋天。《隋书·天文志》："日循黄道东行一日一夜行一度，三百六十五日有奇而周天。行东陆谓之春，行南陆谓之夏，行西陆谓之秋，行北陆谓之冬。"［南冠］楚冠，这里是囚徒的意思。见《左传·成公九年》，楚钟仪戴着南冠被囚于晋国军府事。　② ［"那堪"二句］意思是哪里能够忍受秋蝉扇动乌黑的双翅，对着一头白发的我，不尽不止地长吟。那堪，哪里禁受得了。玄鬓，古代妇女将头发梳成蝉的翅膀的形状，称为"蝉鬓"。这里指蝉的黑色翅膀。白头，代指诗人自己。　③ ［露重］露水浓重。［沈（chén）］同"沉"，淹没。　④ ［予心］我的心。

这首五律是骆宾王的代表作，原作前有一个骈文长序，记叙了作诗的缘起，叙说了蝉的形态、习性及美德，赞扬了蝉的高洁品行，认为蝉有"君子达人之高行"，却"失路艰虞，遭时徽纆（huī mò，囚禁)"，这实际上也是以蝉喻己，借以抒发个人忧思。

诗歌首联破题，第一句扣"咏蝉"，第二句写"在狱"，以对偶句借物起兴，很自然抒发了囚禁状态下的家园之思。颔联一句说蝉，一句说自己，用"那堪"和"来对"构成流水对，将物我绾合在一起。高唱的秋蝉，自己却早已满头白发，如今还身陷囹圄。两相对照，诗人内心的凄怆得以委婉曲折地表达出来。颈联纯用"比"体，无一字不在说蝉，也无一字不在说自己。"露重""风多"即冤重谤多，"飞难进""响易沈"即有志难酬，沉冤难雪。至此，已是物我一体，融混而不可分了。尾联仍用比体，"无人信高洁，谁为表予心"，"予"既是蝉，也是"我"，物我浑然一体，紧承前三联，表达了更强烈的怨愤之情。

这首诗感情充沛，语多双关，在五言律诗的艺术表现上也更为成熟，前三联都运用了对仗，诗意层层递进，至尾联还能力有余劲。整首诗于咏物中寄情寓兴，达到了物我一体的境界，确实是初唐律诗中风骨凝练的名作。

送杜少府之任蜀州

王　勃

【题解】

王勃（650—676），字子安，绛州龙门（今山西河津）人。唐代文学家，文中子王通之孙，与杨炯、卢照邻、骆宾王共称"初唐四杰"。王勃早慧，聪敏好学，14岁应举及第，授朝散郎，后为虢州参军。上元三年（676）八月，王勃至交趾探望父亲，渡海溺水，惊悸而死，年仅27岁。王勃诗歌创作成就为"初唐四杰"之首，擅长五律和五绝，明陆时雍评其诗"调入初唐，时有六朝锦色"。有《王子安集》传世。《送杜少府之任蜀州》作于王勃在长安时期。其友人杜姓少府（官职名，县尉的通称）即将到蜀州（今四川崇州）任职，王勃长安送别，以诗相赠。

城阙辅三秦，风烟望五津。①
与君离别意，同是宦游人。②
海内存知己，天涯若比邻。③
无为在歧路，儿女共沾巾。④

【注释】

①［"城阙"句］意思是古代三秦之地，拱护着长安城。城阙，城楼，这里指唐都长安。辅，护卫。三秦，泛指长安城附近的关中之地。秦朝末年，项羽破秦，把关中分为雍、塞、翟三地，分封给三个秦国的降将，所以称三秦。［五津］岷江从都江堰到彭山一段有五个渡口，白华津、万里津、江首津、涉头津、江南津，合称"五津"。这里泛指四川。　②［宦（huàn）游］在外地做官。　③［海内］四海之内，天下。［"天涯"句］意思是即使相距再遥远，也好像是在一起。比邻，近邻。　④［"无为"两句］意思是不要在分别的时候像小儿女那样泪下沾衣。无

85

为，无须、不必。歧（qí）路，岔路，古人送行常在大路分岔处告别。

【解读】

　　这首诗是送别诗中的名作，从押韵、平仄、对仗等方面看，也是一首比较成熟的五言律诗，其中对仗的运用尤见功力。首联以严整的地名点明了送别之地和友人去往之地，视野广阔，气象宏伟，为全诗奠定了健朗的基调。颔联直抒惜别之情，且以自己同为"宦游人"的处境安慰即将远行的朋友。颈联由当下的别离之情拓开去，境界阔大，乐观豁达。这两句因此成为远隔千山万水的朋友之间表达深厚情谊的千古名句。从对仗的形式看，颔联与颈联都属于对仗中技术难度颇高的"流水对"。不同于一般对仗出句与对句相互映衬的原则，流水对中出句与对句在意义上和语法结构上不是相对，而是上下相承，且前后顺序不能倒置。这种对仗有如流水从上游流到下游，故称为"流水对"。"与君离别意，同是宦游人"，两句必须合在一起才能表达一个完整的意思，"海内存知己，天涯若比邻"也是如此。流水对的运用，使诗意灵动有致，联翩而至，一气呵成。接下来，尾联紧承颈联，叮嘱朋友不要为别离而伤感落泪。"在歧路"三字呼应题面上的"送"字，章法谨严。这首诗一洗送别诗中常见的悲苦缠绵之态，音调爽朗，意境旷达，称得上是"盛唐之音"的前奏。

从军行

杨 炯

【题解】

杨炯（650—693），字令明，华阴（今属陕西）人，唐代文学家，"初唐四杰"之一。九岁被称为神童，待制弘文馆，曾任校书郎、崇文馆学士、太子詹事司直。武后时遭谗被贬为梓州司法参军，后迁盈川县令，世称杨盈川。杨炯工诗，尤擅五律，其边塞诗雄浑刚健。明人辑有《盈川集》。唐高宗永隆二年（681），突厥侵扰宁夏固原、甘肃庆阳一带，唐礼部尚书裴行俭奉命出师征讨，杨炯时任崇文馆学士，内心颇多感触，于是写下了这首充满家国情怀的述志诗。"从军行"为乐府《相和歌辞·平调曲》旧题，多写军旅生活。

烽火照西京，心中自不平。①
牙璋辞凤阙，铁骑绕龙城。②
雪暗凋旗画，风多杂鼓声。③
宁为百夫长，胜作一书生。④

【注释】

① ［西京］长安。 ② ［牙璋（zhāng）］古代调兵用的符信，分为两块，相合处呈牙状，朝廷和主帅各执其半。此指奉命出征的将帅。［凤阙］皇宫。汉建章宫的圆阙上有金凤，故以凤阙指皇宫。［龙城］又称龙庭，汉时匈奴祭天之地。这里借指敌方驻地。 ③ ［凋］使凋落，这里指失去了鲜艳的色彩。④ ［百夫长］军队中一百个士兵的头目，泛指下级军官。

【解读】

　　这首五律是杨炯的代表作，抒写了一个读书士子投笔从戎、奔赴疆场、参加战斗的全过程。全诗时间跨度大，内容丰富，如何将其浓缩在有限的四十字内加以表现，非常考验诗人的艺术功力。在这首诗中，诗人选取了三个典型场景，进行描述、渲染：首联中"烽火照西京"极具画面感，写边塞的报警烽火传到了长安，扣人心弦，形象地反映出军情紧急，"心中自不平"，直抒书生内心的义愤；颔联写随军出征，奔赴疆场，包围敌军驻地的壮阔场面；颈联描写战场环境，从侧面烘托了战斗的激烈、悲壮。由一个典型场景到另一个典型场景，采用的是跳跃式的结构，有种一往无前的气势。尾联直接抒发从戎书生保家卫国的壮志豪情，点明诗歌主旨。

　　从格律上讲，这首诗属于仄起平收，起调较低沉。首句入韵，韵脚字分别为"京""平""城""声""生"。一般而言，律诗只要求中间两联对仗，这首诗除首联外，其余三联皆用对仗。颔联用了流水对，又有"牙璋"对"凤阙"，"铁骑"对"龙城"的句中对，句式严整，用词庄重，表现出军容整肃、所向披靡的气概。颈联对仗，善用烘托之法。尾联述志，出以对仗，豪气干云。

次北固山下

王　湾

【题解】

　　王湾，生卒年不详，唐代诗人，洛阳人。玄宗先天年间（约712）进士及第，授荥阳县主簿。后受荐编书，参与集部的编撰辑集工作，书成之后，因功授任洛阳尉。王湾"词翰早著"，但诗作多散佚，《全唐诗》录存其诗10首。这首五律最早见于唐朝芮挺章编选的《国秀集》，选入《河岳英灵集》时题为"江南意"，是诗人在一年冬末春初时，由楚入吴，沿江东下，停泊北固山（在今江苏镇江北）下触景生情之作。

客路青山外，行舟绿水前。①

潮平两岸阔，风正一帆悬。②

海日生残夜，江春入旧年。③

乡书何处达？归雁洛阳边。④

【注释】

　　①［客路］行客前进的路。［青山］指北固山。　②［"风正"句］意思是顺风行船，风帆垂直悬挂。风正，风顺。　③［"海日"两句］意思是夜色将尽，海上旭日东升；新年未至，江上春意已现。　④［"乡书"两句］意思是想要寄一封信给家人，却不知道怎样才能寄出，只好托北归的大雁把信捎回去了。乡书，家信。

【解读】

这首五言律诗描写了诗人泊舟北固山所见的江南冬末春初的景象，表达了深深的思乡之情。但与许多同类作品相比，并没有沉重的羁旅之愁。首联用对偶句，以清丽的笔调描绘了江南水乡青山绿水的秀美景象，诗人穿行其间，心情非常愉快。"青山"即题目中的"北固山"，"客路""行舟"与尾联的"乡书""归雁"遥相呼应。颔联写江上行船，景象恢宏阔大，下句尤其妙，"以小景传大景之神"（《姜斋诗话》）。"风正一帆悬"这一小景，把潮平岸阔、大江直流、风平浪静的"大景"都表现出来了，且给人一种朝气蓬勃，充满希望的感觉。颈联历来为人所称道：残夜未尽，一轮红日已从海上升起；旧冬未去，江上已呈露盎然春意。这一联意境壮阔高朗，蕴含理趣，充满乐观、向上的力量。相传当时的尚书左丞相张说对这两句诗特别欣赏，亲笔题于政事堂，让文人学士作为学习的典范。不过，诗人此时毕竟还远在江南，旧年将尽，时光飞逝，归期难料，于是发出了"乡书何处达"的呼问，并托鸿雁捎书，问候亲人。有淡淡的乡愁，但不失清新、雅致。整首诗景物描写雄奇壮美，富有生气，蕴含哲理，的确是"盛唐气象"的写照。

望月怀远

张九龄

【题解】

张九龄（673—740），字子寿，一名博物，韶州曲江（今广东韶关）人，唐朝开元时期名相、诗人。唐中宗景龙三年（707）进士，玄宗开元中累官至同中书门下平章事、中书令，是开元盛世的最后一位名相，他忠耿尽职，直言敢谏，选贤任能，为"开元之治"做出了积极贡献。后遭李林甫排挤罢相，贬为荆州长史。其诗格调清雅，兴寄深婉。著有《曲江集》。《望月怀远》当写于开元二十四年（736）张九龄遭贬荆州长史以后。

> 海上生明月，天涯共此时。
> 情人怨遥夜，竟夕起相思。①
> 灭烛怜光满，披衣觉露滋。②
> 不堪盈手赠，还寝梦佳期。③

【注释】

①［情人］多情之人。［竟夕］终夜，通宵，即一整夜。　②［怜］爱。③［"不堪"句］意思是月光虽可爱，却不能掬一捧赠给远方之人。［佳期］指重逢之期。

【解读】

唐诗中，写月夜怀人的诗作有很多，大都细腻温婉、愁情满怀，如这首五律般将"望月怀远"写得大气磅礴、颇具宰相气度的实在不多。诗作首联扣题,点出中心意象"明月",再伴"海上""天涯"等,意境阔大、雄浑,"海上生明月,天涯共此时"已成为千古佳句。共对一轮海上明月,再遥远的距离也难以阻断高度的心理认同。颔联上承首联直接抒发怀人念远之情,以"怨"字为核心,"情人"与"相思"呼应,"遥夜"与"竟夕"呼应,采用流水对,自然流畅,一气呵成。颈联和尾联具体描绘念远之人彻夜难眠、百无聊赖的情形,动作、心理描写细腻感人。全诗将广阔的时空背景与真挚的怀人之情结合,并采用了叙事中抒情的古体诗笔法,从容朴厚,自然浑成。

［清］袁耀《春台明月图》

过故人庄

孟浩然

【题解】

这首诗是孟浩然隐居鹿门山时，应故人之邀到田家的欢饮之作。

> 故人具鸡黍，邀我至田家。①
> 绿树村边合，青山郭外斜。②
> 开轩面场圃，把酒话桑麻。③
> 待到重阳日，还来就菊花。④

【注释】

①〔具鸡黍（shǔ）〕准备了丰盛的饭食。黍，黄米，古代认为是上等的粮食。②〔合〕环绕。〔郭〕古时城墙有内外两重，内为城，外为郭。这里指村庄的外墙。 ③〔"开轩"句〕打开窗户面对着打谷场和菜园。轩，窗。圃，菜园。〔话桑麻〕闲谈农事。 ④〔重阳日〕指农历九月初九。古人在这一天有登高、饮菊花酒的习俗。〔就菊花〕指饮菊花酒、赏菊。就，靠近。

【解读】

《过故人庄》写的是诗人应邀到一位乡村老友家做客的经过，着重展现了淳朴自然的田园风光和朋友的深情厚谊。首联扣题，从应邀写起。朋友"邀"而诗人"至"，所到之处为"田家"，友人所备之物也不过是"鸡黍"，平淡自然，毫无渲染，但热情、简朴、真醇自在其中。颔联写故人庄的自然风光，前句为近景，后句为远景，"合"字见树之繁茂，"斜"字见山之悠远，形象鲜明，意境优美。颈联极具画面感，写把酒闲话农事的场景，其乐融融。将二三联结合在一起看，绿树、青山、村舍、场圃、桑麻，构成了一幅优美宁静的田园风景画。

尾联写诗人深深为田园生活所吸引，临别时主动预约待重阳节再来观赏菊花和品菊花酒，一片率真之情。故人相待的热情，客人的兴味盎然，主客之间的亲切融洽，在这里都不言自明。

这首诗是一首五言律诗。律诗不仅讲求声律对偶，而且往往追求遣词造句的尖新、章法结构的巧妙。但这首《过故人庄》朴素省净而意味醇厚。它讲对偶，工稳但极自然；它讲究炼字，"合""斜""就"几个字颇见锤炼之功，但又完全不着痕迹；它讲章法布局，但全诗由"邀"到"至"到"望"又到"约"，一径写来，自然流畅。诚如《唐诗摘钞》评价这首诗："全首俱以信口道出，笔尖几不着点墨。浅之至而深，淡之至而浓，老之至而媚。"

李可染《过故人庄诗意图》

王维律诗二首

【题解】

　　这是王维奉命以监察御史身份出使凉州（今甘肃武威），察访军情，宣慰将士的诗。《使至塞上》即作于初至凉州时。开元二十八年（740）后，他于终南山构筑辋川别墅，过着半官半隐的生活，《山居秋暝》即作于这个时期。暝（míng），日落，天色将晚。

使至塞上

单车欲问边，属国过居延。①

征蓬出汉塞，归雁入胡天。②

大漠孤烟直，长河落日圆。③

萧关逢候骑，都护在燕然。④

山居秋暝

空山新雨后，天气晚来秋。

明月松间照，清泉石上流。

竹喧归浣女，莲动下渔舟。⑤

随意春芳歇，王孙自可留。⑥

【注释】

　　①［"属国"句］意思是边地辽阔，附属国直到居延以外。居延，地名，汉代称居延泽，唐代称居延海，在今内蒙古额济纳旗北境。　　②［征蓬］随风远飞的

蓬草。〔胡天〕胡人的领空。 ③〔孤烟〕古代边防报警时燃狼粪，其烟直而聚，风吹之不散。〔长河〕指黄河。 ④〔"萧关"二句〕意思是在途中遇到候骑，得知主帅破敌后尚在前线未归。萧关，古关名，又名陇山关，故址在今宁夏固原东南。候骑，负责侦察、通信的骑兵。都护，镇守边疆的都护府长官。这里指前敌统帅。燕然，古山名，即今蒙古国杭爱山，后汉车骑将军窦宪大破匈奴后，曾登燕然刻石记功。这里代指前线。 ⑤〔浣（huàn）女〕洗衣的女子。 ⑥〔随意〕任凭。〔"王孙"句〕《楚辞·招隐士》中有"王孙兮归来，山中兮不可久留"，这里反用其意，是说春天的芳华虽已消歇，但秋景也佳，王孙自可留在山中。王孙，原指贵族子弟，后来也泛指隐居的人。此处指诗人自己。

【解读】

这两首五言律诗都是王维的代表性作品，但风格差异较大，一雄健，一闲逸。

《使至塞上》记述了出使边塞的旅程以及途中所见塞外风光。全诗首尾两联叙"问边"之事，"居延""萧关""燕然"等地名、"候骑""都护"等人物，无不与边塞相关。颔联写景，并借景设喻，将自己比作蓬草、归雁，有飘零之感。颈联是历来为人激赏的名句。《红楼梦》作者曹雪芹借香菱之口说出了自己的感受："'大漠孤烟直，长河落日圆'，想来'烟'如何'直'？'日'自然是'圆'的。这'直'字似无理，'圆'字似太俗。合上书一想，倒像是见了这景的。若说再找两个字换这两个，竟再找不出两个字来。"这两句诗准确生动地描绘了边陲大漠中壮阔雄奇的景象，境界阔大，气象雄浑。整首诗叙事有始有终，既写景，也表露心境，有寂寞悲伤，但更不失雄健豁达。

《山居秋暝》写清秋时节山居所见雨后黄昏的景色，充满诗情画意，在章法上颇能体现律诗"起承转合"的结构特点。首联以"空山""晚来秋"点题总起，概写秋天傍晚山中雨后之景，同时也奠定全诗清幽淡雅的基调。颔联承接首联，继续写山中雨后之景，清幽至极，"明月"扣住首联的"晚","清泉石上流"则是因为"新雨后"。颈联由写景转写人物活动，与前两联形成一静一动的相互映衬，为诗歌平添了一份生机和活力。"空山"其实不空，反倒像是怡然自乐的世外桃源，于是就有了尾联：此时的山中虽然不像春天那样芳草鲜美百花娇艳，却有着春天没有的独特秋景，实在是理想的留居之地。这就表达了归隐山林的情志，点明了诗歌的主旨。

金城《山居秋暝图》

黄鹤楼

崔　颢

【题解】

　　崔颢（？—754），汴州（今河南开封）人，唐代诗人。唐开元十一年（723）进士及第，官至尚书司勋员外郎。早期诗作多写闺情，诗风浮艳。后来从军出塞，写作的边塞诗慷慨豪迈。《全唐诗》收录其诗四十余首。黄鹤楼，三国吴黄武二年（223）修建，为古代名楼。故址在湖北武昌黄鹄矶上，俯见大江，面对大江彼岸的龟山。这首《黄鹤楼》系诗人登临黄鹤楼，览眼前之景，诗兴大发而作。元人辛文房《唐才子传》记李白登黄鹤楼本欲赋诗，因见崔颢此作，为之敛手，说："眼前有景道不得，崔颢题诗在上头。"

昔人已乘黄鹤去，此地空余黄鹤楼。①
黄鹤一去不复返，白云千载空悠悠。②
晴川历历汉阳树，芳草萋萋鹦鹉洲。③
日暮乡关何处是？烟波江上使人愁。④

【注释】

　　①〔昔人〕传说中的仙人。相传三国时蜀人费祎在此楼驾鹤登仙（见《太平寰宇记》）。一说，仙人子安乘黄鹤经过这里（见《齐谐记》）　②〔悠悠〕飘荡的样子。　③〔"晴川"二句〕意思是说阳光照耀着江面，隔着江水，汉阳的树木清晰可见，鹦鹉洲上的草长得茂密喜人。历历，清楚可数。汉阳，地名，在黄鹤楼之西，汉水北岸。萋萋，形容草木茂盛。鹦鹉洲，在湖北省江夏区西南，据《后

汉书》记载，汉黄祖担任江夏太守时，在此大宴宾客，有人献上鹦鹉，故称鹦鹉洲。　④［乡关］故乡。

【解读】

　　这是一首登临黄鹤楼的吊古怀乡之作，在诗歌史上享有盛誉。诗作起首两联由楼名起笔，以仙人乘鹤归去的传说引出黄鹤楼，再通过黄鹤楼的今昔变化写仙去楼空，唯余天际白云，悠悠千载，空寂寥落，隐隐透出世事沧桑之感。颈联自然转写登临送目，展现了江上明朗的景色。尾联由景入情，情景交融，以烟波浩渺日暮怀乡之情作结，余音袅袅，余韵绵绵。整首诗巧妙地将神话传说与眼前景物融为一体，亦幻亦真，虚实结合。写景则有近景，有远景，有晴日之景，有黄昏之景，气象恢宏，富于变化。名楼胜景、仙人黄鹤、蓝天白云、晴江洲渚、绿树芳草、落日暮江，相互映衬，形象鲜明，充满诗情画意。

　　作为一首七言律诗，这首诗在章法上谨严有度，起、承、转、合自然流畅，绝无滞碍。但从格律的角度看，前两联多有不合律之处。如首联上下句在同样的位置出现"黄鹤"；颔联不对仗，上句除"黄"字外全为仄声，下句用"空悠悠"这样的三平调煞尾，全是古诗的作法。后两联则纯是格律诗作法。这其实是一种古律体。近人许印芳评《黄鹤楼》诗曾言："此篇乃变体律诗，前半是古诗体，以古笔为律诗，盛唐人有此格。"

李白律诗二首

【题解】

开元十三年（725），李白出蜀，"仗剑去国，辞亲远游"，由水路乘船远行，经巴渝，出三峡，直向荆门山之外驶去，目的地是湖北、湖南一带的楚国故地。《渡荆门送别》盖为此时所作。天宝年间，李白被"赐金还山"、排挤出长安。《登金陵凤凰台》当为南游金陵时所作。

渡荆门送别

渡远荆门外，来从楚国游。①

山随平野尽，江入大荒流。②

月下飞天镜，云生结海楼。③

仍怜故乡水，万里送行舟。④

登金陵凤凰台

凤凰台上凤凰游，凤去台空江自流。⑤

吴宫花草埋幽径，晋代衣冠成古丘。⑥

三山半落青天外，二水中分白鹭洲。⑦

总为浮云能蔽日，长安不见使人愁。

【注释】

①〔渡远〕乘舟远行。〔荆门〕山名，位于今湖北省宜昌市宜都市西北长江南

岸，上合下开，形状似门，与北岸虎牙山对峙，自古即有楚蜀咽喉之称。［楚国］楚地，指湖北一带，春秋时期属楚国。　②［大荒］广阔无际的原野。　③［月下飞天镜］明月映入江水，如天上飞下的明镜。［海楼］即海市蜃楼，这里形容江上云霞绚丽多彩的景象。　④［怜］爱。　⑤［凤凰台］故址在今南京市凤凰山。相传南朝刘宋元嘉十六年，有三鸟翔集山间，文彩五色，状如孔雀，音声谐和，众鸟群附，时人谓之凤凰。于是起台于山，谓之凤凰台，山曰凤凰山。　⑥［吴宫］三国时孙吴建都金陵所筑的宫殿。［“晋代”句］意思是东晋的王公贵族成了一座座荒凉的古坟。晋代，指东晋，晋室南渡后建都于金陵。衣冠，原指衣服和礼帽，这里借指王公贵族。　⑦［三山］山名，在金陵西南长江边上，三峰并列，南北相连，故称“三山”。［二水］指秦淮河流经南京后，西入长江，被横截其间的白鹭洲分为二支。［白鹭洲］古时长江中的沙洲，洲上多集白鹭，故名。因江水外移，今已与陆地相连，位于今南京市水西门外。

【解读】

　　《渡荆门送别》是一首仄起不入韵，押平水韵“十一尤”的五言律诗。诗歌描绘了舟过荆门，沿江而下所见的壮阔景象。首联交代诗人的游踪和出游目的，“远”“游”二字是全诗的关键。颔联承上从舟行的角度写山写水。前句形象地描绘了船出三峡、渡过荆门山后长江两岸特有的景色，“随”字化静为动；后句写江水一泻千里、奔腾到海的宏阔气势，“入”字笔力道劲。颈联写月写云，以“天镜”喻月之皎洁，以“海楼”喻云之奇丽，写实又充满丰富的想象，“飞”字动感十足，“结”字富有情韵。尾联见送别之意，用拟人化的手法，不说自己留恋故乡，而说故乡之水万里相送。“怜”“送”二字饱含感情。全诗意境高远，风格雄健，想象瑰丽，表现了诗人仗剑远游、倜傥不群的个性及浓浓的思乡之情。

　　《登金陵凤凰台》是李白为数不多的七言律诗之一。这是一首咏怀古迹之作，但字里行间隐寓着感时伤世的悲慨。首联以传说起兴，点明了凤去台空，金粉六朝消逝衰亡，一去不返。接下来两联进一步发挥，以东吴、东晋王公贵族的湮灭与"三山""二水"的永恒永在相对照，感慨良深。这两联对仗工整，前联从时间维度写"纵"，气象衰飒；后联从空间维度写"横"，境界阔大，古今天地，尽收笔底。尾联紧承颈联远望之所见，很自然地写出了"浮云""蔽日""长安不见"。这一联一语双关，写景的同时更形象地概括出了当时奸佞当道，自身报国无门的沉痛现实。全诗将传说与历史、过去与现在、自然之景与个人遭际完美地结合在一起，气势恢宏，情韵悠远，堪称杰作。相传李白很欣赏崔颢的《黄鹤楼》诗，欲与之较胜负，乃作《登金陵凤凰台》。《苕溪渔隐丛话》《唐诗纪事》等都有类似的记载。从李白此诗的格调看，受崔颢诗的影响是明显的，如用崔颢诗韵，前两联依韵（用同一韵部，韵字不同），后两联步韵（韵字相同，次序不变），且径用崔诗"使人愁"煞尾。再如，崔颢诗三用"黄鹤"，李白诗三用"凤凰"等。正如元代方回《瀛奎律髓》所言："格律气势，未易甲乙。"两诗各具特色，各得其妙。

杜甫律诗二首

【题解】

　　唐肃宗至德元年（756）六月，叛军攻下唐都长安。七月，杜甫听到唐肃宗在甘肃灵武即位的消息，便把家眷安顿在鄜州（今陕西富县）羌村，自己赴灵武。途中为叛军俘获，押至长安。因他官职低微，未被囚禁。《春望》写于次年三月。《登高》作于唐代宗大历二年（767）秋，杜甫当时流寓夔州（今重庆奉节）。这时，安史之乱已结束四年，但地方军阀又乘时而起，相互争夺地盘，时局仍是一片混乱。杜甫此时生活依旧困顿，且疾病缠身。一日，他独自登上夔州白帝城外的高台，登高远眺，百感交集，写下了这首诗。

春　望

国破山河在，城春草木深。①
感时花溅泪，恨别鸟惊心。②
烽火连三月，家书抵万金。③
白头搔更短，浑欲不胜簪。④

登　高

风急天高猿啸哀，渚清沙白鸟飞回。⑤
无边落木萧萧下，不尽长江滚滚来。⑥
万里悲秋常作客，百年多病独登台。⑦
艰难苦恨繁霜鬓，潦倒新停浊酒杯。⑧

【注释】

① ［国破］指安禄山叛军攻破国都长安。　② ［感时］为时局的动荡不安而感伤。　③ ［烽火］古时边防报警的烟火，这里指安史之乱的战火。［连三月］指正月、二月、三月。［抵］值，相当。　④ ［短］少，减少，稀少。［浑］简直。［不胜（shēng）簪（zān）］意思是插不上簪子。不胜，受不住。　⑤ ［渚（zhǔ）］水中小洲。［回］盘旋。　⑥ ［落木］落叶。［萧萧］风吹落叶的声音。　⑦ ［常作客］长期漂泊异乡。［百年］犹言一生，这里指晚年。　⑧ ［艰难］指个人生活多艰，国家时局多难。［苦恨］极恨，极其遗憾。苦，极。［繁霜鬓］增多了白发，如鬓边着霜雪。［潦倒］衰颓，失意。这里指衰老多病。［新停］新近停止。

【解读】

《春望》作于安史之乱第三年（757）春末。当时，杜甫被叛军俘获至沦陷的长安已八个月，在归家无路、报国无门、愁肠百结的情形下写了这首诗。诗作首联从大处落笔，写春望所见长安城的破败景象，饱含兴衰之感，奠定了全诗苍凉悲慨的感情基调。颔联从细处落笔，移情于物，以乐景写哀情，表达了心忧国事，思念亲人的感情。花"溅泪"，鸟"惊心"，更反衬了现实中灾难之深重。前两联情景交融，意在言外。诚如宋司马光《温公续诗话》所言："山河在，明无余物矣；草木深，明无人矣；花鸟，平时可娱之物，见之而泣，闻之而悲，则时可知矣。"颈联由写景转为叙事，以因果关系的流水对写战火连绵，家书难通，表达忧国思家之愁。尾联以刻画自我形象作结，于离乱伤痛之外，再叹衰老，更增一层悲哀。整首诗格律严整，对仗精工，声情悲壮，历来被视为表现国恨家仇的典范之作。

《登高》是一首七言律诗，感情沉郁顿挫，格调雄浑悲壮。前两联写景，既有大笔勾勒，也有细笔描摹；有动有静，有声有色。风急、天高、猿啸、渚清、沙白、鸟飞、落叶萧萧、江水滚滚，共同营造出开阔雄浑而又无比苍凉的深秋景象。叠字的运用有特色，"萧萧"表现出漫天黄叶下落的情景，"滚滚"状写了江水的奔腾之势，萧瑟中有跃动，悲凉中有壮阔。后两联抒情。颈联承前两联所写之景，极其沉痛又内蕴丰富。宋罗大经《鹤林玉露》言："万里，地之远也；悲秋，时之惨凄也；作客，羁旅也；常作客，久旅也；百年，暮齿也；多病，衰疾也；台，高迥处也；独登台，无亲朋也。十四字之间含有八意，而对偶又极精确。"尾联将悲凉沉郁的情绪再推进一层，国家动荡难安，百姓困苦不堪，自己生活困顿、百病缠身，就连借酒浇愁都不能得。这首诗语言极精练，对诗歌声律的把握已达圆通之境，四联皆用对偶，首联还有句中对，意象或密集，或疏阔，因此毫无板滞之感。

［元］赵孟頫《杜甫像》

钱塘湖春行

白居易

【题解】

白居易（772—846），字乐天，号香山居士，又号醉吟先生。祖籍山西太原，后迁居下邽（今陕西渭南），生于河南新郑，唐代文学家。贞元十六年（800）进士及第，累官至左拾遗、左赞善大夫。元和十年（815）因上书言事被贬为江州司马。后历任忠州（今重庆忠县）、杭州、苏州刺史，晚年官太子少傅，后人称"白傅"。唐穆宗长庆二年（822）七月，白居易被任命为杭州刺史，唐敬宗宝历元年（825）三月又出任了苏州刺史，所以这首《钱塘湖春行》当写于长庆三、四年间的春天。钱塘湖即杭州西湖。

孤山寺北贾亭西，水面初平云脚低。①
几处早莺争暖树，谁家新燕啄春泥。②
乱花渐欲迷人眼，浅草才能没马蹄。③
最爱湖东行不足，绿杨阴里白沙堤。④

【注释】

①［孤山寺］南北朝时期陈文帝初年建，名承福，宋时改名广华。孤山，在西湖的后湖和外湖之间，因与其他山不相接连，所以称孤山。上有孤山亭，可俯瞰西湖全景。［贾亭］又叫贾公亭，西湖名胜之一，唐朝贾全任杭州刺史时所建。［云脚］低垂的云。 ②［暖树］向阳的树。 ③［乱花］纷繁开放的花。［迷人眼］使人眼花缭乱。 ④［湖东］以孤山为参照物，白沙堤（即白堤）在孤山的东北面。［行不足］百游不厌。不足，不够。［白沙堤］即今西湖白堤，又称沙堤、断桥堤，在西湖东畔，唐朝以前已有。白居易在任杭州刺史时所筑白堤在钱塘门外，是另一条。

【解读】

  这首诗是咏西湖名作，其旨趣不在于介绍某种景物或某处名胜，而是从总体上描绘西湖蓬蓬勃勃的春意。从题目及内容看，诗作是在行进中展开景物描写，由孤山寺写到贾公亭，再写到东湖白沙堤，诗人的足迹遍及大半个西湖，也为我们描绘了几幅连缀在一起的风景画。首联为远望之景，湖水平堤，云脚低垂，写出了西湖春季的水色天光。中间两联，选取早春特有的几种景物，生动细致地描绘了西湖春天里一派生机盎然的景象，对仗工稳。"早""暖""新""乱""浅"准确传神，"争""啄""迷""没"充满活泼泼的动感，"几处""谁家""渐欲""才能"透出作者的欣喜欢快。尾联"最爱"二字将前面一路所见与白沙堤相关联映衬，以"行不足"点明题旨，表明了西湖让人流连忘返。本诗通篇写景，寓情于景，语言平易浅近，清新自然，颇能体现白居易的诗歌创作风格。

［宋］佚名《西湖春晓图》

酬乐天扬州初逢席上见赠

刘禹锡

【题解】

　　唐敬宗宝历二年（826），刘禹锡罢和州刺史返回洛阳，同时白居易也罢苏州官职返洛阳，二人在扬州初逢。白居易感慨刘禹锡的遭际，在宴席上作《醉赠刘二十八使君》赠予刘禹锡，诗云："为我引杯添酒饮，与君把箸击盘歌。诗称国手徒为尔，命压人头不奈何。举眼风光长寂寞，满朝官职独蹉跎。亦知合被才名折，二十三年折太多。"刘禹锡写下了这首《酬乐天扬州初逢席上见赠》作答。

巴山楚水凄凉地，二十三年弃置身。①

怀旧空吟闻笛赋，到乡翻似烂柯人。②

沉舟侧畔千帆过，病树前头万木春。

今日听君歌一曲，暂凭杯酒长精神。③

【注释】

　　①［巴山楚水］永贞革新失败后，刘禹锡先被贬为朗州（今湖南常德市）司马，后改连州（今广东连州市）、夔州（今重庆奉节县）、和州（今安徽和县）刺史。夔州属古时巴国，其余大致属古时楚国，故以"巴山楚水"代指这些偏远的被贬之地。［二十三年］刘禹锡自唐顺宗永贞元年（805）被贬为连州刺史，至宝历二年（826）冬应召，约二十二年。因贬地离京遥远，实际上到第二年才能回到京城，所以说二十三年。［弃置］指遭贬谪。　　②［闻笛赋］指西晋向秀的《思旧赋》。三国曹魏末年，向秀的朋友嵇康、吕安因不满司马氏篡权而被杀害。后来，向秀经过嵇康、吕安的旧居，听到邻人吹笛，不禁悲从中来，于是作《思旧赋》。

刘禹锡借用这个典故怀念已故去的旧友王叔文、柳宗元等人。〔翻似〕倒好像。翻，反而。〔烂柯人〕故事出自《述异记》。相传晋人王质上山砍柴，看见两个童子下棋，就停下观看。等棋局终了，手中的斧柄已经朽烂。回到村里，才知道已过了一百年。同代人都已经亡故。作者以此典故表达自己遭贬二十三年，世事沧桑，人事全非，恍如隔世的心情。柯，斧头柄。 ③〔歌一曲〕指白居易的《醉赠刘二十八使君》。〔长（zhǎng）〕增长，振作。

【解读】

这是一首酬答诗。诗作首联紧承白居易诗《醉赠刘二十八使君》末联"亦知合被才名折，二十三年折太多"之句，以"巴山楚水"泛指贬谪之地，通过"凄凉地""弃置身"这些富有感情色彩的词语，表达了自己长期遭贬的无限辛酸和愤懑不平。颔联紧承上联，巧用"闻笛赋""烂柯人"的典故，表达了对已故旧友的深切怀念和对世事变迁的深沉感慨，用典贴切，耐人寻味。颈联借景抒情言理。沉舟侧畔，千帆竞发；病树前头，万木争春。这样的景象，一洗诗歌的伤感低沉，尽显豁达情怀，激昂气概。尾联紧扣诗题"酬"字，表示自己要振作精神，以酬答乐天的关怀、关切。全诗感情深挚，写得跌宕起伏，沉郁中见豪放，颈联对仗工巧，写景自然，具有很强的艺术感染力，同时反映了深刻的人生哲理。这首诗通篇押平水韵"十一真"韵，韵脚分别为"身""人""春""神"，声情凝重，恰切地表达了诗人被贬二十多年的深沉感慨。

示　弟

李　贺

【题解】

李贺（790—816），字长吉，河南福昌（今河南宜阳）人，后世称李昌谷，祖籍陇西郡，为大唐宗室远支，唐代诗人。李贺才思聪颖，少有诗名，因避父晋肃讳，不能参加进士科考试，终生落魄，27岁便英年早逝。李贺诗作想象丰富，立意新奇，构思精巧，用词瑰丽，被后人称为"诗鬼"。著有《昌谷集》。唐宪宗元和六年（811），李贺谋得奉礼郎（管宗庙祭祀司仪一类事务的九品小官），至元和八年（813）辞官。《示弟》当作于诗人辞官归昌谷后。

别弟三年后，还家一日余。^①

醁醽今夕酒，缃帙去时书。^②

病骨犹能在，人间底事无？^③

何须问牛马，抛掷任枭卢！^④

【注释】

①［弟］指李贺之弟，名犹。　②［醁醽（lù líng）］美酒名。《文选》左思《吴都赋》："飞轻轩而酌醁醽。"李善注："《湘州记》曰：湘州临水县有酃湖，取水为酒，名曰酃酒。盛弘之《荆州记》曰：渌水出豫章郡康乐县，其间乌程乡有井，官取水为酒，酒极甘美，与湘东酃湖酒年常献之，世称醁醽酒。"　［缃帙（xiāng zhì）］包在书卷外的淡黄色封套。　③［病骨］病身。［"人间"句］意思是人世间什么事情不会发生呢。底，何，什么。　④［"牛马"二句］意思是管它什么功名利禄，抛出去是"枭"还是"卢"随它去吧。牛马、枭卢，都是古代

赌具"五木"上的名称。古代有掷五木的博戏，五木其形两头尖，中间平广，一面涂黑色，画牛犊以为花样，一面涂白，画雉以为花样。凡投掷五子皆黑者，名"卢"，白二黑三者曰"枭"。

【解读】

这首诗前两联描写的是作者仕途蹭蹬，失意归来，而其弟却不嫌弃，热情款待，使得作者悲喜交加，心情复杂。首联"三年""一日"对举，写出了离家日久，一朝归来的欣喜，也表达了在外多年，却功业无成不得不归家的无奈。颔联善于捕捉生活细节来表情达意，继续渲染那种既欣慰又悲苦的复杂情感：弟弟以美酒款待，手足情深，可是一看到行囊里装的仍是离家时所带的那些书籍，又不禁悲从中来。颈联一方面，抒发了沉沦不遇的感慨，另一方面，又用愤激的语言表达了愤世嫉俗的情怀。尾联表面上说何必要问五木名色，抛出去管它是"枭"还是"卢"，看似达观，实则悲愤激越，心绪难平。李贺作律诗，常常用邻韵混押的方式，像这首诗中的韵脚字"余""书"属于平水韵"六鱼"，"无""卢"属于平水韵"七虞"，比较自由，少受束缚。而从对仗的角度看，《示弟》前三联均用对仗，中间两联对仗尤其工整、流畅，合律诗法度。

无题二首（其一）

李商隐

【题解】

李商隐（约 813—858），字义山，号玉溪生，怀州河内（今河南沁阳）人。开成二年（837）进士及第，曾任秘书省校书郎、弘农县尉、东川节度使判官等小官职。因陷入"牛李党争"的政治旋涡，备受排挤，一生困顿不得志。他是晚唐杰出的诗人，与杜牧合称"小李杜"，与温庭筠合称"温李"。其诗构思新奇，格律严整，多用暗示、象征、比喻等艺术手法，形成婉曲绵邈、意境朦胧的独特风格。有《李义山诗集》传世。《无题》为李商隐《无题二首》组诗之一的七言律诗。

昨夜星辰昨夜风，画楼西畔桂堂东。①
身无彩凤双飞翼，心有灵犀一点通。②
隔座送钩春酒暖，分曹射覆蜡灯红。③
嗟余听鼓应官去，走马兰台类转蓬。④

【注释】

①〔画楼〕指彩绘华丽的高楼。与下文的"桂堂"都是形容楼堂的华美富丽。②〔灵犀〕旧说犀牛角中心有白纹如线贯通，这里比喻心灵相通。 ③〔送钩〕也叫藏钩，古代一种游戏。人分两队，一队藏一钩于手中，隔座传送，另一队猜钩所在，猜中为胜，不中则罚。〔分曹射覆〕也是一种游戏。分曹即分组。一组人用巾帕或器皿覆盖一物，另一组猜，猜中为胜。 ④〔"嗟（jiē）余"句〕意思是感叹自己听到更鼓声要到官署去应卯。听鼓应官，到官府上班，古代官府卯刻击鼓，召集僚属，午刻击鼓下班。〔兰台〕秘书省的别称。李商隐曾于会昌二年

（842）任秘书省正字。〔转蓬〕飞转的蓬草。

【解读】

这首诗抒写了对昨夜筵席偶遇、又不能跨越阻隔的意中人的深切怀想。首联追忆昨夜的美好，全然不用动词，而以"星辰""风""画楼""桂堂"四个意象相叠加，"昨夜"复迭，方位词"西""东"连缀，烘托出一种温馨旖旎的环境氛围。颔联上句承首联，表达不能与意中人亲近的幽怨；下句又由上句转折，写因心有默契、情意相通而感到欣慰。这一联比喻生动，形象鲜明，辞藻绮丽而又浓淡适宜，是流传千古的名句。颈联回忆昨夜宴饮、游戏的喧闹情景，与颔联抒发的脉脉不得语的情思形成了鲜明的对照，凸显了环境的阻隔，也衬托出今时的孤独落寞，自然引出尾联的嗟叹。尾联将爱而不得的惆怅与身世飘零的感喟结合起来，丰富了诗歌内涵，深化了诗作意蕴。这首七律为仄起平收式，押平水韵"一东"，声调圆转流丽，除尾联外，其余三联均用对仗，且极精巧工稳。如"身无彩凤双飞翼，心有灵犀一点通"，"心"对"身"（名词对名词），"有"对"无"（动词对动词），"灵犀"对"彩凤"（走兽对飞禽），"一点通"对"双飞翼"（联组相对），别具匠心。

山园小梅

林　逋

【题解】

　　林逋（bū）（967—1028），字君复，钱塘（今浙江杭州）人，北宋隐逸诗人。幼时刻苦好学，通晓经史百家。曾漫游江淮间，后隐居杭州西湖，终生不仕不娶，唯喜植梅养鹤，人称"梅妻鹤子"。谥和靖，世称和靖先生、林和靖。有《林和靖先生诗集》传世。《山园小梅》是林逋的咏梅组诗之一，具体创作年代已不可考。

　　　　众芳摇落独暄妍，占尽风情向小园。①
　　　　疏影横斜水清浅，暗香浮动月黄昏。②
　　　　霜禽欲下先偷眼，粉蝶如知合断魂。③
　　　　幸有微吟可相狎，不须檀板共金樽。④

【注释】

　　①［暄（xuān）妍］这里是形容梅花明媚鲜艳。　②［疏影横斜］梅花疏疏

［宋］马远《林和靖梅花图》

落落，横枝斜出，影子投在水中。〔暗香浮动〕梅花散发的清幽香味在飘动。③〔霜禽〕羽毛白色的禽鸟。〔偷眼〕偷偷地看。〔合断魂〕应该销魂神往。合，应该。④〔狎（xiá）〕玩赏，亲近。〔檀（tán）板〕檀木制成的拍板，歌唱或演奏音乐时用以打拍子。这里泛指乐器。〔金樽（zūn）〕豪华的酒杯，此处指饮酒。

【解读】

这首诗歌咏了梅花的美丽与高洁。全诗没有一个"梅"字，却句句都在写梅。首联通过百花的凋零衰败与梅花的明艳绽放做对比，衬托出梅卓尔不群的品性。"独""尽"二字极凝练，更凸显了梅的个性。颔联集中笔力摹写梅的清姿，历来为人称道。上句勾勒梅的风骨，下句描摹梅的韵致，写出了横枝斜出的梅花倒映于清浅水面随波摇曳的姿态和朦胧月色中暗暗飘散的幽香。"疏影""暗香"两个词写尽了梅的气质风姿，影响极大，甚至成了梅的代名词。南宋词人姜夔咏梅的两首著名的自度曲，即以《暗香》《疏影》为调名。颈联转而用侧面描写的方法，借"霜禽偷眼"和"粉蝶断魂"表现了梅的孤洁。尾联由梅及人，诗人直抒胸臆，深情表白梅花，可见出梅品即人品，梅之神清骨秀、高洁端庄也正是诗人淡泊雅致、孤高幽逸的真实写照。作为一首七言律诗，这首诗颔联、颈联对仗工稳，全诗用的是平水韵"十三元"的韵，第一句韵脚却用了"一先"韵的"妍"字。其实，到了晚唐，律诗首句用邻韵已成为一种作诗风气，到了宋代，更是相当普遍。

登快阁

黄庭坚

【题解】

黄庭坚（1045—1105），字鲁直，号山谷道人，世称黄山谷、豫章先生，洪州分宁（今江西九江修水县）人，北宋文学家、书法家，"江西诗派"开山之祖。宋英宗治平四年（1067）进士，曾任秘书省校书郎、《神宗实录》编修官等多个官职及多地的地方官。黄庭坚在诗、词、散文、书、画等方面取得很高成就。他与张耒、晁补之、秦观都游学于苏轼门下，合称为"苏门四学士"。作品有《山谷词》《豫章黄先生文集》等。《登快阁》作于宋神宗元丰五年（1082），时黄庭坚在吉州泰和县（今属江西）任知县。快阁在泰和县东澄江之上，以江山广远、景物清华闻名。

痴儿了却公家事，快阁东西倚晚晴。①
落木千山天远大，澄江一道月分明。②
朱弦已为佳人绝，青眼聊因美酒横。③
万里归船弄长笛，此心吾与白鸥盟。④

【注释】

①〔痴儿〕典出《晋书·傅咸传》，当时的清谈家尚清谈，反对务实，认为一心想把官事办好的人是"痴"，成不了大器。诗人以"痴儿"自许，有自我解嘲的意味。〔了却〕完成。〔倚晚晴〕倚在快阁栏边，迎着雨后夕阳。　②〔澄江〕水名，在快阁前。　③〔"朱弦"句〕《吕氏春秋·本味》："钟子期死，伯牙破琴绝弦，终身不复鼓琴，以为世无足复为鼓琴者。"这里用此典，慨叹自己胸有才志，却已无知音之人。朱弦，这里指琴。佳人，美人，引申为知己、知音。〔青眼〕《晋书·阮籍传》："（阮）籍又能为青白眼，见礼俗之士，以白眼对之。及嵇喜来

吊，籍作白眼，喜不怿而退。喜弟康闻之，乃赍酒挟琴造焉，籍大悦，乃见青眼。"青眼即黑色的眼珠在眼眶中间，青眼看人则是表示对人的喜爱或尊重，指正眼看人。白眼指露出眼白，表示轻蔑。［聊］姑且。　④［弄］吹奏。［白鸥盟］《列子·黄帝》："海上之人有好沤（鸥）鸟者，每旦之海上，从沤鸟游，沤鸟之至者，百住而不止。其父曰：'吾闻沤鸟皆从汝游，汝取来吾玩之。'明日之海上，沤鸟舞而不下也。"后人以与鸥鸟盟誓表示毫无机心，这里是指无利禄之心，借指归隐。

【解读】

　　这首诗写登临快阁的所见，所感。首联以叙事起笔，写自己公务之余登快阁远眺。以"痴儿"自诩，有谐趣。"倚晚晴"直接引出下一联。"落木千山天远大，澄江一道月分明"历来为人称道。上句为远景，写山；下句为近景，写水。从山到水，由远及近，有空间转换。"天远大"为白天之景，"月分明"为夜晚之景，寓时间推移。写景精切，境界阔大，也折射出诗人的胸襟怀抱。后两联转入抒情。"朱弦"一联先叹知音无有，透出胸中郁愤不平，但诗人欲借美酒化解它。尾联宕开一笔，以"归船""白鸥"之想，呼应了首联，顺势作结，表明了归隐之心。本诗多用典故，对仗工丽，有律诗的严整，亦有歌行体的一气流转。清方东树《昭昧詹言》言："起四句且叙且写，一往浩然，五六句对意流行。收尤豪放。此所谓寓单行之气于排偶之中者。"所谓"对意流行"即用流水对的形式表达诗意的上下相承，有盘旋而下的效果。清姚鼐也评此诗"能移太白歌行于七律内者"。

游山西村

陆 游

【题解】

　　宋孝宗乾道二年（1166），陆游力主抗金、积极支持张浚北伐，后被罢官，直到乾道六年（1170）夏，他都在故乡山阴（今浙江绍兴）闲居。《游山西村》作于乾道三年（1167）初春，西村是绍兴鉴湖附近的一个村庄。

莫笑农家腊酒浑，丰年留客足鸡豚。①

山重水复疑无路，柳暗花明又一村。

箫鼓追随春社近，衣冠简朴古风存。②

从今若许闲乘月，拄杖无时夜叩门。③

【注释】

　　①［腊酒］腊月里酿制的米酒。［足鸡豚（tún）］意思是准备了丰盛的菜肴。豚，小猪，代指猪肉。　②［春社］古代把立春后第五个戊日作为春社日，拜祭社公和五谷神，祈求丰收。社，土地神。　③［若许］如果这样。［闲乘月］有空闲时趁着月色前来。［无时］没有一定的时间，即随时。

【解读】

　　钱锺书先生在谈陆游诗歌创作时有这样一段精当的评论："他的作品主要有两方面：一方面是悲愤激昂，要为国家报仇雪耻，恢复丧失的疆土，解放沦陷的人民；一方面是闲适细腻，咀嚼出日常生活的深永的滋味，熨帖出当前景物的曲折的情状。"（《宋诗选注》）《游山西村》显然属于后者。这是一首描绘江南山村景色及民风民俗的记游诗。首联叙事，以轻松愉快的笔调点出时逢丰收的年景和村民热情好客的醇厚品性。颔联是途中即景，"山重水复"写出了山村周遭环境的清静幽邃，"柳暗花明"写出了山村初春景色的生机勃勃。这一联写景中寓含哲理，意味深长。颈联转写春社节日的喜庆氛围，赞美山村古风犹存。尾联再拓开一笔，表达了热切的愿望：但愿从今而后，能不时拄杖乘月，轻叩柴扉，与乡民亲切絮语。这首七律紧扣题目中的"游"字一路写来，兴味十足，结构严谨，又层次分明。尤其中间两联，对仗工整，"善写眼前景物，而音节琅然可听"（贺裳《载酒园诗话》），足见诗人的功力。

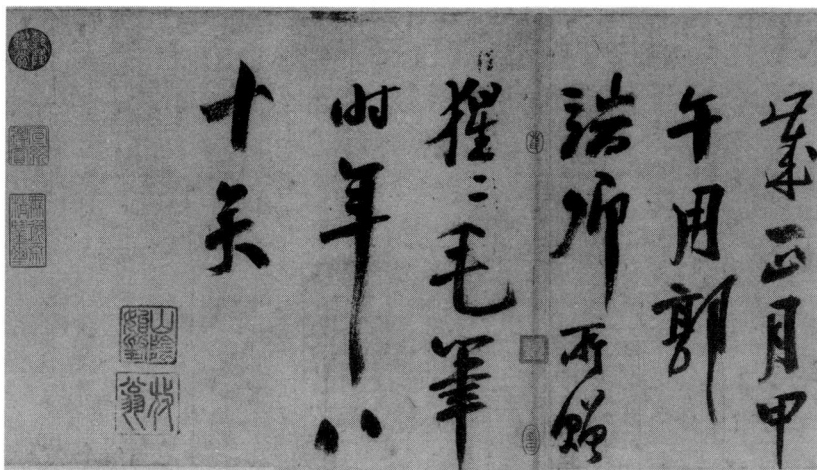

［宋］陆游《自书诗卷》（局部）

过零丁洋

文天祥

【题解】

文天祥（1236—1283），字宋瑞，一字履善，号文山，吉州庐陵（今江西吉安）人，南宋抗元英雄、文学家。宋理宗宝祐四年（1256）举进士第一，曾任军器监并暂时掌管学士院。德祐元年（1275），元军南下攻宋，文天祥出使元军议和被拘，后脱逃至温州，转战于赣、闽、岭等地，曾收复州县多处。祥兴元年（1278）兵败被俘，押至元大都（今北京），被囚三年，屡经威逼利诱，仍誓死不屈，从容就义。有《文山诗集》《指南录》《指南后录》《集杜诗》等诗集传世。《过零丁洋》是文天祥被囚禁在船上，经过珠江口零丁洋时所作。

辛苦遭逢起一经，干戈落落四周星。①
山河破碎风抛絮，身世飘摇雨打萍。②
皇恐滩头说皇恐，零丁洋里叹零丁。③
人生自古谁无死？留取丹心照汗青。④

【注释】

① [起一经] 因为精通某一经籍，通过科举考试而被朝廷起用做官。[干戈落落] 兵荒马乱的岁月。干戈，这里指战争。落落，荒凉冷落。一作"寥落"。[四周星] 四周年。周星，地球十二个月绕太阳一周，称"周星"。文天祥从1275年起兵抗元，到1278年被俘，共四年。 ② [风抛絮] 比喻山河破碎，犹如柳絮随风飘飞。一作"风飘絮"。[雨打萍] 比喻自身历经坎坷，如雨打浮萍时起时沉。③ [皇恐滩] 也作"惶恐滩"，在今江西省万安县，是赣江中的险滩。1277年，文天祥在江西被元军打败，所率军队死伤惨重，妻子儿女也被元军俘虏。他经惶恐滩撤到福建。[叹零丁] 感叹自己孤苦无依。 ④ [丹心] 赤诚之心。[汗青]

古代用竹简写字，先用火烤干其中的水分，干后易写且不受虫蛀，这种加工过程叫汗青，加工好的竹简也叫汗青。后以汗青指代史册。

【解读】

这是一首名垂千古的述志诗。首联自叙生平，只拈出科举入仕和四年抗元勤王的经历，高度概括，充满家国情怀。颔联承"干戈落落"，从朝廷和个人两个角度表达了对时局的看法，抒写了满腔的忧愤。朝廷风雨飘摇，个人又何尝不似水中浮萍，任凭凄风苦雨摧残？比喻贴切，别有情味。颈联感喟更加深沉，以自身经历的两个事件：兵败由惶恐滩撤往福建及当下被拘囚船上过零丁洋，再度表达了因宋朝即将覆灭和自己遭逢危难的极度痛苦和无奈。这两联对仗工整，浑然天成，言辞凄楚。尤其颈联，巧妙撷取"皇恐滩""零丁洋"两个地名，使两个具有双层含义、带有感情色彩的地名自然相对，表现出昔日"惶恐"与今日"零丁"的情状，写出了形势的险恶和境况的危苦，别有情味。尾联笔势陡转，全诗也一扫先前的沉郁、悲凉，转为豪放、洒脱。"人生自古谁无死，留取丹心照汗青"是文天祥用鲜血和生命写就的铮铮誓言，其所表现的慷慨激昂的热情和舍生取义的高风亮节，是诗人留给后世的一笔宝贵的精神财富。

思与行

【记诵与积累】

本单元所选，都是经典律诗名篇，风格多样，意蕴深厚，建议背诵。也可关联绝句单元，与同一诗人不同时期、不同风格、不同题材和体裁作品进行比较，也可与不同诗人相同题材、相近风格的作品加以比较，以丰富自己的诗篇积累，培养良好语感。

◎相顾无相识，长歌怀采薇。（《野望》）

◎无人信高洁，谁为表予心。（《在狱咏蝉》）

◎海内存知己，天涯若比邻。（《送杜少甫之任蜀州》）

◎海日生残夜，江春入旧年。（《次北固山下》）

◎海上生明月，天涯共此时。（《望月怀远》）

◎待到重阳日，还来就菊花。（《过故人庄》）

◎大漠孤烟直，长河落日圆。（《使至塞上》）

◎随意春芳歇，王孙自可留。（《山居秋暝》）

◎日暮乡关何处是？烟波江上使人愁。（《黄鹤楼》）

◎山随平野尽，江入大荒流。（《渡荆门送别》）

◎总为浮云能蔽日，长安不见使人愁。（《登金陵凤凰台》）

◎无边落木萧萧下，不尽长江滚滚来。（《登高》）

◎沉舟侧畔千帆过，病树前头万木春。

（《酬乐天扬州初逢席上见赠》）

◎身无彩凤双飞翼，心有灵犀一点通。（《无题》）

◎疏影横斜水清浅，暗香浮动月黄昏。（《山园小梅》）

◎落木千山天远大，澄江一道月分明。（《登快阁》）

◎山重水复疑无路，柳暗花明又一村。（《游山西村》）

【熟读与精思】

在中国古代诗歌中，有不少篇章富有理趣，且理语与景语、情语融为一体，体现了哲理和诗情的统一。例如，王湾《次北固山下》中的"海日生残夜，江春入旧年"，描绘了残夜未退红日已出、旧年未尽新春已至的壮美景象，蕴含了新旧更替的生活哲理；陆游《游山西村》中的"山重水复疑无路，柳暗花明又一村"，描绘了一幅山重水复、柳暗花明的山村春光图，展现了旅途中自己由迷惘到惊喜的情感转化过程，启发人们世间万物都有消长变化，困境、绝境中仍有希望，仍要奋进。请从本单元及绝句单元的诗作中找出几组富有理趣的诗句，想一想其中蕴含的哲理，体会行文运思的精妙。

【学习与践行】

鲁迅说："我们从古以来，就有埋头苦干的人，有拼命硬干的人，有为民请命的人，有舍身求法的人……这就是中国的脊梁。"在本单元所选诗作中，刘禹锡被弃置二十余年，仍写就"沉舟侧畔千帆过，病树前头万木春"这样的达观豪迈之语；杜甫身陷安史叛军占领的长安，他笔下的《春望》饱含家国情怀，令人心折骨惊；杨炯在国土遭外族入侵时，以"宁为百夫长，胜作一书生"抒写投笔保家卫国的壮志豪情；文天祥面对敌人的威逼利诱，以"人生自古谁无死，留取丹心照汗青"谱写了一曲舍生取义的生命赞歌。读了这些诗歌，你对"中国的脊梁"有怎样的思考？你认为怎样才能成为堪当中华民族复兴大任的时代新人？

第四单元　笔记故事

导与引

　　古代文体中的"笔记"不同于我们今天所说的笔记，在古代，"笔记"是指随手而记、题材广泛、不限体裁的文章。这些文章记见闻，写人情，绘景物，发议论，辨名物，述物理，载史事，释古语。如先秦的历史琐记、魏晋的笔记小说、明清的散文小品等。狭义的笔记指"笔记小说"，故事情节简单，内容篇幅短小，但不完全等同于我们今天的微型小说。广义上的笔记还包括天文地理、典章制度、风俗人情、遗闻逸事、神鬼怪异等，无所不记。

　　笔记常常被看作古代典籍的边缘作品。清代《阅微草堂笔记》的作者纪昀就说："景薄桑榆，精神日减，无复著书之志；惟时作杂记，聊以消闲。"在他看来，笔记故事就是消遣之作。但笔记作品实在很值得一读。鲁迅先生曾推荐12部古代作品，其中就包括《少室山房笔丛》《世说新语》《唐摭言》《今世说》等多部笔记作品。吕叔湘先生在《笔记文选读》中说："笔记作者不刻意为文，只是遇有可写，随笔写去，是'质胜'之文，风格较为朴质而自然，于语体较近，学习起来比较容易。现代的青年倘若还有着写一点文言的需要，恐怕也还是这一种笔墨更加有用些。"文学方面，古代笔记有闻则录，不拘一格，材料和笔法都很鲜活，写人、记录、议论、抒情、写景、状物，都能挥洒自如，有话则长，无话则短，写来毫无拘束，那些奇闻逸事的记述更是妙趣横生。如《世说新语》等已达到很高的艺术成就，具有独特的文学审美价值。在笔记作品中，常见作者才情、见识的不经意流露，言浅而意深，具有可贵的人生价值。

史料方面，笔记内容丰富，保存了大量古代历史资料，很多野史逸闻是正史的补充，内容具体而详尽，往往不见于官修的史书。如宋代《文昌杂录》所记宋代官制改革的情况就比《宋史》的记录更为详尽，具有宝贵的历史资料价值。一些考据类笔记，记录了方方面面的文化知识，对学术研究有一定的参考意义和借鉴价值。

历代笔记浩如烟海，本单元精选了从西汉到晚清各类笔记中有一定故事性的作品15篇，称之为"笔记故事"。有探索学习之道的《炳烛之明》、议论治国之道的《国之宝》、言说逸闻趣事的《王积薪闻棋》、表现旷达人生的《雪夜访戴》、记录古代发明的《活板》、讽刺时政的《卖柑者言》、刻画工匠技艺的《核舟记》、借物咏怀的《病梅馆记》等。从中我们可以认识形形色色的古代人物，看看他们做的事，听听他们说的话，悟悟他们想的理，品品他们抒的情。

阅读笔记故事有益于阅读和写作。笔记故事的随手所记看似不经意，实则别有深意，阅读中需要深入挖掘，才能探寻意外的珍宝。越不经意才越真实，让我们懂得写作要写真意，抒真情。笔记故事的作者对生活有细致的观察、深刻的思考，并及时记录下来，这些良好的观察习惯、写作习惯特别值得我们学习。学习本单元可以从读写结合入手，让我们的阅读丰富多彩，让我们的写作有滋有味，从而不断激发我们阅读和写作的兴趣。

《说苑》二则

刘　向

【题解】

　　刘向（约前77—前6），原名刘更生，字子政，沛郡丰邑（今江苏徐州）人，西汉学者，宗室大臣，曾任散骑谏大夫，晚年主要从事典籍整理工作，著有《新序》《说苑》《列女传》等。《说苑》今存本二十卷，每卷各有标题。每一标题下，辑录先秦至汉初的遗闻逸事。其中，"建本"卷记春秋战国初琐记三十则，说明人之立世是治国之本，前四则是本卷纲领，后二十六则围绕前四则加以佐证。强调勤学占十二则，《炳烛之明》即是此类。题目为编者所加。"贵德"卷共三十一则，记录春秋战国至西汉初期逸事，来说明人重视道德修养，核心即是孔子所说的"仁"。本卷中有二十一则关于君王是否施行仁政的记事。仁政，即为"爱民"。《国之宝》即属此类，这恰好反映刘向政治倾向，通过采编逸事，为后世从政之人提供道德标准。标题为编者所拟。

炳烛之明

　　晋平公①问于师旷②曰："吾年七十，欲学。恐已暮③矣。"师旷曰："暮何不炳烛④乎?"平公曰："安有为人臣而戏其君乎?"师旷曰："盲臣安敢戏其君乎? 臣闻之：少而好学，如日出之阳⑤；壮⑥而好学，如日中⑦之光；老而好学，如炳烛之明。炳烛之明，孰与昧行乎⑧?"平公曰："善哉!"

126

①［晋平公］（？—前532），姬姓，名彪，春秋时期晋国国君，前557—前532年在位。　②［师旷］春秋时期著名音乐家。师旷是盲人，故后文自称是"盲臣"。　③［暮］文中一语双关。既指日暮天晚，又比喻年老。　④［炳烛］点燃蜡烛。　⑤［阳］阳光。　⑥［壮］壮年，古时称三十岁为壮年。　⑦［日中］正午时分。　⑧［孰与昧行乎］和摸黑走路比，哪个更好呢？昧行，在黑暗中行走。

【解读】

这是一则教导人们特别是居上位者要勤学的著名故事。它是《汉书·艺文志》所载《师旷》六篇的佚文，现在只见于本书，所以弥足珍贵。本文叙事形象具体，比喻巧妙贴切，出语警策，寓意深刻。其中关于少年、壮年、老年都应努力学习的一段话，已成为千古名言。俗话说"活到老，学到老"。春秋时期师旷对晋平公说的这番话，对任何时候想要学习的人都是一种鼓励。人生七十古来稀，在古代七十岁的晋平公可算老寿星了，而且还是一国之君，这样一个人还要不断学习，更何况在世界巨变的今天，终身学习就显得尤为必要。学习才会使人不断进步。人不学习就会像师旷所说，陷入黑暗，无论何时开始学习，都是从黑暗走向光明。

国之宝

魏武侯①浮西河而下，中流，顾谓吴起②曰："美哉乎河山之固也，此魏国之宝也。"吴起对曰："在德不在险。昔三苗③氏左洞庭而右彭蠡④，德义不修，而禹灭之。夏桀之居，左河济⑤而右太华⑥，伊阙⑦在其南，羊肠在其北，修政不仁，而汤放之。殷纣之国，左孟门而右太行，常山在其北，大河经其南，修政不德，武王伐之。由此观之，在德不在险。若君不修德，船中之人尽敌国也。"武侯曰："善。"

【注释】

①［魏武侯］（？—前371），姬姓，魏氏，名击，魏文侯之子，战国初期魏国国君，前395—前370年在位。　②［吴起］（？—前381）战国初期政治家、军事家，为兵家代表人物之一。曾为魏将，屡建战功。后遭人陷害，逃奔楚国，因厉行变法为贵族杀害。　③［三苗］我国古代部族名，生活在长江中游以南地区。　④［彭蠡（lǐ）］古大泽名，在长江北岸江西境内。　⑤［河济］黄河和济水。　⑥［太华］与后面的孟门、太行、常山均为山名。　⑦［伊阙（què）］即河南龙门。

【解读】

这段魏武侯和吴起的对话故事在《战国策·魏策》和《史记·吴起列传》中均有记载。在《说苑》中，归入卷五《贵德》。魏武侯赞美山川险固，认为这是"魏国之宝"，一般臣子都会附和。吴起则直接反对，认为国家依靠的是德政而不是险要的地形。继而陈说历史，"三苗氏""夏桀""殷纣"都据险要地势，但由于"德义不修""修政不仁""修政不德"，终被讨伐而遭灭国。得出国之宝"在德不在险"的结论，令人信服。本以为对话就此结束，吴起忽然话锋一转，指着满船大臣说："假如您不实行德政，那么现在船上的这些人都会变成您的敌人。"这就不是说历史，而是说现实了，不禁让人惊出一身冷汗。读至此，读者也定会和魏武侯一起感慨："讲得好！"本文虽篇幅短小，但能够说理透辟，令人信服，体现了德政的重要性，值得后世执政者思考。

《世说新语》二则

刘义庆

【题解】

刘义庆（403—444），字季伯，彭城（今江苏徐州）人，南朝宋宗室，长沙王次子，封临川王。著作以《世说新语》最为世所重。《世说新语》是刘义庆和门下文士博采众书编纂润色而成。原书八卷，今本作三卷，分德行、言语、政事、文学等 36 篇。记述汉末至晋宋间士族阶层人物的言谈逸事，较全面地反映出当时士族的生活方式和精神面貌。作为古代笔记故事的代表作，《世说新语》"记言则玄远冷峻，记行则高简瑰丽"（鲁迅《中国小说史略》）。语言精练，隽永传神，对后世笔记文学影响巨大。下面两篇笔记故事分别选自"方正"篇和"任诞"篇。方正，意指人品行正直不阿。本篇《陈太丘与友期行》即属此类，题目为编者所加。任诞，意为任性随性、不必为礼法所拘束。作品记载了魏晋名士随心所欲的生活方式，《雪夜访戴》即属此类，标题为编者所加。

陈太丘与友期行

陈太丘^①与友期行^②，期日中。过中不至，太丘舍去^③，去后乃至。元方^④时年七岁，门外戏。客问元方："尊君在不^⑤？"答曰："待君久不至，已去。"友人便怒曰："非人哉！与人期行，相委而去^⑥。"元方曰："君与家君^⑦期日中。日中不至，则是无信；对子骂父，则是无礼。"友人惭，下车引^⑧之。元方入门不顾^⑨。

①〔陈太丘〕即陈寔（shí），东汉人，曾任太丘长。太丘，县名，这里是用任职所在地来称呼人。　②〔期行〕相约同行。期，约定。　③〔舍去〕丢下（他）而离开。去，离开。　④〔元方〕即陈纪，字元方，陈寔的长子。　⑤〔尊君在不（fǒu）〕令尊在不在？尊君，对别人父亲的尊称。不，同"否"。　⑥〔相委而去〕丢下我走了。相，表示动作偏指一方。委，舍弃。　⑦〔家君〕对人谦称自己的父亲。　⑧〔引〕拉，牵拉。　⑨〔顾〕回头看。

【解读】

陈太丘依照约会行事，当他的朋友失约时，他决然舍去。七岁儿童元方也懂得交友以信的道理。他们身上体现的是古人崇尚的"诚信"理念。陈太丘的这位朋友，自己言而无信，失了约不自省，反而怒骂别人；陈元方据理抗辩，小小年纪就表现出"方正"之气：第一，他懂得"信"的重要；第二，他懂得"礼"的重要；第三，他的辩驳有理有据，落落大方；第四，他以"入门不顾"的行为，维护了父亲和自己的尊严。《世说新语》有很多篇表现少年智慧的故事，可以找来读一读，看看那个时代的少年风采。

雪夜访戴

王子猷①居山阴②。夜大雪，眠觉③，开室，命酌酒，四望皎然④。因起彷徨⑤，咏左思⑥《招隐》诗，忽忆戴安道⑦。时戴在剡⑧，即便夜乘小船就⑨之。经宿方至⑩，造门⑪不前而返。人问其故，王曰："吾本乘兴而行，兴尽而返，何必见戴？"

①〔王子猷（yóu）〕王徽之，字子猷，东晋书圣王羲之的儿子。　②〔山阴〕今浙江省绍兴市。　③〔眠觉〕睡醒。　④〔皎然〕明亮洁白的样子。　⑤〔彷徨〕徘徊。　⑥〔左思〕西晋文学家。所作《招隐》诗，写入山寻访隐士，歌咏了隐士隐居的乐趣和清高的生活。　⑦〔戴安道〕戴逵，字安道，东晋书画家，隐居不仕。　⑧〔剡（shàn）〕剡县，浙江省嵊（shèng）州市。　⑨〔就〕到。这里指拜访。　⑩〔经宿（xiǔ）方至〕经过一夜才到。　⑪〔造门〕到了门口。造，到。

【解读】

看过《世说新语》，鲁迅说："魏晋人的豪放潇洒的风姿，也仿佛在眼前浮动。"（《且介亭杂文·病后杂谈》）这里一定有雪夜访戴的王子猷吧。这则不足百字的人物逸事，言简意赅地记述了王子猷雪夜访戴的故事。表现了人物豪放潇洒的独特性格。全文意境优美，令人神往。王子猷"乘兴而行，兴尽而返"的兴致是什么呢？雪夜里坐船赶了一夜路，这一路他是怎样度过的呢？好不容易到了朋友家，却连门都没进，就返回了。王子猷这次造门而返的访问，不必问做事的目的，不必看事情的结果，"乘兴而行，兴尽而返"，何等潇洒自在，如畅饮甘醇，就连诗仙李白也美慕不已，"轻舟泛月寻溪转，疑是山阴雪后来"（《东鲁门泛舟二首（其一）》）。《世说新语》多表现魏晋风骨，使我们看到那个时期人物的风采，让我们知道历史上我们这个民族曾经有过的时代和人物。

《国史补》二则

李　肇

【题解】

　　李肇（zhào），字里居，生卒年、籍贯均不详，唐代人，入翰林为学士，著有《翰林志》一卷、《唐国史补》三卷。《唐国史补》又称《国史补》，记载唐代开元至长庆年间一百多年的史事。《王积薪闻棋》中的王积薪是唐朝围棋高手。王积薪自幼家贫，以砍柴谋生，故以"积薪"为名。常与山中僧人对弈，从此棋艺大进，总结出围棋"十诀"。后入翰林院，成为棋待诏，常在宫中陪唐玄宗下棋。《崔昭行贿事》中的崔昭曾任寿州刺史。故事的讲述者裴佶（jí），官至工部尚书。

王积薪闻棋

　　王积薪棋术功成，自谓天下无敌。将游京师，宿于逆旅①。既②灭烛，闻主人媪③隔壁呼其妇曰："良宵难遣，可棋一局乎？"妇曰："诺。"媪曰："第几道④下子矣。"妇曰："第几道下子矣。"各言数十⑤。媪曰："尔败矣。"妇曰："伏局⑥。"积薪暗记，明日复其势⑦，意思⑧皆所不及也。

【注释】

　　①［逆旅］旅店。　②［既］已经。　③［媪（ǎo）］老妇，指下文"妇"的婆婆。这里是说店家主人是位老婆婆。　④［道］本文指围棋布子的位置，唐代围棋棋盘纵横各十九道线，双方均在横竖线交叉点布子。婆媳分居两室，心中虚设棋局，攻守全凭记忆。　⑤［各言数十］意为各自说了几十步棋。　⑥［伏

局〕认输。　⑦〔复其势〕复验那盘棋的局势。意思是凭自己记忆，把那盘棋重新走一遍。　⑧〔意思〕指下棋的用意。

【解读】

　　这篇百字短文设置情节曲折有趣，塑造人物栩栩如生。故事以王积薪"棋术功成，自谓天下无敌"始，以其自认"意思皆所不及"止，前后形成反差。中间媪隔壁呼妇下棋让人好奇，及至王积薪认为比不上她们，更令人吃惊。情节环环相扣，引人入胜。王积薪是贯穿始终的人物。他的自负虽不足取，但遇到店主婆媳能不保守、不嫉妒，这又是他的可贵之处，也是他棋艺得以继续提高的原因。这样塑造人物就更为真实而丰满。媪妇二人的形象则从两方面塑造：一方面，正面描写婆媳隔墙下棋的对话，手中无子，心中有棋，进退取舍，全凭记忆；另一方面，侧面通过王积薪在对弈复盘中，每一步棋的用意都赶不上媪妇二人，间接表现了她们棋艺的高超。

　　这则小故事告诉我们：天外有天，不可坐井观天；人外有人，不可目中无人。艺无止境，学无止境。

崔昭行贿事

　　裴佶①常②话：少时姑父为朝官，有雅望。佶至宅看其姑，会③其朝退，深叹曰："崔昭④何人，众口称美，此必行贿者也。如此安得不乱！"言未竟⑤，阍者⑥报寿州崔使君⑦候谒⑧。姑父怒呵阍者，将鞭之。良久⑨，束带⑩强出。须臾，命茶甚急，又命酒馔⑪，又命秣⑫马、饭仆⑬。姑曰："前何倨⑭而后何恭也？"及入门，有得色，揖佶曰："且憩学院中⑮。"佶未下阶，出怀中一纸，乃昭赠官绢⑯千匹⑰。

① ［裴佶（péi jí）］人名，唐德宗时曾任谏议大夫、黔中观察使，工部尚书。② ［常］通"尝"，曾经。 ③ ［会］恰逢。 ④ ［崔昭］人名，曾任寿州刺史。⑤ ［言未竟］话没说完。 ⑥ ［阍（hūn）者］看门人。 ⑦ ［使君］对州郡长官的尊称。崔使君，指崔昭。 ⑧ ［谒（yè）］拜见。 ⑨ ［良久］很久。 ⑩ ［束带］指更衣。 ⑪ ［馔（zhuàn）］食物，多指美食。 ⑫ ［秣（mò）］喂牲口。⑬ ［饭仆］招待仆人吃饭。 ⑭ ［倨（jù）］傲慢。 ⑮ ［憩（qì）学院中］在书房中休息。 ⑯ ［官絁（shī）］粗绸。唐制，每丁每年向国家交纳二丈合乎标准的官绸。 ⑰ ［千匹］四千丈。古代以四丈为一匹。

【解读】

　　读懂这篇故事的人，读到最后，忍不住笑了出来，为什么呢？故事使用了对比的手法，使之具有幽默效果。前面说"姑父为朝官，有雅望"，怒斥行贿的行为，俨然君子者也。"良久"才出去见客人，"须臾"就"命茶甚急，又命酒馔，又命秣马、饭仆"，生怕怠慢了客人。何以前倨后恭？当妻子发出和读者一样的疑问的时候，他没走下台阶就拿出礼单，真是得意忘形。人性的另一面昭然若揭。这篇故事讽刺了那种平时满口原则、道貌岸然，一遇到私利则表现出贪婪、无耻的小人。也可想见当时官场之情形。

伤仲永

王安石

【题解】

本篇文章讲述了一个名叫方仲永的神童，因后天没有受到良好的培养，最后成为一个普通人的故事。题目中的"伤"字，寄寓着作者深沉的感慨，表达了作者对方仲永这样的人才"泯然众人"的哀惋之情。

金溪①民方仲永，世隶耕②。仲永生五年，未尝识书具③，忽啼求之。父异焉④，借旁近⑤与之，即书诗四句，并自为其名⑥。其诗以养父母、收族⑦为意，传一乡秀才观之。自是指物作诗立就⑧，其文理⑨皆有可观者。邑人⑩奇之，稍稍宾客其父⑪，或以钱币乞⑫之。父利其然⑬也，日扳仲永环谒于邑人⑭，不使学。

余闻之也久。明道⑮中，从先人⑯还家，于舅家见之，十二三矣。令作诗，不能称⑰前时之闻。又七年，还自扬州，复到舅家问焉。曰："泯然众人矣⑱。"

王子⑲曰：仲永之通悟⑳，受之天㉑也。其受之天也，贤于材人㉒远矣。卒㉓之为众人，则其受于人㉔者不至㉕也。彼其㉖受之天也，如此其贤也，不受之人，且为众人；今夫不受之天，固众人，又不受之人，得为众人而已耶㉗？

【注释】

①［金溪］地名，现在江西金溪。　②［世隶耕］世代耕田为业。隶，属于。　③［未尝识书具］不曾认识笔、墨、纸、砚等书写工具。尝，曾经。　④［异焉］对此（感到）诧异。　⑤［旁近］附近。这里指邻居。　⑥［自为其名］自己题上自己的名字。　⑦［收族］和同一宗族的人搞好关系。收，聚，团结。　⑧［立就］立刻完成。　⑨［文理］文采和道理。　⑩［邑人］同县的人。　⑪［稍稍

宾客其父〕渐渐请他父亲去做客。稍稍，渐渐。宾客，这里是以宾客之礼相待的意思。　⑫〔乞〕求取，意思是花钱求仲永题诗。　⑬〔利其然〕认为这样有利可图。　⑭〔日扳（pān）仲永环谒（yè）于邑人〕每天带着仲永在乡人间四处拜访。日，每天。扳，同"攀"，牵，引。环谒，四处拜访。　⑮〔明道〕宋仁宗赵祯年号（1032—1033）。　⑯〔先人〕指王安石死去的父亲。　⑰〔称（chèn）〕相当。　⑱〔泯（mǐn）然众人矣〕完全如同常人了。泯然，消失，指原有的特点完全消失了。众人，常人。　⑲〔王子〕王安石的自称。　⑳〔通悟〕通达聪慧。　㉑〔受之天〕"受之于天"的省略，意思是先天得到的。受，承受。㉒〔贤于材人〕胜过有才能的人。贤，胜过，超过。材人，有才能的人。　㉓〔卒〕最终。　㉔〔受于人〕指后天所受的教育。天、人对举，一指先天的禀赋，一指后天的教育。　㉕〔不至〕没有达到（要求）。　㉖〔彼其〕他。　㉗〔得为众人而已耶〕能够成为普通人就为止了吗？意思是比普通人还要不如。

【解读】

本文分为两部分。第一部分，简叙仲永才能发展变化的三个阶段：第一阶段，幼年作诗表现出非凡的才华与天赋；第二阶段，十二三岁时才能大不如先前；第三阶段，写成年之后的仲永才能泯灭。第二部分以议论为主，讲了两层意思：一方面，揭示了仲永才能泯灭的原因；另一方面，由仲永引申出天赋差的人如果不"受之人"，结局将更可悲。

人的智力发展存在着某些差异，一个人能否成才，与天资有关，但这不是起决定作用的因素，起决定作用的因素是后天的教育和学习。方仲永是个神童，可是方仲永的父亲目光短浅，他不懂得让仲永读书学习，有更大的成就；他还唯利是图，同乡人花钱求仲永题诗，他就每天带着仲永去"挣钱"，耽误了仲永的学习。方仲永最终"泯然众人矣"，令人深感惋惜。王安石记录这个故事，并发表议论，讨论天才、材人、众人的关系，启发人们一定要重视后天的学习。人应正确认识自己：天资好的，加上勤奋学习，可能成为栋梁之材；反之，即使天资再好，如不学习，同样也会碌碌无为。另一方面，即使天资差的人，如勤奋学习，也可以成为有用之才。

活 板

沈 括

【题解】

沈括（1031—1095），字存中，号梦溪丈人，钱塘（今浙江杭州）人，北宋科学家、政治家。博学善文，天文、方志、律历、音乐、医药、卜算无所不通，皆有所论著。代表作有《梦溪笔谈》，共30卷，包括天文、地理、数学、物理、文艺、历史等各个方面，是包容多种知识的笔记巨著。其中以大量篇幅总结了我国古代特别是北宋时期自然科学所取得的辉煌成就，详细地记载了劳动人民在科学技术上的卓越贡献。活板，就是活字版，中国古代印刷术重要里程碑。题目为编者所拟。

板印①书籍，唐人尚未盛为之②。五代时始印五经，已后③典籍皆为板本。

庆历④中有布衣⑤毕昇，又为活板。其法：用胶泥刻字，薄如钱唇⑥，每字为一印，火烧令坚。先设一铁板，其上以松脂、蜡和⑦纸灰之类冒⑧之。欲印，则以一铁范⑨置铁板上，乃密布字印，满铁范为一板，持就火炀⑩之；药⑪稍熔，则以一平板按其面，则字平如砥⑫。若止印三二本，未为简易；若印数十百千本，则极为神速。常作二铁板，一板印刷，一板已自布字，此印者才毕，则第二板已具，更互⑬用之，瞬息可就⑭。每一字皆有数印，如"之""也"等字，每字有二十余印，以备一板内有重复者。不用，则以纸帖之⑮，每韵为一帖，木格贮之⑯。有奇字⑰素无备者，旋刻之，以草火烧，瞬息可成。不以木为之者⑱，文理有疏密，沾水则高下不平，兼与药相粘，不可取⑲；不若燔土⑳，用讫㉑再火令药熔，以手拂㉒之，其印自落，殊不㉓沾污。

昇死，其印为予群从㉔所得，至今保藏。

【注释】

①〔板印〕用雕版印刷。印刷术是我国古代四大发明（指南针、造纸术、印刷术、火药）之一。这是中国对世界文明的一项伟大贡献。　②〔盛为之〕大规模地做这种事。之，指"板印书籍"。　③〔已后〕即"以后"，"已"同"以"。④〔庆历〕宋仁宗年号（1041—1048）。　⑤〔布衣〕平民。这里指没有做官的读书人。古代平民穿麻布衣服，所以称布衣。　⑥〔钱唇〕铜钱的边缘。　⑦〔和（huò）〕混合。　⑧〔冒〕蒙，盖。　⑨〔范〕框子。　⑩〔持就火炀（yáng）之〕把它拿到火上烤。炀，烤。　⑪〔药〕指上文所说的松脂、蜡等物。　⑫〔字平如砥（dǐ）〕字印像磨刀石那样平。砥，磨刀石。　⑬〔更（gēng）互〕交替、轮流。　⑭〔就〕完成。　⑮〔以纸帖之〕用纸条给它做标记。帖，用标签标出。　⑯〔每韵为一帖，木格贮（zhù）之〕每一个韵部的字做一个标签，用木格子把它们存放起来。韵，指韵部。唐宋时，人们按照诗歌押韵的规律，把汉字分为206韵，后来又合并为106韵。　⑰〔奇（qí）字〕写法特殊，或生僻、不常用的字。⑱〔不以木为之者〕不用木头刻活字的原因。　⑲〔不可取〕拿不下来。　⑳〔燔（fán）土〕指火烧过的黏土字印。燔，烧。　㉑〔讫（qì）〕终了，完毕。　㉒〔拂（fú）〕擦拭，掸去。　㉓〔殊不〕一点也不。　㉔〔群从〕堂兄弟及侄子辈。

【解读】

这篇文章详细介绍了毕昇发明的活版印刷术的方法和优越性，赞颂了我国古代劳动人民的高度智慧和创造精神。第一段，简述我国雕版印刷发展的情况。第二段，具体说明活版印刷的发明、制作、效能和使用方法。第三段，交代活版的下落。

本文抓住特点，说明程序，有条不紊，给人以明晰、完整、系统的印象。写活版印刷术，紧扣"活"这一特征进行说明。主要按照工作程序的顺序进行说明，并且通过与雕版的比较，体现活版的优越性。例如，写制版，是按制字、设版、排字、炀版、平字的顺序说明的。本文语言简洁而准确。"胶泥刻字，薄如钱唇……火烧令坚"，寥寥数语，用简洁的文字说明了活字的材料、形状和加工方法。整篇文章也只三百多字，便将我国版印书籍的历史，活字版的创造、发明、用法、功效以及胶泥活字的优点解说得清楚明白。用词准确也是显著的优点。例如，对胶泥字印火烧加热，使之坚硬成型，用"烧"；为了使铁板上的药物软化凝结，将铁板置于火上或火旁烘烤，用"炀"；为了便于拆版，用猛火高温使药物融化，用"熔"。这些词用得都很准确贴切。

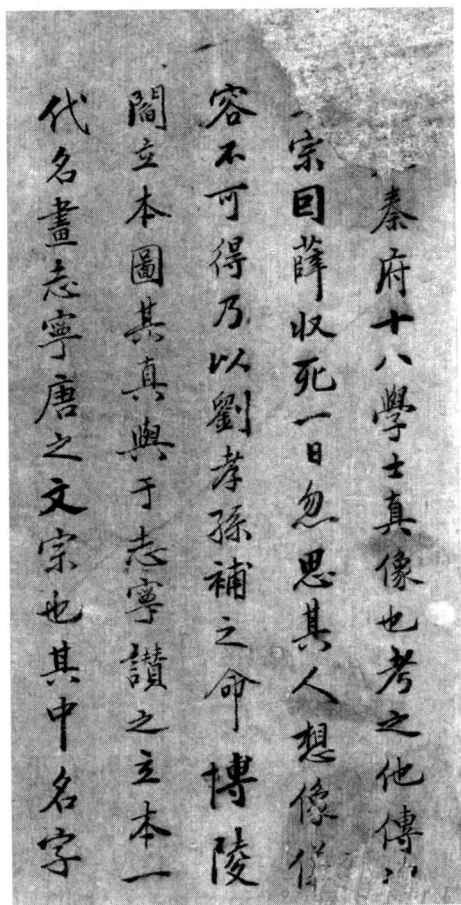

[宋] 沈括《题唐阎立本十八学士于志宁书赞卷》（局部）

卖柑者言

刘 基

【题解】

　　刘基（1311—1375），字伯温，浙江青田南田武阳村（今属文成）人，明代军事家、政治家、文学家。为明代开国重臣，封诚意伯。对明初典章制度多所规划，尤为重要的是改变了科举考试方法，专以"四书五经"取士，新创八股文。在文坛上，刘基与宋濂一道提倡"师古"，对明初文风由纤丽转为朴质起了重要作用。他的散文体裁多样，风格古朴，讽刺小品尤为出色，著有《诚意伯文集》。《卖柑者言》是一篇寓言体讽刺散文。

　　杭①有卖果者，善藏柑，涉②寒暑不溃③。出之烨然④，玉质而金色，置于市，贾⑤十倍，人争鬻⑥之。予贸⑦得其一，剖之，如有烟扑口鼻，视其中，则干若败絮⑧。

　　予怪而问之曰："若⑨所市于人者，将以实⑩笾豆⑪、奉祭祀、供宾客乎？将炫⑫外以惑⑬愚瞽⑭也？甚矣哉，为欺也！"卖者笑曰："吾业⑮是有年矣，吾赖是以食⑯吾躯。吾售之，人取之，未尝有言，而独不足子所乎？世之为欺者不寡矣，而独我也乎？吾子未之思也。今夫佩虎符、坐皋比者⑰，洸洸⑱乎干城之具⑲也，果能授孙、吴之略耶？峨大冠⑳、拖长绅㉑者，昂昂㉒乎庙堂之器㉓也，果能建伊皋㉔之业耶？盗起而不知御㉕，民困而不知救，吏奸而不知禁，法斁㉖而不知理，坐糜廪粟而不知耻㉗。观其坐高堂、骑大马、醉醇醴而饫肥鲜㉘者，孰不巍巍㉙乎可畏、赫赫㉚乎可象^③也？又何往而不金玉其外、败絮其中也哉？今子是之不察^③，而以察吾柑！"

予默默无以应。退而思其言，类^③东方生^④滑稽之流^⑤。岂其愤世疾^⑥邪者耶？而托^⑦于柑以讽耶？

【注释】

①［杭］指杭州。　②［涉］经过，经历。　③［溃］腐烂，腐败。　④［烨（yè）然］光彩鲜明的样子。　⑤［贾（jià）］同"价"，价格。　⑥［鬻（yù）］这里是买的意思。　⑦［贸］买卖，这里是买的意思。　⑧［败絮］破败的棉絮。⑨［若］你。　⑩［实］填满，装满。　⑪［笾（biān）豆］古代祭祀和宴会时用来盛食物的器具。　⑫［炫］炫耀，夸耀。　⑬［惑］迷惑，欺骗。　⑭［愚瞽（gǔ）］愚蠢的人和瞎子。瞽，瞎子。　⑮［业］以……为职业。　⑯［食（sì）］这里有供养、养活的意思。　⑰［佩虎符、坐皋（gāo）比者］佩戴兵符、坐在虎皮上的人，指将领。虎符，虎形的兵符，古代调兵用的凭证。皋比，虎皮，泛指武将的虎皮椅子。　⑱［洸（guāng）洸］坚决勇敢、威武的样子。　⑲［干城之具］捍卫国家的将才。干城，盾牌和城墙，都有捍卫、防御的作用。具，才干。　⑳［峨大冠］高戴着大大的帽子。峨，高，这里指高戴。　㉑［绅］古代士大夫束在外衣腰上的带子。　㉒［昂昂］气宇轩昂的样子。　㉓［庙堂之器］陈列在庙堂的礼器，这里指治国之才。　㉔［伊皋］指古代著名政治家伊尹和皋陶。　㉕［御］抵御。　㉖［斁（dù）］败坏。　㉗［坐糜（mí）廪（lǐn）粟而不知耻］坐着浪费国家的俸粮却不知道羞耻。糜，同"靡"，浪费。廪粟，国家发的俸米。　㉘［醉醇醴（lǐ）而饫（yù）肥鲜］醉饮美酒，饱食鱼肉。醇，酒味浓厚。醴，甜酒。饫，饱食。肥鲜，指鱼肉之类的佳肴。　㉙［巍巍］高大的样子。㉚［赫赫］显赫的样子。　㉛［象］效仿，这里有羡慕之意。　㉜［是之不察］倒装句，即不察是，不看这些。　㉝［类］像。　㉞［东方生］指东方朔。汉武帝时任太中大夫，性格诙谐，善于讽谏。　㉟［滑稽之流］指诙谐多讽、机智善

辩的人。　　㊱〔疾〕痛恨。　　㊲〔托〕假托。

【解读】

　　本文可分为三部分。第一部分记事。以洗练的笔墨记述了故事的经过，是全文的引子。作者先写柑子外表具有金玉之美，其中却如败絮之劣，一优一劣形成的鲜明对比，引出指责，"甚矣哉，为欺也!"这个"欺"字是全文的文眼。第二部分记言。通过卖柑人之口，揭露那些达官绅士欺世盗名的真相。卖柑者以排比句式，历数了行"大欺"的人。先用两个长排比句描写武将"洸洸乎干城之具"、文官"昂昂乎庙堂之器"，以之与柑子"烨然"外表相对照；接着又连用五个短排比句揭露其实质，原来是文不能治国、武不能治军之众。接着又用两个反问句使卖柑者"今子是之不察，而以察吾柑"一句指责得有理，批评得有力。第三部分议论。作者没有慷慨激昂地响应卖柑者之言，却是"退而思其言"，引导读者深思与联想。

　　全文由买卖柑橘的故事引起议论，通过卖柑者之口，以金玉其外，败絮其中的柑子为喻对元末实际上已经腐败透顶，而表面上仍装得冠冕堂皇的上层统治者，进行了辛辣的讽刺，揭示了当时盗贼蜂起、官吏贪污、法制败坏、民不聊生的社会现实，讽刺了那些冠冕堂皇、声威显赫的达官贵人们本质上都是"金玉其外，败絮其中"的欺世盗名之徒。

项脊轩志（节选）

归有光

【题解】

归有光（1507—1571），字熙甫，号震川，人称震川先生，昆山（今属江苏）人，明代散文家。其散文取法于"唐宋八大家"，风格朴实，感情真挚，被誉为"明文第一"，当时人称他为"今之欧阳修"。项脊轩，归有光的书斋名，含有追宗怀远之意。志，是古代一种文体，也是记的意思，最早就是实录，唐代后开始加入抒情议论比重。文章分两次写成：前四段写于明世宗嘉靖三年（1524），当时归有光18岁，他通过对所居项脊轩的变化和几件小事的描述，表达了对家人的怀念之情；在经历了结婚、丧妻、不遇等人生变故后，作者于明世宗嘉靖十八年（1539），又为这篇散文增添了补记。

项脊轩①，旧②南阁子也。室仅方丈③，可容一人居。百年老屋，尘泥渗漉④，雨泽⑤下注；每移案，顾视无可置者⑥。又北向⑦，不能得日，日过午已昏。余稍为修葺⑧，使不上漏。前⑨辟四窗，垣墙周庭，以当南日⑩，日影反照，室始洞然⑪。又杂植兰桂竹木于庭，旧时栏楯⑫，亦遂增胜⑬。借书满架，偃仰⑭啸歌⑮，冥然兀坐⑯，万籁有声；而庭阶寂寂，小鸟时来啄食，人至不去。三五之夜⑰，明月半墙，桂影斑驳⑱，风移影动，珊珊⑲可爱。

然余居于此，多可喜，亦多可悲。先是⑳庭中通南北为一。迨诸父异爨㉑，内外多置小门墙，往往而是㉒。东犬西吠㉓，客逾庖而宴㉔，鸡栖于厅。庭中始为篱，已㉕为墙，凡再变矣。家有老妪，尝居于此。妪，先大母㉖婢也，乳二世㉗，先妣抚㉘之甚厚。室西连于中闺㉙，先妣尝一至。妪每㉚谓余曰："某所，而母立于

143

兹^㉛。"妪又曰："汝姊在吾怀，呱呱而泣；娘以指叩门扉曰：'儿寒乎？欲食乎？'吾从板外相为应答。"语未毕，余泣，妪亦泣。余自束发，读书轩中，一日，大母过余^㉜曰："吾儿，久不见若^㉝影，何竟日默默在此，大类^㉞女郎也？"比去^㉟，以手阖^㊱门，自语曰："吾家读书久不效^㊲，儿之成，则可待乎！"顷之^㊳，持一象笏^㊴至，曰："此吾祖太常公宣德间执此以朝^㊵，他日汝当用之！"瞻顾遗迹^㊶，如在昨日，令人长号^㊷不自禁。

轩东故尝为厨，人往，从轩前过。余扃牖^㊸而居，久之，能以足音辨人。轩凡四遭火，得不焚，殆^㊹有神护者。

余既为此志^㊺，后五年，吾妻来归^㊻，时至轩中，从余问古事，或凭几学书^㊼。吾妻归宁^㊽，述诸小妹语^㊾曰："闻姊家有阁子，且^㊿何谓阁子也？"其后六年，吾妻死，室坏不修。其后二年，余久卧病无聊，乃使人复葺南阁子，其制⁵¹稍异于前。然自后余多在外，不常居。

庭有枇杷树，吾妻死之年所手植也，今已亭亭如盖⁵²矣。

【注释】

①〔项脊轩〕归有光的书斋名。作者祖上居于昆山项脊泾，故名。 ②〔旧〕旧日的，原来的。 ③〔方丈〕一丈见方。 ④〔尘泥渗漉(lù)〕（屋顶墙头上的）泥土漏下。渗漉，从小孔慢慢漏下。 ⑤〔雨泽〕雨水。 ⑥〔无可置者〕没有可以安放（案桌）的地方。 ⑦〔北向〕方位朝北。向，朝着。 ⑧〔修葺(qì)〕修补。 ⑨〔前〕指阁子北面，因这阁子是"北向"的。 ⑩〔垣(yuán)墙周庭，以当南日〕院子周围砌上墙，用（北墙）挡着南边射来的日光。垣墙，名词用作动词，砌上垣墙。垣，矮墙，也泛指墙。 ⑪〔洞然〕明亮的样子。 ⑫〔栏楯(shǔn)〕栏杆。栏杆的纵木叫栏，横木叫楯。 ⑬〔增胜〕增加光彩。胜：美。 ⑭〔偃(yǎn)仰〕俯仰，这里指安居，休息，形容生活悠然自得。 ⑮〔啸(xiào)歌〕长啸或吟唱。这里显示豪放自若。啸，口里发出长而清越的声音。 ⑯〔冥然兀(wù)坐〕静静地独自端坐着。 ⑰〔三五之夜〕农历每月

十五的夜晚。　　⑱［斑驳］错杂。　　⑲［珊珊］美好的样子。　　⑳［先是］从前。
㉑［迨（dài）诸父异爨（cuàn）］等到伯、叔分家了。迨，等到。诸父，伯父、
叔父的统称。异爨，分灶做饭，意思是分了家。　　㉒［往往而是］到处都是。
㉓［东犬西吠］东家的狗（听到西家的声音）就对着西家叫。　　㉔［逾庖（páo）
而宴］越过厨房而去吃饭。因为多置小门墙，所以宴客的时候客人要经过厨房。
㉕［已］不久后。　　㉖［先大母］去世的祖母。下文的"先妣"，指去世的母亲。
㉗［乳二世］给父亲和自己两代人喂过奶。乳，用乳汁喂养。　　㉘［抚］这里是
对待的意思。　　㉙［中闺］内室。　　㉚［每］经常，不止一次。　　㉛［而母立于
兹］你的母亲（曾经）站在这儿。而，同"尔"，你。　　㉜［过余］到我（这里
来），意思是来看我。　　㉝［若］你。　　㉞［大类］很像。类，像，动词。　　㉟［比
去］等到离开的时候。比，及、等到。　　㊱［阖（hé）］关闭。　　㊲［久不效］长
久没有得到效果，指科举上无所成就。　　㊳［顷之］不久。　　㊴［象笏］象牙制
的手板。古代品级较高的官员朝见君主时执笏，供指画和记事。　　㊵［此吾祖太
常公宣德间执此以朝］这（是）我的祖父太常公宣德年间拿着去上朝用的。太常
公，归有光祖母的祖父夏昶（chǎng），在宣德年间曾任太常寺卿。公，尊敬的称
呼。　　㊶［瞻顾遗迹］回忆旧日事物。瞻顾，泛指看，有瞻仰、回忆的意思。
㊷［长号（háo）］大哭。　　㊸［扃（jiōng）牖（yǒu）］关上窗户。扃，关闭。
㊹［殆］大概，表示揣测的语气。　　㊺［余既为此志］我已经做了这篇志。此志，
指本篇中这一句之上的文章，从这一句以下是后来补写的。　　㊻［来归］嫁到我
家来。归，旧指女子出嫁。　　㊼［学书］学写字。　　㊽［归宁］出嫁的女儿回娘
家省亲。　　㊾［述诸小妹语］（回到家后）转述小妹们的话。　　㊿［且］助词，用
在句首。有"那么"的意思。　　[51]［制］形式，规制。　　[52]［亭亭如盖］高高地
直立着，（枝叶繁茂）像伞一样。亭亭，直立的样子。盖，伞盖。

【解读】

　　本文借记物以叙事、抒情，在描述项脊轩这间老屋兴废变迁的同
时，以简洁的笔法记述自己少年时代读书生活；并围绕几件家庭"多
可喜，亦多可悲"的往事，表达了自己对祖母、母亲、妻子的深深怀
念，以及自己一生坎坷不得志和晚年萧索的心境。睹物怀人，悼亡念
存，把一段悲喜交加的人生呈现在这个"室仅方丈"的微缩舞台上。

文章第一段写项脊轩经过修葺之后的幽雅可爱和自己在轩中"偃仰啸歌"、自得其乐的情景。第二段由"喜"而"悲",分为两层:第一层叙父辈分家,完整的庭院被分隔得杂乱不堪,项脊轩不再是一个读书的幽雅所在。第二层以抚育两代人的老妪作为联结,围绕项脊轩回忆母亲与祖母遗事,抒发自己怀念亲人的凄恻之情。第三段写"轩凡四遭火"的变故。补记的一段,写项脊轩后来又发生的变化,重点追叙与亡妻共同生活的情趣,抒发沉痛的悼亡之情。全文语言自然本色,不事雕饰,不用奇字险句,淡而有味。作者以平淡的词句,平静的笔调描述平凡的往事,令读者感怀想象,偶尔一两句抒情点染就会打开读者的情感闸门,使其受到深深的感动。正如清代方苞所说:"不俟修饰而能情辞并得,使览者恻然有隐,其气韵盖得之子长(司马迁),故能取法欧曾,而少更其形貌耳。"作者还善于从日常生活中选取那些感受最深的细节和场面,用寥寥数笔描绘人物的音容笑貌,表达真挚感情,富有生活情趣,不言情而情无限,言有尽而意无穷。

　　本文体现了中国人对亲人、家庭、家族的重视。由此我们可以体会到中国文化传统的某些核心内容,正如梁漱溟在《这个世界会好吗?——梁漱溟晚年口述》中所说:"中国文化的特色就是重视人与人的关系,他总是把家庭那种彼此亲密的味道应用到社会上去,跟'个人本位、自我中心'相反,它是互以对方为重。"

核舟记（节选）

魏学洢

【题解】

魏学洢（yī）（约 1596—约 1625），字子敬，浙江嘉善人，明末文学家。核舟，中国古代微雕工艺，择桃核或橄榄核而制。记，古代常用文体，可记人记事记景记物，以记述为主，兼有议论抒情。《核舟记》细致地描写了一件微雕工艺品"核舟"的构思精巧，形象逼真，反映了中国古代雕刻艺术的卓越成就，表达了作者对王叔远精湛技术的赞美，反映了江南手工业的高度发展，也反映了不少文人开始扭转儒家传统思想中的鄙视工艺技术为"奇技淫巧"的偏见。

明有奇巧人①曰王叔远，能以径寸之木②为③宫室、器皿、人物，以至鸟兽、木石，罔不因势象形④，各具情态。尝贻⑤余核舟一，盖大苏泛赤壁云⑥。

舟首尾长约八分有奇⑦，高可二黍许⑧。中轩敞者为舱⑨，箬篷⑩覆之。旁开小窗，左右各四，共八扇。启窗而观，雕栏相望⑪焉。闭之，则右刻"山高月小，水落石出"⑫，左刻"清风徐来，水波不兴"⑬，石青糁之⑭。

船头坐三人，中峨冠⑮而多髯⑯者为东坡，佛印⑰居右，鲁直⑱居左。苏、黄共阅一手卷⑲。东坡右手执卷端⑳，左手抚鲁直背。鲁直左手执卷末，右手指卷，如有所语。东坡现右足，鲁直现左足，各微侧，其两膝相比者㉒，各隐卷底衣褶中。佛印绝类弥勒㉓，袒胸露乳，矫首昂视㉔，神情与苏黄不属㉕。卧右膝，诎⑳右臂支船，而竖其左膝，左臂挂念珠⑳倚之，珠可历历数⑳也。

舟尾横卧一楫。楫左右舟子㉔各一人。居右者椎髻㉚仰面，左手倚一衡㉛木，右手攀右趾，若啸呼状。居左者右手执蒲葵扇，左手抚炉，炉上有壶，其人视端容寂㉜，若听茶声然㉝。

其船背稍夷㉞，则题名其上，文曰"天启壬戌㉟秋日，虞山王毅叔远甫㊱刻"，细若蚊足，钩画了了㊲，其色墨。又用篆章一，文曰"初平山人"，其色丹。

通计一舟，为人五，为窗八，为箬篷，为楫，为炉，为壶，为手卷，为念珠各一；对联、题名并篆文，为字共三十有四。而计其长，曾不盈寸㊳。盖简㊴桃核修狭㊵者为之。魏子详瞩既毕㊶，诧曰：嘻，技亦灵怪矣哉㊷！

【注释】

①［奇巧人］指手艺奇妙精巧的人。 ②［径寸之木］直径一寸的木头。径，直径。 ③［为］做。这里指雕刻。 ④［罔不因势象形］全都是就着（材料原来的）样子刻成（各种事物的）形象。罔不，无不、全都。因，顺着、就着。象，模拟。 ⑤［贻（yí）］赠。 ⑥［盖大苏泛赤壁云］（刻的）是苏轼游赤壁（的情景）。大苏，即苏轼，后人习惯于用"大苏"和"小苏"来称呼苏轼和他的弟弟苏辙。泛，泛舟，乘船在水上游览。苏轼曾游赤壁，写过《赤壁赋》和《后赤壁赋》。赤壁，苏轼游的赤壁在黄州（今湖北黄冈）城外的赤鼻矶（jī），而东汉赤壁之战的赤壁，一般认为在今湖北嘉鱼东北。云，句末语气词。 ⑦［有奇（jī）］有余，多一点儿。奇，零数、余数。 ⑧［高可二黍许］大约有两个黄米粒那么高。一说，古代一百粒黍排列起来的长度为一尺，因此一个黍粒的长度为一分，这里的"二黍许"即二分左右。 ⑨［中轩敞者为舱］中间高起而宽敞的部分是船舱。 ⑩［箬（ruò）篷］用箬竹叶做的船篷。 ⑪［雕栏相望］雕刻着花纹的栏杆左右相对。 ⑫［山高月小，水落石出］是苏轼《后赤壁赋》里的句

子。　⑬〔清风徐来，水波不兴〕是苏轼《赤壁赋》里的句子。徐，慢慢地。兴，起。　⑭〔石青糁（sǎn）之〕意思是用石青涂在刻着字的凹处。石青，一种青翠色颜料。糁，用颜料等涂上。　⑮〔峨冠〕高高的帽子。峨，高。　⑯〔髯（rán）〕两腮的胡子，也泛指胡须。　⑰〔佛印〕宋代名僧，苏轼的朋友。　⑱〔鲁直〕宋代文学家黄庭坚，字鲁直，苏轼的朋友。　⑲〔手卷〕只能卷舒而不能悬挂的横幅书画长卷。　⑳〔卷端〕指手卷的右端。下文"卷末"，指手卷的左端。　㉑〔其两膝相比者〕他们互相靠近的两膝。比，靠近。　㉒〔各隐卷底衣褶中〕各自隐藏在手卷下边的衣褶里。意思是从衣褶上可以看出相并的两膝。　㉓〔绝类弥勒〕极像弥勒佛。类，像。弥勒，佛教菩萨之一，佛寺中常有他的塑像，袒胸露腹，笑容满面。　㉔〔矫首昂视〕抬头仰望。矫，举。　㉕〔不属〕不相类似。　㉖〔诎（qū）〕同"屈"，弯曲。　㉗〔念珠〕又叫"佛珠"或"数（shù）珠"，佛教徒念佛号或经咒时用以计数的工具。　㉘〔可历历数〕可以清清楚楚地数出来。历历，分明的样子。　㉙〔舟子〕撑船的人。　㉚〔椎（chuí）髻〕形状像椎的发髻。椎，敲击器具，末端较大或呈球形。　㉛〔衡〕同"横"。　㉜〔视端容寂〕眼睛正视着（茶炉），神色平静。　㉝〔若听茶声然〕好像在听茶水烧开了没有的样子。若……然，好像……的样子。　㉞〔船背稍夷〕船的顶部较平。船背，船顶，一说指船底。夷，平。　㉟〔天启壬戌（rén xū）〕天启壬戌年，即1622年。天启，明熹宗朱由校的年号（1621—1627）。　㊱〔虞山王毅叔远甫〕常熟人王毅字叔远。虞山，山名，在今江苏常熟西北，这里用来代指常熟。甫，男子美称，多附于字之后。　㊲〔了了〕清楚明白。　㊳〔曾不盈寸〕竟然不满一寸。曾，竟然。盈，满。　㊴〔简〕挑选。　㊵〔修狭〕长而窄。　㊶〔魏子详瞩既毕〕指我端详后。　㊷〔技亦灵怪矣哉〕技艺也真神奇啊！"矣"和"哉"连用，有加重惊叹语气的作用。

【解读】

本文既是一篇简洁、严谨的说明文，又是一篇气韵生动的艺术美文。描述对象是一个"长不盈寸"的核雕，作者经过细致的观察，准确地把握了这件雕刻品的各个细节，然后按一定的空间顺序来描写整个核舟，表现了作品构思精巧、形象逼真，读来仿佛亲见核舟的细节和全貌，充分感受到雕刻者巧夺天工的技艺，显示了我国古代工艺美术的卓越成就。同时也让我们想象飞驰，不仅得以想见苏轼、黄庭坚、佛印三人深厚的友谊和高蹈脱俗的举止，而且自己也仿佛置身于当年的赤壁之下，经历了那个传为千古美谈的夜晚。

文章描写细致。作者对核舟上的众多人和物，并非是做简单的罗列，而是着力于细致的描绘，对核舟的全体和各部分的人、物雕像的描述，及其方位、数目、大小的具体说明，给读者的印象既具体又深刻。文章层次井然。作者对核舟各部的描写，是先总写，后分写；从右到左，由上至下，符合人们观察事物的顺序，很有章法。文章富于想象，写的虽是静止的物件，但是作者在静中取动，写得情趣盎然。在细节上又大胆想象，赋予素材以新的生命活力。

微雕橄榄核舟（现代工艺品）

口 技 （节选）

林嗣环

【题解】

林嗣环（1607—约1662），字铁崖，号起八，福建晋江人，清初文学家。本文见于《虞初新志》。《虞初新志》是明末清初张潮编写的一部文言笔记小说集，共二十卷。文集里收集了不少民间的奇闻逸事，尤其青睐介绍传奇人物的独门绝技，内容大抵真实不虚。其中有名之作，除了本文外，还有明代魏学洢的《核舟记》和清代高士奇的《记桃核念珠》等。题目为编者所拟。

京中有善口技①者。会②宾客大宴，于厅事③之东北角，施④八尺屏障⑤，口技人坐屏障中，一桌、一椅、一扇、一抚尺⑥而已。众宾团坐⑦。少顷⑧，但⑨闻屏障中抚尺一下，满堂寂然⑩，无敢哗⑪者。

遥遥闻深巷中犬吠，便有妇人惊觉⑫欠伸，其夫呓语⑬。既而⑭儿醒，大啼。夫令妇抚儿乳⑮，儿含乳啼，妇拍而呜之。又一大儿醒，絮絮⑯不止。当是时⑰，妇手拍儿声、口中呜声、儿含乳啼声、大儿初醒声、夫叱⑱大儿声，一时⑲齐发，众妙毕备⑳。满座宾客无不伸颈，侧目，微笑，默叹，以为妙绝㉑。

未几㉒，夫齁㉓声起，妇拍儿亦渐拍渐止。微闻有鼠作作索索，盆器倾侧，妇梦中咳嗽。宾客意少舒㉔，稍稍正坐㉕。

忽一人大呼："火起！"夫起大呼，妇亦起大呼。两儿齐哭。俄而㉖百千人大呼，百千儿哭，百千狗吠。中间㉗力拉崩倒㉘之声、火爆声、呼呼风声，百千齐作；又夹百千求救声、曳屋许许声㉙、抢夺声、泼水声。凡所应有，无所不有。虽㉚人有百手，手有百指，不能指其一端㉛；人有百口，口有百舌，不能名㉜其一处也。于是宾客无不变色㉝离席，奋袖出臂㉞，两股㉟战战，几欲先走㊱。

而忽然抚尺一下，群响毕绝。撤屏视之，一人、一桌、一椅、一扇、一抚尺而已。

【注释】

①［口技］杂技的一种。用口腔发音技巧来模仿各种声音。　②［会］适逢，正赶上。　③［厅事］大厅，客厅。　④［施］设置，安放。　⑤［屏障］指屏风、围帐一类用来挡住视线的东西。　⑥［抚尺］艺人表演用的道具，也叫"醒木"。　⑦［团坐］相聚而坐。团，聚集、集合。　⑧［少（shǎo）顷（qǐng）］不久，一会儿。　⑨［但］只。　⑩［满坐寂然］全场静悄悄的。坐，同"座"。寂然，安静的样子。然，用在形容词的词尾，意思是"……的样子"。　⑪［哗］喧哗，大声说话。　⑫［惊觉（jiào）］惊醒。　⑬［呓（yì）语］说梦话。　⑭［既而］不久，紧接着。而，这里作表时间的副词的词尾。　⑮［乳］作动词用，喂奶。　⑯［絮絮］连续不断地说话。　⑰［当是时］在这个时候。　⑱［叱（chì）］大声呵斥，严厉批评。　⑲［一时］同一时候。　⑳［众妙毕备］各种妙处都具备，意思是各种声音都模仿得极像。毕，全、都。备，具备。　㉑［妙绝］奇妙极了，好极了。绝，到了极点。　㉒［未几］不多久。　㉓［齁（hōu）］打鼾（hān），打呼噜。　㉔［意少舒］心情稍微放松了些。意，心情。少（shǎo），稍微。舒，伸展、松弛。　㉕［正坐］端正坐的姿势。　㉖［俄而］一会儿，不久。　㉗［中间（jiàn）］其中夹杂着。间，夹杂。　㉘［力拉崩倒］劈里啪啦，房屋倒塌。　㉙［曳（yè）屋许许（hǔ hǔ）声］（众人）拉塌（燃烧着的）房屋时一齐用力的呼喊声。曳，拉。许许，拟声词，呼喊声。　㉚［虽］即使。　㉛［不能指其一端］不能指明其中的（任何）一种（声音）。形容口技模拟的各种

声响同时发出，交织成一片，使人来不及——辨识。一端，一头，这里是"一种"的意思。　⑫〔名〕作动词用，说出。　⑬〔变色〕变了脸色，惊慌失措。　⑭〔奋袖出臂〕捋起袖子，露出手臂。奋，张开、展开。出，露出。　⑮〔股〕大腿。⑯〔先走〕抢先逃跑。走，跑。

【解读】

本文在设定故事情景的前提下，通过多个场面表现表演者口技的高超，声音多样又富于变化，描写惟妙惟肖。文中口技人分别表演了三个生活场景：深夜一家四口由睡到醒，由醒入睡，以及从失火到救火的情形。表现声音的变化由远及近，由外而内，由小而大，由分而合，由少到多，由简单到复杂。正面写出了口技人表演的精彩和技艺的高超。

文中还多次描述了观众的反应。一是"满坐宾客无不伸颈，侧目，微笑，默叹，以为妙绝"。写出宾客为表演者的技艺折服而又不便叫好。此时，听众已经进入口技表演的情境之中而尚能自持。二是"宾客意少舒，稍稍正坐"。细致地表现了宾客情绪由紧张到松弛的渐变过程，说明听众的心态是随着表演内容的变化而变化的，已融入口技表演的情景中而难以自持。三是"宾客无不变色离席，奋袖出臂，两股战战，几欲先走"。写宾客惊慌欲逃的神态、动作，说明口技表演达到以假乱真的绝妙境界，使听众仿佛置身于火场，不禁以假为真，完全进入口技表演所营造的生活情景之中而不能自持。这三处侧面描写，层层深入，生动细腻地刻画出听众的心理变化过程，表现了这场精彩的演出对听众具有巨大的吸引力的表演效果，从而烘托了口技表演者技艺的高超。除了对声音和宾客的描写外，文中前后两次把极简单的道具交代得清清楚楚。"一人、一桌、一椅、一扇、一抚尺而已"，强调"一"，写出道具之少，反衬出口技艺人高超的水平。

为 学

彭端淑

【题解】

彭端淑（约 1699—约 1779），字乐斋，号仪一，丹棱（今属四川）人，清代文学家，被称为蜀中才子。彭端淑曾在清廷任职，后辞官归蜀，隐于成都白鹤堂，入锦江书院，课士育贤。彭端淑一生注意对人才的培养，门下人才辈出。《为学》原题为《为学一首示子侄》，收录于彭端淑所著《白鹤堂集》，作于乾隆九年（1744）。为学，即做学问，求学。这篇文章是他对子侄的期望，也是他踏实勤学的心得感悟。

天下事有难易乎？为之，则难者亦易矣；不为，则易者亦难矣。人之为学有难易乎？学之，则难者亦易矣；不学，则易者亦难矣。

吾资①之昏，不逮②人也，吾材之庸，不逮人也；旦旦③而学之，久而不怠④焉，迄乎成⑤，而亦不知其昏与庸也。吾资之聪，倍人⑥也，吾材之敏，倍人也；屏⑦弃而不用，其与昏与庸无以异也。圣人⑧之道，卒于鲁也传之⑨。然则昏庸聪敏之用⑩，岂有常⑪哉？

蜀之鄙⑫有二僧：其一贫，其一富。贫者语⑬于富者曰："吾欲之⑭南海⑮，何如？"富者曰："子何恃⑯而往？"曰："吾一瓶一钵⑰足矣。"富者曰："吾数年来欲买舟⑱而下，犹未能也。子何恃而往！"越明年⑲，贫者自南海还，以告富者，富者有惭色。

西蜀之去⑳南海，不知几千里也，僧富者不能至而贫者至焉。人之立志，顾㉑不如蜀鄙之僧哉？是故聪与敏，可恃而不可恃也；自恃其聪与敏而不学者，自败者也㉒。昏与庸，可限而不可限也；不自限其昏与庸，而力学不倦者，自力者也。

【注释】

① [资] 天资，天分。 ② [逮] 及。 ③ [旦旦] 天天。 ④ [怠（dài）] 懒惰。 ⑤ [迄（qì）乎成] 直到学成。迄，至，到。 ⑥ [倍人] "倍于人" 的省略。 ⑦ [屏] 同 "摒"，除去、排除。 ⑧ [圣人] 指孔子。 ⑨ [卒于鲁也传之] 最终是靠不怎么聪明的曾参传下来的。卒，终于。鲁，迟钝、不聪明。这里指孔子的弟子曾参。《论语·先进》："参也鲁。" ⑩ [用] 指对人的成就所起的作用。 ⑪ [常] 固定不变。 ⑫ [鄙] 边远的地方。 ⑬ [语（yù）] 告诉。 ⑭ [之] 往。 ⑮ [南海] 指佛教圣地普陀山。 ⑯ [何恃（shì）] "恃何" 的倒装。恃，凭借、依靠。 ⑰ [钵（bō）] 僧人用的饭碗。 ⑱ [买舟] 指雇船。 ⑲ [越明年] 到了第二年。越，及，到。 ⑳ [去] 距离。 ㉑ [顾] 难道，反而。 ㉒ [自败者也] 那是自毁前程的人。

【解读】

本文是专门论述为学之道的。文章首先论述为学的难易程度，提出为学的难与易的关系并非一成不变，而可相互转化，转化的条件在于人的主观努力。学习，则 "为学" 由难变易；不学，"为学" 由易变难。接着论述人的 "昏庸" 与 "聪敏" 的资质。认为平庸与聪明的关系也可转化，坚持为学之道，可以由 "昏庸" 变为 "聪敏"，否则，便由 "聪敏" 变为 "昏庸"。如孔子的学说却由天赋不高的学生曾参相传。然后论述人的志向和毅力的重要。讲了四川边境贫富两僧想去南海的故事。富者一直想雇船而不能实现，贫者苦行一年而返，说明天下无难事，有志者事竟成的道理，点出立志为学这一中心。结尾指出，自恃聪明而不学者必败，愚庸者能勤奋学习则必有成就。

本文虚实相间，例证生动，观点鲜明，论述了做学问的道理，指出人的天赋才资并非决定学业有否成就的条件，在为学的过程中，志向坚定，毅力顽强，才能获得学业上的成功，否则，就是自甘失败者，就是落伍者。

河中石兽

纪　昀

【题解】

纪昀（jǐ yún）（1724—1805），字晓岚，直隶河间府献县（今属河北）人，清代学者、文学家，生性诙谐风趣，学识渊博。历雍正、乾隆、嘉庆三朝，因其"敏而好学可为文，授之以政无不达"，故卒后谥号文达，世称文达公。纪昀任《四库全书》总纂官，分古今图书为经、史、子、集四部，总名为"四库全书"。本文选自《阅微草堂笔记》，题目为编者所拟。《阅微草堂笔记》是纪昀晚年所作的一部文言笔记小说集，题材以妖怪鬼狐为主，但于人事异闻、名物典故等也有记述，内容相当广泛。

沧州①南一寺临河干②，山门③圮④于河，二石兽并沉焉。阅⑤十余岁，僧募金重修，求二石兽于水中，竟⑥不可得，以为顺流下矣。棹数小舟⑦，曳铁钯⑧，寻十余里无迹。

一讲学家设帐⑨寺中，闻之笑曰："尔辈不能究物理⑩。是非木柿⑪，岂能为暴涨携之去？乃石性坚重，沙性松浮，湮⑫于沙上，渐沉渐深耳。沿河求之，不亦颠⑬乎？"众服为确论⑭。

一老河兵⑮闻之，又笑曰："凡河中失石⑯，当求之于上流。盖石性坚重，沙性松浮，水不能冲石，其反激之力⑰，必于石下迎水处啮⑱沙为坎穴⑲。渐激渐深，至石之半，石必倒掷坎穴中。如是再啮，石又再转。转转不已⑳，遂反溯流㉑逆上矣。求之下流，固颠；求之地中，不更颠乎？"如其言，果得于数里外。然则天下之事，但知其一，不知其二者多矣，可据理臆断㉒欤？

　　①［沧州］地名，今属河北。　　②［河干（gān）］河岸。　　③［山门］佛寺的外门。　　④［圮（pǐ）］倒塌。　　⑤［阅］经过，经历。　　⑥［竟］终了，最后。　　⑦［棹（zhào）数小舟］划着几只小船。棹，划（船）。　　⑧［曳（yè）铁钯（pá）］拖着铁钯。曳，拖。铁钯，农具，用于除草、平土等。　　⑨［设帐］设馆教书。　　⑩［尔辈不能究物理］你们这些人不能探求事物的道理。尔辈，你们这些人。究，研究、探求。物理，事物的道理、规律。　　⑪［是非木柿（fèi）］这不是木片。是，这。木柿，削下来的木片。　　⑫［湮（yān）］埋没。　　⑬［颠］颠倒，错乱。　　⑭［众服为确论］大家很信服，认为是正确的言论。　　⑮［河兵］巡河、护河的士兵。　　⑯［河中失石］落入河中的石头。　　⑰［反激之力］河水撞击石头返回的冲击力。　　⑱［啮（niè）］咬，这里是冲刷的意思。　　⑲［坎穴］坑洞。　　⑳［不已］不停止。　　㉑［溯（sù）流］逆流。　　㉒［据理臆断］根据某个道理就主观判断。臆断，主观地判断。

【解读】

　　文中围绕寻找落水多年的石兽，出现了几种不同的看法：寺僧按习惯思维认为石兽在落水处或顺流而下，他只考虑了流水冲击的因素，没考虑石兽、泥沙的关系，最终没有找到；讲学家认为"石性坚重，沙性松浮"，石兽应该在原地越沉越深，他考虑了石兽和泥沙的关系，忽略了流水，虽然大家认为是正确的结论，但最终也没有找到；老河兵认为石兽在上游，他考虑了石、水、沙三者的性质及相互关系，最终找到了石兽。

　　寺僧和讲学家都犯了脱离实际、主观臆断的错误。老河兵首先在分析问题时考虑全面，综合考虑水、沙、石等各种因素；一个"老"字也告诉我们他是一位富有经验的巡河、护河的士兵，常年在河边劳动，了解水、沙、石等自然事物特性，能把理论知识和多年经验结合起来分析。

　　本文围绕寻找河中石兽这一线索，展开戏剧性的情节阐述。两只落入水中的石兽，既未被河水冲到下游，也未原地不动沉入河沙之中，居然逆流而上，到了数千米外的上游。作者通过寺僧、讲学家、老河兵对寻找石兽的不同见解的叙述，寓理于事，在文末以议论的方式点明自己的观点：然则天下之事，但知其一，不知其二者多矣，可据理臆断欤？本文启示我们：许多现象往往有复杂的原因，不能片面地理解，而要全面深入地调查探究事物的特性；不能根据自己的一知半解主观臆断，而应当遵循客观事物的规律，具体问题具体分析，实事求是；同时也告诉我们要注意理论联系实际，重视实践，才能得出真知，不可做空头理论家。

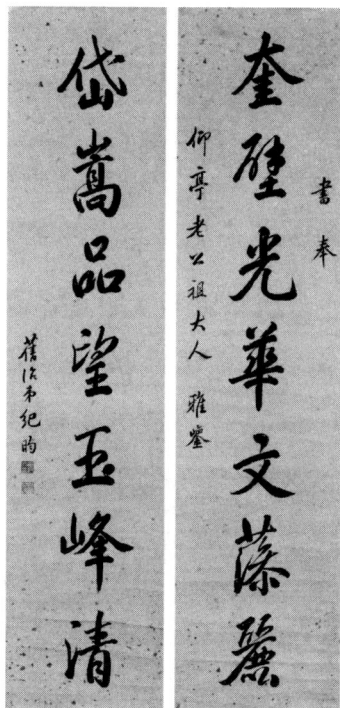

[清] 纪昀书法

病梅馆记

龚自珍

【题解】

龚自珍（1792—1841），字璱（sè）人，号定盦（ān）（一作定庵），浙江仁和（今杭州）人，清代思想家、文学家、改良主义先驱。梁启超在《清代学术概论》说："晚清思想之解放，自珍确与有功焉。光绪间所谓新学家者，大率人人皆经过崇拜龚氏之一时期；初读《定盦全集》，若受电然。"

江宁①之龙蟠②，苏州之邓尉③，杭州之西溪④，皆产梅。或曰："梅以曲为美，直则无姿；以欹⑤为美，正则无景；以疏为美，密则无态。"固也⑥。此文人画士，心知其意，未可明诏大号⑦以绳⑧天下之梅也；又不可以使天下之民斫⑨直⑩，删密，锄正，以夭梅病梅⑪为业以求钱也。梅之欹之疏之曲，又非蠢蠢⑫求钱之民能以其智力⑬为也。有以文人画士孤癖⑭之隐⑮明告鬻⑯梅者，斫其正，养其旁条，删其密，夭其稚枝，锄其直，遏⑰其生气，以求重价，而江浙之梅皆病。文人画士之祸之烈至此哉！

予购三百盆，皆病者，无一完者。既泣之三日，乃誓疗之：纵之顺⑱之，毁其盆，悉埋于地，解其棕缚⑲；以五年为⑳期，必复㉑之全㉒之。予本非文人画士，甘受诟厉㉓，辟病梅之馆以贮之。

呜呼！安得使予多暇日，又多闲田，以广贮江宁、杭州、苏州之病梅，穷予生之光阴以疗梅也哉！

【注释】

① ［江宁］旧江宁府所在地，在今江苏南京。　② ［龙蟠］龙蟠里，在今南

159

京清凉山下。　③〔邓尉〕山名。在今江苏苏州西南。　④〔西溪〕地名。　⑤〔欹(qī)〕倾斜。　⑥〔固也〕本来如此。固，本来。　⑦〔明诏大号〕公开宣告，大声疾呼。明，公开。诏，告诉，一般指上告下。号，疾呼，喊叫。　⑧〔绳〕动词，约束。　⑨〔斫〕砍削。　⑩〔直〕笔直的枝干。　⑪〔夭梅病梅〕摧折梅，把它弄成病态。夭，使……摧折，使……弯曲。病，使……成为病态。⑫〔蠢蠢〕无知的样子。　⑬〔智力〕智慧和力量。　⑭〔孤癖(pǐ)〕特殊的嗜好。　⑮〔隐〕隐衷，隐藏心中特别的嗜好。　⑯〔鬻(yù)〕卖。　⑰〔遏(è)〕遏制。　⑱〔顺〕使……顺其自然。　⑲〔棕缚〕棕绳的束缚。　⑳〔以……为〕把……当作。　㉑〔复〕使……恢复。　㉒〔全〕使……得以保全。　㉓〔诟厉〕讥评，辱骂。厉，病。

【解读】

　　短文共三段。第一段，写产生病梅的根源。在"文人画士"的心目中，梅"以曲为美""以欹为美""以疏为美"，他们暗通关节，使"鬻梅者"斫正，删密，锄直，以投"文人画士孤癖之隐"。于是，"江南之梅皆病"。第二段，写作者疗梅的行动和决心。"予购三百盆"而"誓疗之"，可见其果断；"以五年为期，必复之全之"，可见其决心。第三段，写作者辟馆疗梅的苦心。作者对自己暇日不多、闲田不多的慨叹，实际上是对自己力量不足、才能无法施展的感慨。

　　文章以梅写人，寓意深刻。以扭曲的梅写扭曲的人，写扭曲的社会，表达了对解放思想、个性自由的强烈渴望。这不禁让人想起龚自珍的那句"不拘一格降人才"，那是对人才的呼唤，对人性的呼唤，对自己政治理想的呼唤。"落红不是无情物，化作春泥更护花。"辞官后的龚自珍先后在杭州紫阳书院和江苏丹阳的云阳书院讲学，那正是他"纵之顺之，毁其盆，悉埋于地，解其棕缚"解放思想、解放人性的身体力行。

思与行

【记诵与积累】

◎少而好学，如日出之阳；壮而好学，如日中之光；老而好学，如炳烛之明。 (《炳烛之明》)

◎由此观之，在德不在险。若君不修德，船中之人尽敌国也。

(《国之宝》)

◎君与家君期日中。日中不至，则是无信；对子骂父，则是无礼。 (《陈太丘与友期行》)

◎吾本乘兴而行，兴尽而返，何必见戴？(《雪夜访戴》)

◎金玉其外，败絮其中。(《卖柑者言》)

◎三五之夜，明月半墙，桂影斑驳，风移影动，珊珊可爱。

(《项脊轩志》)

◎聪与敏，可恃而不可恃也；自恃其聪与敏而不学者，自败者也。昏与庸，可限而不可限也；不自限其昏与庸，而力学不倦者，自力者也。 (《为学》)

◎天下事有难易乎？为之，则难者亦易矣；不为，则易者亦难矣。人之为学有难易乎？学之，则难者亦易矣；不学，则易者亦难矣。 (《为学》)

◎天下之事，但知其一，不知其二者多矣，可据理臆断欤？

(《河中石兽》)

【熟读与精思】

◎本单元是由一篇一篇短小的笔记故事组成的。阅读时除了要读懂每篇文章之外，还可以把相关故事联系起来思考，不断提升对生活的认识。比如《伤仲永》中，仲永退步的原因之一是"不使学"，我们再读读《为学》，再想想《炳烛之明》，是不是对学习的重要性有了更深入的认识？

◎阅读古文，要能够打通古今，以古思今。《王积薪闻棋》的故事发生在京师之外的乡间小旅店，媪妇二人皆非专业棋手，却令王积薪深感"不及"。这正如2021年东京奥运会女子自行车公路赛选手安娜·基森霍弗，这个没有教练、没有队友、没有世界排名的奥地利数学博士，却能战胜一众知名选手夺得金牌。可见，古今中外的故事常有异曲同工之妙，值得我们深思。

【学习与践行】

◎古代笔记小说常常反映出古代社会的教育观念，如《炳烛之明》中对终身学习的重视，《伤仲永》中对家庭教育的反思……说说你认为古人的哪些价值观念在当今社会依然是有现实意义的。

◎中国传统亲情伦理作为中国传统文化的组成部分，在维护家庭和睦、社会稳定以及调和人际关系等方面起着重要作用。不管社会如何发展，我们都应用亲情来温暖人与人之间、家庭之间的关系，传承弘扬中华民族伦理文化中的优秀理念。请结合《项脊轩志》谈谈你对传统亲情伦理文化的理解。

第五单元　历史故事

导与引

　　中华文化源远流长，历史资料汗牛充栋。早在周代就已经有比较完备的史官制度，《汉书·艺文志》云，"左史记言，右史记事"。中国现存最早的历史著作是《尚书》和《春秋》，其中《尚书》是历史文献集，《春秋》是编年体史书。这两部书后来都成为儒家经典，中国的史学在春秋战国时期经历了第一个高峰，出现了许多优秀著作，流传至今的有《国语》《左传》《战国策》等。到了西汉，汉武帝设置了太史令，司马谈、司马迁父子相继担任这个官职。这个职位使司马迁能够接触到大量的史籍，为他创作《史记》打下了坚实的基础。东汉时期，不设专门的史官，著史的职能由兰台、东观等掌管图书的机构承担，《汉书》的作者班固就做过兰台令史。《史记》和《汉书》是两汉时期最重要的两部史书。唐朝开始设立史馆，负责修撰前代史和国史。此后，历朝都沿袭唐朝的制度。宋代的史书在种类、数量和质量上，都超过了前代。这个时期最重要的历史著作是司马光主编的编年体通史《资治通鉴》。元、明、清时期史学没有大的发展，值得一提的是清代的史考和史论，这一时期史书已成为经、史、子、集四部分类法的重要一环。

　　古代史书按体例可分为纪传体、编年体和国别体。纪传体史书创始于西汉司马迁《史记》，它以人物传记为中心，用"本纪"叙述帝王，用"世家"记叙王侯封国和特殊人物，用"表"统系年代、世系及人物，用"书"或"志"记载典章制度，用"列传"记人物、

163

少数民族史及外国史。历代修正史都以此为典范。我们常说的二十四史，如《汉书》《后汉书》《三国志》等都是纪传体史书。以编年体记录历史的方式最早起源于中国。编年体史书按年、月、日顺序编写，以年月为经，以事实为纬，比较容易反映出同一时期各个历史事件的联系。编年体的代表如《左传》《资治通鉴》。国别体史书则是按照不同国家分别记史，《战国策》《国语》就属于这一类。

阅读卷帙浩繁的中国古代史书，不妨从历史故事开始。本单元精选了历代有代表性的故事 13 个：有描写战争的《曹刿论战》《李愬雪夜入蔡州》、描写外交的《完璧归赵》《唐雎不辱使命》、描写内政改革的《邹忌讽齐王纳谏》、描写民族关系的《文成公主和亲》、描写君臣关系的《介之推不言禄》、描写爱国的《祖逖北伐》《杨业死义》、描写国家与世界关系的《郑和下西洋》，还有描写人与自然关系的《里革断罟匡君》等。这些历史故事直书其事、褒贬鲜明、主旨深厚，已成为中华优秀传统文化教育不可或缺的重要内容。

阅读历史故事，可从人物、情节、场景、语言、叙事等方面入手，深切感受历史人物独特的精神风貌、摄人心魄的故事情节、气势恢宏的历史场景、智慧练达的语言风格，以及张弛有致的叙事技巧；深刻体会蕴含在故事里的丰富的思想理念和道德规范，如天下兴亡、匹夫有责的担当意识，精忠报国的家国情怀，崇德向善的社会风尚，礼义廉耻的荣辱观念，培养对中华民族文化的自豪感。

文与解

曹刿论战

《左传》

【题解】

　　《左传》又称《春秋左氏传》或《左氏春秋》，是记载春秋时期各诸侯国的政治、经济、军事、外交、文化等的一部编年体史书，儒家经典之一，是中国古代的史学和文学名著。《史记》和《汉书》都认为《左传》是孔子的同时代人鲁国史官左丘明所作。记事起于鲁隐公元年（前 722），终于鲁哀公二十七年（前 468），书中保存了大量古代史料，文字简洁生动，尤其善于描写战争及复杂事件，又善于通过对话和行动表现人物的性格特点，对后代散文的发展有很大影响。本文节选自《左传·庄公十年》，鲁庄公曾助公子纠争夺齐国君主之位，公孙白上位后，以此为借口，兴兵攻鲁，两军战于长勺（shuò）。曹刿（guì），春秋时鲁国人。题目为编者所拟。

　　十年春①，齐师②伐我③。公④将战，曹刿请见。其乡人曰："肉食者⑤谋之，又何间⑥焉？"刿曰："肉食者鄙⑦，未能远谋。"乃入见。问："何以战⑧？"公曰："衣食所安，弗敢专也⑨，必以分人⑩。"对⑪曰："小惠未遍，民弗从也。"公曰："牺牲玉帛⑫，弗敢加⑬也，必以信。"对曰："小信未孚⑭，神弗福⑮也。"公曰："小大之狱⑯，虽不能察，必以情⑰。"对曰："忠之属也⑱。可以一战⑲。战则请从。"

公与之乘㉑，战于长勺。公将鼓之㉑。刿曰："未可。"齐人三鼓。刿曰："可矣。"齐师败绩㉒。公将驰㉓之。刿曰："未可。"下视其辙㉔，登轼而望之㉕，曰："可矣。"遂逐齐师。

既克㉖，公问其故。对曰："夫战，勇气也㉗。一鼓作气㉘，再㉙而衰，三而竭㉚。彼竭我盈㉛，故克之。夫大国，难测㉜也，惧有伏㉝焉。吾视其辙乱，望其旗靡㉞，故逐之。"

【注释】

①［十年］鲁庄公十年（前684）。 ②［齐师］齐国军队。 ③［我］《左传》是按照鲁国纪年顺序编写的，所以称鲁国为"我"。 ④［公］指鲁庄公，鲁国君主。前693—前662年在位。 ⑤［肉食者］吃肉的人。这里指当权者。 ⑥［间（jiàn）］参与。 ⑦［鄙］浅陋。这里指目光短浅。 ⑧［何以战］即"以何战"，凭借什么作战？以，凭、靠。 ⑨［衣食所安，弗（fú）敢专也］衣食这类用来安身的东西，不敢独自享受。安，指安身。专，独自享有。 ⑩［必以分人］一定把它分给别人。 ⑪［对］回答。一般用于下对上的回答。 ⑫［牺牲玉帛（bó）］古代祭祀用的祭品。牺牲，指祭祀用的纯色全体牲畜。玉帛，祭祀用的玉和丝织品。 ⑬［加］虚夸，夸大。 ⑭［小信未孚（fú）］（这只是）小信用，未能让神灵信服。孚，使信服。 ⑮［福］赐福，保佑。 ⑯［狱］指诉讼事件。 ⑰［情］诚，诚实。这里指诚心。 ⑱［忠之属也］（这）是尽职分之类的事情。忠，尽力做好分内的事。属，类。 ⑲［可以一战］可凭借（这个条件）打一仗。 ⑳［公与之乘］鲁庄公和他共乘一辆战车。之，指曹刿。 ㉑［鼓之］击鼓进军。古代作战，击鼓命令进军。下文的"三鼓"就是三次击鼓命令军队出击。之，起补足音节作用。 ㉒［败绩］大败。 ㉓［驰］驱车追赶。 ㉔［下视其辙］下车察看车轮碾出的痕迹。 ㉕［登轼而望之］登上车前的横木眺望齐国军队。 ㉖［既克］战胜齐军后。既，已经。 ㉗［夫战，勇气也］作战，靠的是勇气。 ㉘［一鼓作气］第一次击鼓能够鼓起士气。作，鼓起。 ㉙［再］第二次。 ㉚［竭］穷尽。 ㉛［盈］充满。这里指士气正旺盛。 ㉜［测］推测，估计。 ㉝［伏］埋伏。 ㉞［靡（mǐ）］倒下。

【解读】

本文记述曹刿向鲁庄公献策，终于在长勺之战中，助弱小的鲁国击败了强大的齐国的进攻，反映了曹刿的政治远见和卓越的军事才能。本文意在表现曹刿的"远谋"，故紧紧围绕"论战"来选取材料。第一段通过曹刿与鲁庄公的对话，强调人心向背是决定战争胜负的重要条件，突出了曹刿"取信于民"的战略思想；第二段简述曹刿指挥鲁军进行反攻、追击和最后取得胜利的过程，显示曹刿的军事指挥才能，为下文分析取胜原因作伏笔；第三段论述取胜的原因，突出曹刿善于抓住战机，谨慎而又果断的战术思想。

本文叙事清楚，详略得当，人物对话准确生动，要言不烦，是《左传》中脍炙人口的名篇。本文最显著的特点就是对史料的精当剪裁以及精练的"史家笔法"，重点突出，详略得当。如曹刿在战前启发鲁庄公意识到"民心"的重要性，在战场上注重蓄养士气，冷静细心地判断战机，以及在战后论述取胜之道，等等，这些部分都是详写；而长勺之战的规模、具体过程等方面，则是略写，体现了《左传》"长于记事"的特点。本文巧妙地运用了比照、映衬的手法，以曹刿与"乡人"的对比突出曹刿抗敌御侮的责任感和护卫宗国的政治热忱。以曹刿与鲁庄公的对比突出曹刿的机敏、持重。文章语言简洁精练，说理通达晓畅。行文中散句、对偶句错落有致，增强了叙事写人的生动效果。其中曹刿的语言尤为精彩，如战场上的指挥用语，简短明确，不仅衬托出战事紧迫，也表现出曹刿思维敏捷和临战时的坚定自信。

介之推不言禄

《左传》

【题解】

《介之推不言禄》选自《左传》。文章写了介之推跟着晋文公在外流亡回国后，晋文公酬劳功臣，独独遗漏了他，他不夸功，不求赏，反而和老母亲隐居绵上深山终老的故事。文章记叙了介之推在决定归隐时与母亲的对话，深刻批判了争功请赏、猎取名利的不齿行径，颂扬了介之推母子不贪求名利福禄的高洁品行。题目为编者所加。

晋侯①赏从亡者②，介之推③不言禄，禄亦弗及。

推曰："献公④之子九人，唯君在矣。惠、怀⑤无亲，外内弃之。天未绝晋，必将有主。主晋祀者，非君而谁？天实置⑥之，而二三子⑦以为己力，不亦诬⑧乎？窃人之财，犹谓之盗。况贪天之功，以为己力乎？下义其罪⑨，上赏其奸⑩。上下相蒙，难与处矣。"

其母曰："盍⑪亦求之？以死谁怼⑫？"

对曰："尤⑬而效之，罪又甚焉！且出怨言，不食其食。"

其母曰："亦使知之，若何？"

对曰："言，身之文⑭也。身将隐，焉用文之？是求显也。"

其母曰："能如是乎？与汝偕隐。"遂隐而死。

晋侯求之不获，以绵上⑮为之田⑯。曰："以志⑰吾过，且旌⑱善人。"

【注释】

①〔晋侯〕指晋文公，姬姓，名重耳，曾流亡十九年，即位后励精图治，使

晋国大盛,晋文公也终成"春秋五霸"之一。 ②〔从亡者〕跟从晋文公出亡在外之臣,如狐偃、赵衰等。 ③〔介之推〕亦从亡之臣。晋文公臣子,曾割自己腿上的肉以食文公。 ④〔献公〕重耳之父晋献公。 ⑤〔惠、怀〕惠公,怀公。惠公是文公重耳的弟弟,是怀公的父亲。 ⑥〔置〕立。 ⑦〔二三子〕相当于"那几个人",指跟随文公逃亡诸臣。子是对人的美称。 ⑧〔诬〕欺骗。介之推认为重耳逃亡成功是顺应天意,是大势所趋,不是底下这些人的功劳。 ⑨〔下义其罪〕意思是在下的臣子把"贪天之功,以为己力"这样有罪的事当作正义。⑩〔上赏其奸〕在上的国君赏赐那些奸猾之徒。 ⑪〔盍(hé)〕何不。 ⑫〔怼(duì)〕怨恨。 ⑬〔尤〕罪过。 ⑭〔文〕花纹,装饰。这里是说言辞是用来修饰自身的。 ⑮〔绵上〕地名,在今山西介休市南、沁源县西北的介山之下。⑯〔田〕祭田。 ⑰〔志〕记载。 ⑱〔旌(jīng)〕表彰。

【解读】

选文是以介之推与母亲的对话组成的。介之推偕母归隐的缘由就通过对话表现出来。介之推认为晋文公能够重登九五之位,是天命的体现,"二三子"据天功为己有,是贪的表现。而晋文公不以此为"奸",还理所当然地给予赏赐,这就成了上下蒙蔽。母亲建议介之推:"何不自己也去求得赏赐呢?否则,就这样默默地死去又能怨谁?"介之推认为自己已经知道"二三子"所做的不正确还去效仿,罪过更大。而且已经说了晋文公的坏话,就不能再领取他的俸禄。母亲又说:"就算不要赏赐,那么让他知道你有功不好吗?"介之推认为既然都要隐居了,又何必还要这样的名声呢?母亲听了介之推的这些话,表示要和儿子一起隐居。这一段对话写得十分巧妙,用对话的方式展示人物的内心世界。母亲的话好像是替读者问的,介之推的话则像是他的内心独白,既剖析了人物心理,又塑造了人物形象,介之推的凛然正气、母亲的不动声色都跃然纸上。

里革断罟匡君

《国语》

【题解】

《国语》是我国第一部国别体史书。编纂方法是以国分类，以语为主，故名"国语"。相传是春秋时期左丘明所撰，也有人认为是战国或汉后的学者根据春秋时期各国史官记录的原始材料整理编辑而成。《国语》记录范围为上起周穆王十二年（前990），下至智伯被灭（前453）。内容包括各国贵族间朝聘、宴飨、讽谏、辩说、应对之辞以及部分历史事件与传说。《里革断罟匡君》选自《国语·鲁语上》。题目为编者所加。

宣公①夏滥②于泗③渊④，里革⑤断⑥其罟⑦而弃⑧之，曰："古者大寒降⑨，土蛰⑩发⑪，水虞⑫于是乎讲⑬罛罶⑭，取名⑮鱼，登⑯川禽⑰，而尝之寝庙⑱，行诸⑲国⑳，助宣㉑气㉒也。鸟兽孕㉓，水虫成，兽虞㉔于是乎禁罝㉕罗㉖，䐒㉗鱼鳖，以为夏槁㉘，助生阜㉙也。鸟兽成，水虫孕，水虞于是乎禁罜㉚丽，设阱㉛鄂㉜，以实庙庖，畜功用也。且夫山不槎蘗㉝，泽㉞不伐夭㉟，鱼禁鲲㊱鲕㊲，兽长㊳麑㊴麌㊵，鸟翼㊶鷇㊷卵，虫舍蚳㊸蝝㊹，蕃㊺庶物㊻也，古之训也。今鱼方别孕，不教鱼长，又行网罟，贪㊼无艺㊽也。"

公闻之曰："吾过而里革匡我，不亦善乎！是良罟也，为我得法。使有司㊾藏之，使吾无忘谂㊿。"师㉟存侍，曰："藏罟不如置里革于侧之不忘也。"

【注释】

①［宣公］即鲁宣公。 ②［滥］浸，这里指下网捕鱼。 ③［泗（sì）］水名。在鲁城北面，发源于山东蒙山南麓（lù）。 ④［渊］水深处。 ⑤［里革］鲁国大夫。 ⑥［断］这里是割破的意思。 ⑦［罟（gǔ）］网。 ⑧［弃］抛弃。 ⑨［降］降下。 ⑩［土蛰（zhé）］动物冬眠时潜伏在土中或洞穴中不食不动的状态。这里指在地下冬眠的动物。 ⑪［发］奋起。这里是说醒过来，钻出土来。 ⑫［水虞］古代官名，掌管水产。 ⑬［讲］这里是谋划的意思。 ⑭［罛罶（gū liǔ）］罛，大渔网。罶，捕鱼的竹篓子，鱼进去就出不来。 ⑮［名］大。 ⑯［登］同“得”，求取。 ⑰［川禽］水中动物，如鳖蚌之类。 ⑱［尝之寝庙］供奉在宗庙。古代宗庙分庙和寝两部分。供祀祖宗的前殿称庙，藏祖宗衣冠的后殿称寝，合称寝庙。 ⑲［诸］“之于”的合音，其中“之”是前面动词“行”的宾语，代上文提到的“取名鱼，登川禽”。 ⑳［国］1978 年上海古籍出版社排印本《国语》作“国”，不作“国人”，据改。 ㉑［宣］发泄，散发。 ㉒［气］指阳气。 ㉓［孕］怀胎。 ㉔［兽虞］古代官名，掌管鸟兽的禁令等。 ㉕［罝（jū）］捕兽的网。 ㉖［罗］捕鸟的网。 ㉗［矠（zé）］矛一类的工具，这里是刺取。 ㉘［槁（gǎo）］干枯。这里指干的鱼。 ㉙［阜（fù）］生长。 ㉚［罜（zhǔ）］小渔网。原选本作“罝”，今据 1978 年上海古籍出版社排印本《国语》改。 ㉛［阱］为猎取野兽而设的陷坑。 ㉜［鄂］埋有尖木桩的陷坑。 ㉝［蘖（niè）］树木的嫩芽，也指树木被砍伐后所生的新芽。 ㉞［泽］聚水的洼地。 ㉟［夭］初生的草木。 ㊱［鲲］鱼子。 ㊲［鲕（ér）］鱼苗。 ㊳［长］使成长，抚养。 ㊴［麑］幼鹿。 ㊵［麇（yǎo）］幼麋。 ㊶［翼］用翼遮护，保护。 ㊷［鷇（kòu）］待哺食的雏鸟。 ㊸［蚳（chí）］蚁卵。 ㊹［蝝（yuán）］蝗的幼虫，是古人做酱的原料。 ㊺［蕃（fān）］繁殖，滋生。 ㊻［庶物］万物。 ㊼［贪］贪欲。 ㊽［艺］限度。 ㊾［有司］官吏。古代设官分职，各有专司，因称官吏为“有司”。 ㊿［谂（shěn）］规谏。 (51)［师］乐师，名存。

【解读】

鲁宣公不顾节令，把网沉浸到泗水深处捕鱼，里革当即割断渔网，并且引用古训提出意见批评他贪得无厌。鲁宣公不仅没有恼怒，而且还称赞里革，并让有关官员把断网保存起来，表示不要忘记里革的忠告。这时一位名叫存的乐师说：把网藏起来，还不如把里革留在身边，可以随时提醒不是更好吗？这个故事的情节虽然简单，却颇有起伏变化，先写里革的直言进谏，再写鲁宣公的闻过则喜，最后又通过乐师进一步深化了主题。

里革的谏词详细介绍了古人捕鱼猎兽的原则，强调不管是捕捞还是狩猎都应取之有时，用之有度。或取或蓄，必须有利于"助宣气""助生阜""蓄功用""蕃庶物"，因此要避开鸟兽、水禽的孕娠成长期，严格遵守相关原则，使它们能够生生不息，取之不尽，用之不竭。而所谓的托言古训，其实是直接指出宣公夏滥之非时，是贪得无厌的行为。古今鲜明的对比以及显而易见的道理，具有很强的说服力，使宣公听后深受启发，立刻觉醒认错，诚恳地接受了里革的意见。

中国文化讲求"天人合一"，《易经》提出"财成天地之道，辅相天地之宜"，意思是对自然界的资源，不管是直接拿来还是再加工制造，都必须尊重自然规律。中国古人注意保护自然资源，很早就从实践中总结出了保护自然资源的规律。里革可以算是古代中国较早注意到保护生态环境、维护生态平衡的人了，这篇短文对于我们今天的生态文明建设依然有启示意义。

邹忌讽齐王纳谏

《战国策》

【题解】

《战国策》，也称《国策》，为西汉刘向编订的国别体史书。书中文章作者已不可考，不像出于一人之手笔，也非一时之作。全书共三十三卷，分"东周""西周""秦""楚"等十二策。《战国策》记述了上起前 490 年智伯灭范氏，下至前 221 年高渐离以筑击秦始皇，共二百余年的历史，全书现存 497 篇，内容主要是战国时期谋臣策士游说各国，相互辩论时的谋议和说辞，展示了战国时代的历史特点和社会风貌，是研究战国历史的重要典籍。题目为编者所拟。

邹忌①修②八尺③有余，而形貌昳丽④。朝服衣冠⑤，窥镜⑥，谓其妻曰："我孰与城北徐公美⑦?"其妻曰："君美甚，徐公何能及君也?"城北徐公，齐国之美丽者也。忌不自信，而复问其妾曰："吾孰与徐公美?"妾曰："徐公何能及君也?"旦日⑧，客从外来，与坐谈，问之客曰："吾与徐公孰美?"客曰："徐公不若君之美也。"明日⑨徐公来，孰⑩视之，自以为不如；窥镜而自视，又弗如远甚⑪。暮寝而思之，曰："吾妻之美我⑫者，私⑬我也；妾之美我者，畏我也；客之美我者，欲有求于我也。"

于是入朝见威王，曰："臣诚知不如徐公美。臣之妻私臣，臣之妾畏臣，臣之客欲有求于臣，皆以美于徐公⑭。今齐地方千里，百二十城，宫妇⑮左右⑯莫⑰不私王，朝廷之臣莫不畏王，四境之内⑱莫不有求于王：由此观之，王之蔽⑲甚矣。"

王曰："善。"乃下令："群臣吏民能面刺^⑳寡人之过者，受上赏；上书谏寡人者，受中赏；能谤讥于市朝^㉑，闻^㉒寡人之耳者，受下赏。"令初下，群臣进谏，门庭若市；数月之后，时时^㉓而间进^㉔；期年^㉕之后，虽欲言，无可进者。燕、赵、韩、魏闻之，皆朝于齐^㉖。此所谓战胜于朝廷^㉗。

【注释】

① ［邹忌］《史记》作驺忌，齐桓公时任大臣，齐威王时为相，后又事齐宣王。讽，讽谏，用含蓄的话委婉地规劝。齐王，指齐威王（？—前320），名因齐，齐国国君，春秋五霸之一齐桓公之子，在位三十七年，知人善任，改革政治，是个较有作为的国君。谏（jiàn），规劝国君、尊长等改正错误。　② ［修］长，这里指身高。　③ ［尺］战国时各国尺度不一，每尺约相当于22厘米。　④ ［昳（yì）丽］光艳美丽。　⑤ ［朝（zhāo）服衣冠］早晨穿戴好衣帽。服，穿戴。⑥ ［窥镜］照镜子。　⑦ ［我孰与城北徐公美］我与城北徐公相比，哪一个美？孰与，与……相比怎么样，表示比较。孰，谁，哪一个。　⑧ ［旦日］第二天。⑨ ［明日］次日，第二天。　⑩ ［孰］同"熟"，仔细。　⑪ ［弗如远甚］远远不如。　⑫ ［美我］认为我美。　⑬ ［私］偏爱。　⑭ ［皆以美于徐公］都认为（我）比徐公美。　⑮ ［宫妇］宫里侍妾一类女子。　⑯ ［左右］君主左右的近侍之臣。　⑰ ［莫］没有谁。　⑱ ［四境之内］全国范围内。　⑲ ［蔽］蒙蔽，这里指所受的蒙蔽。　⑳ ［面刺］当面指责。　㉑ ［谤（bàng）讥于市朝］在公众场所指责讥刺（寡人的）过失。市朝，指集市、市场等公共场合。　㉒ ［闻］这里是"使……听到"的意思。　㉓ ［时时］常常，不时。　㉔ ［间（jiàn）进］偶然进谏。间，间或、偶然。　㉕ ［期（jī）年］满一年。　㉖ ［朝（cháo）于齐］到齐国来朝见。　㉗ ［战胜于朝廷］在朝廷上取得胜利。意思是内政修明，不需用兵就能战胜敌国。

【解读】

这篇文章包括两部分内容：一是邹忌讽谏，二是齐王纳谏。作为齐相，邹忌给齐威王提意见也要讲究方式方法。邹忌看到齐王受到蒙蔽，不能看到国家存在的问题。于是便想通过类比，让齐王自己去领悟"王之蔽甚矣"和应该采取的措施。这就需要找到一个恰当的切入口。邹忌讲述了自己与徐公"比美"的经历，并把自己"三思"的结果告诉齐王，"比美"经历和"闺房小语"显得自然亲切，又入情入理，取譬类比，以小见大，委婉含蓄，易于为齐王所接受。

邹忌对国家大事有深入的思考，对国君心理有仔细的体察，才能果断劝谏。另外，劝谏的成功也离不开齐威王的胸怀。齐威王听了邹忌的故事，何尝不知道这是劝谏，他感觉到事情的严重，马上接受，并立刻下令分上、中、下三种不同层面的赏赐来使群臣进谏，表现出一位封建贤明君王的特点。最终"战胜于朝廷"的硕果，这离不开邹忌的讽谏之功，也离不开齐威王广开言路的胸襟和果断行事的理政智慧。

本文语言颇具特色。一是简洁，如文章一开头，作者用"修八尺有余，而形貌昳丽"十个字把邹忌的形貌作了概括的介绍。二是形象，如"孰视之"，"窥镜而自视"，用动作写出了比美的心态。三是多变，如邹忌与妻、妾、客的对话，三问三答，表达的内容完全一样，但由于句法上稍做变化，行文就显得活泼而不板滞。

唐雎^①不辱使命

《战国策》

【题解】

战国后期，秦相继吞并各诸侯国，前230年灭韩，前225年灭魏。安陵是魏的附庸小国，在它的宗主国魏国灭亡之后，一度还保持着独立的地位。秦企图用"易地"的政治骗局进行吞并，由此引起了两国之间的一场外交斗争。安陵君派唐雎到秦国谈判，唐雎最终不辱使命，维护了国家尊严。但这又并非完全是史实。《战国策》中的一些记述与其说是历史记录，不如说是文学创作，《唐雎不辱使命》就属于此列。本文题目为编者所拟。

秦王^②使人谓安陵君^③曰："寡人欲以五百里之地易^④安陵，安陵君其^⑤许寡人！"安陵君曰："大王加惠^⑥，以大易小，甚善；虽然，受地于先王，愿终守之，弗敢易！"秦王不说。安陵君因使唐雎使于秦。

秦王谓唐雎曰："寡人以五百里之地易安陵，安陵君不听寡人，何也？且秦灭韩亡魏，而君以五十里之地存者，以君为长者，故不错意^⑦也。今吾以十倍之地，请广于君^⑧，而君逆寡人者，轻寡人与？"唐雎对曰："否，非若是也。安陵君受地于先王而守之，虽千里不敢易也，岂直^⑨五百里哉？"

秦王怫然^⑩怒，谓唐雎曰："公^⑪亦尝闻天子之怒乎？"唐雎对曰："臣未尝闻也。"秦王曰："天子之怒，伏尸^⑫百万，流血千里。"唐雎曰："大王尝闻布衣^⑬之怒乎？"秦王曰："布衣之怒，亦免冠徒跣^⑭，以头抢^⑮地尔。"唐雎曰："此庸夫之怒也，非士^⑯之怒也。夫专诸之刺王僚也，彗星袭月^⑰；聂政之刺韩傀也，白虹贯日⑱；要离之刺庆忌也，仓鹰击于殿上⑲。此三子者，皆布衣之士也，怀怒未发，休祲降于天⑳，与臣而将四矣㉑。若士必㉒怒，伏尸二人，流血五步，天下缟素㉓，今日是也。"挺㉔剑而起。

秦王色挠㉕，长跪而谢之㉖曰："先生坐！何至于此！寡人谕㉗矣：夫韩、魏灭亡，而安陵以五十里之地存者，徒㉘以有先生也。"

【注释】

①［唐雎（jū）］战国末期人。不辱使命，意思是没有辜负出使任务。辱，辱没、辜负。　②［秦王］指嬴政，即后来的秦始皇。　③［安陵君］安陵国的国君。安陵是一个小国，在今河南鄢（yān）陵西北，原是魏国的附属国，魏襄王封其弟为安陵君。　④［易］交换。　⑤［其］表示祈使语气。　⑥［加惠］施予恩惠。　⑦［错意］在意。错，同"措"。　⑧［请广于君］意思是让安陵君扩大领土。广，增广、扩充。　⑨［岂直］哪里只是。　⑩［怫（fú）然］愤怒的样子。　⑪［公］对人的敬称。　⑫［伏尸］横尸在地。　⑬［布衣］平民。古代没有官职的人穿麻布衣服，所以称布衣。　⑭［免冠徒跣（xiǎn）］摘下帽子，光着脚。徒，裸露。跣，赤脚。　⑮［抢（qiāng）］碰，撞。　⑯［士］这里指有胆识有才能的人。　⑰［专诸之刺王僚也，彗星袭月］专诸刺杀吴王僚时，彗星的尾巴扫过月亮。专诸，春秋时吴国人。公子光（即后来的吴王阖闾［hé lú］）想杀僚自立，假意宴请，让专诸借献鱼之机刺杀了僚。"彗星袭月"和下文的"白虹贯日""仓鹰击于殿上"等自然现象，古人认为都是发生灾变的征兆。　⑱［聂政之刺韩傀（guī）也，白虹贯日］聂政刺杀韩傀时，白色的长虹穿日而过。聂政，战国时韩国人。韩傀是韩国的相。韩国大夫严仲子同韩傀有仇，请聂政去刺杀了韩傀。　⑲［要（yāo）离之刺庆忌也，仓鹰击于殿上］要离刺杀庆忌时，苍鹰扑到宫殿上。庆忌是吴王僚的儿子，在僚被杀后，逃到卫国，吴王阖闾派要离去把他杀了。仓，同"苍"。　⑳［怀怒未发，休祲（jìn）降于天］心里的愤怒没发作出来，上天就降示征兆。休祲，吉凶的征兆。这里偏指凶兆。休，吉祥。祲，不祥。　㉑［与臣而将四矣］加上我，将变成四个人了。唐雎暗示秦王，自己将效法专诸、聂政、要离三人行刺。　㉒［必］一定。　㉓［缟（gǎo）素］

白色丧服。这里用作动词，指穿白色丧服。缟、素，都是白色的绢。　㉔〔挺〕拔。　㉕〔色挠〕面露胆怯之色。　㉖〔长跪而谢之〕直身跪着，向唐雎道歉。古人席地而坐，坐时两膝着地，臀部落在脚跟上。长跪则是把腰挺直，以表示敬意。　㉗〔谕（yù）〕明白，懂得。　㉘〔徒〕只，仅仅。

【解读】

　　文章第一段写唐雎出使秦国的背景。第二、第三段是全文的主体部分，写唐雎在秦廷不屈不挠、英勇斗争的经过。第四段写秦王"色挠"屈服，长跪道歉，表明唐雎在这场惊心动魄的外交斗争中取得了胜利。唐雎临危受命，在秦廷不卑不亢，斗智斗勇，最终让不可一世的秦王屈服，维护了安陵国的尊严，体现了唐雎大义凛然的气概和英勇无畏的精神。

　　本文描写秦王情绪变化的词语有"不说""怫然怒""色挠"三处。这些词语，如同一条暗线，串连起秦王情绪的变化。当安陵君委婉地拒绝了秦王使者易地的欲求后，秦王"不说"；当唐雎重申安陵君的立场，坚决表示不易地时，语带讥讽，让秦王侵吞安陵国的野心再一次受到打击，秦王"怫然怒"；当唐雎的"布衣之怒"战胜了秦王的"天子之怒"时，"秦王色挠"，神情沮丧，完全失去了唯我独尊的威严。秦王情绪的变化，从"不说"到"怒"，最后到沮丧（色挠），从自以为是、不可一世到赔礼道歉，情绪经历了一个大起大落的过程，颇富戏剧性。这里读者不仅读出了一个霸道无理、色厉内荏的秦王，而且读出了一个为了捍卫祖国威严从容镇定、不畏强暴、拼死一搏、敢于斗争、有胆有识、不辱使命的唐雎。

完璧归赵

司马迁

【题解】

司马迁（前145—前86?），字子长，夏阳（今陕西韩城）人，任太史令，在《史记》中称其父或自称"太史公"，西汉史学家、文学家。"完璧归赵"的故事出自《史记·廉颇蔺相如列传》，记述了蔺相如不辱使命，将和氏璧完好地从秦国带回赵国的经过。本文题目为编者所拟。《史记》是中国历史上第一部纪传体通史，记载了从上古传说中的黄帝时期到汉武帝太初四年，长达3000多年的历史，是"二十四史"之首。《史记》分本纪、表、书、世家、列传五部分。它以历史上的帝王等政治中心人物为史书编撰的主线，各种体例分工明确，其中，本纪、世家、列传三部分，占全书的大部分篇幅，都是以写人物为中心来记载历史的。《史记》具有史学和文学双重价值。

赵惠文王^①时，得楚和氏璧^②。秦昭王^③闻之，使人遗^④赵王书，愿以十五城请易^⑤璧。赵王与大将军廉颇诸大臣谋：欲予秦，秦城恐不可得，徒见欺^⑥；欲勿予，即患秦兵之来。计未定，求人可使报秦者^⑦，未得。宦者令^⑧缪贤曰："臣舍人^⑨蔺相如可使。"王问："何以知之？"对曰："臣尝有罪，窃计欲亡走燕^⑩，臣舍人相如止臣，曰：'君何以知燕王？'臣语曰：'臣尝从大王与燕王会境上^⑪，燕王私握臣手，曰愿结友。以此知之，故欲往。'相如谓臣曰：'夫赵强而燕弱，而君幸^⑫于赵王，故燕王欲结于君。今君乃亡赵走燕，燕畏赵，其势必不敢留君，而束君归赵^⑬矣。君不如肉袒伏斧质^⑭请罪，则幸得脱矣。'臣从其计，大王亦幸^⑮赦臣。臣窃以为其人勇士，有智谋，宜可使。"于是王召见，问蔺相如曰："秦王以十五城请易寡人[16]之璧，可予不[17]？"相如曰："秦强而赵弱，不可不许。"王曰："取吾璧，不予我城，奈何？"相如曰："秦以城求璧而赵不许，曲[18]在赵。赵予璧而秦不予赵城，曲在秦。均之二策[19]，宁许以负秦曲[20]。"王曰："谁可使者？"相如曰："王必无人，臣愿奉璧往使。城入赵而璧留秦；城不入，臣请完璧归赵。"赵王于是遂遣相如奉[21]璧西入秦。

秦王坐章台[22]见相如，相如奉璧奏[23]秦王。秦王大喜，传以示美人及左右，左右皆呼万岁。相如视秦王无意偿赵城，乃前曰："璧有瑕[24]，请指示王。"王授璧，相如因持璧却立[25]，倚柱，怒发上冲冠[26]，谓秦王曰："大王欲得璧，使人发书[27]至赵王，赵王悉召群臣议，皆曰'秦贪，负其强，以空言求璧，偿城恐不可得'。议不欲予秦璧。臣以为布衣之交[28]尚不相欺，况大国乎！且以一璧之故逆[29]强秦之欢，不可。于是赵王乃斋戒[30]五日，使臣奉璧，拜送书[31]于庭[32]。何者？严[33]大国之威以修敬[34]也。今臣至，大王见臣列观[35]，礼节甚倨[36]；得璧，传之美人，以戏弄臣。臣观大王无意偿赵王城邑，故臣复取璧。大王必欲急[37]臣，臣头今与璧俱碎于柱矣！"相如持其璧睨[38]柱，欲以击柱。秦王恐其破璧，乃辞谢[39]固请[40]，召有司[41]案图[42]，指从此以往十五都[43]予赵。相如度[44]秦王特[45]以诈[46]佯为[47]予赵城，实不可得，乃谓秦王曰："和氏璧，天下所共传宝也，赵王恐，不敢不献。赵王送璧时，斋戒五日，今大王亦宜斋戒五日，设九宾[48]于廷，臣乃敢上璧。"秦王度之，终不可强夺，遂许斋五日，舍[49]相如广成[50]传[51]。相如度秦王虽斋，决负约[52]不偿城，乃使其从者衣褐[53]，怀其璧，从径道[54]亡，归璧于赵。

秦王斋五日后，乃设九宾礼于廷，引赵使者蔺相如。相如至，谓秦王曰："秦自缪公[55]以来二十余君，未尝有坚明约束[56]者也。臣诚恐见欺于王而负赵，故令人持璧归，间[57]至赵矣。且秦强而赵弱，大王遣一介之使⁣³⁸至赵，赵立奉璧来。今以秦之强而先割十五都予赵，赵岂敢留璧而得罪于大王乎？臣知欺大王之罪当诛，臣请就³⁹汤镬⁴⁰，唯⁴¹大王与群臣孰⁴²计议之。"秦王与群臣相视而嘻⁴³。左右或欲引相如去，秦王因曰："今杀相如，终不能得璧也，而绝秦赵之欢，不如因⁴⁴而厚遇之，使归赵，赵王岂以一璧之故欺秦邪！"卒廷见⁴⁵相如，毕礼而归之⁴⁶。

相如既归，赵王以为贤大夫，使不辱于诸侯，拜相如为上大夫⁴⁷。秦亦不以城予赵，赵亦终不予秦璧。

【注释】

①〔赵惠文王〕赵武灵王的儿子，赵国第七个君主，在位三十三年（前298—前266）。　②〔和氏璧〕楚人卞和在山中得到一块玉璞（含有玉的石块），献给楚厉王。厉王派玉工鉴别，说是石。厉王以为卞和诈骗，截去他左足。武王立，他又去献玉璞，玉工仍说是石，再截去他的右足。文王立，卞和抱着玉璞在山中号哭。文王知道后，派玉工剖璞，果得宝玉，因称曰"和氏璧"。　③〔秦昭王〕即昭襄王，在位五十六年（前306—前251）。　④〔遗（wèi）〕送。⑤〔易〕交换。　⑥〔徒见欺〕白白地被欺骗。见，助词，表被动，相当于"被"。　⑦〔求人可使报秦者〕寻找可以出使秦国去答复的人。报，答复。⑧〔宦者令〕宦官的首领，名缪（miào）贤。　⑨〔舍人〕派有职事的门客。⑩〔窃计欲亡走燕〕暗中打算想要逃到燕国去。亡，逃。走，跑。　⑪〔会境上〕在赵燕两国的边境上相会。　⑫〔幸〕得宠。　⑬〔束君归赵〕捆绑您送回赵国。⑭〔肉袒（tǎn）伏斧质〕赤身伏在斧质上。表示认罪，甘愿受死。肉袒，解衣露体。斧质，腰斩犯人的刑具。　⑮〔幸〕幸而。　⑯〔寡人〕旧时君主自称的谦词。⑰〔不（fǒu）〕同"否"。　⑱〔曲〕理亏。　⑲〔均之二策〕衡量予璧与不予璧两个计策。均，同"钧"，权衡。　⑳〔负秦曲〕使秦担负理亏的责任。　㉑〔奉〕捧。　㉒〔章台〕秦离宫中的台观之一，故址在今陕西省长安区故城西南角的渭水边。　㉓〔奏〕进献。　㉔〔瑕〕玉上面的斑点。　㉕〔却立〕倒退几步站立。㉖〔怒发上冲冠〕头发因怒竖起，顶起帽子。形容极其愤怒。　㉗〔发书〕发信。㉘〔布衣之交〕百姓之间的交往。古代平民以麻布、葛布为衣，故称。　㉙〔逆〕

181

拂逆，触犯。　㉚〔斋戒〕一种礼节，古人在举行典礼或祭祀之前，须先沐浴更衣，不茹荤酒，静居戒欲，以示虔诚庄敬，称斋戒。　㉛〔书〕国书。　㉜〔庭〕同"廷"，朝廷。　㉝〔严〕尊重。　㉞〔修敬〕表示敬慕。此谓斋戒、拜送、修敬，皆是临时设辞，以斥责秦王之倨。　㉟〔列观（guàn）〕一般的宫殿。此指章台。秦对赵使不尊重，故不在正殿接见。　㊱〔倨（jù）〕傲慢。　㊲〔急〕逼迫。　㊳〔睨（nì）〕斜视。　㊴〔辞谢〕婉言道歉。　㊵〔固请〕坚决请求。　㊶〔有司〕官吏的通称。古时设官分职，各有专司，因称官吏为有司，此指专管国家疆域图的官吏。　㊷〔案图〕查明地图。　㊸〔都〕城。　㊹〔度（duó）〕忖度，推测。　㊺〔特〕只，只是。　㊻〔诈〕诡计。　㊼〔佯为〕假装作。　㊽〔九宾〕九宾礼，古时外交上最隆重的礼仪。由礼官九人，依次传呼，接迎宾客上殿。宾，同"傧"，傧相，即赞礼官。　㊾〔舍〕安置，留宿。　㊿〔广成〕宾馆名。　51〔传〕传舍，宾馆。　52〔决负约〕必然违背信约。　53〔衣（yì）褐（hè）〕穿上粗麻布短衣。谓装作平民。　54〔径道〕小路。　55〔缪公〕即秦穆公，春秋五霸之一。秦从缪公起开始强大，到昭王共二十二君。　56〔坚明约束〕坚守信约。　57〔间（jiàn）〕间行，秘密离去。　58〔一介之使〕一个小小的使臣。　59〔就〕承受。　60〔汤镬（huò）〕煮汤的大锅。就汤镬，意谓愿受烹刑。　61〔唯〕希望。　62〔孰〕仔细、再三之意。　63〔嘻〕惊怪之声。　64〔因〕就此，顺势。　65〔廷见〕在朝廷上正式接见。　66〔归之〕使之归，送相如回去。　67〔大夫〕官名，分上、中、下三等。相如奉命使秦，按照当时外交上的通例，当已取得大夫之衔。

【解读】

　　本文层层渲染，步步蓄势。先写蔺相如利用舆论，借使秦负曲之势，奉璧至秦；再写秦王得璧不偿城，相如以"璧有瑕，请指示王"诳得玉璧后，抓住秦王贪婪的弱点，欲以璧击柱，借"秦恐璧破"之势威胁秦王；最后写蔺相如抓住秦国二十余君"不坚明约束"之过，借理在我方之势，完璧归赵。

　　司马迁在《史记》中善于抓住人物主要特征进行刻画。在塑造蔺相如这一形象时，以"智勇"为核心展开描述。正如他在本传传末所论赞的："太史公曰：知死必勇，非死者难也，处死者难也。方蔺相如引璧睨柱，及叱秦王左右，势不过诛，然士或怯懦而不敢发。相如一奋其气，威信敌国；退而让颇，名重泰山。其处智勇，可谓兼之矣！"在对完璧归赵进行描述时更是紧紧扣住蔺相如的机智勇敢这一特征，着重刻画了蔺相如在对外斗争中，面对强敌，临危不惧，不辱使命，维护国家尊严的形象，给读者留下深刻的印象。《廉颇蔺相如列传》中除了完璧归赵的故事以外，还有秦赵渑池会、廉颇负荆请罪等故事，两千多年来传唱不衰。

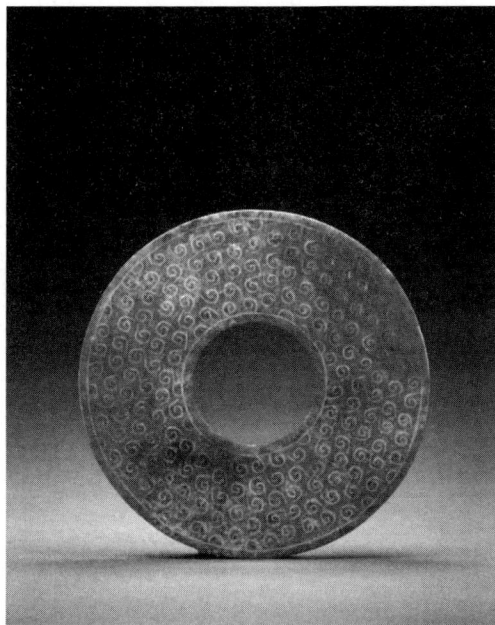

战国玉璧

毛遂自荐

司马迁

【题解】

赵孝成王六年（前 260），秦昭王派将军白起在长平（今山西高平）大破赵军，活埋赵国降卒 40 万人。前 258 年，秦军进围赵都邯郸（今河北邯郸），赵国分别向魏、楚等国求救。最终打退秦军，解了邯郸之围。本文记叙毛遂在秦兵围攻赵国都城邯郸的危急时刻，自我推荐跟随平原君去楚国谈判合纵抗秦获得成功的事迹。毛遂是战国鸡泽人（今河北邯郸鸡泽），赵国公子平原君赵胜门下的食客。《毛遂自荐》选自《史记·平原君虞卿列传》，题目为编者所拟。

秦之围邯郸①，赵使平原君求救，合从②于楚，约与食客门下有勇力文武备具者二十人偕。平原君曰："使文能取胜，则善矣。文不能取胜，则歃血③于华屋④之下，必得定从⑤而还。士不外索，取于食客门下足矣。"得十九人，余无可取者，无以满二十人。门下有毛遂者，前，自赞⑥于平原君曰："遂闻君将合从于楚，约与食客门下二十人偕，不外索。今少一人，愿君即以遂备员⑦而行矣。"平原君曰："先生处胜之门下几年于此矣？"毛遂曰："三年于此矣。"平原君曰："夫贤士之处世也，譬若锥之处囊中，其末立见。今先生处胜之门下三年于此矣，左右未有所称诵，胜未有所闻，是先生无所有⑧也。先生不能，先生留。"毛遂曰："臣乃今日请处囊中耳。使遂蚤⑨得处囊中，乃颖脱而出⑩，非特⑪其末见而已。"平原君竟与毛遂偕。十九人相与目笑之而未发也⑫。

毛遂比⑬至楚，与十九人论议，十九人皆服。平原君与楚合从，言其利害，日出而言之，日中不决。十九人谓毛遂曰："先生上。"毛遂按剑历阶而上⑭，谓平原君曰："从之利害，两言而决耳。今日出而言从，日中不决，何也？"楚王⑮谓平原君曰："客何为者也⑯？"平原君曰："是胜之舍人⑰也。"楚王叱⑱曰："胡⑲不下！吾乃⑳与而㉑君言，汝何为者也！"毛遂按剑而前曰："王之所以叱遂者，以楚国之众也。今十步之内，王不得恃楚国之众也，王之命悬于遂手。吾君在前，叱者何也？且遂闻汤㉒以七十里之地王天下，文王㉓以百里之壤而臣诸侯㉔，岂其士卒众多哉，诚能据其势而奋其威。今楚地方五千里，持戟百万，此霸王之资㉕也。以楚之强，天下弗能当。白起㉖，小竖子㉗耳，率数万之众，兴师以与楚战，一战而举鄢郢㉘，再战而烧夷陵，三战而辱王之先人。此百世之怨而赵之所羞，而王弗知恶焉。合从者为楚，非为赵也。吾君在前，叱者何也？"楚王曰："唯唯，诚若先生之言，谨奉社稷而以从㉙。"毛遂曰："从定乎？"楚王曰："定矣。"毛遂谓楚王之左右曰："取鸡狗马之血来。"毛遂奉㉚铜盘而跪进之楚王曰："王当歃血而定从，次者吾君，次者遂。"遂定从于殿上。毛遂左手持盘血而右手招十九人曰："公相与歃此血于堂下。公等录录㉛，所谓因人成事㉜者也。"

平原君已定从而归，归至于赵，曰："胜不敢复相士㉝。胜相士多者千人，寡者百数，自以为不失天下之士，今乃于毛先生而失之也。毛先生一至楚，而使赵重于九鼎大吕㉞。毛先生以三寸之舌，强于百万之师。胜不敢复相士。"遂以为上客。

【注释】

①［秦之围邯郸］前260年，秦将白起在长平大破赵军，前258年，秦兵又进兵包围赵国都城邯郸。　②［合从］指崤山以东六国联合抗秦。从，同"纵"。　③［歃（shà）血］古代订盟誓时的一种仪式，杀牲取血，盛在盘中，用口微吸，以表示守信。　④［华屋］漂亮的堂宇，指朝会或议事的地方。　⑤［定从］订

立合纵的盟约。　⑥〔自赞〕自我推荐。　⑦〔备员〕凑足人员的数。备，齐备。⑧〔无所有〕没有什么才能。　⑨〔蚤〕同"早"。　⑩〔颖脱而出〕指整个锥锋都露了出来。颖，本指禾穗的芒尖，这里指锥子的锋。　⑪〔非特〕不只。⑫〔相与目笑之而未发也〕彼此用眼光示意，暗笑毛遂，没把轻视毛遂之意说出来。　⑬〔比〕等到……的时候。　⑭〔按剑历阶而上〕握着剑柄，顺着台阶一级一级不停脚地走上去。　⑮〔楚王〕这里指楚考烈王熊完。　⑯〔客何为者也〕这个客人是干什么的。　⑰〔舍人〕战国及汉初，王宫贵族的侍从宾客，亲近左右。　⑱〔叱（chì）〕高声叫骂。　⑲〔胡〕为什么。　⑳〔乃〕是。　㉑〔而〕同"尔"，你的。　㉒〔汤〕商汤，商朝的开国之君。　㉓〔文王〕指周文王姬昌。　㉔〔臣诸侯〕指诸侯称臣。　㉕〔霸王之资〕争霸称王的资本。　㉖〔白起〕秦国的大将。　㉗〔小竖子〕相当于"小子"，这是古代骂人的话，这里有轻视白起的意思。　㉘〔一战而举鄢（yān）郢（yǐng）〕前279年，秦将白起攻下楚国的鄢、郢。鄢，在今湖北宜城东南。郢，在今湖北江陵西北。　㉙〔谨奉社稷（jì）而以从〕谨以我们的国家来订立"合纵"之约。社稷，指国家。　㉚〔奉〕捧。　㉛〔录录〕同"碌碌"，平庸无能。　㉜〔因人成事〕依赖别人把事情办成功。因，依赖。　㉝〔相士〕鉴别人才。相，查看，识别。　㉞〔使赵重于九鼎大吕〕使赵国的声望超过了九鼎、大吕。九鼎，夏、商、周时象征国家政权的传国宝器。大吕，周朝宗庙的大钟。

【解读】

《史记》所写的人物，主要是活跃在历史舞台上的名震千古的大人物，他们大都处于一定社会各种矛盾斗争的中心。《史记》也写了一些小人物，但他们无一不与那些大人物大事件息息相关。有些大人物能完成某些大事，主要是依靠这些小人物的智慧和力量。他们的历史作用，使他们与大人物并驾齐驱，甚至使有些大人物相形见绌。《毛遂自荐》就反映出这一有趣的历史现象。

平原君赵胜是赵国惠文王的弟弟，他喜欢招收能人勇士做门客，家里有好几千这样的人，毛遂就是其中的一个。当时秦国派白起做大将入侵赵国，在长平大败赵军。赵孝成王九年秦兵又包围了赵国国都邯郸，赵王派平原君到楚国去求救，门下有才能的随从毛遂自己请求跟平原君同去，前往完成了使命，说服了楚王，订立了合纵盟约，齐、楚、赵、韩、魏、燕，六国联合抵抗秦国。

文章开始记叙平原君到楚国去合纵的准备工作和毛遂自荐的情况，反映了平原君、毛遂等有关人物的关系。这种关系将随着事态的发展而产生变化。本段内容虽简单，却写得曲折有致。如平原君先认为所需"文武备具"的二十人取于"食客门下足矣"，却偏偏"余无可取者，无以满二十人"。写平原君对毛遂的态度，先认为他"不能"，决定"先生留"，结果又"竟与毛遂偕"，这样，终于凑满了二十人。文章中间部分记叙毛遂在平原君与楚王谈判极不顺利的情况下，用威胁与说服的手段，终于使楚王订下合纵之盟。文章描写生动，正如宋代洪迈所说："其英姿雄风，千载而下，尚可想见，使人畏而仰之。"（《容斋五笔》卷五）

结尾记叙平原君对毛遂的高度赞扬。后常以"毛遂自荐"代称自己表示能担任某种职务。毛遂向平原君自荐，并不是想表现自己，而是为了赵国的利益自告奋勇挺身而出，从本文中我们可以看到毛遂的智慧、勇敢及主动承担重任的精神。"锥处囊中，其末立见"，"脱颖而出"，这些词语也出自本文，比喻有才能的人显露头角，如唐李白《与韩荆州书》所说："使白得颖脱而出"。

文成公主和亲

刘昫等

【题解】

《旧唐书》是五代后晋时官修的史籍，也是现存最早的系统记录唐代历史的一部史籍，宋祁、欧阳修等所编著《新唐书》问世后，才改称《旧唐书》。《旧唐书》共 200 卷，包括本纪 20 卷、志 30 卷、列传 150 卷。文成公主（625—680），唐朝宗室女，雍王李守礼的女儿。唐贞观十四年（640），唐太宗李世民封其为"文成公主"。唐贞观十五年（641），文成公主远嫁吐蕃，成为吐蕃赞普松赞干布的妻子，唐蕃自此结为姻亲之好。本文选自《旧唐书·吐蕃列传上》，题目为编者所拟。

贞观八年^①，其赞普弃宗弄赞^②始遣使朝贡。弄赞弱冠嗣位，性骁武，多英略，其邻国羊同及诸羌并宾伏之^③。太宗遣行人冯德遐^④往抚慰之。见德遐，大悦。闻突厥及吐谷浑皆尚公主^⑤，乃遣使随德遐入朝，多赍^⑥金宝，奉表求婚，太宗未之许。使者既返，言于弄赞曰："初至大国，待我甚厚，许嫁公主。会吐谷浑王入朝，有相离间，由是礼薄，遂不许嫁。"弄赞遂与羊同连，发兵以击吐谷浑。吐谷浑不能支，遁^⑦于青海之上，以避其锋。其国人畜并为吐蕃所掠。于是进兵攻破党项及白兰诸羌，率其众二十余万，顿于松州西境^⑧。遣使贡金帛，云来迎公主。又谓其属曰："若大国不嫁公主与我，即当入寇^⑨。"遂进攻松州，都督韩威轻骑觇贼，反为所败，边人大扰^⑩。太宗遣吏部尚书侯君集为当弥道行营大总管，右领军大将军执失思力为白兰道行军总管，左武卫将军牛进达为阔水道行军总管，右领军将军刘兰为洮河道行军总管，率步骑五万以击之。进达先锋自松州夜袭其营，斩千余级。

弄赞大惧，引兵而退，遣使谢罪。因复请婚，太宗许之。弄赞乃遣其相禄东赞⑪致礼，献金五千两，自余宝玩数百事。

贞观十五年，太宗以文成公主妻之，令礼部尚书、江夏郡王道宗⑫主婚，持节送公主于吐蕃。弄赞率其部兵次⑬柏海⑭，亲迎于河源。见道宗，执子婿之礼甚恭。既而叹大国服饰礼仪之美，俯仰有愧沮之色。及与公主归国，谓所亲曰："我父祖未有通婚上国者，今我得尚大唐公主，为幸实多。当为公主筑一城⑮，以夸示后代。"遂筑城邑，立栋宇以居处焉。公主恶其人赭面⑯，弄赞令国中权且罢之，自亦释毡裘⑰，袭纨绮⑱，渐慕华风。仍遣酋豪⑲子弟，请入国学以习《诗》《书》。又请中国识文之人典其表疏⑳。

【注释】

①［贞观八年］634 年。贞观，唐太宗李世民年号。　②［赞普弃宗弄赞］即松赞干布（617—650），吐蕃第二任赞普，开创了吐蕃王朝。迁都逻些（今西藏自治区拉萨市），制定官制和法律，建立起强大的奴隶制政权，在位 22 年。赞普，吐蕃的最高领导者。　③［其邻国羊同及诸羌并宾伏之］他的邻国羊同和羌人们的部落都愿意服从他。羊同，西藏早期历史上的古国，疆域中心地区位于今阿里地区。汉族学者在历史的后期称之为"羊同"，也有写成"象雄"的，是根据藏文"象雄"两字的译音写成的汉字，接邻吐蕃。下文羌亦是古代西藏部族名称。宾，像宾客一样。伏，同"服"。屈服，顺从。　④［行人冯德遐］唐朝首位入蕃使节。行人，使者。　⑤［闻突厥及吐谷浑皆尚公主］松赞干布听说突厥和吐谷浑都崇尚迎娶唐朝的公主。突厥，历史上活跃在蒙古高原和中亚地区的民族集团统称，也是中国西北与北方草原地区继匈奴、鲜卑、柔然以来又一个重要的游牧民族。吐（tǔ）谷（yù）浑，亦称吐浑，我国古代西部民族。　⑥［赍（jī）］送给。⑦［遁］隐匿，逃跑。　⑧［于是进兵攻破党项及白兰诸羌，率其众二十余万，顿于松州西境］于是进一步攻打党项族和多个白兰羌人部族，率领的军队多达二十余万，抵达了松州西部的边境。白兰，中国古代部族，与羌人接近。松州，四川省历史名城。历史上有名的边陲重镇，被称作"川西门户"，古为用兵之地。

⑨〔入寇〕以征服或掳掠为目的的入侵。　⑩〔都督韩威轻骑觇（chān）贼，反为所败，边人大扰〕唐朝的都督韩威以轻骑前去刺探敌情，于是被吐蕃军打败，边疆的百姓受到了很大的侵扰。觇，偷偷地察看。　⑪〔禄东赞〕吐蕃著名政治家、军事家和外交家。　⑫〔道宗〕李道宗，字承范，陇西成纪（今甘肃省天水市秦安县）人。唐朝宗室、重要将领。　⑬〔次〕驻扎。　⑭〔柏海〕古湖泊名。近黄河源。即今青海鄂陵湖或札陵湖。　⑮〔当为公主筑一城〕指松赞干布为迎娶文成公主而兴建布达拉宫。　⑯〔赭（zhě）面〕吐蕃人有把脸涂成红色的风俗。　⑰〔释毡（zhān）裘〕脱掉皮毛做的衣服。　⑱〔纨绮（wán qǐ）〕精美的丝织品。　⑲〔酋（qiú）豪〕指贵族。　⑳〔又请中国识文之人典其表疏〕又请了大唐有文化的人来梳理吐蕃的奏章。

【解读】

　　大唐永徽元年（650），弄赞赞普（就是后来所说的松赞干布）去世，高宗皇帝为其举哀，派遣右武侯将军鲜于臣拿着持节赍玺书前往吊祭。可见弄赞赞普对大唐和吐蕃友好所做出的重大贡献。本文记述了弄赞赞普向大唐求婚到文成公主和亲的过程。

　　弄赞赞普少年英雄，北攻吐谷浑，东击诸羌部落，吐蕃国威震高原，希望与大唐和亲。通过松州之战，大唐同意与吐蕃和亲。吐蕃求婚于唐公主，是要和唐王朝建立良好关系并显示其雄起之势；刚刚建立不久的唐王朝，同意和亲是安定边疆之策。

　　弄赞赞普崇仰唐王朝，真心要学习大唐，改造吐蕃社会。从建筑居所到服饰审美，先进文化的力量直接影响社会的发展进步。文成公主入藏，推动汉文化首次输入吐蕃，推动了吐蕃社会的巨大进步。民族之间的团结友好也得到了进一步巩固。中华民族大家庭的建立正是在这样的民族团结融合中不断添砖加瓦。

祖逖北伐

司马光

【题解】

《资治通鉴》是由北宋史学家司马光主编的一部多卷本编年体史书，共294卷。以政治、军事和民族关系为主，兼及经济、文化和历史人物评价，意在通过对事关国家盛衰、民族兴亡的统治阶级政策的描述警示后人。祖逖（tì）（266—321），东晋名将。东晋王朝偏安于建康（今南京市），祖逖力主北伐，收复失地。他征募士兵渡江，中流击楫而誓，情辞慷慨。宋以后的诗文多用"中流击楫"这个典故比喻收复失地的决心。本文题目为编者所加。

　　范阳祖逖，少有大志，与刘琨俱为司州主簿①。同寝②，中夜③闻鸡鸣，蹴琨觉④，曰："此非恶⑤声也！"因起舞⑥。

　　及渡江，左丞相睿以为军咨祭酒⑦。逖居京口⑧，纠合骁健⑨，言于睿曰："晋室⑩之乱，非上无道而下怨叛⑪也，由宗室⑫争权，自相鱼肉⑬，遂使戎狄⑭乘隙，毒流中土⑮。今遗民既遭残贼⑯，人思自奋⑰。大王诚能命将出师⑱，使如逖者统之以复中原⑲，郡国⑳豪杰，必有望风响应㉑者矣！"睿素㉒无北伐之志，以逖为奋威将军、豫州刺史㉓，给千人廪㉔，布三千匹，不给铠仗㉕，使自召募。

　　逖将其部曲㉖百余家渡江，中流㉗击楫㉘而誓曰："祖逖不能清中原而复济者，有如大江㉙！"遂屯淮阴㉚，起冶铸兵㉛，募得二千余人而后进㉜。

【注释】

①［与刘琨俱为司州主簿］和刘琨一起做司州主簿。刘琨（271—318），东晋将领，诗人。司州，今河南洛阳。主簿，主管文书簿籍的官。　②［寝］睡。　③［中夜］半夜。　④［蹴（cù）琨觉（jué）］踢醒刘琨。蹴，踢，蹬。　⑤［恶］不好。恶声，传说半夜鸡叫是不吉之兆。　⑥［因起舞］于是起床舞剑。因，于是。舞，指舞剑。　⑦［左丞相睿（ruì）以为军咨祭酒］左丞相司马睿派他做军咨祭酒。睿，即司马睿（276—323），东晋元帝，当时为琅琊王，任左丞相。以为，即"以之为"，派他做。军咨祭酒，军事顾问一类的官。　⑧［京口］今江苏镇江市。　⑨［纠合骁（xiāo）健］集合勇猛健壮的人。纠合，集合。骁健，指勇猛健壮的人。　⑩［晋室］晋王朝。　⑪［怨叛］怨恨反叛。　⑫［宗室］皇帝的宗族。　⑬［鱼肉］比喻残杀、残害。　⑭［戎（róng）狄（dí）］古代称西北地区的少数民族为"戎狄"。　⑮［中土］指中原地区。　⑯［遗民既遭残贼］沦陷区的人民已遭到残害。遗民，指沦陷区的人民。残贼，残害，伤害。　⑰［自奋］自己奋起（反抗）。　⑱［大王诚能命将出师］您如果能任命将领，派出军队。大王，指司马睿。诚，假如。命将出师，任命将领，派出军队。　⑲［统之以复中原］统率他们来收复中原。复，收复。中原，当时指黄河中下游地区。　⑳［郡国］这里指全国各地。郡，县级以上的行政区。国，晋王朝分封的藩国。　㉑［望风响应］听见消息就起来响应。望风，这里是听到消息的意思。　㉒［素］平素，向来。　㉓［豫州刺史］豫州长官。豫州，地名，在今河南东部及安徽西部一带。刺史，州的长官。　㉔［廪（lǐn）］官府发的粮米，这里指军粮。　㉕［铠（kǎi）仗］铠甲武器。铠，铠甲。仗，刀戟等兵器的总称。　㉖［将（jiàng）其部曲］统率他的部下。部曲，当时世家大族的私人军队。　㉗［中流］江心。　㉘［击楫］敲打船桨。　㉙［祖逖（tì）不能清中原而复济者，有如大江］我祖逖如果不能肃清中原的敌人再渡江回来，就像这大江的水，一去不回头。济，渡过江河。　㉚［屯淮阴］驻扎在淮阴。屯，军队驻扎。淮阴，今江苏淮阴。　㉛［起冶（yě）铸（zhù）兵］起炉炼铁，铸造兵器。　㉜［进］进发。

【解读】

本文主要记述晋朝爱国名将祖逖立志北伐、收复中原的一些言行事迹。第一段，闻鸡起舞，表现祖逖年轻时便胸怀大志。古人有迷信说法，认为半夜鸡鸣是不祥之兆；祖逖认为半夜鸡鸣正可以令人觉醒，振奋精神，所以说"此非恶声也"。刘琨是祖逖的朋友，晋室渡江南迁后，任侍中太尉，一直坚守并州（今山西省太原市），因孤军无援，兵败遇害。第二段，请缨北伐，表现祖逖收复中原的强烈愿望。祖逖慷慨陈词，请求统军北伐，得到的却只有千人的军饷，连铠甲兵器都没有。胸怀收复中原大志的祖逖与"素无北伐之志"的司马睿，形成了鲜明的对比。第三段，中流击楫，表现祖逖矢志不渝、义无反顾的决心。请注意，祖逖不是率领大军北伐的，他只带了自己的部属，他的胆识和志气，实在不能不令人佩服。

历代有许多爱国志士借祖逖事迹来抒发爱国之情和报国之志。如南宋爱国诗人文天祥所写的诗作《祖逖》："平生祖豫州，白首起大事。东门长啸儿，为逊一头地。何哉戴若思，中道奋螳臂。豪杰事垂成，今古为短气。"

李愬雪夜入蔡州

司马光

【题解】

元和九年（814），淮西节度使吴少阳死，其子吴元济隐匿不报，拥兵自立，后又举兵叛乱，烧杀抢劫，人民深受其苦，唐朝廷曾多次派兵讨伐，都未能取胜。元和十二年（817），唐宪宗任用李愬（sù）为节度使。李愬，字元直，成纪（今甘肃天水）人，善骑射，有谋略，为唐中期名将。李愬在使吴元济轻敌麻痹之后，决定奔袭其所在的蔡州。本文记述了李愬雪夜入蔡州的经过。本文题目为编者所加。

李愬谋袭蔡州①。每得降卒，必亲引②问委曲③，由是④贼⑤中险易远近虚实⑥尽知之。李祐⑦言于李愬曰："蔡之精兵皆在洄曲⑧及四境距守，守州城者皆羸老⑨之卒，可以乘虚直抵其城⑩。"愬然之⑪。命李祐、李忠义⑫帅⑬突将⑭三千为前驱⑮，自将⑯三千人为中军⑰，命李进诚⑱将三千人殿其后⑲。行六十里，夜至张柴村⑳，尽杀其戍卒㉑，据其栅㉒。命士少休。食干糒㉓，整羁鞲㉔，留五百人镇之㉕，以断洄曲及诸道㉖桥梁。复㉗夜引兵㉘出门，诸将请所之㉙，愬曰："入蔡州取㉚吴元济。"诸将皆失色㉛。

时㉜大风雪，旌旗㉝裂，人马冻死者相望㉞。天阴黑，自张柴村以东道路皆官军所未尝行，人人自以为必死，然畏愬，莫敢违。夜半雪愈甚㉟，行七十里，至州城㊱。近城有鹅鸭池，愬令击之以混军声。四鼓㊲，愬至城下，无一人知者。李祐、李忠义镢㊳其城为坎㊴以先登，壮士㊵从之。守门卒方熟寐㊶，尽杀之，而留击柝者㊷，使击柝如故。遂开门纳众㊸。及里城，亦然㊹，城中皆不之觉㊺。鸡鸣，雪止，愬入居㊻元济外宅㊼。或㊽告元济曰："官军至矣！"元济尚寝㊾，笑曰："俘囚为盗(50)耳！晓(51)当尽戮(52)之。"又有告者曰："城陷矣！"元济曰："此必洄曲子弟(53)就吾(54)求寒衣也。"起，听于廷(55)，闻愬军号令，应者近万人，始惧，帅左右(56)登牙城(57)拒战。愬遣李进诚攻牙城，毁其外门，得甲库(58)，取器械。烧其南门，民争负薪刍(59)助之，城上矢如猬毛(60)。晡时(61)，门坏，元济于城上请罪，进诚梯而下之(62)，愬以槛车(63)送元济诣京师(64)。是日(65)，申、光二州及诸镇兵二万余人相继来降。

【注释】

①［李愬（sù）谋袭蔡州］李愬谋划偷袭蔡州。蔡州，今河南汝南县。②［引］招致，招来。③［委曲（qū）］事情的底细原委，这里指详细情况。④［由是］因此。⑤［贼］指吴元济。⑥［险易远近虚实］地势的险要和平坦，道路的远近，军事设防情况等。⑦［李祐］蔡州的降将。⑧［洄（huí）曲］古地名。今河南省漯河市，在沙河和澧河汇流处下游一带。⑨［羸（léi）老］老弱病残。羸，瘦弱。⑩［城］指蔡州城。⑪［愬然之］李愬认为这话对。然，认为……正确。之，代词，指李祐的话。⑫［李忠义］蔡州的降将。⑬［帅］同"率"，带领。⑭［突将］敢死队。⑮［前驱］前导，先锋。⑯［将（jiàng）］率领，带兵。⑰［中军］春秋时大国军队分上中下三军，其中以中军的地位较高，这里指主帅所在的主力部队。⑱［李进诚］唐州刺史。⑲［殿其后］做全军的后卫。殿，走在后面。⑳［张柴村］地名，在现在河南省汝南县西。㉑［戍卒］防守的士兵。㉒［栅］栅垒，营寨。㉓［干糒（bèi）］干粮。糒，干饭。㉔［羁（jī）靮（dí）］马笼头和马缰绳。㉕［镇之］镇守在那里。之，指代张柴村。㉖［诸道］各条通道。㉗［复］又。㉘［引兵］领兵。㉙［请所之］问所要到的地方。之，到，往。㉚［取］攻

取。 ㉛［失色］指惊恐得变了脸色。 ㉜［时］这时。 ㉝［旌旗］军旗，军中的旗帜。旌，旗。 ㉞［相望］到处看得见。 ㉟［甚］厉害。 ㊱［州城］蔡州城。 ㊲［四鼓］四更天，大约是凌晨一时至三时。 ㊳［䦆（jué）］䦆头，刨土的农具，类似镐头。这里指挖掘。 ㊴［坎］坑穴。 ㊵［壮士］勇敢的士兵。 ㊶［方熟寐］正熟睡。寐，睡着。 ㊷［击柝（tuò）者］打更的人。柝，打更用的梆子。 ㊸［纳众］让官兵入城。纳，让……进入。 ㊹［亦然］也是这样。 ㊺［不之觉］即“不觉之”，没有觉察到这一情况。 ㊻［居］占据。㊼［外宅］外衙。因在牙城外，故称外宅。 ㊽［或］有人。 ㊾［尚寝］还在床上睡觉。 ㊿［俘囚为盗］俘囚，俘虏。为盗，干偷盗的勾当。 (51)［晓］天明之后。 (52)［戮］杀。 (53)［洄曲子弟］驻守在洄曲的士兵。 (54)［就吾］到我（这里）。就，到。 (55)［廷］同“庭”，院子。 (56)［左右］左右之人，指身边的将士。 (57)［牙城］护卫之城。指专门防护节度使衙门的小城。 (58)［甲库］兵器库。 (59)［薪刍（chú）］柴草。刍，喂牲畜的草。 (60)［矢如猬毛］箭像刺猬的毛一样，既多且密。 (61)［晡（bū）时］申时，午后 3 时至 5 时。 (62)［梯而下之］搭上梯子，让他下来。下，使动用法，使……下。 (63)［槛（jiàn）车］押运犯人的囚车。 (64)［京师］指当时的国都长安。 (65)［是日］这一天。

【解读】

《李愬雪夜入蔡州》记述了一个风雪之夜，李愬率领九千人出奇制胜攻破吴元济盘踞多年的老巢蔡州城，活捉吴元济的过程。本文第一段写攻打蔡州之前所做的准备工作。文章开篇便落笔不凡，着力表现李愬善于用兵的军事才能，“李愬谋袭蔡州”六个字，开门见山，一语点出这次战争的打法，不是强攻而是谋袭，“谋”就是谋划，在这里还有运用计谋的意思，说明谋袭蔡州不是一时兴起，而是长久谋划，深思熟虑的。为了使谋袭获得成功，李愬做了一系列的准备工作，进行深入调查，充分掌握敌情材料，做到知己知彼，为取得胜利提供了可靠保证。充分信任蔡州降将李祐，不仅采用了他的建议，而且让他和李忠义带领三千突击队作为先锋，对这次奇袭的胜利起了重要作用。第二段，具体描写了李愬的破城过程。通过奇袭路线的介绍说明了李愬用兵的果敢。

这篇文章描写的是唐代统治集团内部的一次战争，全文能写得这样有声有色、曲折生动，和作者精心选材是分不开的。由于这篇文章是着重通过奇袭来表现李愬用兵的谋略，所以和这个主题有关的材料，如袭击蔡州之前的准备工作，行军和登城的过程，以及官兵和敌军对这次袭击的反应都写得比较细致，而对吴元济率领敌军顽抗、请罪，就一笔带过。

淮西藩镇的平定，极大地震动了其他藩镇。在朝廷恩威并施的强大攻势面前，许多藩镇选择了主动称臣纳贡。藩镇割据的局面大大好转，唐朝出现了短暂的元和中兴局面，大唐国祚也得以延长近百年。

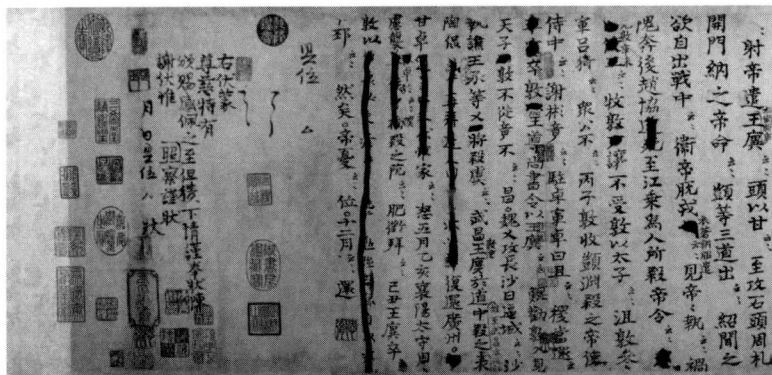

［宋］司马光《资治通鉴》手稿残卷（局部）

杨业死义

脱脱等

【题解】

《宋史》是二十四史之一，由元朝丞相脱脱和阿鲁图先后主持修撰，包括本纪47卷、志162卷、表32卷、列传255卷，共496卷，是"二十四史"中字数最多的一部史书。《宋史》卷帙浩繁，部分内容横跨五代至宋初，弥补过去新旧五代史之不足。本文节选自《宋史·杨业列传》，题目为编者所拟。

杨业，并州太原人。父信，为汉麟州刺史。业幼倜傥任侠，善骑射，好畋猎①，所获倍于人。尝谓其徒曰："我他日为将用兵，亦犹用鹰犬逐雉兔尔。"弱冠事刘崇②，为保卫指挥使，以骁勇闻。累迁至建雄军节度使，屡立战功，所向克捷，国人号为"无敌"。

太宗征太原③，素闻其名，尝购求之。既而孤垒甚危，业劝其主继元④降，以保生聚⑤。继元既降，帝遣中使⑥召见业，大喜，以为右领军卫大将军。师还，授郑州⑦刺史。帝以业老⑧于边事，复迁代州兼三交⑨驻泊兵马都部署，帝密封橐装⑩，赐予甚厚。会契丹入雁门⑪，业领麾下⑫数千骑自西陉而出，由小陉至雁门北口，南向背击之，契丹大败。以功迁云州观察使，仍判郑州、代州。自是，契丹望见业旌旗即引去。主将戍边者多忌之，有潜上谤书斥言其短，帝览之皆不问，封其奏以付业。

雍熙⑬三年，大兵北征，以忠武军节度使潘美为云、应路行营都部署，命业副之，以西上阁门使、蔚州刺史王侁，军器库使、顺州团练使刘文裕护其军。诸军连拔云、应、寰、朔四州，师次桑干河⑭，会曹彬之师不利，诸路班师，美等归代州。

未几，诏迁四州之民于内地，令美等以所部之兵护之。时契丹国母萧氏⑮与其大臣耶律汉宁、南北皮室⑯及五押惕隐领众十余万，复陷寰州。业谓美等曰："今辽兵益盛，不可与战。朝廷止令取数州之民，但领兵出大石路⑰，先遣人密告云、朔州守将，俟大军离代州日，令云州之众先出。我师次应州，契丹必来拒，即令朔州民出城，直入石碣谷。遣强弩千人列于谷口，以骑士援于中路，则三州之众，保万全矣。"侁沮其议曰："领数万精兵而畏懦如此。但趋雁门北川中，鼓行而往。"文裕亦赞成之。业曰："不可，此必败之势也。"侁曰："君侯素号无敌，今见敌逗挠不战，得非有他志乎？"业曰："业非避死，盖时有未利，徒令杀伤士卒而功不立。今君责业以不死，当为诸公先。"

将行，泣谓美曰："此行必不利。业，太原降将，分当死。上不杀，宠以连帅⑱，授之兵柄。非纵敌不击，盖伺其便，将立尺寸功以报国恩。今诸君责业以避敌，业当先死于敌。"因指陈家谷口⑲曰："诸君于此张步兵强弩，为左右翼以援，俟业转战至此，即以步兵夹击救之，不然，无遗类矣。"美即与侁领麾下兵阵于谷口。自寅至巳，侁使人登托逻台望之，以为契丹败走，欲争其功，即领兵离谷口。美不能制，乃缘交河西南行二十里。俄闻业败，即麾兵却走。业力战，自午至暮，果至谷口。望见无人，即拊膺大恸⑳，再率帐下士力战，身被数十创㉑，士卒殆尽，业犹手刃数十百人。马重伤不能进，遂为契丹所擒，其子延玉亦没焉。业因太息㉒曰："上遇我厚，期讨贼捍边以报，而反为奸臣所迫，致王师败绩，何面目求活耶！"乃不食，三日死。

帝闻之，痛惜甚，俄下诏曰："执干戈而卫社稷㉓，闻鼓鼙㉔而思将帅。尽力死敌，立节迈伦㉕，不有追崇，曷彰义烈㉖！故云州观察使杨业诚坚金石，气激风云。挺陇上之雄才㉗，本山西之茂族。自委戎乘㉘，式资战功㉙。方提貔虎之师㉚，以效边陲之用。而群帅败约，援兵不前。独以孤军，陷于沙漠；劲果焱厉㉛，有死不回。求之古人，何以加此！是用特举徽典㉜，以旌遗忠。魂而有灵，知我深意。可赠太尉、大同军节度，赐其家布帛千匹、粟千石。大将军潘美降三官，监军王侁除名、隶金州㉝，刘文裕除名、隶登州。"

【注释】

①〔畋（tián）猎〕打猎。　②〔弱冠事刘崇〕二十岁左右奉事刘崇。弱冠，古时男子二十岁称弱冠。这时行冠礼，戴上表示已成人的帽子，以示成年，但体犹未壮，还比较年少，故称"弱"。后世泛指男子二十左右的年纪。刘崇，北汉政权的建立者。曾为后汉主刘知远的太原尹，后汉隐帝刘承祐被杀，刘崇在太原建立北汉，仍用后汉的年号（乾祐），改名刘旻，在位四年死。　③〔太宗征太原〕指宋太宗时征北汉事。北汉至刘继元广运六年（979 年），宋军紧攻太原城，继元投降，北汉灭亡。　④〔继元〕刘继元，刘崇的养孙，北汉君主。　⑤〔生聚〕百姓的生命财产。　⑥〔中使〕指皇宫中派出的使者，多由宦官充任。　⑦〔郑州〕隋置，治所在今河南汜水，后迁治管城。　⑧〔老〕富有经验。　⑨〔三交〕三交城，在山西阳曲县北十五里，潘美曾屯兵于此。　⑩〔橐（tuó）装〕囊中所装裹之物，指珠宝财物。橐，口袋。　⑪〔雁门〕关名，也叫西陉关，故址在今山西雁门关西雁门山上，宋时是防御契丹的军事重地，元代废，明复置。⑫〔麾（huī）下〕部下。　⑬〔雍熙〕宋太宗赵光义的年号，雍熙三年为986年。　⑭〔桑干河〕水名，源出山西，流经河北，在天津地区入北运河，并与子牙河相会。　⑮〔契丹国母萧氏〕此指辽景宗之妻，名绰，字燕燕，其子耶律隆绪（圣宗）即位，被尊为皇太后，插手国政，定攻宋之策。　⑯〔皮室〕契丹语，有"金刚"之义，辽有皮室军五部，是辽的精锐部队。　⑰〔大石路〕当在山西应县境。　⑱〔连帅〕泛称地方长官。　⑲〔陈家谷口〕在山西朔州南。　⑳〔拊（fǔ）膺大恸〕捶胸大哭。拊，拍。膺，胸。恸，大哭。　㉑〔身被数十创〕身受数十处伤。被，受。创，伤。　㉒〔太息〕叹息。　㉓〔社稷〕指国家。　㉔〔鼓鼙（pí）〕皆为部队行军所用的鼓。鼙，较小的鼓。这里代指军事。　㉕〔迈伦〕超

过同类。　㉖［曷（hé）彰义烈］怎么能够表彰忠义节烈。　㉗［挺陇上之雄才］拔陇上的英才。　㉘［戎乘］戎，五戎，古兵器的总称。乘，车。此用戎乘代指军旅。　㉙［式资战功］"式"和"资"，都有"用"的意思。此连上句是说，自从委任给杨业以军旅之事，他就将自身用于战功。　㉚［貔（pí）虎之师］即勇猛之师。貔、虎都是猛兽。　㉛［劲果猋（biāo）厉］其猛烈之状，果然就像那暴风一般迅疾。猋，同"飙"，暴风，旋风。厉，迅疾。　㉜［特举徽典］意即大举善典。　㉝［隶金州］到金州服差役。

【解读】

　　杨家将是每一个中国人耳熟能详的故事。一提到杨家将，想到的是忠君爱国，是智勇双全。北宋曾巩说："邺（杨业）勇而有谋，与下同甘苦。代北苦寒，未尝独设炭。为政简易，郡民爱之，天下闻其死，皆为之愤叹。"北宋欧阳修说："父子皆名将，其智勇号称无敌，至今天下之士至于里儿野竖，皆能道之。"本文从杨业少年写起，显示他的军事才能，国人号为"无敌"。继而写杨业归降大宋，守卫国门，令契丹胆寒，深得太宗信任。这里多次把正面描写和侧面描写相结合，表现杨业的本领高强。后面着重记述北征契丹，被迫出征，兵败被俘，绝食而亡。最后一段详细写了皇帝的诏书，来表现杨业的赤胆忠心。

　　宋元的民间艺人把杨家将的故事编成戏曲，搬上舞台。到了明代，民间又把他们的故事编成《杨家将演义》《杨家将传》，用小说评书的形式在社会民间广泛传播。本文中的这段历史被改编成血洒金沙滩，撞死李陵碑。《杨家将演义》有诗赞曰："矢尽兵亡战力摧，陈家谷口马难回。李陵碑下成大节，千古行人为感悲。"

戚继光抗倭

张廷玉等

【题解】

《明史》是"二十四史"中的最后一部纪传体断代史，由张廷玉等人编纂，记载了自明太祖朱元璋洪武元年（1368）至明思宗朱由检崇祯十七年（1644）276年的历史，共332卷，包括本纪24卷、志75卷、列传220卷、表13卷。在二十四史中，《明史》以编纂得体、材料翔实、叙事稳妥、行文简洁为史家所称道，是一部水平较高的史书。戚继光（1528—1588），字元敬，号南塘，晚号孟诸，谥武毅，明朝抗倭名将。本文节选自《明史·戚继光列传》，题目为编者所拟。

    继光至浙时，见卫所①军不习战，而金华、义乌俗称剽悍，请召募三千人，教以击刺法，长短兵迭用，由是继光一军特精。又以南方多薮泽②，不利驰逐，乃因地形制阵法，审步伐便利，一切战舰、火器、兵械精求而更置之。"戚家军"名闻天下。

    四十年，倭大掠桃渚、圻头③。继光急趋宁海④，扼桃渚，败之龙山，追至雁门岭。贼遁去，乘虚袭台州⑤。继光手歼其魁，蹙余贼瓜陵江尽死。而圻头倭复趋台州，继光邀击之仙居⑥，道无脱者。先后九战皆捷，俘馘⑦一千有奇，焚溺死者无算。总兵官卢镗、参将牛天锡又破贼宁波、温州。浙东平，继光进秩三等。闽、广贼流入江西。总督胡宗宪檄继光援。击破之上坊巢，贼奔建宁⑧。继光还浙江。

    明年，倭大举犯福建。自温州来者，合福宁⑨、连江⑩诸倭攻陷寿宁、政和⑪、宁德⑫。自广东南澳⑬来者，合福清⑭、长乐⑮诸倭攻陷玄钟所，延及龙岩、松溪⑯、大田⑰、古田、莆田。是时宁德已屡陷。距城十里有横屿，四面皆水路险隘，贼结大营其中。官军不敢击，相守逾年。其新至者营牛田，而酋长营兴化，东南互为声援。闽中连告急，宗宪⑱复檄继光剿之。先击横屿贼。人持草一束，填壕进，大破其巢，斩首二千六百。乘胜至福清，捣败牛田贼，覆其巢，余贼走兴化⑲。急追之，夜四鼓抵贼栅。连克六十营，斩首千数百级。平明入城，兴化人始知，牛酒劳不绝。继光乃旋师。抵福清，遇倭自东营澳登陆，击斩二百人。而刘显⑳亦屡破贼。闽宿寇几尽。于是继光至福州饮至，勒石平远台㉑。

及继光还浙后，新倭至者日益众，围兴化城匝月。会显遣卒八人赍书城中，衣刺"天兵"二字。贼杀而衣其衣，绐守将得入，夜斩关延贼。副使翁时器、参将毕高走免，通判㉒奚世亮摄府事，遇害，焚掠一空。留两月，破平海卫，据之。初，兴化告急，时帝已命俞大猷㉓为福建总兵官，继光副之。及城陷，刘显军少，壁城下不敢击。大猷亦不欲攻，需大军合以困之。四十二年四月，继光将浙兵至。于是巡抚谭纶㉔令将中军，显左，大猷右，合攻贼于平海。继光先登，左右军继之，斩级二千二百，还被掠者三千人。纶上功，继光首，显、大猷次之。帝为告谢郊庙，大行叙赍㉕。继光先以横屿功，进署都督佥事㉖，及是进都督同知，世荫千户，遂代大猷为总兵官。

继光为将号令严，赏罚信㉗，士无敢不用命。与大猷均为名将。操行㉘不如，而果毅过之。大猷老将务持重㉙，继光则飙发电举㉚，屡摧大寇㉛，名更出大猷上。

【注释】

① ［卫所］明初军队的编制。京师和各地于要害处设卫所。一郡设所，连郡设卫。各卫所分属各省的都指挥使司（都司），统由中央五军都督府分别管辖。② ［薮（sǒu）泽］湖泽。 ③ ［四十年，倭大掠桃渚（zhǔ）、圻（qí）头］嘉靖四十年（1561年），倭寇大肆劫掠桃渚、圻头。桃渚，当指桃渚寨，在浙江临海市东一百里，明初设千户所，南近海口，为戍守要地。与圻头同归台州府管辖。④ ［宁海］县名。今属浙江省。明隶属浙江台州府。 ⑤ ［台州］地名。唐武德四年置海州，五年改为台州，因天台山得名。明为台州府。地在今浙江临海市。⑥ ［仙居］县名。在浙江省。 ⑦ ［俘馘（guó）］馘，古代战时割取所杀敌人的左耳，用以计功。此处指俘敌。 ⑧ ［建宁］县名。属福建省。 ⑨ ［福宁］州、府名。明初改为县。 ⑩ ［连江］县名。属福建省。明属福州府。 ⑪ ［政和］县名。属福建省。明属福建建宁府。 ⑫ ［宁德］县名。属福建省。明属福宁州。⑬ ［南澳］县名。属广东省。 ⑭ ［福清］县名。属福建省。明属福州府。 ⑮ ［长乐］县名。属福建省。明属福州府。 ⑯ ［松溪］县名。属福建省。明属福建建宁府。 ⑰ ［大田］县名。属福建省。 ⑱ ［宗宪］即胡宗宪，明绩溪人，字汝贞。嘉靖十七年进士，历知益都、馀姚二县，擢升御史，巡抚浙江。以所谓平倭之功，加右都御史，太子太保。宗宪多权术，厚结严嵩，嵩败，下狱死。 ⑲ ［兴化］明初为兴化府，属福建省。 ⑳ ［刘显］江西南昌人。抗倭将领。 ㉑ ［勒石平远台］平远台，指福州于山的一石台，戚继光刻文于此台。 ㉒ ［通判］官名。明设于府，分掌粮运、督捕、水利等事务。 ㉓ ［俞大猷（yóu）］字志辅，别号虚江，嘉靖武进士，官至福建总兵。大猷熟悉兵法。嘉靖三十年后，倭寇侵扰我国东南沿海，与戚继光率兵进击，屡立战功，同称抗倭名将。所部被称"俞家军"。 ㉔ ［谭纶（lún）］字子理，嘉靖二十三年进士。任台州知府，练兵抗倭，颇见成效。嘉靖四十二年任福建巡抚，率戚继光、俞大猷等平倭。后任蓟、辽、保定总督，又与戚继光练兵防边，与继光共事齐名，称谭戚。 ㉕ ［叙赉（lài）］论功行赏。 ㉖ ［都督佥事］官名。明代置五军都督府，为最高军政机

204

关。五府各有左右都督，及都督同知，都督佥事。　㉗〔赏罚信〕奖赏和惩罚分明，并对赏罚说到做到。　㉘〔操行〕品行。　㉙〔持重〕遇事多做慎重的考虑。㉚〔飙发电举〕指作战如同暴风一样强劲，如同闪电一般迅速。　㉛〔大寇〕大股的倭寇。

【解读】

戚继光是明代抗倭名将。历史上能以个人姓氏冠名军队的并不多，如杨家将、岳家军、戚家军。文章先写戚继光是如何练就戚家军，使之名闻天下的。第二段写台州之战。嘉靖四十年（1561）倭寇大举进攻，戚继光率军扼守龙山大破倭寇，一路追杀至雁门岭。倭寇遁走之后趁虚袭击台州。戚继光一马当先手刃倭寇首领，余党走投无路全部坠江淹死。第三段写福建之战。嘉靖四十一年（1562）倭寇进犯福建。作者先写倭寇的进犯和官军的退却，再写戚继光领命剿贼，追击杀至倭寇巢穴，斩首无数。第四段写兴化之战。倭寇攻陷了兴化城。明军不敢擅自攻城。嘉靖四十二年（1563）戚继光率领浙江兵前来支援，先后斩杀两千余敌人。朝廷因此提升戚继光为总兵。文章最后一段把戚继光和名将俞大猷作比较，表现出戚继光的名将风采。

戚继光在东南沿海抗击倭寇十余年，扫平了多年为虐沿海的倭患，确保了沿海人民的生命财产安全；后又在北方抗击蒙古部族内犯十余年，保卫了北部疆域的安全，促进了蒙汉民族的和平发展。正如戚继光的诗作《望阙台》所记："十年驱驰海色寒，孤臣于此望宸銮。繁霜尽是心头血，洒向千峰秋叶丹。"

郑和下西洋

张廷玉等

【题解】

本文节选自《明史·宦官列传》，题目为编者所拟。本文记载了明代著名航海家、外交家郑和出使西洋的事迹。永乐三年（1405），明成祖朱棣派遣郑和、王景弘等出使西洋。郑和七下西洋，先后到达30多个国家，成为世界航海史上的壮举。本文题目为编者所加

郑和，云南人，世所谓三保太监①者也。初事燕王于藩邸②，从起兵有功，累擢太监③。成祖疑惠帝④亡海外，欲踪迹之，且欲耀兵异域，示中国富强。永乐三年六月，命和及其侪王景弘等通使西洋⑤。将士卒二万七千八百余人，多赍⑥金币。造大舶，修四十四丈、广十八丈者六十二。自苏州刘家河泛海至福建，复自福建五虎门扬帆，首达占城，以次遍历诸番国，宣天子诏，因给赐其君长，不服则以武慑之。五年九月，和等还，诸国使者随和朝见。和献所俘旧港酋长。帝大悦，爵赏有差。旧港者，故三佛齐国⑦也，其酋陈祖义，剽掠商旅。和使使招谕⑧，祖义诈降，而潜谋邀劫。和大败其众，擒祖义，献俘，戮于都市。

六年九月，再往锡兰山⑨。国王亚烈苦奈儿诱和至国中，索金币，发兵劫和舟。和觇⑩贼大众既出，国内虚，率所统二千余人，出不意攻破其城，生擒亚烈苦奈儿及其妻子官属。劫和舟者闻之，还自救，官军复大破之。九年六月献俘于朝。帝赦不诛，释归国。是时交趾⑪已破灭，郡县其地，诸邦益震詟⑫，来者日多。

十年十一月，复命和等往使，至苏门答剌。其前伪王子苏干

刺者，方谋弑主自立，怒和赐不及己，帅兵邀击官军。和力战，追擒之喃渤利⑬，并俘其妻子，以十三年七月还朝。帝大喜，赍诸将士有差。

十四年冬，满剌加、古里等十九国咸遣使朝贡，辞还。复命和等偕往，赐其君长。十七年七月还。十九年春复往，明年八月还。二十二年正月，旧港酋长施济孙请袭宣慰使⑭职，和赍敕印往赐之。比还，而成祖已晏驾⑮。洪熙元年二月，仁宗命和以下番诸军守备南京。南京设守备，自和始也。宣德五年六月，帝以践阼⑯岁久，而诸番国远者犹未朝贡，于是和、景弘复奉命历忽鲁谟斯等十七国而还。

和经事三朝，先后七奉使，所历凡三十余国。所取无名宝物，不可胜计，而中国耗废亦不赀⑰。自宣德以还，远方时有至者，要不如永乐时，而和亦老且⑱死，自和后，凡将命海表者，莫不盛称和以夸外番，故俗传三保太监下西洋，为明初盛事云。

【注释】

① [三保太监] 郑和世称"三保太监"，也作"三宝太监"。 ② [初事燕王于藩邸] 起初在明成祖（朱棣）还是燕王的时候在燕王府侍奉他。 ③ [累擢（zhuó）太监] 累功被提拔为"内宫监太监"。擢，提拔。 ④ [惠帝] 朱允炆，明代第二位皇帝，明太祖朱元璋之孙、懿文太子朱标次子，在位四年（1398—1402），年号建文，史称建文帝。燕王朱棣发动"靖难之役"，攻入南京后，朱允炆下落不明。 ⑤ [命和及其侪（chái）王景弘等通使西洋] 意思是命令郑和和他的同僚王景弘等出使西洋。王景弘，宦官，人称王三保，多次跟随郑和下西洋。侪，同类。 ⑥ [赍（jī）] 带着。 ⑦ [三佛齐国] 三佛齐，古名干陀利。位于大巽他群岛和马来半岛的一个古国，即现代的印度尼西亚、马来西亚、文莱。存在于唐初至明代，即 647 年至 1400 年。 ⑧ [和使使招谕] 郑和派人去宣读口谕招抚他。 ⑨ [锡兰山] 今斯里兰卡。 ⑩ [觇（chān）] 侦察。 ⑪ [交趾] 又名"交阯"，地名，位于今越南北部红河流域。前 111 年，汉武帝灭南越

国，并在今越南北部地方设立交趾、九真、日南三郡，实施直接的行政管理。 ⑫［讋（zhé）惧怕。 ⑬［喃渤利］今苏门答腊北部班达亚齐。 ⑭［宣慰使］明朝宣慰使皆为西南海少数地区土司世袭官职，其中设宣慰使一人，副使一人，其他职位若干，宣慰使一职需朝廷任命。宣慰使从三品，副使从四品。 ⑮［晏驾］古时称帝王死。 ⑯［践阼（zuò）］，即位，登基。 ⑰［赀（zī）］计量。 ⑱［且］将。

【解读】

郑和下西洋发生在六百多年前，规模巨大。明成祖怀疑建文帝跑到海外去了，想追查他。这只是原因之一。郑和七下西洋，从永乐三年一直延续到宣德年间，可见还有更重要的目的。"且欲耀兵异域，示中国富强。"就是向海外显示中国的强大。明成祖试图建立他的天朝礼制下的国际秩序。郑和下西洋的结果，一是使明朝在各国之间建立了很高的威望，二是使很多国家跟明朝建立了良好通商关系，三是在郑和下西洋船队和明朝强大力量的保证下，维持了地区的和平秩序。因此，到了明成祖的晚年，"威德遐被，四方宾服，受命而入贡者迨三十国"。

郑和下西洋是海上丝绸之路发展史上的重要事件。海上丝绸之路是中外友好往来的纽带，是中外科技文化交流的主要通道。它开辟于汉代，魏晋唐五代时持续发展，宋元时期伴随着中国造船、航海技术的发展达到空前繁荣，成为中国对外交往的主要通道。当时往外输出的商品主要有丝绸、瓷器、茶叶和铜铁器四大宗，往国内运的主要是香料、花草及一些供宫廷赏玩的奇珍异宝。明代海上丝绸之路由盛转衰，清代则趋于停滞。郑和下西洋是由朝廷组织的远航，正值海上丝绸之路由盛而衰的时期，虽然达到了空前的规模，但是由于明王朝施行海禁，在郑和以后的明代再也没有过这样的盛况。

"欲国家富强，不可置海洋于不顾。财富取之海洋，危险亦来自海上。"明代伟大航海家郑和的这句话提示我们，建设海上丝绸之路也有利于中国海权的拓展和海洋权益的维护。新时代的海上丝绸之路意在构建更加紧密的人类命运共同体，开创地区与国际合作新模式，对于中国与世界更深层次的互动，无疑具有深刻的启迪和极其重要的现实意义。

思与行

【记诵与积累】

◎肉食者鄙，未能远谋。(《曹刿论战》)

◎夫战，勇气也。一鼓作气，再而衰，三而竭。彼竭我盈，故克之。　　　　　　　　　　　　　　　　　　　(《曹刿论战》)

◎夫专诸之刺王僚也，彗星袭月；聂政之刺韩傀也，白虹贯日；要离之刺庆忌也，仓鹰击于殿上。　　　　　　(《唐雎不辱使命》)

◎毛先生一至楚，而使赵重于九鼎大吕。毛先生以三寸之舌，强于百万之师。　　　　　　　　　　　　　　　(《毛遂自荐》)

◎祖逖不能清中原而复济者，有如大江。(《祖逖北伐》)

◎执干戈而卫社稷，闻鼓鼙而思将帅。尽力死敌，立节迈伦，不有追崇，曷彰义烈！　　　　　　　　　　　(《杨业死义》)

说说以下成语的出处和意思，再从本单元里找出其他成语记下来，便于在学习与生活中随时应用。

一鼓作气　　门庭若市　　完璧归赵　　毛遂自荐　　闻鸡起舞

【熟读与精思】

◎本单元《曹刿论战》《李愬雪夜入蔡州》《杨业死义》《戚继光抗倭》都涉及历史上的战争，想一想这些故事在写法上有何不同。《唐雎不辱使命》《完璧归赵》《毛遂自荐》都涉及历史上的外交事务，想一想它们体现了怎样的外交智慧。

◎就本单元中"曹刿与鲁庄公""介之推与晋文公""里革与鲁宣公""邹忌与齐威王"的四对君臣关系，加以比较，进行讨论。

◎许多戏剧产生于历史故事。如京剧《将相和》就是根据《史记·廉颇蔺相如列传》改编的，电影《荡寇风云》就是根据戚继光的故事拍摄的。将历史故事和改编的剧作进行对比，说说相同点和不同点，以及你对改编内容的看法。

【学习与践行】

◎中华文化源远流长、灿烂辉煌。在五千多年文明发展中孕育的中华优秀传统文化，积淀着中华民族最深沉的精神追求，代表着中华民族独特的精神标识，是中华民族生生不息、发展壮大的丰厚滋养，是中国特色社会主义植根的文化沃土，是当代中国发展的突出优势，对延续和发展中华文明、促进人类文明进步，发挥着重要作用。中华优秀传统文化蕴含着丰富的道德理念和规范，如天下兴亡、匹夫有责的担当意识，精忠报国、振兴中华的爱国情怀，崇德向善、见贤思齐的社会风尚，孝悌忠信、礼义廉耻的荣辱观念等。请从本单元里选一则历史故事，总结这个故事里蕴含了何种理念和规范，谈谈在学习与生活中如何更好地践行。

◎翦伯赞主编《中国史纲要》称："郑和下西洋加强了中国与南洋各地的联系，很多国家都在和他接触之后派使者来中国贸易。郑和下西洋开拓了中国人的视野，在他的影响下，中国人到南洋去的也日益增多。郑和的历史功绩是不能磨灭的。"请联系《郑和下西洋》，说说郑和在文化交流方面的重要贡献。

◎阅读古今对历史故事《完璧归赵》所持不同观点的文章。分析不同文章阐述观点的方法，在比较辨析中形成自己的判断和见解，重新审视历史故事中的人物——蔺相如、秦王、赵王、缪贤等，选择一个人物，以《我读____新解》，写下自己的思考认识。

第六单元　人物传记

导与引

　　人物传记是对人物的生平、生活、精神等方面进行描述与记录的一种文体。我国人物传记历史悠久，最初的《左传》《国语》和《战国策》等历史著作中就有人物传记的雏形。西汉司马迁的《史记》，不仅创造了以人物传记来代替历史事件的叙述，而且他还以文学手法描写历史人物，塑造了一系列形神兼备的人物形象。"他替皇帝作本纪，替贵族作世家，替官僚学者（儒林传）、豪富（货殖传）以及社会流浪分子如游侠、刺客、日者、滑稽之流作列传。把这种阶层的人物之事迹，自其出生以至其死，中间的经历，极尽其详，都记载于各自的纪传之中。"（翦伯赞语）班固的《汉书》、陈寿的《三国志》、范晔的《后汉书》等，无不传承了《史记》笔法。之后文史开始分流，人物传记随之按照史学和文学两条线发展，一条线是史家注重史实撰写的人物传记；另一条线是文学家注重形象撰写的人物传记。这些人物传记都具有真实、可信、生动的鲜明特征。

　　传记文学是历史与文学结合的产物，它兼具历史性和文学性的特征，传记文学是为真人立传，因此作品中的主要情节，乃至关键的细节，都应当是真实的。鲁迅称《史记》是"史家之绝唱，无韵之离骚"。钱钟书要求传记文学"史蕴诗心"。历史的真实性是传记文学的本质特征，文学的生动性是传记文学吸引读者经久流传不可或缺的要素。

　　本单元从灿若繁星的历史人物传记里精选了政治家诸葛亮、数学家祖冲之、发明家张衡、文学家刘禹锡、隐士方山子、说书艺人柳敬亭，还有坚贞不屈的苏武、忘怀得失的五柳先生、深谙哲理的郭橐驼、舍身求法的玄奘、勤政爱民的何易于、铁面无私的包青天、慷慨赴死的谭嗣同。这些传记中的主人公生活的时代、所处的环境、历经的事件、价值的取向各不相同，但他们都享誉后世，或以政绩、或以品德、或以才干，名垂青史。这些古代先贤身上都闪耀独特的生命光彩，布满历史的星空，是最美的星河，一直流传至今，令后人景仰。

这一单元的 12 篇选文中，有些篇幅较长，不管是语言表达、文化背景，还是思想内容等方面，都让读者面临挑战。要学习借助注解以及工具书阅读长篇文言文，学习读透一篇文、读懂一个人。能够提炼和概括人物传记的核心故事、主要人物的事迹形象，把握历史人物的生平或人生重要瞬间。结合时代背景，领略不同历史人物丰富多彩的精神世界和不朽风采。探究人物产生的原因，体会作者对笔下人物的思想感情倾向。还要注意培养批判性思维的能力，学习用批判性思维来全面看待历史人物，从中学习历史人物身上的优秀品质，体会这些人物身上的中华传统美德。同时注意欣赏这些传记作品中多样的写人叙事手法，体会文章结构，学习独特的写作风格，体悟言辞的独特韵味，不断提升阅读能力、鉴赏能力和践行能力。

文与解

苏武传（节选）

班　固

【题解】

　　班固（32—92），字孟坚，扶风安陵（今陕西咸阳）人，东汉史学家、文学家。班固编著的《汉书》是我国第一部纪传体断代史，在叙事写人方面有着很高的成就，展现了西汉广阔的社会生活和各种人物的精神风貌。《汉书》的体例模仿《史记》，全书有纪 12 卷、表 8 卷、志 10 卷、传 70 卷，共 100 卷，起自汉高祖，止于王莽，记西汉 230 年间史实。《苏武传》附见于《汉书·李广苏建传》，是汉书中著名的人物传记，文章以时间顺序记叙了苏武出使匈奴，持汉节不失的事迹，生动刻画了苏武这位爱国者的形象。

　　武①，字子卿，少以父任，兄弟并为郎②。稍迁至栘中厩监③。时汉连伐胡，数通使相窥观。匈奴留汉使郭吉、路充国等前后十余辈。匈奴使来，汉亦留之以相当。天汉元年④，且鞮侯单于⑤初立，恐汉袭之，乃曰："汉天子我丈人行也⑥。"尽归汉使路充国等。武帝嘉其义⑦，乃遣武以中郎将使持节送匈奴使留在汉者，因厚赂单于，答其善意。武与副中郎将张胜及假吏常惠⑧等募士、斥候百余人俱，既至匈奴，置币遗单于。单于益骄，非汉所望也。

　　方欲发使送武等，会缑王⑨与长水虞常⑩等谋反匈奴中。缑王者，昆邪王姊子也，与昆邪王⑪俱降汉，后随浞野侯没胡中⑫。及卫律所将降者，阴相与谋劫单于母阏氏⑬归汉。会武等至匈奴，虞常在汉时，素与副张胜相知，私候胜曰："闻汉天子甚怨卫律⑭，常能为汉伏弩射杀之，吾母与弟在汉，幸蒙其赏赐。"张胜许之，以货物与常。

后月余，单于出猎，独阏氏、子弟在。虞常等七十余人欲发，其一人夜亡⑮，告之。单于子弟发兵与战，缑王等皆死，虞常生得。单于使卫律治其事，张胜闻之，恐前语发⑯，以状语武。武曰："事如此，此必及我，见犯乃死，重负国。"欲自杀。胜、惠共止之。虞常果引⑰张胜。单于怒，召诸贵人议，欲杀汉使者。左伊秩訾⑱曰："即谋单于，何以复加？宜皆降之。"

单于使卫律召武受辞⑲。武谓惠等："屈节辱命，虽生，何面目以归汉！"引佩刀自刺。卫律惊，自抱持武，驰召医。凿地为坎，置煴火⑳，覆武其上，蹈其背以出血。武气绝㉑，半日复息。惠等哭，舆㉒归营。单于壮其节，朝夕遣人候问武，而收系张胜。

武益愈，单于使使晓武。会论虞常，欲因此时降武。剑斩虞常已，律曰："汉使张胜谋杀单于近臣，当死。单于募降者赦罪。"举剑欲击之，胜请降。律谓武曰："副有罪，当相坐㉓。"武曰："本无谋，又非亲属，何谓相坐？"复举剑拟之，武不动。律曰："苏君，律前负汉归匈奴，幸蒙大恩，赐号称王，拥众数万，马畜弥山，富贵如此！苏君今日降，明日复然。空以身膏草野，谁复知之！"武不应。律曰："君因我降，与君为兄弟；今不听吾计，后虽欲复见我，尚可得乎？"武骂律曰："汝为人臣子，不顾恩义，畔㉔主背亲，为降虏于蛮夷，何以汝为见！且单于信汝，使决人死生；不平心持正，反欲斗两主，观祸败！南越杀汉使者，屠为九郡㉕。宛王㉖杀汉使者，头县㉗北阙㉘。朝鲜杀汉使者㉙，即时诛灭。独匈奴未耳。若㉚知我不降明，欲令两国相攻。匈奴之祸，从我始矣。"

律知武终不可胁，白㉛单于。单于愈益欲降之。乃幽武置大窖中，绝不饮食。天雨雪。武卧啮㉜雪，与旃毛㉝并咽之，数日不死。匈奴以为神。乃徙武北海㉞上无人处，使牧羝，羝乳乃得归㉟。别其官属常惠等，各置他所。

武既至海上，廪食不至㊱，掘野鼠去草实而食之㊲。杖汉节牧羊，卧起操持，节旄尽落㊳。积五六年，单于弟於靬王弋射海上㊴。武能网纺缴，檠弓弩㊵，於靬王爱之，给其衣食。三岁余，王病，赐武马畜、服匿、穹庐㊶。王死后，人众徙去。其冬，丁令㊷盗武牛羊，武复穷厄。

初，武与李陵㊸俱为侍中㊹。武使匈奴，明年，陵降，不敢求武。久之，单于使陵至海上，为武置酒设乐。因谓武曰："单于闻陵与子卿素厚，故使陵来说足下，虚心欲相待。终不得归汉，空自苦亡人之地，信义安所见乎？前长君为奉车㊺，从至雍棫阳宫㊻，扶辇下除㊼，触柱折辕，劾㊽大不敬，伏剑自刎，赐钱二百万以葬。孺卿从祠河东后土㊾，宦骑与黄门驸马争船㊿，推堕驸马河中溺死，宦骑亡，诏使孺卿逐捕，不得，惶恐饮药而死。来时太夫人㊿已不幸，陵送葬至阳陵㊿。子卿妇年少，闻已更嫁矣。独有女弟㊿二人，两女一男，今复十余年，存亡不可知。人生如朝露，何久自苦如此！陵始降时，忽忽如狂，自痛负汉，加以老母系保宫㊿。子卿不欲降，何以过陵？且陛下春秋高㊿，法令亡常，大臣亡罪夷灭者数十家，安危不可知，子卿尚复谁为乎？愿听陵计，勿复有云。"武曰："武父子亡功德，皆为陛下所成就，位列将㊿，爵通侯㊿，兄弟亲近，常愿肝脑涂地。今得杀身自效，虽蒙斧钺汤镬㊿，诚甘乐之。臣事君，犹子事父也。子为父死，亡所恨，愿无复再言！"

陵与武饮数日，复曰："子卿壹听陵言！"武曰："自分已死久矣！王必欲降武，请毕今日之欢，效死于前！"陵见其至诚，喟然

215

叹曰："嗟呼，义士！陵与卫律之罪上通于天！"因泣下沾衿，与武决去。

昭帝⁵⁹即位，数年，匈奴与汉和亲。汉求武等，匈奴诡言武死。后汉使复至匈奴，常惠请其守者与俱，得夜见汉使，具自陈道。教使者谓单于，言天子射上林中，得雁足有系帛书，言武等在荒泽中。使者大喜，如惠语以让单于。单于视左右而惊，谢汉使曰："武等实在。"

单于召会武官属，前以降及物故，凡随武还者九人。武以始元六年春至京师⁶⁰。武留匈奴凡十九岁⁶¹，始以强壮出，及还，须发尽白。

【注释】

① ［武］苏武（前140—前60），杜陵（今陕西西安）人，西汉时期杰出的外交家。 ② ［少（shào）以父任，兄弟并为郎］年轻时，因为父亲职位的关系而被任用，兄弟都做了皇帝的侍从官。 ③ ［稍迁至移（yí）中厩（jiù）监］渐渐升到移中管理马厩的官。 ④ ［天汉元年］公元前100年。天汉，汉武帝年号。 ⑤ ［且（jū）鞮（dī）侯单（chán）于］且鞮侯，单于即位前的封号。单于，匈奴最高首领。 ⑥ ［汉天子我丈人行（háng）也］汉天子是我的长辈啊！行，辈。 ⑦ ［嘉其义］赞许他这种合理的做法。 ⑧ ［假吏常惠］指临时充任使臣属吏。常惠，太原人，随苏武出使匈奴，后一起归国。 ⑨ ［缑（gōu）王］匈奴的一个亲王。 ⑩ ［虞（yú）常］官职是长水的校尉，长水，今天陕西蓝田西北，后投降匈奴。 ⑪ ［昆邪（hún yé）王］匈奴的一个王，部落在今天甘肃西北部。 ⑫ ［后随浞（zhuó）野侯没胡中］后来又跟随浞野侯陷没在匈奴。浞野侯，汉将赵破奴的封号。武帝太初二年（前103年），他率二万骑兵击匈奴，兵败而降。 ⑬ ［阏氏（yān zhī）］匈奴王后封号。 ⑭ ［卫律］本为长水胡人，但长于汉，降于匈奴，被封为丁零王。 ⑮ ［亡］逃走。 ⑯ ［恐前语发］担心先前说的话被发现。指的是和虞常谋反之事。 ⑰ ［引］牵连。 ⑱ ［左伊秩訾（zī）］匈奴的王号，有"左""右"之分。 ⑲ ［受辞］受审讯。 ⑳ ［煴（yūn）火］没有火焰的微火。 ㉑ ［气绝］断气。 ㉒ ［舆］车厢。此用作动词，用车

运。　㉓〔相坐〕连带治罪。古代法律规定，凡犯谋反等大罪者，不仅本人被治罪，而且其亲属也要跟着治罪，叫作连坐，或相坐。　㉔〔畔〕同"叛"，背叛。㉕〔南越杀汉使者，屠为九郡〕《史记·南越列传》载，武帝元鼎五年（前112），南越王相吕嘉杀其国王及汉使者，叛汉。武帝发兵讨伐，活捉吕嘉，将南越之地设为珠崖、南海等九郡。屠，平定。　㉖〔宛王〕指大宛国王毋寡。　㉗〔县〕悬。　㉘〔北阙〕宫殿的北门。《史记·大宛列传》载，汉武帝太初元年（前104），宛王毋寡派人杀前来求良马的汉使。武帝即命李广利讨伐大宛，大宛诸贵族乃杀毋寡而降汉。　㉙〔朝鲜杀汉使者〕《史记·朝鲜列传》载，武帝元封二年（前109）派遣涉何出使朝鲜，涉何暗害了伴送他的朝鲜人，谎报为杀了朝鲜武将，因而被封为辽东东部都尉。朝鲜王右渠枭杀涉何。于是武帝发兵讨伐。朝鲜相杀王右渠降汉。　㉚〔若〕你。　㉛〔白〕告诉。　㉜〔啮（niè）〕咬、啃。㉝〔旃（zhān）毛〕同毡，毛织的毡毯。　㉞〔北海〕当时在匈奴北境。㉟〔使牧羝（dī），羝乳乃得归〕让他放牧公羊，公羊生了小羊才能回来。羝，公羊。乳，产小羊。　㊱〔廪（lǐn）食不至〕公家派发的粮食没有来。指断了苏武的粮食供应。　㊲〔掘野鼠去草实而食之〕挖野鼠、收草实来吃。去，同"弆（jǔ）"，收藏保存。　㊳〔节旄（máo）尽落〕汉节上牦牛尾的毛全部脱落。㊴〔於（wū）轩（jiān）王弋（yì）射海上〕於轩王，且鞮单于的弟弟，是匈奴的一个亲王。弋射，用绳子绑在箭上射猎。　㊵〔武能网纺缴（zhuó），檠（qíng）弓弩〕苏武擅长结网和纺制系在箭尾的丝绳，矫正弓箭的弓弩。　㊶〔服匿、穹（qióng）庐〕盛酒酪的容器，圆顶大毡帐。　㊷〔丁令〕即丁灵，匈奴北边的一个部族。　㊸〔李陵〕字少卿，西汉陇西成纪（今甘肃秦安）人，李广之孙，武帝时曾为侍中。天汉二年（前99）出征匈奴，兵败投降，后病死匈奴。㊹〔侍中〕官名，皇帝的侍从。　㊺〔长君为奉车〕长君，指苏武的长兄苏嘉。奉车，官名，即"奉车都尉"，皇帝出巡时，负责车马的侍从官。　㊻〔雍棫阳宫〕雍，汉代县名，在今陕西凤翔区南。棫（yù）阳宫，秦时所建宫殿，在雍东北。　㊼〔辇（niǎn）下除〕辇，皇帝的坐车。除，宫殿的台阶。　㊽〔劾（hé）〕弹劾，汉时称判罪为劾。　㊾〔孺卿从祠河东后土〕孺卿，苏武弟苏贤的字。河东，郡名，在今山西夏县北。后土，地神。　㊿〔宦骑与黄门驸马〕骑马的宦官。黄门驸马，宫中掌管车辇马匹的官。　51〔太夫人〕指苏武的母亲。　52〔阳陵〕汉时有阳陵县，在今陕西咸阳市东。　53〔女弟〕妹妹。下文"两女一男"指两个女儿，一个儿子。　54〔保宫〕本名"居室"，太初元年更名"保宫"，囚禁犯

217

罪大臣及其眷属之处。　　⑤〔春秋高〕年老。春秋，指年龄。　　⑤〔位列将〕位，指被封的爵位。列将，一般将军的总称。苏武父子曾被任为右将军、中郎将等。⑤〔通侯〕汉爵位名，本名彻侯，因避武帝讳改。苏武父苏建曾封为平陵侯。⑤〔斧钺（yuè）汤镬（huò）〕此泛指酷刑。钺，大斧。汤镬，指把人投入开水锅煮死。　　⑤〔昭帝〕武帝少子，名弗陵。前87年，武帝死，昭帝即位。次年，改元始元。于始元六年，与匈奴达成和议。　　⑥〔京师〕京都，指长安。　　⑥〔武留匈奴凡十九岁〕苏武汉武帝天汉元年（前100）出使，至汉昭帝始元六年（前81）还，共十九年。

【解读】

自班固的《汉书》问世以来，苏武形象就常出现在历代文学作品中，他感天地泣鬼神的爱国精神，一直为人们所称道。苏武牧羊的故事我们耳熟能详，但苏武出事前后的遭际、在匈奴经历的艰辛，其中种种细节我们未必清楚。《苏武传》让我们进一步了解这些细节，更加深入认识苏武其人。全文详细地叙述了苏武出使匈奴的原因，因受牵连而被扣押的经过。汉武帝对匈奴进行长期的讨伐战争，取得了三次具有决定意义的胜利，时间为前127年、前121年、前119年。匈奴的威势大大削弱之后，表示愿意与汉讲和，但双方矛盾还是根深蒂固。苏武出使匈奴，因为虞常等人谋反匈奴，牵连苏武被扣押蛮荒之地十九年。在极端的环境里，无论是面对卫律、李陵等人的劝降，还是饮雪吞毡，受尽非人折磨，苏武都表现出坚守气节、坚贞不屈，誓死卫国的英勇气概。

文章通过记述苏武出使匈奴的传奇经历，将苏武置于尖锐的矛盾冲突中加以表现。作品脉络清晰，结构完整，精于剪裁，善用对比，灵活选取人物的典型语言，生动刻画了一个"富贵不能淫，贫贱不能移，威武不能屈"的爱国志士形象。

诸葛亮传（节选）

陈　寿

【题解】

陈寿（233—297），字承祚，安汉（今四川南充）人，西晋史学家。本文节选自《三国志》，《三国志》是一部记载魏、蜀、吴三国鼎立时期的纪传体国别史，完整记叙了自汉末至晋初近百年间中国由分裂走向统一的历史全貌。全书取材精审，善于叙事，文辞简约，与《史记》《汉书》《后汉书》合称"前四史"。《三国志》详细记载了诸葛亮在政治、军事、外交等方面的活动，具有珍贵的历史价值。本文着重刻画了诸葛亮的个性特点，使诸葛亮的形象生动鲜明，有血有肉，具有高度的文学价值。

诸葛亮字孔明，琅邪阳都①人也。亮早孤，从父玄为袁术所署豫章太守②，玄将亮及亮弟均之官。会汉朝更选朱皓代玄。玄素与荆州③牧刘表有旧，往依之。玄卒，亮躬耕陇亩④，好为《梁父吟》⑤。身长八尺，每自比于管仲、乐毅⑦，时人莫许之也⑦。惟博陵崔州平、颍川徐庶元直与亮友善，谓为信然⑧。

时先主屯新野⑨。徐庶见先主，先主器之，谓先主曰："诸葛孔明者，卧龙也，将军岂愿见之乎？"先主曰："君与俱来。"庶曰："此人可就见，不可屈致⑩也。将军宜枉驾顾之⑪。"由是先主遂诣亮，凡三往⑫，乃见。因屏人⑬曰："汉室倾颓，奸臣窃命⑭，主上蒙尘⑮。孤不度德量力，欲信⑯大义于天下，而智术短浅，遂用猖獗⑰，至于今日。然志犹未已⑱，君谓计将安出⑲？"亮答曰："自董卓⑳已来，豪杰并起，跨州连郡者不可胜数。曹操比于袁绍㉑，则名微而众寡，然操遂能克绍，以弱为强者，非惟天时，

219

抑亦人谋也㉒。今操已拥百万之众，挟天子而令诸侯，此诚不可与争锋㉓。孙权㉔据有江东，已历三世，国险而民附㉕，贤能为之用，此可以为援㉖而不可图㉗也。荆州北据汉、沔㉘，利尽南海，东连吴会，西通巴蜀，此用武之国，而其主㉙不能守，此殆㉚天所以资㉛将军，将军岂有意乎？益州㉜险塞，沃野千里，天府之土，高祖㉝因之以成帝业。刘璋暗弱㉞，张鲁㉟在北，民殷㊱国富而不知存恤㊲，智能之士思得明君。将军既帝室之胄㊳，信义著于四海，总揽英雄，思贤如渴，若跨有荆、益，保其岩阻㊴；西和诸戎，南抚夷越㊵，外结好孙权，内修政理；天下有变，则命一上将将荆州之军以向宛、洛㊶，将军身率益州之众出于秦川㊷，百姓孰敢不箪食壶浆㊸以迎将军者乎？诚如是，则霸业可成，汉室可兴矣。"先主曰："善！"于是与亮情好日密。关羽、张飞等不悦，先主解之曰："孤之有孔明，犹鱼之有水也。愿诸君勿复言。"羽、飞乃止。

　　先主至于夏口㊹，亮曰："事急矣，请奉命求救于孙将军。"时权拥军在柴桑，观望成败，亮说权曰："海内大乱，将军起兵据有江东，刘豫州㊺亦收众汉南，与曹操并争天下。今操芟夷大难㊻，略已平矣，遂破荆州，威震四海。英雄无所用武，故豫州遁逃至此。将军量力而处之：若能以吴、越之众与中国㊼抗衡，不如早与之绝；若不能当，何不案兵束甲，北面而事之㊽！今将军外托服从之名，而内怀犹豫之计，事急而不断，祸至无日矣！"权曰："苟如君言，刘豫州何不遂事之乎？"亮曰："田横㊾，齐之壮士耳，犹守义不辱，况刘豫州王室之胄，英才盖世，众士仰慕，若水之归海，若事之不济，此乃天也，安能复为之下乎！"权勃然曰："吾不能举全吴之地，十万之众，受制于人。吾计决矣！非刘豫州莫可以当曹操者，然豫州新败之后，安能抗此难乎？"亮曰："豫州军虽败于长坂，今战士还者及关羽水军精甲万人，刘琦合江夏战士亦不下万人。曹操之众，远来疲弊，闻追豫州，轻骑一日一夜行三百余里，此所谓‘强弩之末，势不能穿鲁缟’(50)者也。故兵法忌之，曰‘必蹶上将军’(51)。且北方之人，不习水战；又荆州之民附操者，逼兵势耳，非心服也。今将军诚能命猛将统兵数万，与豫州协规同力，破操军必矣。操军破，必北还，如此则荆、吴之势强，鼎足之形成矣。成败之机，在于今日。”权大悦，即遣周瑜、程普、鲁肃(52)等水军三万，随亮诣先主，并力拒曹公。曹公败于赤壁，引军归邺。先主遂收江南，以亮为军师中郎将，使督零陵、桂阳、长沙三郡，调其赋税，以充军实。

章武三年春，先主于永安(53)病笃，召亮于成都，属以后事，谓亮曰："君才十倍曹丕，必能安国，终定大事。若嗣子可辅，辅之；如其不才，君可自取。”亮涕泣曰："臣敢竭股肱(54)之力，效忠贞之节，继之以死!”先主又为诏敕(55)后主曰："汝与丞相从事，事之如父。”建兴元年，封亮武乡侯，开府治事。顷之，又领益州牧。政事无巨细，咸决于亮。南中诸郡，并皆叛乱，亮以新遭大丧，故未便加兵，且遣使聘吴，因结和亲，遂为与国。

九年，亮复出祁山，以木牛运，粮尽退军，与魏将张郃交战，射杀郃。十二年春，亮悉大众由斜谷出，以流马运，据武功五丈原，与司马宣王(56)对于渭南。亮每患粮不继，使己志不申，是以分兵屯田，为久驻之基。耕者杂于渭滨居民之间，而百姓安堵，军无私焉。相持百余日。其年八月，亮疾病，卒于军，时年五十四。及军退，宣王案行其营垒处所，曰："天下奇才也!”

初，亮自表后主曰："成都有桑八百株，薄田十五顷，子弟衣食自有余饶。至于臣在外任，无别调度，随身衣食，悉仰于官，不别治生，以长尺寸(57)。若臣死之日，不使内有余帛，外有赢财(58)，以负陛下。”及卒，如其所言。

【注释】

①〔琅邪阳都〕今山东临沂沂南县。 ②〔从父玄为袁术所署豫章太守〕叔父诸葛玄被袁术任命为豫章太守。从父，叔父。袁术，字公路，东汉末先后割据今河南南阳和皖北到苏北一带，曾自称帝，后为曹操所败。豫章，郡名，治所在今江西省南昌市。 ③〔荆州〕汉武帝所置十三刺史部之一，汉时包括今湖北、湖南等地，治所在今湖北襄阳。刘表，字景升，东汉末割据荆州，地方千里，甲兵十余万，是一支强大的势力。 ④〔躬耕陇亩〕亲自耕种田地。陇，同"垄"。 ⑤〔梁父吟〕古歌谣名，内容为感慨时局，忧时伤世。 ⑥〔管仲、乐毅〕管仲为春秋时政治家，助齐桓公成为春秋时代第一个霸主。乐毅，战国时燕昭王的大将，战功赫赫。 ⑦〔时人莫许之也〕当时没人相信。莫，不。许，承认，相信。 ⑧〔谓为信然〕认为确实是那样。信，确实。 ⑨〔时先主屯新野〕当时先主刘备驻军新野。先主，指刘备，字玄德，三国蜀汉建立者。新野，县名，今河南新野县。 ⑩〔此人可就见，不可屈致〕这个人你只能凑近前去拜访，不能使他降低身份，把他招来见你。就，凑近。致，招来，使之来。 ⑪〔枉驾顾之〕屈尊前去看望他。枉驾，屈驾，劳驾。顾，看望。 ⑫〔凡三往〕总共去了三次。凡，共，总计。 ⑬〔屏人〕叫旁边的人退避。屏，退。 ⑭〔奸臣窃命〕指曹操"挟天子以令诸侯"窃取了皇权。 ⑮〔主上蒙尘〕指汉献帝被迫离京。汉朝两京即长安和洛阳，但曹操胁迫汉献帝迁到许昌。 ⑯〔信〕同"伸"，伸张。 ⑰〔遂用猖獗（chāng jué）〕因此遭到挫败。遂用，因此。猖獗，倾覆，挫败。 ⑱〔志犹未已〕我的志向还没有打消。已，停止，消失。 ⑲〔君谓计将安出〕您看我能制定什么策略呢？安，何，什么。 ⑳〔董卓〕字仲颖，东汉末年军阀，灵帝死后，董卓率军闯入洛阳，废了少帝，立献帝。各地起兵反对，开始军阀混战。 ㉑〔袁绍〕字本初，袁术之兄，割据冀、青、幽、并四州。200年，历史上有名的官渡之战中，曹操以少胜多，打败袁绍。 ㉒〔非惟天时，抑亦人谋也〕这不仅仅是时运好，而且也是人为的谋划造成的。非惟，不仅是。抑，而且。 ㉓〔争锋〕争胜，争强。 ㉔〔孙权〕字仲谋，三国时吴国的建立者。 ㉕〔国险而民附〕地势险要，民心归附。 ㉖〔可以为援〕可以以他作为外援，意思是结为盟友。 ㉗〔图〕图谋，打算消灭他。 ㉘〔汉、沔（miǎn）〕汉水和沔水。实为一水。上游发源于陕西宁羌，流经陕西勉县南，称沔水；下游流过汉中，称

汉水。㉙［其主］指当时的荆州牧刘表。㉚［殆］大概。㉛［资］助。㉜［益州］今天川、滇、黔大部分地区和陕、甘地区。㉝［高祖］指汉高祖刘邦。㉞［刘璋暗弱］刘璋昏庸懦弱。刘璋，字季玉，当时的益州牧，后地盘被刘备夺占。㉟［张鲁］字公祺，割据汉中，后被曹操攻破。㊱［殷］富足。㊲［存恤］存问抚恤，爱惜。㊳［帝室之胄（zhòu）］皇族的后代。胄，后裔，后代。刘备是汉景帝之子中山靖王刘胜的后代。㊴［保其岩阻］守住险要。岩阻，指形势险要的地方。㊵［西和诸戎，南抚夷越］西面同各族和好，南面安抚各族。诸戎，泛指居住在益州西部的少数民族。夷越，泛指宜州西南和南方的少数民族。㊶［宛、洛］宛县和洛阳，泛指中原一带。㊷［秦川］指秦岭以北的渭水平原。㊸［箪（dān）食（sì）壶浆］出自《孟子·梁惠王下》："以万乘之国伐万乘之国，箪食壶浆以迎王师……"篮子里盛着干粮，壶里装着汤水。指带着食物来慰劳军队。㊹［夏口］在今湖北武汉市。㊺［刘豫州］指刘备。建安元年，吕布攻打刘备，刘备投奔曹操，任豫州牧。㊻［芟（shān）夷大难］曹操平定袁术、吕布、袁绍等。芟，平定，铲除。夷，平。㊼［中国］指曹操占领的中原地区。㊽［何不案兵束甲，北面而事之］那你何不解除武装，向他北面称臣来侍奉他呢？案兵束甲，放下兵器，捆起盔甲。北面，古时君主南面而坐，臣下北面朝见。㊾［田横］齐国宗族，汉高祖时期称齐王。西汉统一后，田横率部下五百人隐居海岛。后听闻刘邦宣其入朝，到洛阳附近自尽。岛上部下全部自杀追随。㊿［强弩之末，势不能穿鲁缟］语出自《史记·韩长孺列传》："强弩之极，矢不能穿鲁缟。"强弓射出来的箭，已经到达了射程的尽头，连质薄的鲁绢都不能穿破。(51)［必蹶（jué）上将军］《孙子·军争篇》原文是"五十里而争利，则蹶上将军"，五十里而争利，就会使前军将领受到挫折。蹶，跌倒，比喻挫折、失败。(52)［周瑜、程普、鲁肃］周瑜，字公瑾；程普，字德谋；鲁肃，字子敬。都是东吴将领。(53)［永安］宫名，故址在今重庆奉节县东。刘备伐吴，败退居此。(54)［股肱］大腿和胳膊，比喻得力帮手。(55)［敕］帝王的命令。(56)［司马宣王］司马懿，字仲达，当时魏军统帅。(57)［不别治生，以长尺寸］自己不另经营什么生计，为家中增加财产。尺寸，指家资。(58)［赢财］余财。

【解读】

诸葛亮是三国时期杰出的政治家和军事家，其"鞠躬尽瘁，死而后已"的精神品格对后世影响深远。陈寿的《诸葛亮传》用精练、生动的语言记录了诸葛亮一生的生动事迹，刻画了诸葛亮作为一个政治家和军事家的个性与风采。本文节选的"隆中对"，主要写诸葛亮对当时天下大势和刘备今后发展大计的分析，表现了他善于审时度势的卓越谋略。"柴桑对"写在刘备走投无路的情况下，诸葛亮自请亲赴东吴游说孙权联合抗曹，展示了他超人的胆识和机敏的谋略。刘备托孤、数出祁山、病逝五丈原等，则集中表现了诸葛亮的忠贞不渝、矢志统一的赤子之心。

作者善用对话呈现人物性格。徐庶和诸葛亮的一段对话，为"三顾茅庐""隆中对策"，起到很好的铺垫和烘托的作用。"隆中对策"表现出诸葛亮对天下形势了如指掌，具有高瞻远瞩的思想。刘备对关、张的谈话："孤之有孔明，犹鱼之有水也。"进一步凸显了诸葛亮的才能。诸葛亮向孙权进言也是一大段对话，充分展示了诸葛亮的外交艺术和雄辩韬略。刘备临终时诸葛亮的表白，体现了他的忠贞爱君情怀。司马懿看到诸葛亮的行军布阵所发出的由衷赞叹，从侧面表现了诸葛亮的军事才干。诸葛亮的临终遗言则体现了其廉洁奉公的情操。文章从多方面展现了诸葛亮的思想品德，成功塑造了诸葛亮的光辉形象。

诸葛亮去世后，人们为其立庙祭祀，历代文人也多有歌咏，表达对其的崇敬与感怀。杜甫的《蜀相》一诗："丞相祠堂何处寻，锦官城外柏森森。映阶碧草自春色，隔叶黄鹂空好音。三顾频烦天下计，两朝开济老臣心。出师未捷身先死，长使英雄泪满襟。"就是其中最好的代表。

张衡传（节选）

范　晔

【题解】

范晔（398—446），字蔚宗，顺阳（今河南浙川）人，南朝宋人，历史学家、文学家，著有《后汉书》。《后汉书》是"二十四史"之一，记述了上起东汉的汉光武帝建武元年（25），下至汉献帝建安二十五年（220），共195年的史事。全书史料充分，观点鲜明，结构严谨，编排有序，与《史记》《汉书》《三国志》并称"前四史"。《张衡传》节选自《后汉书》。张衡（78—139），字平子，东汉天文学家、地理学家、文学家。

张衡字平子，南阳西鄂①人也。衡少善属文②，游于三辅③，因入京师④，观太学⑤，遂通五经⑥，贯六艺⑦。虽才高于世，而无骄尚之情。常从容淡静，不好交接俗人。永元⑧中，举孝廉不行⑨，连辟公府⑩不就。时天下承平日久，自王侯以下，莫不逾侈⑪。衡乃拟班固《两都》作《二京赋》⑫，因以讽谏。精思傅会⑬，十年乃成。文多，故不载。大将军邓骘⑭奇其才，累召不应⑮。

衡善机巧⑯，尤致思于天文阴阳历算。安帝雅闻衡善术学⑰，公车特征⑱拜郎中，再迁⑲为太史令。遂乃研核阴阳，妙尽璇机之正⑳，作浑天仪㉑，著《灵宪》《算罔论》㉒，言甚详明。

顺帝㉓初，再转复为太史令㉔。衡不慕当世㉕，所居之官，辄㉖积年不徙㉗。自去史职，五载复还。

阳嘉元年㉘，复造候风地动仪㉙。以精铜铸成，员径㉚八尺，合盖隆起，形似酒尊，饰以篆文山龟鸟兽之形。中有都柱㉛，傍行八道^㉜，施关发机^㉝。外有八龙，首衔铜丸，下有蟾蜍，张口承之。其牙机巧制^㉞，皆隐在尊中，覆盖周密无际。如有地动，尊则振龙，机发吐丸，而蟾蜍衔之。振声激扬，伺者^㉟因此觉知。虽一龙发机，而七首不动，寻其方面^㊱，乃知震之所在。验之以事，合契若神。自书典所记，未之有也。尝一龙机发而地不觉动，京师学者咸^㊲怪其无征^㊳。后数日驿^㊴至，果地震陇西^㊵，于是皆服其妙。自此以后，乃令史官记地动所从方起。

时政事渐损^㊶，权移于下，衡因上疏陈事。后迁侍中，帝引在帷幄^㊷，讽议左右^㊸。尝问衡天下所疾恶者。宦官惧其毁己，皆共目之^㊹，衡乃诡对^㊺而出。阉竖^㊻恐终为其患，遂共谗之。衡常思图身之事^㊼，以为吉凶倚伏，幽微难明。乃作《思玄赋》以宣寄情志。

永和初，出为河间相^㊽。时国王骄奢，不遵典宪^㊾；又多豪右^㊿，共为不轨。衡下车⁵¹，治威严，整法度，阴知⁵²奸党名姓，一时收禽⁵³，上下肃然，称为政理。视事⁵⁴三年，上书乞骸骨⁵⁵，征拜尚书。年六十二，永和四年卒。

【注释】

①[南阳西鄂]南阳郡的西鄂县，在今河南南阳。　②[属（zhǔ）文]写文章。属，撰写。　③[游于三辅]在三辅一带游学。游，游历、游学，这里指考察、学习。下文"观太学"的"观"也是游的意思。三辅，汉朝以京兆尹（原为官名，汉朝也作政区名）、左冯（píng）翊（yì）、右扶风为三辅。这三个地区在今陕西西安附近。　④[京师]指洛阳。　⑤[太学]古代设在京城的全国最高学府。　⑥[五经]指《诗》《书》《礼》《易》《春秋》五部经书。　⑦[六艺]指礼、乐、射、御、书、数六种学问和技能。　⑧[永元]东汉和帝刘肇的年号（89—105）。　⑨[举孝廉不行]（被）举为孝廉，没有去（应荐）。孝廉，汉朝由地方官（太守）向中央举荐品行端正的人任以官职，被举荐的人称为"孝廉"。　⑩[连辟（bì）公府]屡次（被）公府征召。辟，召，授予官职。公府，三公

226

（太尉、司徒、司空）的公署。　⑪［逾侈］过度奢侈。　⑫［《二京赋》]指《西京赋》和《东京赋》。二京，即两都。班固作的《西都赋》和《东都赋》，合称《两都赋》。班固（32—92），东汉史学家、文学家。两都，西汉的都城长安和东汉的都城洛阳。下文的"二京"也指长安和洛阳。　⑬［傅会］组织文句，同"附会"。　⑭［邓骘（zhì）]汉和帝邓皇后之兄，立安帝，以大将军辅政。　⑮［累招不应］多次召请不接受。　⑯［机巧］指器械制造方面的技艺。　⑰［术学］关于术数方面的学问，指天文、历算等。　⑱［公车特征］公车特地征召。公车，汉代官署名。臣民上书和征召，都由公车接待。特征，对有特殊才德的人指名征召。　⑲［再迁］两次升迁。第一次由郎中升任尚书侍郎，第二次由尚书侍郎升任太史令。再，两次。　⑳［妙尽璇（xuán）机之正]精妙地研究透了测天仪器的道理。璇机，玉饰的测天仪器。也写作"璇玑"。　㉑［浑天仪］一种用来表示天象的仪器，类似现在的天球仪。　㉒［《灵宪》《算罔论》]《灵宪》是一部历法书。《算罔论》是一部算术书。　㉓［顺帝］东汉顺帝刘保，126—144年在位。㉔［再转复为太史令］转任两次，又做了太史令。第一次由太史令转任公车司马令，第二次由公车司马令转任太史令。官秩均为六百石。　㉕［不慕当世］不趋附当时的权贵。当世，指权臣大官。　㉖［辄］常常，总是。　㉗［积年不徙］连着好几年不升迁。　㉘［阳嘉元年］132年。阳嘉，东汉顺帝年号（132—135）。下文的"永和"是顺帝的另一个年号（136—142）。　㉙［候风地动仪］一种监测地震的仪器。也有人说这是两种仪器，一种是测验风向的候风仪，另一种是测验地震的地动仪。　㉚［员径］圆的直径。员，同"圆"。　㉛［都柱］粗大的铜柱。都，大。　㉜［傍行八道］这个仪器已失传。推测起来，大约是在大柱的周围，设置四根横杆，交叉起来，按照东、西、南、北、东南、西南、西北、东北八个方向，和八个龙头相衔接。　㉝［施关发机］设置关键（用来）拨动机件。施，设置。关，枢纽，关键。发，拨动。　㉞［牙机巧制］枢纽和（各种）机件的巧妙构造。牙，发动机件的枢纽。制，形制，构造。　㉟［伺者］在旁边观察（仪器）的人。　㊱［寻其方面］寻找它的方向。　㊲［咸］皆，都。㊳［无征］没有应验。　㊴［驿］这里指驿站上传送文书的人。　㊵［陇西］汉朝郡名，在今甘肃兰州、临洮、陇西一带。　㊶［损］这里指腐败。　㊷［帝引在帷（wéi）幄（wò）]皇帝让（他）进入皇宫。帷幄，室内悬挂的帐幕，帷幔，这里指皇宫。　㊸［讽议左右］在皇帝身边，对国家的政事提出意见。讽议，讽

227

谏议论，婉转地发表议论。　㊹〔目之〕给他递眼色。　㊺〔诡对〕不用实话对答。　㊻〔阉（yān）竖〕对宦官的蔑称。　㊼〔图身之事〕图谋自身安全的事。　㊽〔出为河间相（xiàng）〕出京做河间王的相。汉朝王国的相，职权相当于郡的太守。出，离开京城到外地做官。河间，刘政的封地，这里指河间王刘政。下文的"国王"即刘政。　㊾〔典宪〕典章法制。　㊿〔豪右〕豪族大户。右，右族，即豪族。秦汉时，豪族住在城市的右边，故称"豪右"。　[51]〔下车〕指官吏初到任。　[52]〔阴知〕暗中查知。　[53]〔一时收禽〕同时逮捕。禽，同"擒"。　[54]〔视事〕这里指官员到职工作。　[55]〔乞骸骨〕封建社会，大臣年老了请求辞职为"乞骸骨"，意思是请求赐还自己的身体，回家乡去。

【解读】

　　本文是一篇典型的人物传记，以翔实的文笔全面记述了张衡的一生，描述了他在科学、政治、文学等领域的诸多才能，重点介绍了他在科学上的贡献。文章层次清晰，条理分明，先记述张衡的学业、品德和文学上的成就；再介绍张衡在科学技术上的成就，重点介绍候风地动仪的结构和功用；最后介绍张衡在政治上的才干。

　　传记除了介绍人物姓名、籍贯之外，还须选择人物一生中最典型的事件，叙述他的为人及其对社会的影响。张衡一生经历了东汉章帝、和帝、安帝和顺帝四个时期。这篇传记仅以七百余字就概及张衡六十二年中善属文、善机巧、善理政等方面的杰出成就。全文以时间为序，叙其一生，以"善"为纲，统率题材，以"妙"为目，传其精神，因而所写方面多而不杂，事迹富而不乱。范晔之所以能"驱万途于同归，贞百虑于一致，使众理虽繁，而无倒置之乖，群言虽多，而无棼丝之乱"（《文心雕龙·附会》），在于抓住了总纲和事件的内在联系。张衡潜心于学才达到"通五经，贯六艺"的境界，才具有了"善机巧"的才干和"不慕当世"的胸襟。他做官，不是为了荣华富贵，而是以利于科学研究。作者将张衡于自然科学、文学、政治活动方面的表现统一起来，一个真实而全面的人物就站在了读者面前。

五柳先生传

陶渊明

【题解】

陶渊明（365或372或376—427），又名潜，字元亮，自号五柳先生，私谥靖节，世称靖节先生，浔阳柴桑（今江西九江西南）人，东晋文学家。41岁任彭泽县令，仅八十多天便因不愿为五斗米折腰弃职而去，归隐田园。他是中国第一位田园诗人，被称为"古今隐逸诗人之宗"，著有《陶渊明集》。《五柳先生传》是一篇通过对五柳先生这一假想人物的描述用以自况的文章，文中描绘了一个爱好读书、不慕荣利、安贫乐道、忘怀得失的读书人的形象。

先生不知何许①人也，亦不详其姓字，宅边有五柳树，因以为号焉②。闲静少言，不慕荣利。好读书，不求甚解③；每有会意④，便欣然忘食。性嗜酒，家贫不能常得。亲旧⑤知其如此，或⑥置酒而招之；造饮辄尽⑦，期在必醉⑧。既醉而退，曾不吝情去留⑨。环堵萧然⑩，不蔽风日；短褐穿结⑪，箪瓢屡空⑫，晏如⑬也。常著文章自娱，颇示己志。忘怀得失，以此自终⑭。

赞⑮曰：黔娄⑯之妻有言："不戚戚于贫贱，不汲汲于富贵⑰。"极其言兹若人之俦乎⑱？衔觞赋诗⑲，以乐其志，无怀氏⑳之民欤？葛天氏之民欤？

【注释】

①〔何许〕何处，哪里。许，处所。　②〔因以为号焉〕就以此为号。因，于是就。以为，以之为。焉，语气词。古代男子二十而冠，冠后另立别名称字。古人除名、字之外，还有别号。　③〔不求甚解〕这里指读书只求领会要旨，不在一字一句的解释上过分探究。　④〔有会意〕指对书中的内容有所领会。会，

体会、领会。　⑤［亲旧］亲戚朋友。亲，亲戚。旧，这里指旧交、旧友。
⑥［或］有时。　⑦［造饮辄（zhé）尽］去喝酒就喝个尽兴。造，往、到。辄，
就。　⑧［期在必醉］希望一定喝醉。期，期望。　⑨［曾不吝情去留］意思是
五柳先生态度率真，来了就喝酒，喝完就走。曾不，竟不。曾，用在"不"前，
加强否定语气。吝情，舍不得。去留，意思是去，离开。　⑩［环堵（dǔ）萧
然］简陋的居室里空空荡荡。环堵，周围都是土墙，形容居室简陋。萧然，空寂。
⑪［短褐（hè）穿结］粗布短衣上打了补丁。短褐，用粗麻布做成的短上衣。穿
结，指衣服上有洞和补丁。　⑫［箪（dān）瓢（piáo）屡空］形容贫困，难以吃
饱。箪，古代盛饭用的容器，多用竹子制成。瓢，饮水用具。　⑬［晏如］安然
自若的样子。　⑭［自终］过完自己的一生。　⑮［赞］传记结尾的评论性文字。
⑯［黔（qián）娄］春秋战国时隐士，无意仕进，屡次辞去诸侯聘请。他死后，
黔娄的妻子称赞黔娄"甘天下之淡味，安天下之卑位，不戚戚于贫贱，不忻忻于
富贵。求仁而得仁，求义而得义"。　⑰［不戚戚于贫贱，不汲汲于富贵］不为贫
贱而忧愁，不热衷于发财做官。戚戚，忧愁的样子。汲汲，心情急切的样子。
⑱［极其言兹若人之俦（chóu）乎］极其言，推究她所说的话。兹，此，指五柳
先生。若人，那人，指黔娄。俦，类。　⑲［衔觞（shāng）赋诗］一边喝酒一
边作诗。觞，酒杯。　⑳［无怀氏］跟下文的"葛天氏"都是传说中的上古帝王。
据说在那个时代，人民生活安乐，恬淡自足，社会风气淳厚朴实。

【解读】

　　陶渊明的《五柳先生传》开创了自传体新范式。文章描写了隐逸
者的生活，虽然没有出现隐逸或者与之相似的字眼，但五柳先生无疑
是一个隐者，他不慕荣利，忘怀得失，说的都是与世俗价值观念对立
的隐者的生活方式。关于读书、饮酒、写作等乐趣的叙述，也都是个
人的私事，社会生活的公事全不涉及。读书只是为了个人的满足，因
此才乐趣横生。文章并不论述五柳先生的隐逸思想和隐逸哲学，描写
的只是他的隐逸生活。自传不对哲学做理念性表述，而只提供生活的
具体场景。通常隐逸者的自传伴随的是对现实的批判和反抗，但在本
文中却难觅这类踪影。文章所写的是对个人生活处置的从容不迫、游

刃有余，较之于对外部世界的表现，文章更关心自身的内部世界。这种由外向内的转向赋予了中国隐逸文学以新的风格，对唐宋文人作品影响甚巨。

文章使用委婉的手法，把自己的理想愿望假托于某一隐逸者，这一手法被后世不断效仿，形成了一种另类自传体。突破了一般传记开头介绍传者的名、字、号等固有格式。这篇文章作者似乎是在写自己，又似乎不是，作者和五柳先生的交错关联，既是陶渊明现实生活的反映，也是他人生理想的投影。他并非为了讲述一生的经历，而是要表达对理想人生的愿望。正因为如此，《五柳先生传》才保持了经久不衰的生命力。

[明] 张鹏《渊明醉归图》

祖冲之传

李延寿

【题解】

《南史》，唐李大师及其子李延寿撰，共80卷，其中本纪10卷、列传70卷，记述南朝宋、齐、梁、陈四代170年史事。《祖冲之传》选自《南史》。祖冲之（429—500），字文远，范阳郡道县（今河北涞水）人，南北朝时期杰出的数学家、天文学家。他一生钻研自然科学，其主要贡献在数学、天文历法和机械制造三个方面。他首次将"圆周率"精算到小数第七位，并将这一纪录在世界上保持了一千年之久，人称"祖率"。由他撰写的《大明历》是当时最科学最进步的历法，对后世的天文研究提供了正确的方法。主要著作有《安边论》《缀术》等。

祖冲之字文远，范阳遒①人也。曾祖台之，晋侍中。祖昌，宋大匠卿。父朔之，奉朝请。

冲之稽古，有机思，宋孝武使直华林学省，赐宅宇车服。解褐②南徐州从事、公府参军。

始元嘉中，用何承天所制历，比古十一家为密。冲之以为尚疏，乃更造新法，上表言之。孝武令朝士善历者难之，不能屈。会帝崩不施行。

历位为娄县③令，谒者仆射④。初，宋武平关中⑤，得姚兴指南车，有外形而无机杼⑥，每行，使人于内转之。升明中，齐高帝辅政，使冲之追修古法。冲之改造铜机，圆转不穷，而司方如一，马钧⑦以来未之有也。时有北人索驭驎者亦云能造指南车，高帝使与冲之各造，使于乐游苑对共校试，而颇有差僻，乃毁而焚之。晋时杜预有巧思，造欹器⑧，三改不成。永明中，竟陵王子良好古，冲之造欹器献之，与周庙不异。文惠太子⑨在东宫，见冲之历法，启武帝施行。文惠寻薨⑩又寝。

转长水校尉，领本职。冲之造《安边论》，欲开屯田，广农殖。建武中，明帝欲使冲之巡行四方，兴造大业，可以利百姓者，会连有军事，事竟不行。

冲之解钟律博塞⑪，当时独绝，莫能对者。以诸葛亮有木牛流马，乃造一器，不因风水，施机自运，不劳人力。又造千里船，于新亭江试之，日行百余里。于乐游苑造水碓⑫磨，武帝亲自临视。又特善算。永元二年卒，年七十二。著《易老庄义》，释《论语》《孝经》，注《九章》，造《缀术》数十篇。

【注释】

①［范阳］郡名。治所在今河北涿州市。遒，县名。　②［解褐］出仕。平民以褐布为衣，做官后换官服脱褐布衣服，故以解褐喻出仕。　③［娄县］今江苏昆山东北。　④［谒（yè）者仆（pú）射（yè）］官名。　⑤［宋武平关中］晋安帝义熙十二年（416）刘裕北伐后秦，次年八月攻下秦都长安，灭后秦。⑥［机杼（zhù）］此指指南车机械。　⑦［马钧］三国时机械制造专家。　⑧［欹（qī）器］古代巧变之器，周时已发明制造。是一种计时器，类似沙漏，设计奇特，有双耳可穿绳悬挂，底厚而收尖，利于空瓶时向下垂直；口薄而敞开，利于盛满大量的水时而倾倒。其上放置匀速滴水，则形成周期性自动滴入水、倾倒水、空瓶立正，循环往复。　⑨［文惠太子］萧长懋，武帝长子。　⑩［薨（hōng）］古时有重要地位的人死称薨。　⑪［博塞］本作"簙簺"，古代的博戏，下棋一类的游戏。　⑫［碓（duì）］舂谷的设备。

【解读】

本文记述了祖冲之的一生。他虽在宋、齐两朝为官，但没有因为做官而放弃学问，也没有把自己的学问当成求官的手段。他为官期间，除了处理繁杂的政事外，仍然坚持钻研学问；同时希望能兴利除弊、造福百姓。虽然由于各种原因，他的很多抱负没有能够实现，但他的学术成就却光照千古。祖冲之学识渊博，对于天文历法、数学、机械制造等无不精通，为人类留下了许多不朽的科学著作和创造发明；他还擅长哲理、文学、经学和音乐理论研究，撰写了《周易》《老子》《庄子》《孝经》《论语》等研究文章。历史上像他这样精力充沛、学识广博而精深的学者，甚为罕见。在科学方面，他取得了卓越的成就，赢得了无数人的敬仰和怀念。在月球上有"祖冲之环形山"；小行星中有"祖冲之星"。祖冲之具有一位科学家所应具备的一切优秀素质，他勤于思考、深入钻研、勇于进取；他重视实践、毅力过人。他的优秀品质和严谨的治学态度，永远受到后人的仰慕和学习。

蒋兆和《祖冲之画像》

子刘子自传

刘禹锡

【题解】

《子刘子自传》是刘禹锡去世当年抱病写的自传,记述了自己的出身和从政经历,特别是参与"永贞革新"的情况。正因如此,这篇自传也给后人留下了一份研究中唐历史的宝贵资料。

子刘子①,名禹锡,字梦得。其先汉景帝②贾夫人子胜,封中山王,谥曰靖,子孙因封为中山人也。七代祖亮③,事北朝④为冀州刺史、散骑常侍,遇迁都洛阳⑤,为北部都昌里人。世为儒而仕,坟墓在洛阳北山,其后地狭不可依,乃葬荥阳之檀山原⑥。由大王父⑦已还,一昭一穆如平生⑧。曾祖凯,官至博州⑨刺史。祖锽,由洛阳主簿察视行马外事⑩,岁满,转殿中丞、侍御史⑪,赠⑫尚书祠部郎中。父讳⑬绪,亦以儒学,天宝⑭末应进士,遂及大乱⑮,举族东迁,以违⑯患难,因为东诸侯⑰所用,后为浙西从事⑱。本府就加盐铁副使⑲,遂转殿中,主务于埇桥⑳。其后罢归浙右㉑,至扬州,遇疾不讳㉒。小子承夙训㉓,禀遗教,眇然㉔一身,奉尊夫人不敢殒灭㉕。后忝㉖登朝,或领郡,蒙恩泽,先府君累赠至吏部尚书㉗,先太君卢氏由彭城县太君㉘,赠至范阳郡㉙太夫人。

初,禹锡既冠㉚,举进士,一幸而中试。间岁,又以文登吏部取士科㉛,授太子校书㉜。官司间旷,得以请告奉温清㉝。是时少年,名浮于实,士林㉞荣之。及丁先尚书忧㉟,迫礼不死,因成痼疾㊱。既免丧,相国、扬州节度使杜公㊲领徐、泗,素相知㊳,遂请为掌书记㊴。捧檄㊵入告,太夫人曰:"吾不乐江淮间,汝宜谋之于始。"因白丞相以请㊶，曰："诺。"居数月而罢徐、泗，而河路犹艰，遂改为扬州掌书记。涉二年而道无虞㊷，前约乃行，调补京兆渭南㊸主簿。明年冬，擢为监察御史㊹。

贞元二十一年㊺春，德宗新弃天下㊻，东宫即位㊼。时有寒俊王叔文㊽，以善弈棋㊾，得通籍博望㊿，因间隙得言及时事。上大奇之。如是者积久，众未知之。至是起苏州掾○51，超拜起居舍人○52，充翰林学士，遂阴荐丞相杜公为度支、盐铁等使○53。翊日，叔文以本官及内职兼充副使○54。未几，特迁户部侍郎，赐紫○55，贵振一时。予前已为杜丞相奏署崇陵使判官○56，居月余日，至是改屯田员外郎，判度支盐铁等案○57。初，叔文北海○58人，自言猛○59之后，有远祖风。唯东平吕温、陇西李景俭、河东柳宗元以为言然○60。三子者皆与予厚善，日夕过，言其能。叔文实工言治道○61，能以口辩移人○62。既得用，自春至秋，其所施为，人不以为当非。

时上素被疾，至是尤剧。诏下内禅○63，自为太上皇，后谥曰顺宗。东宫○64即皇帝位，是时太上久寝疾，宰臣及用事者都不得召对○65。宫掖事秘，而建桓立顺○66，功归贵臣。於是叔文首贬渝州，后命终死○67。宰相贬崖州○68。予出为连州○69，途至荆南○70，又贬朗州司马○71。居九年，诏征，复授连州。自连历夔、和二郡○72，又除主客郎中○73，分司东都○74。明年，追入，充集贤殿学士○75。转苏州刺史，赐金紫○76。移汝州○77，兼御史中丞○78。又迁同州○79，充本州防御长春宫使○80。后被足疾，改太子宾客○81，分司东都。又改秘书监○82分司。一年，加检校礼部尚书○83兼太子宾客。行年七十有一，身病之日，自为铭曰：

不夭○84不贱，天之祺○85兮。重屯累厄○86，数之奇○87兮。天与所长，不使施兮。人或加讪，心无疵兮。寝于北牖○88，尽所期○89兮。葬近大墓○90，如生时兮。魂无不之○91，庸讵○92知兮。

【注释】

①［子刘子］夫子刘先生。子，古代对男子的尊称。子某子，是对老师的特别尊称。这里的"子刘子"，是刘禹锡自称。　②［汉景帝］刘启，西汉第四代皇帝。　③［亮］刘亮，北魏名将。　④［事北朝］在北朝做官。北朝，东晋末年，我国分裂成南北两个对峙的政权，史称南北朝。北魏统一北部，后分裂为东魏和西魏；东魏为北齐所代替，西魏为北周所代替。这三个朝代史称北朝（386—581）。　⑤［迁都洛阳］北魏孝文帝元宏太和十七年（493），由平城（今山西大同）迁都洛阳。　⑥［荥阳之檀山原］荥阳，唐郡名，治所在今河南荥阳。檀山，在今河南荥阳东。　⑦［大王父］曾祖父。　⑧［一昭一穆如平生］意思是就像在世那样长幼有序。一昭一穆，古代的一种宗庙制度。辈次排列，始祖居正中，以下二世、四世、六世位于始祖左方，称昭，三世、五世、七世位于始祖右方，称穆。以此方式类推排列，父在左，子在右，即一昭一穆，表示上下尊卑的关系。⑨［博州］治所在今山东聊城。　⑩［视察行马外事］指纠察官员的不法之事。行马，官署前所设一种阻拦人马通行的木架。外事，郊外之事，如祭祀山川、田猎等。　⑪［转殿中丞、侍御史］这里应为"转殿中侍御史"，据吴汝煜《刘禹锡传论》改。该官掌管殿廷仪卫及京城的纠察。　⑫［赠］对已死者的封官称赠。⑬［讳］为表示对死去的尊长的敬意，称名字时在前加"讳"字。　⑭［天宝］唐玄宗李隆基的年号（742—756）。　⑮［大乱］这里指"安史之乱"。　⑯［违］避。　⑰［东诸侯］泛指关中以东各镇的节度使。　⑱［浙西从事］浙西，指唐时的浙江西道。从事，官名，为地方长官自己任命的属官。　⑲［盐铁副使］负责盐铁税收的副长官。　⑳［埇（yǒng）桥］古桥名，故址在今安徽宿州市。㉑［浙右］指浙西，唐时的浙江西道。　㉒［不讳（huì）］死的婉词。　㉓［夙（sù）训］平素的训示。　㉔［眇（miǎo）然］微小的样子，这里是孤独的意思。㉕［殒（yǔn）灭］死亡。　㉖［忝（tiǎn）］辱，有愧于，自谦之词。　㉗［先府君累赠至吏部尚书］先府君，称已死的父亲。吏部尚书，吏部的长官，职掌官吏的提升、罢免、考课等。　㉘［先太君卢氏由彭城县太君］先太君，称已死的母亲。彭城县，治所在今江苏徐州。　㉙［范阳郡］治所在今北京大兴。㉚［冠］古代男子二十岁行加冠礼，表示已长大成人。　㉛［登吏部取士科］经吏部取士科考试合格。登，升。　㉜［太子校（jiào）书］东宫的属官，职掌校

237

勘经史等事务。 ㉝［得以请告奉温凊（qìng）］请告，请假。奉温凊，这里指奉养母亲。温凊，是冬温夏凊的省称，表示儿女侍奉父母无微不至。凊，凉，寒。 ㉞［士林］指读书人群。 ㉟［丁先尚书忧］指刘禹锡为父亲服丧。丁忧，为父母服丧。先尚书，指禹锡父。 ㊱［痼（gù）疾］积久难治的病。 ㊲［杜公］杜佑，字君卿，万年（今陕西西安东）人，唐德宗李适、顺宗李诵、宪宗李纯时曾任宰相，同情王叔文等人的革新，是当时著名的理财家和史学家，著《通典》。 ㊳［素相知］平时互相了解。 ㊴［掌书记］节度使的幕僚，掌管文书。 ㊵［檄（xí）］这里指任命的文书。 ㊶［白丞相以请］禀告丞相而请求（照顾）。 ㊷［虞］忧虑，这里是阻塞的意思。 ㊸［京兆渭南］京兆，唐代京兆府，治所在今陕西西安。渭南，唐代县名，治所在今陕西渭南。 ㊹［监察御史］御史台所属察院的属官，职掌分察百僚及巡按州、县的狱讼等事。 ㊺［贞元二十一年］即805年。贞元，唐德宗李适的年号。 ㊻［新弃天下］指刚去世。 ㊼［东宫即位］指太子李诵即皇帝位，为顺宗。东宫，皇太子居住的地方，这里代指李诵。 ㊽［寒俊王叔文］寒俊，出身寒微，才华出众。王叔文，越州山阴（今浙江绍兴）人，“永贞革新”的领袖。 ㊾［弈棋］下棋。弈，古代称围棋。 ㊿［通籍博望］指准许出入太子的宫苑。通籍，列入准许进入宫门的官员名册。博望，汉代宫苑博望苑的简称。汉武帝为卫太子立博望苑，供他交接宾客。这里借代太子的宫苑。 (51)［掾（yuàn）］副官。 (52)［超拜起居舍人］超拜，破格提拔。起居舍人，中书省的属官，随从皇帝，记述皇帝言行。 (53)［度支、盐铁等使］度支，指度支使，掌管国家的财政收支。盐铁，指盐铁使，以管理金的专卖为主，并管银、铜、铁、锡的采冶。 (54)［翊（yì）日，叔文以本官及内职兼充副使］翊日，第二天。副使，这里指度支、盐铁副使。 (55)［赐紫］赐穿紫服。 (56)［奏署崇陵使判官］奏署，臣下向皇帝请示、推荐担任某种职务。崇陵使判官，修建德宗陵墓的属官。 (57)［判度支盐铁等案］判，兼管。案，案件，这里指公事。 (58)［北海］唐郡名，治所在今山东益都。这里是指王叔文的郡望说的。 (59)［猛］王猛，前秦皇帝苻坚任用为丞相。 (60)［唯东平吕温、陇西李景俭、河东柳宗元以为言然］吕温，字和叔，东平（今山东东平）人。李景俭，字致用，陇西（在今甘肃陇西）人。柳宗元，字子厚，河东（今山西永济）人，中唐时著名文学家、哲学家。 (61)［工言治道］善于谈论治国的道理。工，巧，善于。 (62)［以口辩移人］以口才服人。 (63)［内禅（shàn）］古代帝王让位给内定的继承人。

⑥④［东宫］这里指皇太子李纯。　⑥⑤［宰臣及用事者都不得召对］宰臣及用事者，指宰相、大臣和百官。召对，皇帝召见臣下叫召，臣下答复皇帝对他提出的问题叫对。　⑥⑥［建桓立顺］桓、顺指东汉的桓帝刘志、顺帝刘保。125 年，宦官孙程等十九人拥立十一岁的刘保即皇帝位，这十九人均被封侯。146 年，宦官曹腾等七人拥立十五岁的刘志即皇帝位，宦官擅权。　⑥⑦［渝州，后命终死］渝州，治所在今重庆。后命终死，806 年，宪宗赐王叔文死。　⑥⑧［宰相贬崖州］宰相，指韦执宜，革新期间任宰相。崖州，治所在今海南琼山。　⑥⑨［连州］治所在今广东连州市。　⑦⓪［荆南］唐方镇名，治所在今湖北江陵。　⑦①［司马］州刺史下的属官，中唐时多用于安置被贬官员。　⑦②［夔（kuí）、和二郡］夔，唐州名，治所在今重庆奉节。和，唐州名，治所在今安徽和县。　⑦③［又除主客郎中］除，提升。主客郎中，礼部属官，职掌接待外国使节和前朝后裔等事务。　⑦④［分司东都］唐东都在今河南洛阳，唐各中央机构都在东都设有分司官员。这里指主客郎中分司东都。　⑦⑤［集贤殿学士］即集贤殿书院学士，职掌编辑图书、校理经籍等。　⑦⑥［金紫］金印和紫绶。绶，系官印的丝带。　⑦⑦［汝州］治所在今河南临汝。　⑦⑧［御史中丞］御史台的副长官，辅佐御史大夫职掌刑法。　⑦⑨［同州］治所在今陕西大荔。　⑧⓪［防御长春宫使］防御，指防御使，大郡设立的武官，负责军事。长春宫使，长春宫的长官。该宫是皇帝行宫，故址在今陕西大荔。　⑧①［太子宾客］东宫的属官，职掌对太子的规谏、侍读等事务。　⑧②［秘书监］秘书省的长官，掌管国家经籍图书等。　⑧③［检校礼部尚书］检校，指正官职外另加某官衔。礼部尚书，礼部的长官，掌国家的典章制度、祭祀、学校、科举和接待四方宾客等事务。　⑧④［夭］短命早死。　⑧⑤［祺］福分。　⑧⑥［重屯累厄］屯，艰难。厄，灾难。　⑧⑦［数之奇（jī）］命运不好。　⑧⑧［牖（yǒu）］窗户。　⑧⑨［期］期限，这里指天年、年寿。　⑨⓪［大墓］祖坟。　⑨①［魂无不之］语出《左传》"若魂气则无不之也"，灵魂无处不到的意思。　⑨②［庸讵（jù）］怎么，何以。

【解读】

　　唐武宗李炎会昌二年（842），刘禹锡七十一岁，抱病写了这篇《子刘子自传》。这年秋天，刘禹锡与世长辞。

　　这篇自传由四部分组成：第一部分写自己的姓名和家世；第二部

分写自己成年到参加"永贞革新"前的仕途经历；第三部分着重写"永贞革新"核心人物王叔文的政治才干和人品，以及自己在"永贞革新"后的官职变化；第四部分是铭文。刘禹锡在铭文中对自己一生作了恰当的评价。"天与所长，不使施兮。人或加讪，心无疵兮。"既对自己的政治抱负未能实现感到遗憾，又对自己的心地纯洁而感到问心无愧。

刘禹锡被流放到蛮荒之地。社会的无情排斥，剥夺了他作为士大夫的名分和人格，基于这种痛苦的人生体验，为了夺回自我存在的价值，愤而写作自传，实是不得已为之。刘禹锡以自传形式回顾自己的一生。这就是一篇阐述自己对抹杀他政治生命的事件怎样看待的个人自白。刘禹锡即将辞世之时回顾自从遭受放逐以来，将近四十年的人生遭遇。他的自传就是在既因外部环境的转变而不得不自我收敛，但又不能承认内心世界的转变而不得不自我辩护，这样一种苦涩的两难境地中挤压出来的。

刘禹锡是中唐著名诗人，诗文俱佳，文学成就很高，也是一位哲学家，著有《天论》三篇等。但这些在自传中均未提及，主要原因可能还是在于这篇自传属于"政治自传"，属于自辩之文，为"永贞革新"辩护，为政治盟友辩解，也为自己辩解。

种树郭橐驼传

柳宗元

【题解】

本文是柳宗元早年在长安任职时期的作品。郭橐驼种树的技能已无从考证，后世学者多认为这是一篇设事明理之作，是针对当时官吏繁政扰民的现象而作。因此，文章题目虽称为"传"，但并非一般的人物传记。文章以树喻人，讲述了种树育人和治国养民的道理。

郭橐驼①，不知始何名。病偻②，隆然③伏行，有类橐驼者，故乡人号之"驼"。驼闻之曰："甚善，名我固当。"因舍其名，亦自谓"橐驼"云。

其乡曰丰乐乡，在长安西。驼业种树④，凡长安豪富人为观游⑤及卖果者，皆争迎取养，视驼所种树，或移徙，无不活，且硕茂、早实以蕃⑥。他植者虽窥伺效慕，莫能如也⑦。

有问之，对曰："橐驼非能使木寿且孳⑧也，能顺木之天以致其性焉尔。凡植木之性：其本欲舒，其培欲平，其土欲故，其筑欲密。既然已，勿动勿虑，去不复顾。其莳⑨也若子，其置也若弃，则其天者全而其性得矣。故吾不害其长而已，非有能硕茂之也；不抑耗其实而已，非有能早而蕃之也。他植者则不然。根拳而土易⑩，其培之也，若不过焉则不及。苟有能反是者，则又爱之太恩，忧之太勤，旦视而暮抚，已去而复顾。甚者爪其肤以验其生枯，摇其本以观其疏密，而木之性日以离矣。虽曰爱之，其实害之；虽曰忧之，其实仇之：故不我若也。吾又何能为哉！"

问者曰："以子之道，移之官理⑪，可乎？"驼曰："我知种树而已，理，非吾业也。然吾居乡，见长人者⑫好烦其令，若甚怜⑬焉，而卒以祸⑭。且暮吏来呼曰：'官命促尔耕，勖⑮尔植，督尔获；早缫而绪⑯，早织而缕⑰；字⑱而幼孩，遂而鸡豚⑲。'鸣鼓而聚之，击木而召之。吾小人缀饔飧⑳以劳吏者，且不得暇，又何以蕃吾生而安吾性耶？故病㉑且怠。若是，则与吾业者，其亦有类乎？"

问者曰："嘻，不亦善夫！吾问养树，得养人术。"传其事以为官戒也。

【注释】

①〔橐（tuó）驼〕骆驼。　②〔偻（lǚ）〕脊背弯曲，驼背。　③〔隆然〕高高突起的样子。　④〔驼业种树〕驼以种树为业。　⑤〔为观游〕修建观赏游览的园林。　⑥〔蕃〕繁多。　⑦〔他植者虽窥伺效慕，莫能如也〕其他种树的人，虽然偷偷观察模仿，没有能比得上他的。　⑧〔孳（zī）〕生长得快。⑨〔莳（shì）〕移栽。　⑩〔土易〕换了新土。　⑪〔官理〕为官治民。唐人避高宗名讳，改"治"为"理"。　⑫〔长（zhǎng）人者〕指治理人民的官长。⑬〔怜〕爱。　⑭〔卒以祸〕连前句是说，喜欢烦琐政令，好像是很爱护百姓，最终还是给百姓带来灾祸。　⑮〔勖（xù）〕勉励。　⑯〔早缫（sāo）而绪〕缫，煮茧抽丝。而，同"尔"，你。　⑰〔缕〕线，这里指纺线织布。　⑱〔字〕养育。⑲〔遂而鸡豚〕遂，长，喂大。豚（tún），小猪。　⑳〔饔（yōng）飧（sūn）〕早饭和晚饭。这句话是说，我们早晚不停地慰劳官长们，弄得一点空闲时间都没有。　㉑〔病〕困苦。指疲惫不堪。

【解读】

《种树郭橐驼传》采用传记的常用写法，从郭橐驼的名字由来、乡

242

里职业、本领特长写起，具有很强的寓言性质。文章通过对郭橐驼种树之道的记叙，说明"顺木之天，以致其性"是"养树"的法则，并由此推论出"养人"的道理，指出为官治民不能"好烦其令"，指摘中唐吏治的扰民、伤民，反映出作者同情人民的思想和改革弊政的愿望。作者强调有时统治者打着勤政爱民的幌子，却收到适得其反的效果，照样民不聊生，这种思想实际上就是"圣人不死，大盗不止"的老庄哲学观点的具体反映。暴政害民，大家是了解的；但有时候，以仁义之名实行的所谓仁政，也会引起扰民的作用，使人民同样受到灾难，增加人民的财物负担和精神痛苦。当时的唐朝只有休养生息，才能恢复元气。

文章融叙事、说理于一体，重在因事明理，婉而多讽，针砭时弊，寓意深刻，阅读时要注意体会对举、类比的说理方式。文章先以种植的当与不当作对比，继以管理的善与不善作对比，最后以吏治与种树相映照，在反复比照中导出题旨，阐明事理。文中描写郭橐驼的体貌特征，寥寥几笔，形象而生动；记述郭橐驼的答话，庄谐杂出，语精意丰。全文以记言为主，在记言中穿插描写，错落有致，引人入胜。

柳宗元是一位关注现实的文学家，《种树郭橐驼传》有着很强的现实针对性，文中由种树之道"移之官理"，借郭橐驼之口，指出"长人者"政令频出的危害，批评了当时的弊政，这种"文章合为时而著"的创作态度，至今还值得学习和提倡。

僧玄奘传

刘昫等

【题解】

玄奘（602—664），唐代高僧，我国汉传佛教四大佛经翻译家之一，中国汉传佛教唯识宗创始人。为探究佛教各派学说分歧，唐贞观三年（629），玄奘历经艰难，西行求法，在印度佛学中心那烂陀寺从戒贤法师等学习，前后17年，学遍了当时的大小乘佛教学说。贞观十九年（645），玄奘学成归国，带回佛经657部，并将西行经历写成《大唐西域记》。玄奘的西行经历，为古代中国与印度的文化交流，以及中华文明吸收外来文化做出了重要贡献。

僧玄奘，姓陈氏，洛州偃师①人。大业②末出家，博涉经论③。尝谓翻译者多有讹谬，故就西域，广求异本以参验之④。贞观⑤初，随商人往游西域。玄奘既辩博出群⑥，所在必为讲释论难，蕃人⑦远近咸尊伏之⑧。在西域十七年，经百余国，悉解其国之语，仍采其山川谣俗，土地所有，撰《西域记》十二卷。贞观十九年，归至京师。太宗见之，大悦，与之谈论。于是诏将梵本六百五十七部于弘福寺⑨翻译，仍敕右仆射房玄龄、太子左庶子许敬宗，广召硕学沙门⑩五十余人，相助整比⑪。

高宗在东宫⑫，为文德太后追福，造慈恩寺⑬及翻经院，内出大幡⑭，敕《九部乐》及京城诸寺幡盖众伎，送玄奘及所翻经像、诸高僧等入住慈恩寺⑮。显庆元年⑯，高宗又令左仆射于志宁，侍中许敬宗，中书令来济、李义府、杜正伦，黄门侍郎薛元超等，共润色玄奘所定之经，国子博士范义硕、太子洗马郭瑜、弘文馆学士高若思等，助加翻译。凡成七十五部，奏上之。后以京城人众竞来礼谒⑰，玄奘乃奏请逐静⑱翻译，敕乃移于宜君山故玉华宫。六年卒，时年五十六⑲，归葬于白鹿原⑳，士女送葬者数万人。

【注释】

①〔洛州偃（yǎn）师〕洛州即洛阳，唐初偃师属洛州管辖，今为河南洛阳偃师区。　②〔大业〕隋炀帝杨广的年号，从605年到616年。　③〔经论〕佛教典籍分为经、律、论三大类。　④〔广求异本以参验之〕广泛地搜求不同的版本来检验校正。　⑤〔贞观〕唐太宗李世民的年号，从627年到649年。⑥〔辩博出群〕知识渊博，口才出众。　⑦〔蕃人〕我国古代对外族或异国人的泛称。　⑧〔咸尊伏之〕都尊敬佩服他。咸，都。伏，同"服"，佩服，信服。⑨〔弘福寺〕在陕西西安。玄奘自西域归来，所携回之佛舍利、佛像、大小乘经律论均置于此寺。　⑩〔硕学沙门〕学识渊博的佛教徒。沙门，梵文音译"沙门那"的略称，意译"勤劳""贫道"等，这里指佛教徒。　⑪〔整比〕整理考校。⑫〔高宗在东宫〕唐高宗李治还是东宫太子（的时候）。下句的"文德太后"即李治的母亲文德太后长孙氏。　⑬〔慈恩寺〕在唐长安城晋昌坊（今陕西省西安市南），寺中有塔，即今陕西西安大雁塔。　⑭〔大幡〕招引亡灵的旗帜。　⑮〔敕《九部乐》及京城诸寺幡（fān）盖众伎，送玄奘及所翻经像、诸高僧等入住慈恩寺〕诏令表演《九部乐》的演奏歌舞队伍以及京城各寺院的旗盖仪仗，迎接玄奘和译绘的佛像、各位操行高尚的和尚进住慈恩寺。《九部乐》，隋唐的宫廷大乐。《隋书·音乐志下》："大业中，炀帝乃定《清乐》、《西凉》、《龟兹》、《天竺》、《康国》、《疏勒》、《安国》、《高丽》、《礼毕》，以为九部。"唐初有所损益，但大体不变。　⑯〔显庆元年〕即656年。显庆，唐高宗李治的年号。　⑰〔谒（yè）〕拜见。　⑱〔逐静〕求取安静。　⑲〔年五十六〕关于玄奘年岁问题，有五十六、六十三、六十五、六十九诸说。六十五岁说初见于道宣《续高僧传》，后来《开元录》《贞元录》皆沿袭此说，影响较大。杨廷福《玄奘年谱》、季羡林等《大唐西域记校注》皆从之。　⑳〔白鹿原〕今陕西蓝田西。

【解读】

唐代关于玄奘的传记有三种，分别是冥详《大唐故三藏玄奘法师行状》一卷，道宣《唐京师大慈恩寺释玄奘传》（《续高僧传》卷四），慧立原本、彦悰撰定《大慈恩寺三藏法师传》十卷。《旧唐书》对这些第一手传记资料进行了剪裁，突出了两方面内容：玄奘撰写《大唐西域记》和译经活动。

玄奘可谓是对印度风土人情了解最深的唐人，他代表了唐王朝投向中亚、南亚大陆的目光。《大慈恩寺三藏法师传》记载太宗初见玄奘，迫切询问的乃是域外的物产风俗，无关佛教。贞观二十年（646年），在归国仅一年后，玄奘就撰写《大唐西域记》奏进，正说明了太宗急于借助玄奘以了解唐王朝之外的世界。

本文在这方面的记述反映出那个时代唐朝渴望了解外部世界的诉求。历史上译经的高僧大德为数不少，何以玄奘"翻译之功，诚远大矣"（《唐京师大慈恩寺释玄奘传》)？如果说玄奘的西行取经还属于个人行为，那么在他归国之后，已经自觉地将个人的宗教活动与国家事务很好地结合起来。玄奘曾说"不依国主，则法事不立"，明确点出宗教问题上个人的坚守与国家支持的交相为用。从《旧唐书》本传的记载来看，玄奘译经获得唐王朝太宗、高宗两代皇帝在物质条件和人力资源上的大力支持，成了一种国家行为。在古代信息交流不便情况下，玄奘倾其一生，舍身求法，致力于不同文化之间的译介交流，这一行为获得了唐王朝的认可与支持。这说明中华文明的传承与发展，不但包含了汉民族对自我文化的保护与延续，而且包含了对不同国家、不同民族文化的相互借鉴、吸收与融汇。

（日本）佚名《玄奘三藏像》

方山子传

苏　轼

【题解】

　　苏轼于宋神宗元丰三年（1080）被贬黄州，在岐亭遇见隐居于此故友陈慥（zào），于是为他写了这篇小传。方山子，即陈慥（生卒年不详），字季常，父亲是陕西凤翔知府，他放弃豪华生活，生平不仕，隐居山中，饱参禅学，自称龙丘先生。方山子与苏轼是好友，两人常谈古论今，心有戚戚。

　　方山子，光、黄①间隐人②也。少时慕朱家、郭解③为人，闾里④之侠皆宗⑤之。稍壮，折节⑥读书，欲以此驰骋当世，然终不遇。晚乃遁⑦于光、黄间，曰岐亭⑧。庵居蔬食⑨，不与世相闻；弃车马，毁冠服，徒步往来山中，人莫识也。见其所著帽，方耸而高⑩，曰"此岂古方山冠⑪之遗像⑫乎？"因谓之方山子。

　　余谪⑬居于黄，过岐亭，适见焉。曰："呜呼！此吾故人陈慥季常也，何为而在此？"方山子亦矍然⑭，问余所以至此者，余告之故。俯而不答，仰而笑。呼余宿其家，环堵萧然⑮，而妻子奴婢，皆有自得之意。

　　余既耸然异之。独念方山子少时，使酒好剑，用财如粪土。前十有九年，余在歧山⑯，见方山子从两骑，挟二矢，游西山。鹊起于前，使骑逐而射之，不获；方山子怒马⑰独出，一发得之。因与余马上论用兵及古今成败，自谓一世豪士。今几日耳，精悍之色犹见于眉间，而岂山中之人哉？

　　然方山子世有勋阀⑱，当得官，使从事于其间，今已显闻⑲。而其家在洛阳，园宅壮丽与公侯等；河北有田，岁得帛千匹，亦

247

足以富乐。皆弃不取，独来穷山中，此岂无得而然哉？

余闻光、黄间多异人⑳，往往阳狂垢污㉑，不可得而见；方山子傥㉒见之欤㉓？

【注释】

①［光、黄］指光州和黄州。光州，今河南潢川。黄州，今湖北黄冈。　②［隐人］隐士。　③［朱家、郭解］西汉著名游侠，《史记·游侠列传》详载二人事迹。　④［闾（lú）里］乡里。　⑤［宗］尊奉。　⑥［折节］改变以往的志向行为。　⑦［遁（dùn）］遁世（隐居）。　⑧［歧（qí）亭］距今湖北麻城70里。⑨［庵居蔬食］住草房吃素食。　⑩［方耸而高］形方而突起。　⑪［方山冠］古代的一种帽子。汉时为祭祀宗庙时乐工舞女所戴。唐宋时隐士多戴这种形状的帽子。　⑫［遗像］前代事物留传下来的形状、式样。　⑬［谪（zhé）］降职。⑭［矍（jué）然］吃惊地注视的样子。　⑮［环堵萧然］形容居室简陋，没有什么陈设。语出陶渊明的《五柳先生传》："环堵萧然，不蔽风日。"环堵，四墙，指屋中。萧然，清冷，空荡。　⑯［岐山］在今陕西宝鸡，苏轼曾在那里任签判。⑰［怒马］激马而使其怒而奔驰。　⑱［勋阀］功勋之家。　⑲［显闻］显达闻名。　⑳［异人］特立独行的隐士。　㉑［阳狂垢（gòu）污］阳狂，假装癫狂。阳，同"佯"，假装。垢污，肮脏污秽。　㉒［傥（tǎng）］或许，可能。　㉓［欤（yú）］语气词。

【解读】

本文是一篇传记散文，反映了苏轼散文独特的结构艺术。全文短短三四百字，作者仿佛信笔写来，不事雕琢，选取几个生活中的典型事件，写出了方山子令人"耸然异之"的大半生，人物形象跃然纸上。诚如吴楚材、吴调侯在《古文观止》中所言，"前幅自其少而壮而晚，一一顺叙出来。中间独念方山子一转，由后追前，写得十分豪纵，并不见与前重复，笔墨高绝。末言舍富贵而甘隐遁，为有得而然，乃可称为真隐人。"

本文在结构上独辟蹊径，巧妙布局，经纬错综，起落转换，腾挪变化，如同行云流水，秩序井然，颇具艺术匠心。本文打破了传记文学常规，对所写人物不做全面记述，不写其家世和生平行事，只是通过作者与方山子的相遇与相交，让读者了解其人生经历，通过对这些人生经历的描述，表达了作者对方山子特立独行性格和人生取向的赞赏。

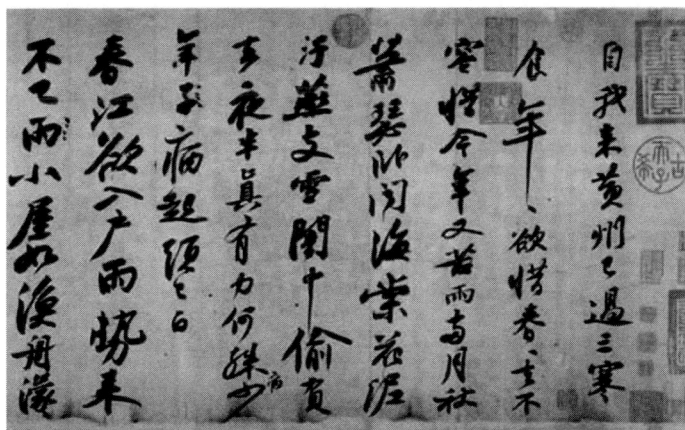

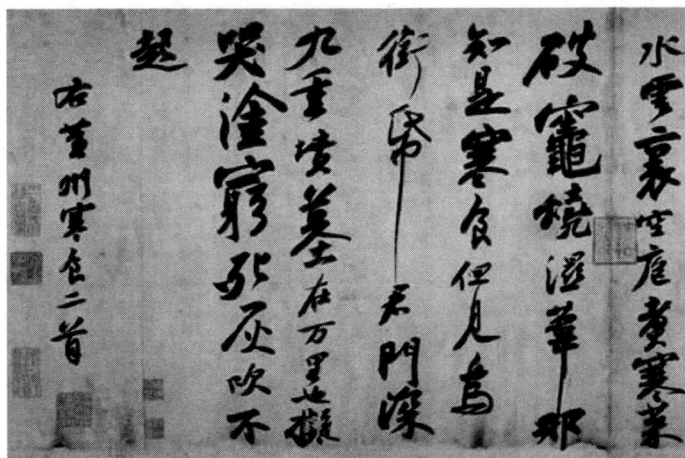

［宋］苏轼《寒食诗帖》

包拯传

脱脱等

【题解】

包拯（999—1062），字希仁，庐州合肥（今安徽合肥肥东）人，于宋仁宗天圣五年（1027）考中进士，系北宋名臣。包拯廉洁公正、立朝刚毅，不附权贵，铁面无私，且英明决断，敢于替百姓申不平，故有"包青天"及"包公"之名，他的故事千百年来被老百姓津津乐道，已成为清廉的象征。

包拯，字希仁，庐州合肥人也。始举进士，除大理评事①，出知建昌县②。以父母皆老，辞不就。得监和州③税，父母又不欲行，拯即解官归养。后数年，亲继亡。拯庐墓④终丧，犹徘徊不忍去，里中父老数来劝勉。久之，赴调，知天长县⑤。……徙知端州，迁殿中丞。端土产砚，前守缘贡，率取数十倍以遗权贵；拯命制者才足贡数。岁满，不持一砚归。

寻拜监察御史里行⑥，改监察御史。时张尧佐除节度、宣徽两使，右司谏张择行、唐介与拯共论之，语甚切。又尝建言曰："国家岁赂契丹，非御戎⑦之策。宜练兵选将，务实边备。"又请重门下封驳之制⑧，及废锢赃吏，选守宰⑨，行考试补荫弟子之法。当时诸道转运加按察使⑩，其奏劾官吏多摭细故，务苛察相高尚⑪，吏不自安，拯于是请罢按察使。

历三司户部判官，出为京东转运使，改尚书工部员外郎⑫、直集贤院⑬，徙陕西，又徙河北，入为三司户部⑭副使。秦陇斜谷务造船材木，率课取于民；又七州出赋河桥竹索，恒数十万，拯皆奏罢之。契丹聚兵近塞，边郡稍警，命拯往河北调发军食。拯曰："漳河沃壤，人不得耕，刑、洺、赵三州民田万五千顷，率用牧马，请悉以赋民。"从之。解州盐法率病民^⑮，拯往经度之，请一切通商贩。

除天章阁^⑯待制、知谏院^⑰。数论斥权幸大臣，请罢一切内除曲恩。又列上唐魏郑公^⑱三疏，愿置之坐右，以为龟鉴^⑲。又上言天子当明听纳，辨朋党，惜人才，不主先入之说，凡七事；请去刻薄，抑侥幸，正刑明禁，戒兴作，禁妖妄。朝廷多施行之。

拯立朝刚毅，贵戚宦官为之敛手，闻者皆惮之。中官势族筑园榭，侵惠民河，以故河塞不通，适京师大水，拯乃悉毁去。或持地券自言有伪增步数者，皆审验劾奏之。

拯性峭直，恶吏苛刻，务敦厚，虽甚嫉恶，而未尝不推以忠恕也。与人不苟合，不伪辞色悦人，平居无私书^⑳，故人，亲党皆绝之。虽贵^㉑，衣服、器用、饮食如布衣时。尝曰："后世子孙仕宦，有犯赃者，不得放归本家，死不得葬大茔中。不从吾志，非吾子若孙也。"

【注释】

①［除大理评事］朝廷授予他大理评事的官称。大理评事，主管审案，属于大理寺（刑法机关）。除，拜受官位。　②［建昌县］今天江西永修县。　③［和州］今天安徽和州。　④［庐墓］在父母墓旁造屋守丧。　⑤［天长县］今安徽天长市。　⑥［监察御史里行］宋代监察机关官名。　⑦［御（yù）戎（róng）］这里指抵御外敌。　⑧［封驳之制］封还皇帝失宜诏令，驳正臣下奏章违误的制度。　⑨［选守宰］选拔官吏。　⑩［诸道转运加按察使］各道转运设有按察使。宋代有军需粮草收缴、转运的官职，下文转运使就是此官。按察使是司法长官，起到监督、振扬风纪作用。　⑪［其奏劾官吏多摭（zhí）细故，务苛察相高尚］他们上奏弹劾官吏大多都是指摘细小过失，注重苛刻监察，互相标榜高尚。摭，指摘。　⑫［尚书工部员外郎］官名，工部为六部之一，主管营造之事。有尚书侍郎、员外郎等职。　⑬［直集贤院］主管收集皇家书籍。直，同"值"，当值。

⑭［三司户部］三司，北宋最高财政机关。三司户部掌管全国户口、两税、酒税等事。　⑮［解州盐法率病民］解州盐法规定使百姓困竭。解州，今天山西运城市盐湖区解州镇。　⑯［天章阁］皇室藏书机构。　⑰［谏院］宋代设立的舆论机关，负责在朝廷中搜集建议和评论。　⑱［唐魏郑公］指唐名相魏征，魏征封郑国公。　⑲［以为龟鉴］指把魏征的三疏放在座位右侧，作为借鉴。龟鉴，也说龟镜，龟可以卜吉凶，镜可以照真伪美丑。　⑳［平居无私书］平时没有私人请托的书信。　㉑［虽贵］虽然地位很高。

【解读】

《包拯传》选择了包拯一生中几件典型事例，从多种角度反映包拯这一人物的完整形象。包拯最基本的特点是公正无私，刚正严明，不畏强暴，体恤下民。文章围绕这一性格特征，或详或略地选择了包拯为官时的几件事，包括直言上谏、命除弊政等，大致概括了包拯的一生。临死前还留下后世子孙为官，不得贪赃枉法，否则不被承认是包家后代的遗嘱。铁面无私也不是铁石心肠，无情无义。文章还介绍了包拯有人情味的一面，给父母守丧，久久不愿离去。对待百姓，不仅为他们免除很多弊政，而且除暴惩恶，"未尝不推以忠恕也"。包拯爱民、有情，才能疾恶如仇毫不留情；也是因为爱民，才能治贪惩恶，不留私心。包拯一生担任了许多官职，这些品质贯穿一生。宋史中的包拯形象，是完整的，是有血有肉的，也是真实可信的，为后人留下了宝贵的史料。

柳敬亭传（节选）

黄宗羲

【题解】

黄宗羲（1610—1695），字太冲，号南雷，别号梨洲老人，世称梨洲先生，浙江余姚人，明末清初思想家、史学家、文学家，与顾炎武、王夫之并称"明末清初三大思想家"。著有《明儒学案》《明夷待访录》《南雷文定》等。柳敬亭（1587—1670），原姓曹，名永昌，字葵宇，号逢春，明末清初著名评话艺术家，扬州评话的开山鼻祖。《柳敬亭传》系传记文学，作者叙述了柳敬亭一生的际遇。

余读《东京梦华录》《武林旧事》[①]，记当时演史小说者[②]数十人。自此以来，其姓名不可得闻。乃近年共称柳敬亭之说书。

柳敬亭者，扬之泰州人[③]，本姓曹。年十五，犷悍无赖[④]，犯法当死，变姓柳，之盱眙[⑤]市中为人说书，已能倾动[⑥]其市人。久之，过江，云间[⑦]有儒生莫后光见之，曰："此子机变[⑧]，可使以其技鸣[⑨]。"于是谓之曰："说书虽小技，然必勾性情[⑩]，习方俗[⑪]，如优孟摇头而歌[⑫]，而后可以得志[⑬]。"敬亭退而凝神定气[⑭]，简练揣摩[⑮]，期月而诣[⑯]莫生。生曰："子之说，能使人欢咍嗢噱[⑰]矣。"又期月，生曰："子之说，能使人慷慨涕泣矣。"又期月，生喟然[⑱]曰："子言未发而哀乐具乎其前，使人之性情不能自主，盖进乎技矣[⑲]。"由是之扬，之杭，之金陵[⑳]，名达于缙绅[㉑]间。华堂旅会[㉒]，闲亭独坐，争延[㉓]之使奏其技，无不当于心称善也。

宁南[㉔]南下，皖帅欲结欢宁南[㉕]，致敬亭于幕府[㉖]。宁南以为相见之晚，使参机密。军中亦不敢以说书目[㉗]敬亭。宁南不知书[㉘]，所有文檄[㉙]，幕下儒生设意修词[㉚]，援古证今[㉛]，极力为之，宁南皆不悦。而敬亭耳剽口熟^②，从委巷活套中来^③者，无不与宁南意合。尝奉命至金陵^{③④}，是时朝中皆畏宁南，闻其使人来，莫不倾动加礼^{③⑤}，宰执^{③⑥}以下俱使之南面上坐，称柳将军，敬亭亦无所不安也。其市井小人昔与敬亭尔汝者^{③⑦}，从道旁私语："此故吾侪^{③⑧}同说书者也，今富贵若此！"

亡何国变^{③⑨}，宁南死。敬亭丧失其资略尽^{④⑩}，贫困如故时，始复上街头理其故业。敬亭既在军中久，其豪猾^{④①}大侠、杀人亡命、流离遇合、破家失国之事，无不身亲见之，且五方土音^{④②}，乡俗好尚^{④③}，习见习闻，每发一声，使人闻之，或如刀剑铁骑，飒然浮空^{④④}；或如风号雨泣，鸟悲兽骇，亡国之恨顿生，檀板之声无色^{④⑤}，有非莫生之言可尽者矣。

【注释】

①［《东京梦华录》《武林旧事》］《东京梦华录》，南宋孟元老著，十卷，著者追忆北宋都城汴梁（今河南省开封市）的都市生活和风土人情，其中有关于当时的瓦肆（游乐场所）和在瓦肆中表演的杂耍、说书等记载。《武林旧事》，南宋周密（署名"泗水潜夫"）著，是作者入元以后追忆南宋都城临安（今杭州市，武林即今杭州市西灵隐，后多用来代指杭州）的旧事而作。其中记载了当时各色伎艺和艺人的名单。　②［演史小说者］演唱历史故事小说的艺人。　③［扬之泰州人］是扬州府泰州人。泰州，今江苏省泰州市，当时属扬州府。　④［犷（guǎng）悍（hàn）无赖］粗犷凶悍，游手好闲。　⑤［盱（xū）眙（yí）］县名，今江苏省盱眙县。　⑥［倾动］使人倾倒动容。　⑦［云间］松江府的别称，今上海市松江区。　⑧［机变］机敏灵活。　⑨［以其技鸣］以他的演技而闻名。鸣，扬声名。　⑩［勾性情］勾画、描摹人物的性格感情。　⑪［习方俗］研习各地的风土人情。　⑫［优孟摇头而歌］语见《史记·滑稽列传》。优伶名孟，春秋时楚国人。楚令尹孙叔敖死，他的儿子穷得以砍柴为生。于是优孟穿着孙叔敖的衣冠，模仿其动作神态，摇头而歌，为楚庄王祝寿。庄王以为孙叔敖又活了，想仍任他为相。优孟述说孙叔敖儿子贫困，庄王遂给孙叔敖之子以封地。　⑬［得志］遂心，达到目的。　⑭［凝神定气］神情专注，聚精会神。　⑮［简练揣摩］

在技艺上刻苦磨炼，研求探索。简，选择、取舍。　⑯〔期（jī）月而诣〕期月，一整月。诣，前往。　⑰〔欢咍（hāi）嗢（wà）噱（jué）〕能让人欢快，大笑不止。欢咍，欢快。嗢噱，大笑。　⑱〔喟（kuì）然〕叹息的样子。　⑲〔进乎技矣〕技艺已到了精妙的程度了。　⑳〔金陵〕南京。　㉑〔缙（jìn）绅〕插笏于绅，旧时官吏的装束，故借指官绅富豪阶层。缙，插。绅，大带。　㉒〔旅会〕大聚会。旅，众人。　㉓〔延〕请。　㉔〔宁南〕指左良玉，字昆山，明末山东临清人。早年在辽东与清军作战，后在河南一带与李自成、张献忠起义军作战多年。崇祯十五年，被李自成大败于朱仙镇。崇祯十七年，封宁南伯，驻武昌。福王立于南京，又晋封为宁南侯，拥兵至八十万。弘光元年，以清君侧为名，起兵讨马士英，船至九江，病逝。　㉕〔皖帅欲结欢宁南〕安徽提督杜宏域想要结交左良玉。结欢，交好，讨好。　㉖〔致敬亭于幕府〕将柳敬亭介绍到将军府。幕府，军队出征用帐幕，因此称将军的府署为幕府。　㉗〔目〕名词作动词用，看待的意思。　㉘〔不知书〕没有读过书，没有文化。《明史·左良玉传》说他"目不知书"。　㉙〔文檄（xí）〕古代用以征召、晓喻或申讨的文书。　㉚〔设意修词〕加意修饰词句。　㉛〔援古证今〕引用古书古事来证明当前。　㉜〔耳剽（piāo）口熟〕耳里常听到的，口里经常说的。　㉝〔从委巷活套中来〕从偏僻小巷里俗语常谈中来。活套，口语俗套。　㉞〔尝奉命至金陵〕这是福王即位于南京后南明朝的事。　㉟〔加礼〕以恭敬之礼接待。　㊱〔宰执〕掌政的大官。宰，宰相。执，执政官。　㊲〔其市井小人昔与敬亭尔汝者〕那些从前与柳敬亭关系亲密、不分你我的街坊上地位低微的人。尔汝，你我相称，指关系密切亲昵。　㊳〔侪（chái）〕辈，类。　㊴〔亡（wú）何国变〕不久明朝覆灭。亡何，同"无何"，不久。　㊵〔略尽〕差不多光了。　㊶〔豪猾〕强横狡猾而不守法纪的人。　㊷〔五方土音〕各地的方音。五方，东南西北中，各处。　㊸〔好尚〕爱好、崇尚。　㊹〔飒然浮空〕飒飒作响，凌空而起。飒然，爽利的样子。　㊺〔檀板之声无色〕意思是把伴奏的乐声都压下去了。檀板，檀木制的拍板，古代歌舞时用来打拍子或伴奏。

【解读】

　　在这篇传记中，作者一方面把柳敬亭始终作为一位名艺人来记录，即使写柳敬亭"参宁南军事"也是这样；另一方面把激愤的时代、民族思想凝结其中，在民族危机中，强烈的民族情感才会鼓荡而出，铸为优秀作品。

　　按照传记的一般写法，理所当然地要在开篇介绍对象的身份来历。但作者另开文路，一开始就从中国艺术史的长河中确定了柳敬亭说书的地位。到第二段才介绍他的籍贯、本来姓氏。以"犷悍无赖"四字点出性格特点。因"犯法当死，变姓柳"，这当中的细节略而不提，径入中心——柳敬亭说书。作者用"期月""又期月""又期月"，显示出柳敬亭说书的三个不同的境界。柳敬亭说书由盱眙小县进入繁华都市，是磨炼技艺的必然结果。和明末重要将军左良玉的交往过从，是柳敬亭一生的重大际遇，传记文不可节略不写。幕府生涯与说书技艺看似无关，而柳敬亭之所以能和左良玉意气相合，是因为"耳剽口熟，从委巷活套中来"。在奉命至金陵时，称柳将军，"市井小人"道旁私语"此故吾侪同说书者"，又把传记笔触收回到说书的主线上来。

　　"亡何国变，宁南死"，巨大的历史事变造成了柳敬亭际遇的变化。"敬亭亦无所不安也"，正体现了他的人格价值和对自身价值的肯定。在前后的人生变化中，蕴含的是富贵不能淫、贫贱不能移的风骨。黄宗羲在柳敬亭身上寄托了自身的亡国之恨和不屈精神。这正是《柳敬亭传》不同于一般传记之处。

谭嗣同传

梁启超

【题解】

梁启超（1873—1929），字卓如，一字任甫，号任公，又号饮冰室主人，广东新会人，中国近现代思想家、政治家、文学家，戊戌变法领袖之一，中国近代维新派、新法家代表人物。其著作合编为《饮冰室合集》。谭嗣同（1865—1898），字复生，号壮飞，湖南浏阳人，官江苏候补知府、军机章京。能文善武，积极参与新政，戊戌变法失败后，与林旭、杨深秀、刘光第、杨锐、康广仁等六人为清廷所杀，史称"戊戌六君子"。本文是作者为戊戌六君子所写的《殉难六烈士传》之一，作于1898年即戊戌政变发生的当年，具有珍贵的史料价值。

谭君，字复生，又号壮飞，湖南浏阳县人。少倜傥，有大志，淹通群籍，能文章，好任侠，善剑术。父继洵，官湖北巡抚。幼丧母，为父妾所虐，备受孤孽苦①，故操心危，虑患深，而德慧术智日增长焉②。弱冠，从军新疆，游巡抚刘公锦棠③幕府。刘大奇其才，将荐之于朝，会刘以养亲去官，不果。自是十年，来往于直隶、新疆、甘肃、陕西、河南、湖南、湖北、江苏、安徽、浙江、台湾各省，察视风土，物色豪杰。然终以巡抚君④拘谨，不许远游，未能尽其四方之志也。

自甲午战事⑤后，益发愤提介新学。首在浏阳设一学会，集同志讲求磨砺，实为湖南全省新学之起点焉。时南海先生⑥方介强学会于北京及上海，天下志士，走集应和之。君乃自湖南溯江，下上海，游京师，将以谒先生，而先生适归广东，不获见。余方在京师强学会，任记纂之役⑦，始与君相见，语以南海讲学之宗

257

旨，经世之条理，则感动大喜跃，自称私淑弟子⑧，自是学识更日益进。时和议初定⑨，人人怀国耻，士气稍振起，君则激昂慷慨，大声疾呼。海内有志之士，睹其丰采，闻其言论，知其为非常人矣。

以父命就官为候补知府，需次⑩金陵者一年，闭户养心读书，冥探孔、佛之精奥，会通群哲之心法，衍绎南海之宗旨，成《仁学》一书。又时时至上海与同志商量学术，讨论天下事，未尝与俗吏一相接。君常自谓："作吏一年，无异入山。"

时陈公宝箴为湖南巡抚，其子三立辅之，慨然以湖南开化为己任。丁酉⑪六月，黄君遵宪适拜湖南按察使之命；八月，徐君仁铸又来督湘学。湖南绅士某某等蹈厉奋发，提倡桑梓，志士渐集于湘楚⑫。陈公父子与前任学政江君标，乃谋大集豪杰于湖南，并力经营，为诸省之倡。于是聘余及某某某等为学堂教习，召某某归练兵，而君亦为陈公所敦促，即弃官归，安置眷属于其浏阳之乡，而独留长沙，与群志士办新政。于是湖南倡办之事，若内河小轮船也，商办矿务也，湘粤铁路也，时务学堂也，武备学堂也，保卫局也，南学会也，皆君所倡论擘画⑬者，而以南学会最为盛业。设会之意，将合南部诸省志士，联为一气，相与讲爱国之理，求救亡之法，而先从湖南一省办起，盖实兼学会与地方议会之规模焉。地方有事，公议而行，此议会之意也；每七日大集众而讲学，演说万国大势及政学原理，此学会之意也。于时君实为学长，任演说之事。每会集者千数百人，君慷慨论天下事，闻者无不感动。故湖南全省风气大开，君之功居多。

今年四月，定国是之诏⑭既下，君以学士徐公致靖荐，被征，适大病，不能行。至七月，乃扶病入觐，奏对称旨⑮。皇上超擢四品卿衔军机章京⑯，与杨锐、林旭、刘光第同参预新政，时号为"军机四卿"。参预新政者，犹唐、宋之参知政事，实宰相之职也。皇上欲大用康先生，而上畏西后⑰，不敢行其志。数月以来，皇上有所询问，则令总理衙门传旨；先生有所陈奏，则著之于所进呈书之中而已。自四卿入军机，然后皇上与康先生之意始能少通，锐意欲行大改革矣，而西后及贼臣忌益甚，未及十日，而变已起。

初，君之始入京也，与言皇上无权，西后阻挠之事，君不之信。及七月二十七日，皇上欲开懋勤殿⑱设顾问官，命君拟旨，先遣内侍持历朝圣训授君，传上言谓康熙、乾隆、咸丰三朝，有开懋勤殿故事，令查出引入上谕中，盖将以二十八日亲往颐和园请命西后云。君退朝，乃告同人曰："今而知皇上之真无权矣！"至二十八日，京朝人人咸知懋勤殿之事，以为今日谕旨将下，而卒不下，于是益知西后与帝之不相容矣。二十九日，皇上召见杨锐，遂赐衣带诏⑲，有"朕位几不保，命康与四卿及同志速设法筹救"之诏。君与康先生捧诏恸哭。而皇上手无寸柄，无所为计。时诸将之中，惟袁世凯久使朝鲜，讲中外之故，力主变法。君密奏请皇上结以恩遇，冀缓急或可救助，词极激切。八月初一日，上召见袁世凯，特赏侍郎。初三日复召见。初三日夕，君径造袁所寓之法华寺，直诘袁曰："君谓皇上何如人也？"袁曰："旷代之圣主也。"君曰："天津阅兵之阴谋⑳，君知之乎？"袁曰："然，固有所闻。"君乃直出密诏示之曰："今日可以救我圣主者，惟在足下，足下欲救则救之！"又以手自抚其颈曰："苟不欲救，请至颐和园首仆㉑而杀仆，可以得富贵也。"袁正色厉声曰："君以袁某为何如人哉？圣主乃吾辈所共事之主，仆与足下，同受非常之遇，救护之责，非独足下。若有所教，仆固愿闻也。"君曰："荣禄密谋，全在天津阅兵之举。足下及董、聂㉒三军，皆受荣所节制，将挟兵力以行大事。虽然，董、聂不足道也；天下健者，惟有足下。若变起，足下以一军敌彼二军，保护圣主，复大权，清君侧㉓，肃宫廷，指挥若定，不世之业也。”袁曰：“若皇上于总后时疾驰入仆营，传号令以诛奸贼，则仆必能从诸君子之后，竭死力以补救。”君曰：“荣禄遇足下素厚，足下何以待之？”袁笑而不言。袁幕府某曰：“荣贼并非推心待慰帅㉔者。昔某公欲增慰帅兵，荣曰：‘汉人未可假大兵权。’盖向来不过笼络耳。即如前年胡景桂参劾慰帅一事㉕，胡乃荣之私人，荣遣其劾帅，而已查办昭雪之以市恩。既而胡即放宁夏知府，旋升宁夏道，此乃荣贼心计险极巧极之处，慰帅岂不知之！”君乃曰：“荣禄固操、莽之才，绝世之雄，待之恐不易易㉖。”袁怒目视曰：“若皇上在仆营，则诛荣禄如杀一狗耳！”因相与言救上之条理甚详。袁曰：“今营中枪弹火药，皆在荣贼之手，而营、哨各官，亦多属旧人。事急矣！既定策，则仆须急归营，更选将官，而设法备贮弹药，则可也。”乃丁宁而去。时八月初三夜漏三下㉗矣。至初五日，袁复召见，闻亦奉有密诏云。至初六日，变遂发。

时余方访君寓，对坐榻上，有所擘画，而抄捕南海馆之报忽至，旋闻垂帘之谕㉘。君从容语余曰：“昔欲救皇上，既无可救，今欲救先生，亦无可救。吾已无事可办，惟待死期耳！虽然，天下事知其不可而为之，足下试入日本使馆谒伊藤氏㉙，请致电上海领事而救先生焉。”余是夕宿于日本使馆，君竟日不出门以待捕者。捕者既不至，则于其明日入日本使馆，与余相见，劝东游，且携所著书及诗文辞稿本数册、家书一箧托焉。曰：“不有行者，无以图将来；不有死者，无以酬圣主。今南海之生死未可卜，程婴、杵臼，月照、西乡㉚，吾与足下分任之。”遂相与一抱而别。初七、八、九三日，君复与侠士谋救皇上，事卒不成。初十日，遂被逮。被逮之前一日，日本志士数辈苦劝君东游，君不听，再四强之，君曰：“各国变法，无不从流血而成。今中国未闻有因变法而流血者，此国之所以不昌也。有之，请自嗣同始。”卒不去，故及于难。君既系狱，题一诗于狱壁曰："望门投宿思张俭^③，忍死须臾待杜根^②。我自横刀向天笑，去留肝胆两昆仑^③。"盖念南海也。以八月十三日斩于市。春秋三十有三。就义之日，观者万人，君慷慨，神气不少变，时军机大臣刚毅监斩，君呼刚前曰："吾有一言。"刚去不听，乃从容就戮。呜呼烈矣！

【注释】

① [备受孤孽（niè）苦] 受尽孤臣孽子那样的痛苦。孤孽，旧指孤立无助的远臣和贱妾所生的庶子。　② ["故操心危"三句] 意思是所以操心危难的事，忧虑祸患比较多，品德才智一天天增长起来。　③ [弱冠，从军新疆，游巡抚刘公锦棠] 弱冠，男子二十岁左右。刘锦棠，晚清有名将领。　④ [巡抚君] 尊称谭嗣同的父亲。　⑤ [甲午战事] 指1894年发生的甲午海战。　⑥ [南海先生] 康有为，晚清时期重要的政治家、思想家、教育家，资产阶级改良主义的代表人物，戊戌变法的领袖之一。　⑦ [记纂之役] 编辑工作。　⑧ [私淑弟子] 指未能直接受教，因仰慕其人而尊奉其为师的学生。　⑨ [和议初定] 指1895年清廷派李鸿章到日本马关议和，签订丧权辱国的《马关条约》。　⑩ [需次] 按先后班次等待替补。　⑪ [丁酉] 指1897年（光绪二十三年）。　⑫ ["湖南绅士"三句] 湖南绅士某某等精神振奋，行动积极，提倡新学于家乡，有志之士逐渐会集于湖南一带。蹈厉奋发，互相激励，振奋精神。桑梓，家乡。湘楚，指湖南省。⑬ [擘（bò）画] 筹划、安排。　⑭ [定国是之诏] 即决定国家大计的诏书。指1898年6月11日（戊戌年四月二十三日）光绪帝颁发明定国是上谕，表示变法决心。国是，即国事。　⑮ [扶病入觐（jìn），奏对称旨] 带病觐见皇帝，他回答的话很合皇帝的心意。觐，朝见君主。　⑯ [超擢四品卿衔军机章京] 超擢，超级提拔。军机，军机处，清代总管军政大事的最高官署。章京，清代军职多称章京，是满语的译音。　⑰ [西后] 慈禧太后（1835—1908）。　⑱ [懋（mào）勤殿] 清代皇帝读书的地方。　⑲ [衣带诏] 密诏。　⑳ [天津阅兵之阴谋] 慈禧和她的亲信直隶总督荣禄密谋，定于十月底（农历九月初），在她与光绪帝同往天津阅兵时，乘机以武力胁迫光绪退位。　㉑ [首仆] 告发我。　㉒ [董、聂] 董福祥与聂士成的军队。　㉓ [清君侧] 肃清君主身边的坏人。　㉔ [慰帅] 袁

世凯，字慰亭，又统帅军队，故称。　㉕["胡景桂"句]光绪二十二年（1896年）御使胡景桂上奏章弹劾袁世凯克扣军饷。　㉖[操、莽之才，绝世之雄，待之恐不易易]操、莽，曹操、王莽。不易易，不容易。　㉗[漏三下]打三更。㉘[垂帘之谕]慈禧太后宣布重新执政的旨谕。　㉙[伊藤氏]日本前首相伊藤博文。　㉚[程婴、杵（chǔ）臼（jiù），月照、西乡]程婴、杵臼，均为春秋时晋国大夫赵朔的门客。赵朔为仇人屠岸贾（gǔ）杀害，程婴和杵臼设法保全了赵氏孤儿。这里用以劝说梁启超出走以图将来。月照、西乡，月照是日本德川幕府末期的一位义僧，与西乡隆盛是好友。他们为推翻幕府，到处宣传，后被迫自杀。西乡遇救，终于实现了志愿。这里用月照、西乡自比，表示慨然赴死以酬圣主。　㉛[张俭]东汉张俭因弹劾权贵侯览，被侯下令追捕。张俭在逃亡途中望门投宿，为人们所同情接纳。这里以比康有为等出亡的人。　㉜[杜根]东汉杜根曾上书邓太后，要求将政权交给已经长大的皇帝。邓太后令人逮捕、处死他。他诈死三日，逃入山中，邓太后被诛后才回到家乡。　㉝[两昆仑]指康有为和侠客王五。比喻两人形象高大如昆仑山。一说指康有为和谭嗣同。去者指康有为，留者指谭嗣同自己。

【解读】

戊戌变法是中国近代史上的一件大事，为变法而牺牲的六君子更是家喻户晓，其中谭嗣同尤为著名。与谭嗣同一起参加变法、一起经历过百日维新的梁启超，对谭嗣同生平的了解与人生抉择的理解最为全面、深刻，于是写了这篇散文式的传记。

本传记将事件记叙与人物描写相结合，记叙事件过程清晰简洁，描写人物语言生动传神。如写谭嗣同与袁世凯对话的场面，谭嗣同的报国心切、袁世凯的老奸巨猾、幕府的故意配合，一一跃于纸上。形象地表现了谭嗣同的直率坦诚和袁世凯的奸诈狡猾，表现了不同人物的性格特征。写变法失败后，谭嗣同甘愿为变法流血的豪言壮语，掷地有声，摄人魂魄。《狱中题壁》："望门投宿思张俭，忍死须臾待杜根。我自横刀向天笑，去留肝胆两昆仑。"此诗为传记起到画龙点睛的作用，读来更是震撼人心，令人扼腕泣下。

谭嗣同虽然只活了 33 岁，但足迹遍布海内，壮举闻于天下。这篇传记记叙了谭嗣同的生平事迹，特别是他提倡新学、参与变法以至戊戌政变后以身殉志、从容就义的经过，歌颂了谭嗣同一心变法救国、不惜流血牺牲的精神。康有为曾经如此评价谭嗣同："挟高士之才，负万夫之勇，学奥博而文雄奇，思深远而仁质厚，以天下为己任，以救中国为事，气猛志锐。"为这位为变法牺牲者留下了公允的评价。

梁启超书法

思与行

【记诵与积累】

诵读《方山子传》，梳理内容，请用选文中的语句完成下表，为方山子建立个人档案。学会积累丰富的语言材料，增强对传记类文学语言的敏感性。

方山子档案

姓名		别称		职业	
籍贯		居住地			
家庭情况	家庭背景				
	家庭现状				
人生经历	少时				
	稍壮				
	晚年				

【熟读与精思】

◎相传苏武归汉后，曾致书李陵，望其归汉，李陵作《答苏武书》回复。下面即其中的一段文字。试结合《苏武传》和这一段文字，谈谈你对苏武这一历史人物的认识。

且足下昔以单车之使，适万乘之虏。遭时不遇，至于伏剑不顾；流离辛苦，几死朔北之野。丁年奉使，皓首而归；老母终堂，生妻去帷。此天下所希闻，古今所未有也。蛮貊之人，尚犹嘉子之节，况为天下之主乎？陵谓足下当享茅土之荐，受千乘之赏。闻子之归，赐不过二百万，位不过典属国，无尺土之封，加子之勤。而妨功害能之臣，尽为万户侯；亲戚贪佞之类，悉为廊庙宰。

◎将一篇人物传记改写为人物自传。注意人称的转换和人物的内心独白，探究人物写作时的情感态度价值观。

【学习与践行】

◎张衡是东汉时期杰出的天文学家、数学家、发明家、地理学家、文学家。他为中国天文学、机械技术、地震学的发展做出了杰出的贡献，发明了浑天仪、地动仪，是东汉中期浑天说的代表人物之一，后人誉为"木圣"（科圣），由于他的贡献突出，联合国天文组织将月球背面的一座环形山命名为"张衡环形山"，太阳系中的1802号小行星命名为"张衡星"。郭沫若评价张衡："如此全面发展的人物，在世界上亦所罕见。万祀千龄，令人景仰。"请进一步搜集资料了解张衡的生平事迹，以"通才与专才之我见"为题展开讨论，说说自己的观点和理由。

◎千百年来，正是因为无数仁人志士在爱国主义精神的激励感召下，怀着对国家民族的无限热爱，拼搏奋斗，奉献牺牲，才使得中华民族不断发展壮大，中华文明得以延续、辉煌。可以说，爱国主义是中华优秀传统文化中最宝贵的精神财富。请结合《谭嗣同传》，谈谈你对爱国主义的理解以及在生活中如何更好地践行。

第七单元　山水游记

导与引

　　我国山水游记起源很早，肇始于魏晋，成熟于唐、宋，至明、清则成为散文中重要一体。从先秦到两汉，山水描写仅是诗文辞赋的衬托。到魏晋南北朝，大自然山水渐渐成为人们游赏和憩息的对象与环境，并日益成为抒情述志的依托和方式，于是出现了以记述山川胜景为主的散文，如陶弘景《答谢中书书》，以六十余字的短札描绘了恍若"仙境"的自然风光；郦道元的《水经注》细腻描绘山水，使其风貌历历在目。到了唐代，山水游记以绘景而抒情言志的写法渐趋成熟，如王维在《山中与裴秀才迪书》中描绘辋川山庄冬春景色，以表诚邀朋友的真情；元结的《右溪记》描述泉石幽趣，饱含评议朝政之意。

　　山水游记的发展变化往往还受时代习风和其他艺术形式影响，特别是诗歌的影响。唐诗重想象、重抒情，受其影响，柳宗元描绘山水作品的一个重要特征就是"文有诗情"。他的《永州八记》作为山水游记的开山之作，描绘的秀丽画面是经作者精心"过滤"、加工而成的艺术作品，表现了作者的审美和思想感情。宋诗"尚理"，宋代山水游记往往借记游写景来说理，王安石《游褒禅山记》和苏轼《石钟山记》即以议论说理为要旨。南宋以后，日记体游记盛行，如陆游《入蜀记》、徐宏祖《徐霞客游记》等。这类游记，内容丰富，体制灵活，既有文学性，又有史料价值。明清两代，是古代山水游记的昌盛期，记游小品尤有特色。袁宏道《满井游记》、袁中道《西山小记》和张岱《湖心亭看雪》即属于这一类。它们一般写山水用笔少，而写游况多，多发轫于作者的审美感受，阐明作者的心志。清代一些游记作家既继承唐宋作家的手笔，又更重于自己与祖国大好河山融为一体，其中，姚鼐《登泰山记》最负盛名，作者冒着寒冬冰雪登临泰山，将自己融入壮丽奇观之中，呈现"我与山同在"的高超艺术境界。

古代山水游记这份宝贵遗产，产生于丰厚的中华民族的沃土，承载着优秀的中华传统文化，是我们览山阅水、鉴古观今、丰富情感、启迪智慧的又一窗口。本单元依照山水游记的历史渊源，本着形象性、文学性、批判性的原则，选择了魏晋至明清的15篇代表作品，依序编排。每一篇游记，都饱含作者丰富的情意、独特的审美情趣和超越时空的文学感染力；每一篇游记，都展现出多彩的瑰丽画卷，洋溢着"江山如此多娇"的浪漫豪情。单元内容编写紧扣原作，简介作者及创作背景、注释难点，突出重点，赏其所长，彰其独至。阅读本单元，将是一次愉悦身心、增长知识、丰富阅历、陶冶性情的审美历程。

山水游记，是模山范水、记游抒怀的范本。鲁迅说："倘要论文，最好是顾及全篇，并且顾及作者的全人，以及他所处的社会状态，这才较为确凿。"阅读山水游记，要了解游历时间、厘清游踪、感受山水风貌，缘景悟情，读懂作者心声，力求心灵上的共鸣；要了解记游的移步换景、分类赋形、释名绘景等描述方法，揣摩思路、理解叙述、描写、抒情和议论的相互关联，体会其中的时代感，丰富自己的社会与生活阅历；欣赏精美深邃的语句语段，真切感受祖国语言之美，增强审美鉴赏力，在阅读中渐悟人生哲理，提升精神境界。

文与解

桃花源记

陶渊明

【题解】

《桃花源记》是陶渊明晚年作品，是其五言诗《桃花源诗》前的一篇小记，相当于诗的序言。这篇序言以记述的方式，描述了一个幽美和谐的世外桃源，表达了作者对理想社会的憧憬，其思想性与艺术性的成就超越了《桃花源诗》，对后世产生了深远的影响。记，是古代的一种文体，以记叙为主，可叙事、写景、状物、议论，抒发情感，阐述观点。

晋太元①中，武陵②人捕鱼为业。缘③溪行，忘路之远近。忽逢桃花林，夹岸数百步，中无杂树，芳草鲜美，落英缤纷。渔人甚异④之。复前行，欲穷其林。

林尽水源⑤，便得一山，山有小口，仿佛若有光。便舍船，从口入。初极狭，才通人⑥。复行数十步，豁然开朗。土地平旷，屋舍俨然⑦，有良田、美池、桑竹之属⑧。阡陌交通⑨，鸡犬相闻。其中往来种作，男女衣著，悉如外人。黄发垂髫⑩，并怡然自乐。见渔人，乃大惊，问所从来，具答之。便要⑪还家，为设酒杀鸡作食。村中闻有此人，咸来问讯⑫。自云先世避秦时乱，率妻子邑人⑬来此绝境⑭，不复出焉，遂与外人间隔。问今是何世，乃⑮不知有汉，无论魏晋。此人一一为具言所闻，皆叹惋。余人各复延⑯至其家，皆出酒食。停数日，辞去。此中人语云："不足⑰为外人道也。"

既出，得其船，便扶向路⑱，处处志⑲之。及郡下，诣⑳太守，说如此。太守即遣人随其往，寻向所志，遂迷，不复得路。

南阳刘子骥㉑，高尚士也。闻之，欣然规往㉒。未果，寻㉓病终，后遂无问津㉔者。

【注释】

①［太元］东晋孝武帝年号（376—396）。 ②［武陵］郡名，今湖南常德一带。 ③［缘］遵循，沿着，顺着。 ④［异］惊异，诧异。这里是"对……感到惊讶"的意思。 ⑤［林尽水源］林尽于水源，意思是桃林在溪水发源的地方就到头了。 ⑥［才通人］仅容一人通过。 ⑦［俨然］整齐的样子。 ⑧［属］类。 ⑨［阡（qiān）陌（mò）交通］田间小路交错相通。阡陌，田间小道。南北为阡，东西为陌。交通，交错通接。 ⑩［黄发垂髫（tiáo）］指老人和孩子。黄发，旧时是长寿的象征，用来指老年人。垂髫，垂下来的头发，用来指小孩。 ⑪［要］同"邀"，邀请。 ⑫［讯］消息。 ⑬［妻子邑人］妻子，妻室子女。邑人，同邑的人。邑，古代区域单位。《周礼·地官·小司徒》："九夫为井，四井为邑。" ⑭［绝境］与外世隔绝之地. ⑮［乃］竟然，居然。 ⑯［延］约请。 ⑰［不足］不值得，不必。 ⑱［便扶向路］扶，顺着。向路，先前进来时走的路。 ⑲［志］做标记。 ⑳［诣］拜访。 ㉑［南阳刘子骥］南阳，郡名，治所在今河南南阳市。刘子骥，名骥（lín）之，字子骥，晋时著名隐士，好游山水。 ㉒［规往］计划前往。 ㉓［寻］随即，不久。 ㉔［问津］询问渡口。这里指寻访桃花源。

【解读】

《桃花源记》对后世产生深远影响，首先在于它形象地展现了作者心目中美好的理想社会。陶渊明出生在一个衰落的官宦世家，社会正值晋宋易代，政治黑暗，战争频仍，民不聊生。青年陶渊明不满黑暗政治，辞去彭泽令一职，退隐田园，躬耕自给，洁身守志，过着隐居生活。农村的凋敝、社会的不公、百姓的艰难，使其憧憬没有战争、没有压迫、人人平等的理想社会。"桃花源"便是这一理想的具体呈现。

《桃花源记》之所以成为千古名文，还在于以"实"写"虚"的高超艺术技巧。桃花源本是虚拟，作者却以写实笔法描述渔人的奇异经历，徐徐铺展世外桃源的美丽画卷，实中有虚，虚中有实，虚实相间。记游的发端是"渔"，因"渔"而"缘溪行"，"忽逢桃花林"，寥寥几字，渐入佳境：桃花林中无杂树，芳草鲜美，落英缤纷，一个奇异的仙境展现在渔人眼前，并由此引起"欲穷其林"的强烈愿望。待到"林尽水源"，又"得一山"，且"山有小口"，还"有光"，渔人更是惊"异"，字字引人入胜。桃源之中，老幼怡然自乐，处处恬淡宁静，渔人时时受到热情款待。交谈中，插叙源中人为避"秦时乱"而来此绝境，开创了没有君臣之别，没有兵火之乱的安适美好生活，既联系了社会现实又表达了民之所愿，更增添了故事的真实性。归途中，渔人"处处志之"，但再访却"遂迷，不复得路"，既与开头"忘路之远近"相应，又不掩"虚"。最后还以刘子骥亲往未果做结，凿实了故事是虚构的。

《桃花源记》全文仅 300 余字，作者借渔人游踪这一线索，成功地运用了虚景实写的手法，使人感受到安宁和乐、自由平等的桃源仙境是一个真实的存在，表达了作者追求美好生活的理想和对现实的不满，显示了高超的艺术才能。全文语言简练、隽永自然，看似轻描淡写，却使景物历历在目。诚如南朝萧统评陶渊明的诗文："语时事则指而可想，论怀抱则旷而且真。"

三　峡

郦道元

【题解】

　　郦道元（？—527），字善长，范阳涿（今河北涿州）人。北魏地理学家。北魏孝文帝和宣武帝时，历任尚书祠部郎中、尚书主客郎中、颍川太守、鲁阳太守等职。自幼博览群书，游踪遍及秦岭、淮河以北和黄河以南广大地区。撰写《水经注》（40卷）。本文节选自《水经注·江水二》。三峡，是瞿塘峡、巫峡和西陵峡的总称，在长江上游重庆奉节和湖北宜昌之间。本文题目为编者所拟。

　　自①三峡七百里中，两岸连山，略无阙处②。重岩叠嶂③，隐天蔽日，自非亭午夜分④，不见曦月⑤。

　　至于夏水襄陵⑥，沿溯阻绝⑦，或王命急宣⑧，有时朝发白帝⑨，暮到江陵⑩。其间千二百里，虽⑪乘奔御风⑫，不以疾⑬也。

　　春冬之时，则素湍绿潭⑭，回清⑮倒影。绝𪩘⑯多生怪⑰柏，悬泉瀑布，飞漱⑱其间，清荣峻茂⑲，良多趣味。

　　每至晴初霜旦⑳，林寒涧肃㉑，常有高猿长啸，属引凄异㉒，空谷传响，哀转㉓久绝。故渔者歌曰："巴东㉔三峡巫峡长，猿鸣三声泪沾裳。"

【注释】

　　①［自］于。这里是"在"的意思。　②［略无阙处］略无，完全没有。阙，同"缺"，断缺。阙处，空隙，缺口。　③［重岩叠嶂］重重的山岩，累累的高峦。岩，高峻的山峰。叠，重叠，累积。嶂，形势高而险像屏障的山峦。　④［自

271

非亭午夜分〕自非，除非。亭午，正午。夜分，半夜。　⑤〔曦（xī）月〕日月。曦，日光。这里指太阳。　⑥〔襄（xiāng）陵〕指水漫上山陵。襄，升到高处。陵，山陵。　⑦〔沿溯阻绝〕顺水、逆水之船都被阻断，不能通航。沿，顺流而下。溯，逆流而上。　⑧〔或王命急宣〕有时朝廷的旨令急于传达。或，有时。宣，传达。　⑨〔白帝〕即白帝城。东汉初公孙述筑。今重庆奉节县东瞿塘峡口。　⑩〔江陵〕今湖北荆州。　⑪〔虽〕表示假设。　⑫〔乘奔御风〕骑马驾风。⑬〔不以疾〕不如峡中船行之快。不以，不如。疾，快速。　⑭〔素湍绿潭〕白色急流，绿色深渊。素，白色。湍，急流的水。潭，深水，深渊。　⑮〔回清〕回旋的清波。　⑯〔绝𪩘（yǎn）〕极其陡峭的山峰。𪩘，险峻的山峰或山崖。⑰〔柽（chēng）〕柽柳，又称"三春柳"或"红柳"，一种落叶小乔木。一作"怪"。　⑱〔飞漱〕疾速地冲荡。漱，冲刷，冲荡。　⑲〔清荣峻茂〕水清树荣，山高草盛。　⑳〔晴初霜旦〕雨雪初晴或清晨霜冻的时候。　㉑〔林寒涧肃〕成片的树木枯萎，涧水缩小。寒，凋零，枯萎。肃，凋落，萎缩。　㉒〔属（zhǔ）引凄异〕猿的叫声相续不断，音调格外凄凉。属引，连接。　㉓〔哀转〕声音悲凉婉转。　㉔〔巴东〕指今重庆市云阳、奉节、巫山一带。

【解读】

本文写巫峡之奇，首先从大处落笔，以夸张映衬的手法，正面写山之高峻，气势磅礴。接着以"朝发白帝，暮到江陵"日行千里的江舟，从侧面状写水大流急，一泻千里，"虽乘奔御风，不以疾也!"仰望连绵高山，俯瞰湍湍急流，壮美的三峡如在眼前。

本文写巫峡之奇，还以其景物随时令变化而呈现色调、情状和韵味的不同而彰显。春冬之时，"素湍绿潭，回清倒影"，白色江涛，绿色深潭，波涛回荡，高山倒影迷离；绝壁万仞，柽柏千姿，"清荣峻茂，良多趣味"，可谓色彩明丽，静景与动景相衬。初晴之日与霜降之晨，则山林清寒，深涧肃杀，高猿长啸，"哀转久绝"，可谓凄楚异常，令人触景生情，感物伤怀，作者不由得引用渔歌"巴东三峡巫峡长，猿鸣三声泪沾裳"来表达自己的情状。

本文写巫峡之奇，将日月与山体相比衬。有学者说，郦道元"看亭午中天的太阳，不用宏观，却从隐天蔽日看，写高高的月色，却从重岩叠嶂底下，幽暗的夜分时，从最狭处看月，衬托得特别。愈狭隘处愈见其高。"（《历代名篇赏析集成·魏晋南北朝隋唐五代卷》）

　　本文仅200余字，以山容水色为底蕴，饰以飞瀑猿鸣之声，将巫峡不同时令所呈现的不同情状、不同韵味描绘得栩栩如生。虽为片断笔墨，却物有其容，情有其声，景情合一，为摹山绘水的经典之作。

［元］盛懋《三峡瞿塘图页》

山中与裴秀才迪书

王　维

【题解】

本文约作于唐玄宗天宝三载（744）以后，安史之乱前，是王维约请好友裴迪的书信。信中，作者以优美的文笔描绘了令人向往的辋川山水自然景观，并借以表达对友人诚挚的邀请。山中，指辋川别业。裴迪，也是一位山水诗人。据历史记载，裴迪曾到过辋川山庄，与王维一起"浮舟往来，弹琴赋诗，啸咏终日"（《旧唐书·王维传》）。

近腊月下，景气和畅，故山殊可过①，足下方温经②，猥③不敢相烦，辄便④往山中，憩感配寺⑤，与山僧饭讫⑥而去。

比涉玄灞⑦，清月映郭，夜登华子岗⑧，辋水沦涟⑨，与月上下⑩。寒山远火⑪，明灭林外，深巷寒犬，吠声如豹，村墟夜舂⑫，复与疏钟相间⑬。此时独坐，僮仆静默，多思曩昔⑭，携手赋诗，步仄径⑮，临清流也。

当待春中，草木蔓发，春山可望，轻鲦⑯出水，白鸥矫翼⑰，露湿青皋⑱，麦陇朝雊⑲，斯之不远⑳，倘能从我游乎？非子天机清妙者㉑，岂能以此不急之务相邀？然是中㉒有深趣矣！无忽㉓。

因驮黄蘖人往，不一㉔。山中人㉕王维白。

【注释】

①［故山殊可过］旧居蓝田山很可以一游。故山，旧居的山，指王维的"辋川别业"所在地的蓝田山。殊，很。过，过访、游览。　②［足下方温经］正在温习经书，意谓用功。足下，您，表示对人的尊称。　③［猥（wěi）］卑下，鄙贱。自谦之词。　④［辄便］随即，就。　⑤［感配寺］一作"感化寺"。⑥［饭讫］饭，名词作动词，吃饭。讫，完。　⑦［比涉玄灞（bà）］比，等到。

玄，黑色，指水深绿发黑。灞，灞水，源出蓝田东，西南入蓝水，又折回辋水，是作者往辋川途经的河流。　⑧［华子冈］王维隐居的辋川别业中的二十景之一。　⑨［辋水沦涟］辋水，即辋川，又称辋谷水，水口在峣山口两峡之中，即为辋川别墅庄园。沦涟，水波起伏的样子。　⑩［与月上下］形容微波拥着月亮的影子一起荡漾。　⑪［远火］远处的灯火。　⑫［村墟夜舂（chōng）］村墟，村庄。舂，舂米，即用白杵捣谷，此指村民夜间舂米的声音。　⑬［复与疏钟相间］复，又。疏钟，远处传来的稀疏的钟声，古时寺庙击钟报时，此指山寺夜钟的声音。相间，谓舂米声与钟声互相混杂。　⑭［曩（nǎng）昔］从前，指与裴迪同游辋川的日子。　⑮［步仄迳］步，散步。迳同径。仄径，狭窄的小路。⑯［轻鲦（tiáo）］鱼名。一种身体狭长扁薄的淡水鱼，小的仅有一二寸长。游动轻捷。　⑰［矫翼］鼓翅振翼。　⑱［青皋］青草地。皋，水边高地。　⑲［麦陇朝雊（gòu）］麦陇，麦田。朝雊，早晨野鸡鸣叫。雊，野鸡鸣叫。　⑳［斯之不远］斯，指上七句所想望的辋川春景。这句是说，美好的春景就快来到了。㉑［非子天机清妙者］非，不是。子，称裴迪。天机清妙，天赋清高美好的气质，指思想情趣不同凡俗。　㉒［是中］这中间，指游览观赏之中。　㉓［无忽］不可疏忽错过。无，同"勿"，相当于"不要""别"。　㉔［因驮（tuó）黄蘗（bò）人往，不一］借驮黄蘗的人前往之便（带这封信），不一一详述。因，借助，乘……便。黄蘗，俗作黄柏，落叶乔木，木材坚硬，果实和茎内皮可入药，茎也可做染料。　㉕［山中人］王维晚年信佛，过着半隐的生活，故自称。

【解读】

　　《山中与裴秀才迪书》是唐朝著名诗人王维写给挚友裴迪的一封书信。全文以记述辋川景物为依托，贯穿笃厚的友情，表达对朋友的诚挚邀请。行文有诗歌美感与韵律，是一篇佳作。信的开头写作者孤身独往辋川的时间和感触，"景气和畅，故山殊可过"，虽是寒冬时节，在作者却是温和舒畅；一个"殊"字，照应前句，流露深入辋川亲近自然的极高兴致，又给朋友传递欲邀之意。但是考虑"足下方温经"，只得一人独往，其中不禁心生遗憾。面对知音，作者从两个视角记述了辋川美景，一为实景——所见冬天的山景，一为虚景——所想春天的山景。

作者写冬天山景，选择的是夜景。"比涉玄灞，清月映郭"，这是出游的路线和时间，作者渡过幽深的灞水，此时一轮明月照耀着整个城郭，水与月的澄净将读者带入空旷静谧的意境。"夜登华子岗"，居高临下，眺望辋水，微波起伏，似与月空相连，极其美妙。"寒山远火，明灭林外"，远处山村亮着灯火，闪闪烁烁，明灭可见，引发想象，妙不可言。忽而"深巷寒犬，吠声如豹"，划破山村夜景的静寂，静中有动；"村墟夜舂，复与疏钟相间"，又有村女夜舂和寺院缓缓敲钟声交织在一起，动中又有静，人与自然融为一体，进入静思，这正是作者选择夜景的妙处。"多思曩昔"，孤坐中不禁想起往日同游的朋友，"携手赋诗，步仄径，临清流也"，共同兴致，相携以游，历历在目，难以忘怀，相信裴迪读到此处也会深有感怀。

作者想象春天的山景富于生机，"草木蔓发，春山可望……"四字句排开，二十四字便描绘了一幅"山村春色图"。作者将情感融于想象的万物复苏、欣欣向荣的情境之中，不由得向挚友发出呼唤，"倘能从我游乎?"情意恳切，溢于言表。

这封信不足200字，结构如行云流水，抒发友情贯穿始终，记述个人行踪，描绘冬春景物，其脉不断，浑然天成。信中冬夜的声响衬托出独坐者的寂寥心境，春天清晨的鱼跃鸟鸣，更显出勃勃生机的环境，在这动静相衬的画面中浸蕴着作者的深情，情与景相依相衬，融为一体，这就是诗人王维用笔的高妙之处。

右溪记

元 结

【题解】

　　元结（719—772），字次山，号猗玗子、漫郎，鲁山（今属河南）人，唐代文学家。少年倜傥不羁，34岁登进士第。安史之乱起，出任山南东道节度参谋，曾领军平叛乱军。安史之乱平息后，出任道州刺史，官至容管经略使。中唐前期文学家，"新乐府运动"先驱。有《元次山集》10卷传世。《右溪记》是作者任道州刺史时的作品。安史之乱平息，作者以为"地辟天开"，期盼祥瑞之世，乘兴写下不少诗文，《右溪记》便是其中之一。右溪，唐道州城西的一条小溪。道州治所在今湖南道县。右，古代地理上西为右，此溪在城西，所以称为右溪。

　　道州城西百余步，有小溪。南流数十步合营溪①。水抵②两岸，悉皆怪石，欹嵌盘曲③，不可名状。清流触石，洄悬激注④。佳木异竹，垂阴相荫。

　　此溪若在山野，则宜逸民退士⑤之所游处；在人间，则可为都邑之胜境、静者⑥之林亭。而置州⑦已来，无人赏爱，徘徊溪上，为之怅然⑧。乃疏凿芜秽⑨，俾为亭宇⑩；植松与桂，兼之香草，以裨形胜⑪。为⑫溪在州右，遂命之曰"右溪"。刻铭⑬石上，彰示来者。

【注释】

　　①［营溪］谓营水，源自湖南宁远，西北流经道县，北至零陵入湘水。　②［抵］推，挤。这里是形容溪流满涌，击拍两岸。　③［欹（qī）嵌（qiàn）盘曲］石块错斜嵌插溪岸的样子。欹，斜，倾侧。盘曲，怪石随着溪岸弯曲曲折的样子。④［洄悬激注］洄，水流回旋。悬，形容触石激起的浪花。激，形容被石遏制而

277

造成的急流。注，形容水急如灌注一般。　⑤［逸民退士］指不仕的隐者和归隐的官宦。　⑥［静者］谓仁人。《论语·雍也》："智者乐水，仁者乐山。智者动，仁者静。"　⑦［置州］指唐朝设置道州。　⑧［为之怅然］之，指代"无人赏爱"。怅然，惆怅抱憾的样子。　⑨［疏凿芜（wú）秽（huì）］疏通水道，开挖乱石，去除荒草杂树。凿，挖，开凿。芜秽，荒废、丛生的杂草。　⑩［俾（bǐ）为亭宇］俾，以便，准备。为，修筑。亭宇，亭子房屋。　⑪［以裨（bì）形胜］以，连词，表示"裨形胜"是"兼之香草"的目的。裨，补益，增添好处。形胜，山川壮美。　⑫［为］由于。　⑬［铭］铭文，指作者为右溪所作的铭文。据作者《阳华志铭》《五如石铭》《浯溪铭》等同类作品，大多以铭文为主，前有小序。本篇当同其例，应有铭文，此记应为序。

【解读】

《右溪记》以右溪的前后变化，表现作者的深沉情思。全文分为两层：第一段重在描写小溪的环境清幽秀美。作者以清丽洗练的语言，勾勒出怪石嶙峋、泉佳林茂的右溪雅景。写溪，突出其小；写石，突出其怪；写水，突出其湍急；写木竹，突出其繁阴。正面写溪、写水，又通过写石、写树竹从侧面烘托溪水。第二层写由小溪引起的感慨。作者采用议论、抒情、记述、说明等相结合的表达方式，使作者隐士的襟怀与怀才不遇的身世得以淋漓尽致的倾诉，达到以景言志，情景交融的效果。写对小溪的修茸，则用记叙手法，而命名和刻石的来由则用诠释说明的方法。本文各种表达手法综合运用，达到了形式美与艺术美的高度统一。

另外，特别要提及的是，文中写景皆为四字句，作者在组合语句时，采用一物一态的方式描绘出一幅幅生动的图景。石、水、竹木，分别以"欹嵌盘曲""洄悬激注""垂阴相荫"等节律明快的四言短句，增强了画面的灵动性。《右溪记》不仅体现了作者鲜明的个性特点，而且具有强烈的时代特征。

小石潭记

柳宗元

【题解】

柳宗元被贬永州近十年，在这漫长的十年中，他常游山水，并借写山水游记书写胸中愤郁，最为著名的就是"永州八记"。《小石潭记》是"永州八记"的第四篇，又名《至小丘西小石潭记》，文章集中描写了小石潭的景和境，作者爱其景而伤其境，以潭寄怀，含蓄地表达自己坦荡的胸襟，以及身处寂寥境地的忧伤。

从小丘①西行百二十步，隔篁竹②，闻水声，如鸣珮环③，心乐之。伐竹取道④，下见小潭，水尤清洌⑤，全石以为底⑥。近岸⑦，卷石底以出⑧，为坻为屿，为嵁为岩⑨。青树翠蔓，蒙络摇缀⑩，参差披拂。

潭中鱼可百许头，皆若空游无所依。日光下澈，影布石上。佁然⑪不动，俶尔远逝⑫，往来翕忽⑬。似与游者相乐。

潭西南而望，斗折蛇行⑭，明灭可见。其岸势犬牙差互⑮，不可知其源。

坐潭上，四面竹树环合，寂寥无人，凄神寒骨⑯，悄怆幽邃⑰。以其境过清，不可久居⑱，乃记之而去。

同游者，吴武陵、龚古，余弟宗玄⑲；隶而从者⑳，崔氏二小生，曰恕己，曰奉壹。

【注释】

①［小丘］即"永州八记"第三篇"钴鉧潭西小丘记"所写的小丘。　②［篁（huáng）竹］丛竹，竹林。　③［珮环］佩玉。古人系在衣带上，行动时会发出

声响。《礼记·玉藻》:"君子在车,则闻鸾和之声,行则鸣佩玉。" ④[取道]谓开辟道路。 ⑤[水尤清冽]潭水特别清澈。尤,特别。冽,清澈。 ⑥[全石以为底]即"以全石为底",潭底是一整块岩石。 ⑦[近岸]靠近岸边。 ⑧[卷石底以出](靠近岸边)如拳大的水底石头露出水面。卷,同"拳"。 ⑨[为坻(chí)为屿,为嵁(kān)为岩]形成水中的高地,如同岛屿;形成不平的山石,如同高耸的山。 ⑩[蒙络摇缀]覆盖缠绕,摇曳连缀。 ⑪[怡(yí)然]沉思的样子。一作"怡然",快乐的样子。 ⑫[俶(chū)尔远逝]俶尔,忽然。逝,谓鱼游走了。 ⑬[翕(xī)忽]形容轻快敏捷的样子。 ⑭[斗折蛇行]形容溪流像北斗星那样曲折,像蛇爬行那样蜿蜒。 ⑮[犬牙差互]形容地势像犬牙一样参差不齐。 ⑯[凄神寒骨]形容令人心情凄凉,彻骨寒冷。这句同下句都是侧重写小石潭给人的心理感受的。 ⑰[悄怆幽邃]悄怆,忧愁悲伤。幽邃,感到荒僻偏远。 ⑱[居]留。 ⑲[吴武陵、龚古,余弟宗玄]吴武陵,信州人,元和初进士。元和三年(808)被贬永州。龚古,未详。宗玄,作者从弟。 ⑳[隶而从者]侍从的人。隶,依附。

【解读】

《小石潭记》是一篇情景交融的山水游记。全文不足200字,采用移步换景、特写、变焦等手法,将形、声、色融为一体,细致地刻画了小石潭的动态美,写出了小石潭的幽美和静穆,抒发了作者贬官失意后的孤凄之情。

全文分为五个层面展开。第一层叙述发现小石潭的过程,交代小石潭的方位,概括小石潭的整体面貌。第二层描绘潭中游鱼神态,以表现潭水的明净,并以"似与游者相乐",点出物境与心境的融合。第三层描述探源未果的原因——斗折蛇行、其岸势犬牙差互,寓示环境的幽深。第四层,表述对小石潭环境的感触,含蓄表达寂寞凄怆的孤苦心绪。第五层,记同游者的姓名,完整作结。这五个层次的描述经由总体到局部,再到总体的过程,每一层景物都是作者在小石潭的自然环境中精心挑选的,作者的喜悦都蕴含在这清幽雅静的画面里了。

全文除了构思精巧、结构严谨、寓情于景外，更值得称道的是，语言极为简洁精美，如"皆若空游无所依"，既正面描摹了游鱼的逍遥自在，又侧面表现了潭水的清澈透明。"青树翠蔓，蒙络摇缀，参差披拂"，"青"和"翠"表色彩，"蒙络摇缀"表状貌，"参差披拂"写动态，寥寥数语，宛如一幅图画，令人叹为观止。

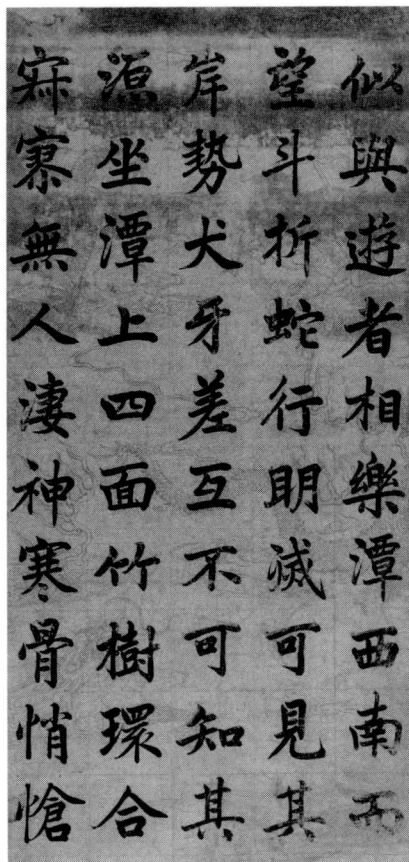

［清］高垲《小石潭记》（局部）

游褒禅山记

王安石

【题解】

　　本文写于宋仁宗至和元年（1054），当时王安石从舒州通判任上辞职，返乡途中游览褒禅山，以追忆的方式写下这篇游记。文章名为游记实则不在记游，而在于借游览山水胜境的体会，阐发为学治学的见解，并寄托积极向上、探究真理的政治抱负与精神。全文因事见理，夹叙夹议，其中阐述的诸多思想，不仅在当时难能可贵，而且在当下也具有重要意义。褒禅山，位于今安徽马鞍山市含山县。

　　褒禅山亦谓之华山。唐浮图慧褒始舍于其址①，而卒葬之，以故，其后名之曰"褒禅"。今所谓慧空禅院②者，褒之庐冢③也。距其院东五里，所谓华阳洞者，以其乃华山之阳④名之也。距洞百余步，有碑仆道⑤，其文漫灭⑥，独其为文犹可识曰"花山"⑦。今言"华"如"华实"之"华"者，盖音谬⑧也。

　　其⑨下平旷，有泉侧出，而记游者⑩甚众，所谓前洞也。由山以⑪上五六里，有穴窈然⑫，入之甚寒，问其深，则其好游者⑬不能穷⑭也，谓之"后洞"。余与四人拥火以入⑮，入之愈深，其进愈难，而其见愈奇。有怠⑯而欲出者，曰："不出，火且⑰尽。"遂与之俱出。盖予所至，比好游者尚不能十一⑱，然视其左右，来而记之者已少⑲。盖其又深，则其至又加少矣⑳。方是时㉑，余之力尚足以入，火尚足以明㉒也。既其出㉓，则或咎㉔其欲出者，而余亦悔其随之，而不得极夫游之乐㉕也。

于是余有叹焉㉖：古人之观于天地、山川、草木、虫鱼、鸟兽，往往有得㉗，以其求思之深而无不在㉘也。夫夷以近㉙，则游者众；险以远，则至者少。而世之奇伟、瑰怪㉚非常之观㉛，常在于险远，而人之所罕至焉，故非有志者不能至也。有志矣，不随以止㉜也，然力不足者，亦不能至也。有志与力，而又不随以怠，至于幽暗昏惑而无物以相之㉝，亦不能至也。然力足以至焉，于人为可讥，而在己为有悔㉞；尽吾志㉟也，而不能至者，可以无悔矣，其孰能讥之乎？此余之所得也！

余于仆碑，又以悲夫古书之不存，后世之谬其传而莫能名者，何可胜道也哉㊱！此所以学者不可以不深思而慎取之也㊲。

四人者㊳：庐陵萧君圭君玉㊴，长乐王回深父㊵，余弟安国平父、安上纯父㊶。至和元年㊷七月某日，临川王某记。

【注释】

①〔浮图慧褒始舍于其址〕浮图，梵语音译，指佛、佛徒、佛塔等，这里指佛徒。始舍于其址，起初在这个山脚下造屋居住。舍，筑舍、盖房。址，基，这里指山脚下。　②〔慧空禅院〕今为华阳寺。　③〔庐冢（zhǒng）〕墓旁庐舍，亦称庐墓。古人为孝敬父母师长，在其墓旁筑舍守坟，其舍称为庐冢。　④〔华山之阳〕华山的南面。阳，山南为阳。　⑤〔仆道〕倒在路上。　⑥〔漫灭〕因受磨损、侵蚀而变得模糊不清。　⑦〔独其为文犹可识曰"花山"〕只有"花山"二字还能认出来。　⑧〔音谬〕声音读错了。古汉字原无"花"字，"华"读如"花"。后来"花"字出现，二字才分开。碑文上的"花山"是按"华"之古音而写的今字。今人读"华山"为"华实"的"华"是把音读错了。　⑨〔其〕指前洞。　⑩〔记游者〕在洞壁上题字留名的人。　⑪〔以〕而。　⑫〔窈（yǎo）然〕幽暗深远的样子。　⑬〔好（hào）游者〕喜欢游览的人。　⑭〔穷〕极，尽。引申为寻根究源，穷尽。　⑮〔拥火以入〕举着火把（大家）跟随前进。已，

而。　⑯〔怠（dài）〕怠惰，懒于前行。　⑰〔且〕即将，快要。　⑱〔盖予所至，比好游者尚不能十一〕大概我所到的地方，与好游者到的地方相比，还不及他们的十分之一。盖，大概。尚，还。　⑲〔然视其左右，来而记之者已少〕谓这样看看两边的洞壁，来游并题字的人很少。然，这样。已，太，很。　⑳〔盖其又深，则其至又加少矣〕谓大概洞愈深，到的人就愈加少了。　㉑〔方是时〕当这时。　㉒〔明〕照明。　㉓〔既其出〕已经出洞之后。其，语气助词。　㉔〔或咎〕或，有的人。咎，怪罪，责备。　㉕〔而不得极夫游之乐〕不能尽兴游玩。极，尽。夫，那。　㉖〔于是余有叹焉〕对此我又发生感慨。　㉗〔得〕收获。　㉘〔以其求思之深而无不在〕因为他们探求、思考得非常深刻，没有触及不到的地方。　㉙〔夷以近〕平坦而且近的地方。　㉚〔瑰（guī）怪〕瑰丽而奇异。　㉛〔非常之观〕不平常的景象。观，可供游赏的景物、景象。　㉜〔不随以止〕不跟随别人而停止。　㉝〔无物以相之〕没有外物、外力的辅助。相，助。　㉞〔"然力……有悔"〕但是力气足以达到而没有达到，这在别人说来是理当指责的，在自己说来是会感到悔恨的。　㉟〔尽吾志〕尽到自己最大的努力。　㊱〔"余于……胜道也哉"〕对于倒地的古碑，我因而又产生这样的感叹：由于古书失传，后世以讹传讹，而不能称述它的名目的事物，怎能说得完呢？莫能名者，不能搞清它的本名。名，正确地指称，说明。胜，尽。　㊲〔"此所以……慎取之也"〕这就是……原因啊。慎取，谨慎择取。　㊳〔四人者〕指同游的四个人。　㊴〔庐陵萧君圭君玉〕庐陵，地名，今江西省吉安。萧君圭，字君玉。　㊵〔长乐王回深父〕长乐，地名，今福建省长乐区。王回，字深父，宋代理学家。　㊶〔余弟安国平父、安上纯父〕安国，作者的弟弟，字平父，曾任西京国子监教授、崇文院校书等职。安上，作者的幼弟，字纯父。　㊷〔至和元年〕即 1054 年。至和，宋仁宗年号。

【解读】

这是一篇通过记游而进行说理的游记散文。为要说理，作者所记游览中的见闻必定隐含"理"的意向，这是本文区别于一般游记的突出特点，也是本文在众多的游记散文中卓尔不群的原因。

文章开头先说明褒禅山山名的由来及有关胜迹名称字音的沿革，这种因名而究实的写法，流露出作者并非只为登临观赏的意向。第二段即以华阳洞前洞与后洞的对比，铺平了引发感触和议论的基础。前洞，因其"平旷""记游者甚众"；后洞，因其"窈然""甚寒"，不知其浅深，"好游者不能穷也"。作者没有具体写景状物，但前洞与后洞的截然不同已清清楚楚，而且游者就易避难的普遍心理也昭然若揭，为之后的立论提供了客观依据。紧接着，作者"与四人拥火以入"，亲自感受到"入之愈深，其进愈难，而其见愈奇"，巧妙地隐喻了学习的规律，愈是深入，所遇到的困难就愈多，而所得的收获也就愈多。第三段作者由悔悟引出"余有叹焉"，又由感叹而发表议论。作者感叹于古人观察天地间任何事物，往往有得，"以其求思之深而无不在也"。一句话概括了古代有所成就的人的普遍特点，并引发出精辟的见解。作者通过"夫夷以近，则游者众；险以远，则至者少"的现象，阐释了一个深刻的道理："世之奇伟、瑰怪非常之观，常在于险远，而人之所罕至焉，故非有志者不能至也。"这种对事实的深刻揭示，强调"有志的重要"，同样适用于治学、做事，以至做人。然而，作者的感想并非止于此，又提出几个必要条件："有志"而"力不足"，不能至；"有志与力"而"无物"，也不能至。作者对志、力、物三个主客观的条件及其之间的关系的论述，饱含辩证的意味，不偏颇，不武断。第四段通过仆碑联想到古书的散失，使后代"谬其传"的事实，再次强调做学问应当"深思而慎取"的道理。

石钟山记

苏　轼

【题解】

宋神宗元丰七年（1084），苏轼由黄州团练使调移汝州团练使，乘舟东下，与长子苏迈同行，到达湖口，游石钟山，写了这篇名作《石钟山记》。石钟山，位于江西省湖口县鄱阳湖东岸，又分为上、下两山，一在城南，称上钟山，一在城北，称下钟山，苏轼游访的是下钟山。文章围绕石钟山山名的由来，以亲访其山的所见所闻，证实、补充了郦道元的观点，驳斥了李勃的说法，生动地阐明了"臆断"如何妨碍对事物的正确认识，是一篇带有考辨性质的游记。

《水经》①云："彭蠡②之口有石钟山焉。"郦元③以为下临深潭，微风鼓浪，水石相搏，声如洪钟④。是说⑤也，人常疑之。今以钟磬⑥置水中，虽大风浪不能鸣也，而况石乎？至唐李渤，始访其遗踪⑦，得双石于潭上。扣而聆之，南声函胡⑧，北音清越，桴止响腾⑨，余韵徐歇。自以为得之⑩矣。然是说也，余尤疑之。石之铿然⑪有声者，所在皆是也，而此独以"钟"名，何哉？

元丰七年六月丁丑⑫，余自齐安舟行，适临汝⑬。而长子迈将赴饶之德兴尉⑭，送之至湖口⑮，因得观所谓"石钟"者。寺僧使小童持斧，于乱石间，择其一二，扣之硿硿⑯焉，余固笑而不信也。至莫⑰夜月明，独与迈乘小舟，至绝壁下。大石侧立千尺，如猛兽奇鬼，森然欲搏人⑱；而山上栖鹘⑲，闻人声亦惊起，磔磔⑳云霄间；又有若老人欬且笑于山谷中者，或曰："此鹳鹤㉑

也。"余方心动欲还，而大声发于水上，噌吰㉒如钟鼓不绝。舟人㉓大恐。徐而察之，则山下皆石穴罅㉔，不知其浅深，微波入焉，涵澹澎湃而为此也㉕。舟回至两山㉖间，将入港口，有大石当中流㉗，可坐百人，空中而多窍㉘，与风水相吞吐，有窾坎镗鞳㉙之声，与向㉚之噌吰者相应，如乐作㉛焉。因笑谓迈曰："汝识㉜之乎？噌吰者，周景王之无射㉝也；窾坎镗鞳者，魏庄子之歌钟也。古之人不余欺也㉞！"

事不目见耳闻而臆断㉟其有无，可乎？郦元之所见闻，殆㊱与余同，而言之不详；士大夫终不肯以小舟夜泊绝壁之下，故莫能知；而渔工水师虽知而不能言㊲，此世所以不传也。而陋者㊳乃以斧斤考击而求之，自以为得其实。余是以㊴记之，盖叹郦元之简，而笑李渤之陋也。

【注释】

①〔《水经》〕我国第一部记述河道源流的地理著作，相传为汉朝人桑钦所著，或说晋人郭璞著。北魏郦道元为该书作注，称《水经注》。　②〔彭蠡（lǐ）〕即鄱阳湖，在今江西省北部。　③〔郦元〕即郦道元。　④〔水石相搏，声如洪钟〕搏，击，拍。洪钟，大钟。钟是古代一种打击乐器。这四句是原《水经注》句子，但今本已无，这里传自李渤《辨石钟山记》一文。　⑤〔是说〕谓郦道元这种说法。　⑥〔磬（qìng）〕古代用玉或石制成的一种打击乐器。　⑦〔至唐李渤，始访其遗踪〕李渤，洛阳人，唐宪宗元和年间任江州刺史，著有《辨石钟山记》。遗踪，旧址，指石钟山所在地。　⑧〔南声函胡〕南边的那块石头声音浑厚模糊。　⑨〔枹（fú）止响腾〕已经停止了敲击，声音仍在震荡。枹，鼓槌，此借指敲击之物。　⑩〔之〕代石钟山得名的缘由。　⑪〔铿（kēng）然〕形容声音洪亮。　⑫〔元丰七年六月丁丑〕1084 年农历六月初九。元丰，北宋神宗的年号。⑬〔余自齐安舟行，适临汝〕余，我。齐安，旧郡名，即黄州。适，到。临汝，

今河南临汝。 ⑭[长子迈将赴饶之德兴尉]迈，苏迈，字伯达，苏轼长子。饶之德兴，即饶州的德兴市，今属江西。尉，县尉。 ⑮[湖口]今江西湖口，位于鄱阳湖与长江连接处。 ⑯[硿硿（kōng kōng）]敲击石块发出的声音。 ⑰[莫]同"暮"。 ⑱[森然欲搏人]森然，阴森可怖的样子。搏人，抓人。 ⑲[栖（qī）鹘（hú）]栖，鸟类停留、歇宿。鹘，一种鹰类的猛禽，一说即隼。 ⑳[磔（zhé）磔]鹘鸣声。 ㉑[鹳（guàn）鹤]一种水鸟，似鹤而头顶不红。 ㉒[噌（chēng）吰（hóng）]形容声音洪亮。 ㉓[舟人]船夫。 ㉔[石穴罅（xià）]石间的洞穴裂缝。 ㉕[微波入焉，涵澹（dàn）澎湃而为此也]意为水波涌进石洞缝隙，摇荡拍击而发出这种钟鼓齐鸣的声音。涵澹，水流动荡的样子。澎湃，波浪撞击的声音。 ㉖[两山]即南北两座钟山。 ㉗[当（dàng）中流]当，正好处于。中流，河流中间。 ㉘[空中而多窍]谓大石内空而且多孔。 ㉙[窾（kuǎn）坎镗（tāng）鞳（tà）]窾坎，击物的声音。镗鞳，钟鼓声。 ㉚[向]刚才。 ㉛[乐作]音乐奏起。 ㉜[识（zhì）]记住，明白。 ㉝[无射（yì）]钟名。 ㉞[古之人，不余欺也]古之人，指郦道元。不余欺，即"不欺余"，没有欺骗我。 ㉟[臆断]凭主观猜测下结论。 ㊱[殆（dài）]大概，恐怕。 ㊲[不能言]指不能记载于文。 ㊳[陋者]指见闻有限、知识浅薄的人。 ㊴[是以]因此。

【解读】

　　石钟山上、下两山，对峙在鄱阳湖口长江之滨。下石钟山，山上奇石突兀，山下石洞纵横，微风鼓浪，水石相搏，声如洪钟，这是郦道元的描写，是以亲耳得闻为依据的，可惜写得太过简略。时过五百年，几乎没有人再去听那大自然的奇响，然而对于石钟山的命名，却多有不同说法。苏轼怀疑各种说法，不以讹传讹，亲自来此探访石钟山命名的由来，写下这篇游记。全文仅500余字，记述探访经过，描绘所见所闻，阐释所悟道理，赋予这篇游记以哲理内涵，倡导了一种勇于实践与善于质疑的探究精神。

文章共分三个部分。第一部分先提出郦道元和李渤关于石钟山得名由来的两种不同说法，以及自己和世人的态度。第二部分记游，记述自己在石钟山实地探访的过程，揭示"山以钟名"的奥秘，得出结论"古之人不余欺也"，表示同意郦道元的说法。最后部分随事议论，抒发感想，指出"世人所以不传也"的原因，归结郦道元的记载得其实而"言之不详"，李渤主观"臆断""自以为得其实"，浅薄可笑。全文首尾呼应，以议论为主线，记事写景为烘托，一脉相承，充分表现作者于游观"不第娱耳目，必欲证其见闻"（蔡士英《重修石钟山大士阁记》）的探索精神和求实态度。

　　写此文时，苏东坡已四十九岁，仕途的坎坷，生活的磨砺，使其精力肆于山水与诗文。本文记游，有叙述，有描摹，写江上月明、绝壁侧立，写夜乌磔磔、天籁如乐，写人物、写话语、有景有情，有声有色，其中的比喻、上下句的应和，凸显了一个清幽逼人的世界。

［清］费以耕《东坡笠屐图》

过小孤山大孤山

陆　游

【题解】

宋孝宗乾道六年（1170），陆游从家乡出发赴任四川夔州（今重庆奉节）通判。入蜀途中，一路观赏祖国壮丽山河，游览大江两岸名胜，体察风土人情，写下了优美的日记体游记《入蜀记》。这里选录的是其中八月一日、二日两天经过小孤山、大孤山时的所见所闻。小孤山，在今江西彭泽北，安徽宿松东，与南岸澎浪矶相对。大孤山，在今江西九江市南鄱阳湖出口处，与小孤山遥遥相对。题目为编者所加。

八月一日①，过烽火矶②。南朝自武昌至京口③，列置烽燧④，此山当是其一也。自舟中望山，突兀⑤而已。及抛江过其下⑥，嵌岩窦穴⑦，怪奇万状，色泽莹润，亦与它石迥异。又有一石，不附山，杰然特起⑧，高百余尺，丹藤翠蔓，罗络其上，如宝装屏风⑨。是日风静，舟行颇迟，又秋深潦缩⑩，故得尽见，杜老所谓"幸有舟楫迟，得尽所历妙"⑪也。

过澎浪矶、小孤山⑫，二山东西相望。小孤属舒州宿松县⑬，有戍兵。凡江中独山，如金山、焦山、落星⑭之类，皆名天下，然峭拔秀丽皆不可与小孤比。自数十里外望之，碧峰巉然孤起，上干云霄，已非它山可拟，愈近愈秀，冬夏晴雨，姿态万变，信造化之尤物⑮也。但祠宇⑯极于荒残，若稍饰以楼观亭榭，与江山相发挥⑰，自当高出金山之上矣。庙在山之西麓，额⑱曰"惠济"，神⑲曰"安济夫人"。绍兴⑳初，张魏公㉑自湖湘还，尝加营葺㉒，有碑载其事。又有别祠在澎浪矶，属江州彭泽县，三面临江，倒影水中，亦占一山之胜。舟过矶，虽无风，亦浪涌，盖以此得名也。昔人诗有"舟中估客莫漫狂，小姑前年嫁彭郎"之句㉓，传者因谓小孤庙有彭郎像，澎浪庙有小姑像，实不然也。晚泊沙夹㉔，距小孤一里。微雨，复以小艇游庙中，南望彭泽、都昌㉕诸山，烟雨空濛，鸥鹭灭没，极登临之胜，徙倚㉖久之而归。方立庙门，有俊鹘抟水禽㉗，掠㉘江东南去，甚可壮也。庙祝㉙云，山有栖鹘甚多。

二日早，行未二十里，忽风云腾涌，急系缆。俄复开霁㉚，遂行。泛彭蠡口㉛，四望无际，乃知太白㉜"开帆入天镜"之句为妙。始见庐山及大孤。大孤状类西梁㉝，虽不可拟小姑之秀丽，然小孤之旁，颇有沙洲葭苇，大孤则四际渺弥皆大江，望之如浮水面，亦一奇也。江自湖口分一支为南江，盖江西路㉞也。江水浑浊，每汲用，皆以杏仁澄之，过夕乃可饮。南江则极清澈，合处如引绳㉟，不相乱。晚抵江州㊱，州治德化县㊲，即唐之浔阳县，柴桑、栗里，皆其地㊳也；南唐为奉化军节度，今为定江军㊴。岸土赤而壁立，东坡先生所谓"舟人指点岸如赪㊵"者也。泊溢浦㊶，水亦甚清，不与江水乱。自七月二十六日至是㊷，首尾才六日，其间一日阻风不行，实以四日半溯流行七百里云。

【注释】

①〔八月一日〕宋孝宗乾道六年（1170）农历八月初一。　②〔烽火矶〕即下文所谓"列置烽燧"的江边小山，在安徽安庆西长江边。矶，突出江边的小石山。　③〔自武昌至京口〕武昌，在今湖北鄂城，京口，今江苏镇江。　④〔列置烽燧（suì）〕排列放置报警用的烟火。烽燧，同"烽火"。白天放烟报警叫"烽"，夜间举火报警叫"燧"。　⑤〔突兀（wù）〕高耸。　⑥〔及抛江过其下〕等到船驶离江中航道，靠近烽火矶下运行。　⑦〔嵌岩窦穴〕意谓险峻的崖岸上有许多洞穴。嵌，险峻。窦，孔穴，洞。　⑧〔杰然特起〕超出一般地崛起。杰然，奇异，超出一般。特起，崛起，兴起。　⑨〔如宝装屏风〕如同宝石装点的屏风。　⑩〔秋深潦缩〕意谓秋深积水减少。潦，积水。缩，缩减。　⑪〔故得尽见，杜

老所谓"幸有舟楫迟，得尽所历妙"〕杜老，即唐代诗人杜甫。所引诗句即出自其诗作《次空灵岸》，意谓幸亏船行得慢，才得详观沿途的美妙风光。　⑫〔澎浪矶、小孤山〕澎浪矶，在江西彭泽西北长江南岸，隔江与小孤山相对。"彭浪"谐音"彭郎"，"小孤"谐音"小姑"，加以二山相对，因此民间产生了小姑嫁彭郎的传说。下文所引苏轼的诗句及相关考订，都是针对这个传说而发的。　⑬〔舒州宿松县〕今属安徽。舒州，是北宋地名，在今安徽潜山市。　⑭〔金山、焦山、落星〕金山，在江苏镇江，原突出江中，现因沙涨已与江岸相连。焦山，与金山相峙。落星，山名，在今江苏南京。此三山均为长江沿岸的名山。　⑮〔信造化之尤物〕信，确实。造化，指大自然。尤物，最好的东西。　⑯〔祠宇〕祠堂。⑰〔发挥〕在这里是映衬的意思。　⑱〔额〕指庙前匾额。　⑲〔神〕指庙里供奉的神。　⑳〔绍兴〕宋高宗的年号，共三十二年（1131—1162）　㉑〔张魏公〕即南朝著名抗金将领张浚，封魏国公。　㉒〔营葺（qì）〕建造修补。　㉓〔昔人诗有"舟中估客莫漫狂，小姑前年嫁彭郎"之句〕这是苏轼的诗句。意谓船上的商人不要放肆轻狂，小姑已于前年嫁给了彭郎。苏诗是警告行船的人不要亵渎神灵，否则会受到惩罚。估客，外出经商的人。　㉔〔沙夹〕地名。　㉕〔都昌〕今江西都昌。　㉖〔徙倚〕漫步徘徊，逡巡。　㉗〔俊鹘（hú）抟水禽〕俊，大。鹘，一种鹰类的猛禽。抟，持，抓。这里指俊鹘用利爪抓住水禽。　㉘〔掠〕拂过，一擦而过。　㉙〔庙祝〕神庙中管理香火的人。　㉚〔俄复开霁〕一会儿雨过天晴。　㉛〔彭蠡（lǐ）口〕彭蠡湖水注入长江的地方。在今江西湖口。彭蠡湖是鄱阳湖的古称，在江西省北部。　㉜〔太白〕诗人李白的字。所引诗句见《下浔阳城泛彭蠡寄黄判官》。　㉝〔西梁〕山名，在安徽和县境内，临长江北岸。与南岸东梁山隔江对峙。　㉞〔江西路〕宋代江南西路的简称，治所在今江西南昌。　㉟〔引绳〕拉直一条绳子，比喻界限分明。　㊱〔江州〕州治在今江西九江市。　㊲〔德化县〕今九江市。　㊳〔即唐之浔阳县，柴桑、栗里，皆其地〕柴桑，在今九江市西南。栗里，在今九江市西南陶村西。东晋诗人陶渊明家乡是柴桑，曾移居栗里。皆其地，都属于德化县地。　㊴〔今为定江军〕意谓现在（宋朝）归定江节度使管辖。　㊵〔赪（chēng）〕红色。　㊶〔湓（pén）浦〕即湓水，又称湓江，今名龙开河，源出江西瑞昌西南青山，东流至九江市西，北入长江。　㊷〔是〕指这一天。

292

【解读】

《过小孤山大孤山》按船行游踪依次描绘烽火矶、小孤山、大孤山等长江两岸的山川景物，写烽火矶突出其"奇异"，写小孤山突出其"秀丽"，写大孤山突出其"壮美"，其中蕴含着丰富的情趣和韵味。全文的景物描写可分为三段。

第一段写在长江乘船经过烽火矶所见奇异景色，是描绘两座孤山的前奏。描绘烽火矶的景象，以方位的变化、视角的转换显示它的特色。远望，它只是"突兀而已"的江边岩石，而近观则"嵌岩窦穴，怪奇万状，色泽莹润，亦与它石迥异"。对于"迥异"的特点，作者择其一矶石，着意特写，把矶石超凡出众之状鲜明地描绘出来。饱览了江山秀色，作者意识到是因为风静舟慢，加上深秋水位下降，才得以见到这一番美景，于是联想起杜甫的诗句"幸有舟楫迟，得尽所历妙"，感叹只有慢行细看，才能领略景物的妙处，为下文描绘两座孤山打下伏笔。

第二段描写小孤山、澎浪矶的秀丽景色。作者先用类比衬托的方法，将小孤山与江中其他小山比较，突出小孤山的"峭拔秀丽"。接着，从江中望山和山中望江两个方面具体描绘。江中望山，由远及近，远望碧绿的山峰高耸独立，直冲云霄；近看则"愈近愈秀，冬夏晴雨，姿态万变"。当作者登上小孤山，从庙中眺望大江"烟雨空濛，鸥鹭灭没"，八个字绘就一幅大江烟雨图。此段还考释了小孤山的惠济庙及所祠之安济夫人，引用昔人"小姑嫁彭郎"的诗句，纠正了小姑庙有彭郎像和澎浪庙有小姑像的说法，将自然景观与民间传说联系起来，为山川景物增添了人文色彩。

第三段写过大孤山，晚抵江州。这一段，作者把大孤山放在一个广阔的背景中去描写，并以先抑后扬的笔法，写大孤山没有小孤山的秀丽，但大孤山周围极其开阔，气势雄伟，不同凡响。最后，又介绍了这一带江水清浊分野的奇景。这样，虽然真正落在大孤山上的笔墨不多，但大孤山的雄姿，仍然在一个辽阔的背景中被衬托出来。文中还时时引用李白、苏轼的诗句，既丰富了山水的意境，又借以抒发作者对祖国河山的深情，更映照人文与自然的和谐统一。

　　纵观全文，所写景物不止一处，作者以变化的笔墨尽显各处景物独特风格：烽火矶"嵌岩窦穴，怪奇万状，色泽莹润"；峭石"杰然特起"，"丹藤翠蔓，罗络其上，如宝装屏风"；小孤山"碧峰巉然孤起，上干云霄"；大孤山"四际渺弥皆大江，望之如浮水面"。各处景物虽是千姿百态，但均与江水相互辉映，而且各景点的地理位置都相互联系，构成一幅清晰的长江山水图。

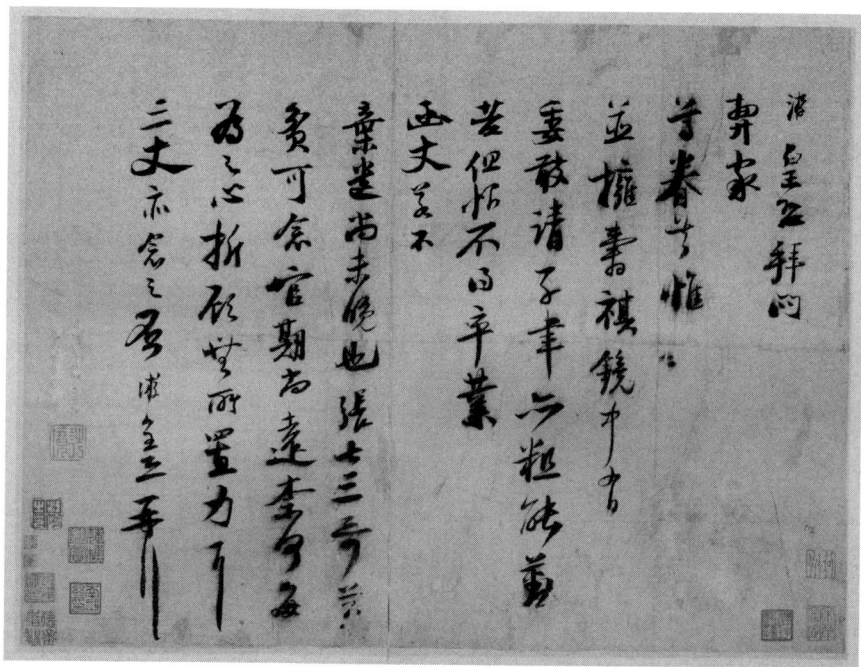

［宋］陆游《尊眷帖》

满井游记

袁宏道

【题解】

袁宏道（1568—1610），字中郎，又字无学，号石公，公安（今属湖北）人。明万历二十年（1592）进士，与兄袁宗道、弟袁中道并有才名，时称"公安三袁"。其散文创作富于个性天趣，清新活泼，主张"独抒性灵，不拘格套"。著有《袁中郎全集》40卷。万历二十七年（1599），袁宏道任顺天府教授，这是个闲职，终日和拜谒酬答打交道。袁宏道称病辞职，漫游山水。《满井游记》正是作者这一阶段典型的山水游记之一。满井，明清时期北京东北角的一个游览地，因有一口古井，井水常满，所以叫"满井"。

燕地^①寒，花朝节^②后，余寒犹厉。冻风时作，作则飞沙走砾^③，局促一室之内，欲出不得。每冒风驰行，未百步，辄返^④。

廿二日，天稍和，偕数友出东直^⑤，至满井。高柳夹堤，土膏^⑥微润，一望空阔，若脱笼之鹄^⑦。于时冰皮始解，波色乍明，鳞浪层层，清澈见底，晶晶然如镜之新开，而冷光之乍出于匣也^⑧。山峦为晴雪所洗，娟然如拭，鲜妍明媚，如倩女之靧面而髻鬟之始掠也^⑨。柳条将舒未舒，柔梢披风，麦田浅鬣寸许^⑩。游人虽未盛，泉而茗者，罍而歌者^⑪，红装而蹇者^⑫，亦时时有。风力虽尚劲，然徒步则汗出浃背。凡曝沙之鸟，呷浪之鳞，悠然自得，毛羽鳞鬣之间，皆有喜气。始知郊田之外，未始无春，而城居者未之知也。

夫不能以游堕事^⑬，而潇然于山石草木之间者，惟此官也。而此地适与余近，余之游将自此始，恶能^⑭无纪？己亥^⑮之二月也。

【注释】

①〔燕（yān）地〕燕，战国时代燕国占据今河北北部、辽宁西部等地。旧称今河北北部、京、津一带为燕地。　②〔花朝节〕旧俗以农历二月十二为百花生日，称这天为花朝节。　③〔砾（lì）〕小石块，碎石子。　④〔辄（zhé）〕就。⑤〔东直〕东直门，北京城门名。　⑥〔土膏〕肥沃的土地。　⑦〔鹄〕天鹅。⑧〔冷光之乍出于匣也〕冷光，清凉之光。乍，突然。匣，指镜匣。　⑨〔如倩女之靧（huì）面而髻（jì）鬟（huán）之始掠也〕像美丽的少女洗好了脸刚梳好髻鬟一样。倩女，美丽的少女。靧，洗脸。掠，梳掠。髻鬟，古代妇女将头发环曲束于顶的发式。　⑩〔麦田浅鬣（liè）寸许〕意思是麦苗高一寸左右。鬣，原指某些兽类颈上的长毛。浅鬣，这里形容不高的麦苗。　⑪〔罍（léi）而歌者〕罍，一种像壶的大型盛酒器，这里用如动词，指饮酒。　⑫〔红装而蹇（jiǎn）者〕穿着艳装的妇女骑驴的。蹇，驴，这里用如动词，骑驴。　⑬〔堕（huī）事〕荒废公务。堕，同"隳"，坏、耽误。　⑭〔恶（wū）能〕怎能。恶，怎么。⑮〔己亥〕古代以天干地支纪年，此指明神宗万历二十七年（1599）。

【解读】

"独抒性灵，不拘格套"是袁宏道关于文学创作的主张。《满井游记》是最能代表他这一主张的典型游记之一。信笔直书，白描写真，是这篇游记最为突出的特点，作者抒发感受融于叙事写景之中，形神兼备地描绘了满井的早春景象。游记开篇先交代出游的时间、气候和作者所处的地点，突出了北国早春的特点，又流露作者渴望出游的迫切心情。信手几笔便是极好的铺垫，呈欲扬先抑的效果。

第二段，侧重记游写实。"偕"数友，"出"东直，"至"满井，三个动词组成连动式句子，形象准确地表达出作者兴奋惬意的心情，又简洁准确地点明游记的时间与地点。接下来，作者先总括鸟瞰满井的画面；"高柳夹堤，土膏微润，一望空阔"，仅仅十二个字凝练而洒脱地描绘了富于感情色彩的北国初春景象。"若脱笼之鹄"，是作者的自比，表达远离尘世的兴奋。随后，作者移情入景，写水像乍出匣的明镜,山像刚刚梳洗过的美女。自然景物全部拟人化,人之情和物之景交融得完全不可分开。继而"柳条将舒未舒,柔梢披风,麦田浅鬣寸许",说是写春柳,写麦苗,不如说是写春风。"将舒未舒""柔梢""寸许"十余字实为写实,既与前面写的河水"始解",波光"乍明",像镜子"新开"相呼应,又展现初春万物盎然的景象。"麦田浅鬣",神奇的比喻!初春的小麦随春风摆动,像飞驰的骏马,这是多么美妙的心灵感应。读到这里,不能不感受到作者愉悦的心情,不能不想象到作者满怀兴奋之情,迈着轻快而匆匆的步履。接着,作者的视线由景物而转向人:寥寥旅客却形态各异,掬泉水煮茶的,边饮酒边唱歌的,红装骑驴缓缓而行的,一幅生动的早春郊游图便历历在目。然后,作者又一次移情入景,写山水间的飞禽游鱼悠悠然,"皆有喜气",面对大自然的盎然生机,作者精神振奋,感慨良深。

最后,以议论作结:"夫不能以游堕事,而潇然于山石草木之间者,惟此官也",自勉中含有孤傲的意味,表明自己与俗人的不同;"恶能无纪",以反问的句式,强调自己必须要记下这段对大自然的观感,其原因即是"此地适与余近",这议论是作者为文之要旨,"近"字,非满井与作者之间距离近,而是作者内心世界与大自然的贴近,大自然能给予作者所需要的慰藉。这种物我交融的感受,是作者得以写出秀美篇章的根本原因。

西山二记

袁中道

【题解】

袁中道（1575—1630），字小修，一作少修，湖广公安（今属湖北）人，明代文学家。万历年间进士，累官至吏部郎中。与其兄宗道、宏道并称"公安三袁"，为"公安派"代表。为文主张以"性灵"为内核，不拘格套，崇尚自然。著有《珂雪斋集》《游居柿录》等。西山，是北京西北郊群山的总称，包括百花山、灵山、妙峰山、香山、翠微山、卢师山、玉泉山等，是北京的名山。《西山十记》记录了今北京西郊香山、玉泉山、万安山一带的胜景，共十则，每则侧重一处，各具特色。这里选择其中第二、五则，题目为编者所拟。

玉泉之水

功德寺①循②河而西，至玉泉山麓③，临水有亭。山根④中时⑤出清泉，激喷巉石⑥中，悄然如语。至裂帛泉⑦，水仰射，沸冰结雪⑧，汇于池中。见石子鳞鳞⑨，朱碧磊珂⑩，如金沙⑪布地，七宝⑫妆施⑬，荡漾不停，闪烁晃耀。注于河，河水深碧泓渟⑭，澄澈迅疾⑮，潜鳞了然⑯，荇⑰发可数，两岸垂柳，带拂清波，石梁如雪，雁齿相次⑱。间以独木为桥，跨之濯足⑲，沁凉入骨。折而南，为华严寺，有洞可容千人，有石床可坐。又有大士⑳洞，石理诘曲㉑，突兀奋怒㉒，皱云驳雾，较华严洞更觉险怪。后有窦㉓，深不可测。其上为望湖亭，见西湖明如半月，又如积雪未消，柳堤一带，不知里数，袅袅濯濯㉔，封天蔽日。而溪壑间民方田作㉕，大田浩浩㉖，小田晶晶㉗，鸟声百啭，杂华在树，宛若江南三月时矣。循溪行，至山将穷处，有庵，高柳覆门，流水清澈，跨水有亭，修饬^㉘而无俗气。山余^㉙出巉石，肌理^㉚深碧，不数步见水源，即御河^㉛发源处也。水从此隐矣。

【注释】

①［功德寺］位于颐和园西侧青龙桥以西，始建于元朝天历二年（1329 年），称"大承天护圣寺"。寺内建有行宫，元代的皇帝去西郊游猎多驻跸于此，并供奉有元文宗皇帝及太皇太后的御容。　②［循］沿着。　③［玉泉山麓］玉泉山，位于颐和园西五六里。这座山六峰连缀、逶迤南北，是西山东麓的支脉，在"山之阳"，其"土纹隐起，作苍龙鳞，沙痕石隙，随地皆泉"，而且"水清而碧，澄洁似玉"，故此称为"玉泉"。明初王英有诗形容："山下泉流似玉虹，清泠不与众泉同。"这座山也因此称为"玉泉山"。麓，山脚。　④［山根］山脚。　⑤［时］时常，时时。　⑥［激喷巉（chán）石］激，溅。巉石，险峻陡峭的山石。　⑦［裂帛泉］水声像撕绸子的响声一样，泉便以此命名。　⑧［沸冰结雪］形容喷泉像是冰块儿在沸腾，落下来又像是一层雪。　⑨［石子鳞鳞］水底的石子像片片鱼鳞细密整齐地排列着。　⑩［磊砢（kē）］也作"磊砢"，众多。这句是说，经阳光照射，众多的石子闪着红绿的色彩。　⑪［金沙］佛经记载，有人请佛讲座，用金沙铺地，以表示对佛的尊重。　⑫［七宝］佛经中说法不一，七宝大致包括金、银、琉璃、珊瑚、砗磲、赤珠、玛瑙等。　⑬［妆施］妆点散布。　⑭［泓渟（tíng）］这里形容水聚积很深而且清澈。　⑮［澄澈迅疾］水清而流急。　⑯［潜鳞了然］水中的鱼看得清清楚楚。　⑰［荇（xìng）］荇菜，生于淡水湖中，茎节生根，根在水底。荇发，指荇菜的茎和根。　⑱［石梁如雪，雁齿相次］石梁，即石桥。雁齿，像大雁如齿排列。这两句是说河上的石桥色白如雪，排列得像雁行一样整齐。　⑲［跨之濯（zhuó）足］跨，骑。濯，洗。　⑳［大士］佛教称佛和菩萨为大士。　㉑［石理诘（jié）曲］石头的纹理弯弯曲曲。　㉒［突兀奋怒］高高耸起猛然发怒的样子。　㉓［窦］空穴。　㉔［袅袅濯濯］袅袅，细长柔软的物体随风飘动的样子。濯濯，光泽清朗。　㉕［民方田作］农民正在田里劳作。　㉖［浩浩］水大的样子。　㉗［晶晶］透明的样子。　㉘［修饬（chì）］装点，整齐。　㉙［山余］山的尽处。　㉚［肌理］指山石的纹理。　㉛［御河］今北京故宫周围的护城河。

玉泉山景物繁多，而以玉泉为著，本文重点写玉泉。文章开头交代路线，切入正题。全文写景，开头至"沁凉入骨"为一层，写玉泉水色，突出其境之清；"其上为望湖亭"至文末，为一层次，写玉泉山景色，突出其境之幽；中间部分过渡；结尾与开头照应，水隐而文终。

文章写景状物，从作者眼中的自然景物出发，按照景物的自然状来写；遣词用句，都发自作者内心之情、内心之境，描绘清丽明媚的山水，从中可悟出作者对祖国山水的悉心观察与热爱，悟出作者与自然风貌的交融与寄托。如写泉"激喷巇石中，悄然如语"，以打比方来绘声，一个"悄"字既写出了环境的清幽，又绘出清泉低声激石的意境。写裂帛泉"沸冰结雪"，以比喻夸张状写水花清凉皎洁之色、喷薄飞溅之势，凸显"裂帛"之个性，与清泉的"悄然如语"呈鲜明对比。写池，则以池底金光闪烁、色彩斑斓的石子烘托水清之貌。写御河，则以游鱼、荇菜了然可数反衬河水的清澈透明。文中写山，与写水呈异曲同工之妙。写玉泉山春色，"鸟声百啭，杂华在树"，仅八个字就把春天山景写得有声有色、生机勃勃。写山石"肌理深碧"，深绿色的纹路，可见观察之细腻。这正是作者所提倡为文"文质并重"的体现。

文章长短句结合，骈散句相间。在文中，散句多用来叙事抒情，骈句多用来写景状物，骈散相间，使文章句式灵活，节奏明快，舒卷自如，朗朗上口，与文意相契合。

卧佛寺①之树

香山②跨石踞岩，以山胜者也。碧云③以泉胜者也。折而北，为卧佛峰④。峰转凹，不闻泉声，然门有老柏百许森立，寒威逼人。至殿前，有老树二株，大可百围⑤，铁干镠⑥枝，碧叶虬结⑦，纡羲回月⑧，屯风宿雾；霜皮⑨突兀，千瘿万螺；怒根出土，磊块诘曲⑩。叩之，丁丁⑪作石声。殿墀⑫周连数百丈，数百年以来，不见日月。石墀整洁，不容唾。寺较古，游者不至，长日静寂。若盛夏晏坐其下，凛然想衣裘矣。询树名，或云娑罗树⑬，其叶若蕨⑭，予乃折一枝袖之，俟入城以问黄平倩⑮，必可识也。卧佛盖以树胜者也。夫山刹⑯当以老树古怪为胜，得其一者皆可居，不在整丽。三刹之中，野人⑰宁居卧佛焉。

【注释】

①〔卧佛寺〕位于北京市西山北的寿牛山南麓、香山东侧。该寺始建于唐贞观年间，原名兜率寺，又名寿安寺。以后历代有废有建，寺名也有所更改。清代重修后改名为普觉寺。由于唐代寺内就有檀木雕成的卧佛，后来元代又在寺内铸造了一尊巨大的释迦牟尼佛涅槃铜像，因此，人们将这座寺院称作"卧佛寺"。②〔香山〕指香山寺，在北京西山香山。 ③〔碧云〕碧云寺，在香山东麓。寺的左路水泉院有泉水从石罅中流出。 ④〔卧佛峰〕卧佛，此指卧佛寺，即十普觉寺的俗称。在北京香山上，寺内有元代铜铸佛像，长三丈多。 ⑤〔大可百围〕周长大约有百围。围，此指两手拇指和食指合拢的长度，用来计算圆周。⑥〔镠（liú）〕纯金，又名紫磨金。 ⑦〔虬结〕盘曲纠结。 ⑧〔纡（yū）羲（xī）回月〕遮蔽了日月的光。羲，羲和，神话传说中给太阳赶车的神，这里指太阳。 ⑨〔霜皮〕指霜白色的树皮。 ⑩〔磊块诘曲〕磊块，高低不平，这里指树根多节。诘曲，弯曲盘结。 ⑪〔丁丁（zhēng zhēng）〕象声词。 ⑫〔墀（chí）〕台阶。 ⑬〔娑罗树〕乔木名，树高十余丈，一柄七叶，木质坚实，从西域传入我国。 ⑭〔蕨（sù）〕菜。 ⑮〔俟入城以问黄平倩〕俟，等待。黄平倩，名辉，做过翰林院的编修，聪明博学，诗文书画都有名气。 ⑯〔刹〕佛教寺院。梵语音译刹多罗的省称。 ⑰〔野人〕作者自称。

【解读】

这篇游记，抓住"卧佛盖以树为胜者"的特色，着重写了两棵不知名的老树。小记开头，先概括香山以"山"胜，碧云以"泉"胜的景观特点，以承接前绪，接着，笔锋一转，写卧佛寺虽"不闻泉声"，

"然门有老柏百许森立，寒威逼人"，正本张目，开始详尽描写卧佛老树的奇姿异态，水到渠成地得出了"卧佛盖以树胜"的结论。最后又深入一层，写"夫山刹，当以老树古怪为胜"，进一步表现卧佛寺景观的不同凡响。写法上，既照应开头，首尾圆合，也突显整部小记的宗旨——每段"记"写一处景，每一处景有一处景的特色，绝不雷同。

作者由面及点、由整体到部分、由正面到侧面、由上到下，从多个视角，以多种方法浓墨重彩地描绘卧佛古树的奇姿盛茂。先总写卧佛寺门前"有老柏百许森立""寒威逼人"，气势非凡，接着具体描写大殿前的两株老树，层次分明。先写树身"大可百围"，极写树身粗壮。再写枝干："铁干镠枝"，铁黑色树干，支撑着无数的橙黄色树枝。树叶则是"碧叶虬结"，碧绿的树叶交互重叠，如同遮天的伞。树身、树干、树枝、树叶，由身至冠，井然有序，真切形象的笔法，使苍郁挺拔的两棵古树跃然纸上。"纤羲回月，屯风宿雾"，写实若虚，使读者如临老树的气派：密匝匝的枝叶，遮蔽了日月的光芒，使风停步，使雾止宿。接着又由树冠写到树皮、树根："霜皮突兀，千瘿万螺，怒根出土，磊块诘曲，叩之，丁丁作石声。"霜白色的树皮高高鼓起，"千""万""怒""磊"字字扣住"古"字；那棵露在土外的弯曲盘结的树根，敲一敲，则发声铮铮，如叩玉石，由表及里（根），树皮之痕，树根之状，记录着岁月沧桑，若虚而写实，隐含作者雅慕古朴之意。

接着，又由正面描绘转向侧面衬托，"周连数百丈"，从空间上写老树之硕大无朋；"数百年以来不见日月"，从时间上写老树历史之悠久，而且一直郁郁葱葱，遮天蔽日；"若盛夏晏坐其下，凛然想衣裘矣"，虚处着墨，展开想象，坐其树下，即使酷暑盛夏，也寒气侵骨，顿起衣裘之想，夸张却真实地写出了浓密的树荫下清凉无比。

"修辞则以经国重世让人。"（钱谦益《小修传》）。他讲究文采、精于锤炼语言。文中长短句结合，骈雅而有气势。如，写大殿前两棵古树的形态，连用八个四字句进行排比，非常贴切地展现了古树风姿。

又如，以"千瘿万螺"来形容树身上那隆起的瘤块，形象鲜明，取喻奇特；以铁镥状树干树枝为"铁干镥枝"，不但表明了枝干的色泽，而且给人以坚硬结实的感觉。再如，写树根是"怒根出土"，一个"怒"字将老树拟人化，有了裂土而生的气势，并与前面的"寒威逼人"相呼应。作者最后以"三刹之中，野人宁居卧佛焉"一句作结，是情感的直露。作《西山小记》时，作者任国子监生在京，年近三十，在苍劲古树前，激发如此的奇构臆想，可窥见作者仰慕自然、清净淡泊的心境。

［清］佚名《玉泉趵突图》

游黄果树瀑布记

徐霞客

【题解】

徐宏祖（1586—1641），字振之，号霞客，南直隶江阴（今江苏江阴）人。古代杰出的旅行家和地理学家。自幼喜读奇书，博览古今史籍地志与山海图经，不走科举入仕之途，从22岁起开始出游，足迹遍及明代的两京13布政司，历时30余年。所到之处以日记形式记录当地物产民俗、地质风貌与山川形胜，为后世留下63万言的宝贵资料，由友人整理成《徐霞客游记》传世。本文选自《徐霞客游记》，是作者游览贵州省盘江以东白水河胜景的一则日记的前半部分。白水河瀑布即今黄果树瀑布，为我国最大的瀑布。题目为编者所拟。

二十三日①，雇短夫遵大道南行。二里，从陇头东望双明西岩，其下犹透明而东也。洞中水西出流壑中，从大道下复西入山麓，再透②再入，凡三穿岩腹，而后注于大溪。盖是中洼壑，皆四面山环，水必透穴也。又南逾阜③，四升降，共四里，有堡在南山岭头。路从北岭转而西下，又二里，有草坊当路，路左有茅铺一家。又西下，升陟④陇壑，共七里，得聚落⑤一坞，曰白水铺⑥，已为中火铺矣。

又西二里，遥闻水声轰轰，从陇隙北望，忽有水自东北山腋泻崖而下，捣入重渊，但见其上横白阔数丈，翻空涌雪，而不见其下截，盖为对崖所隔也。复逾阜下半里，遂临其下流，随之汤汤西去，还望东北悬流，恨不能一抵其下。担夫曰："是为白水河。前有悬坠处，比此更深。"余恨不一当其境，心犹慊慊⑦。随流半里，有巨石桥架水上，是为白虹桥。其桥南北横跨，下辟三门，而水流甚阔，每数丈，辄从溪底翻崖喷雪，满溪皆如白鹭群飞，"白水"之名不诬矣。度桥北，又随溪西行半里，忽陇箐亏蔽，复闻声如雷，余意又奇境至矣。透^②陇隙南顾，则路左一溪悬捣，万练飞空，溪上石如莲叶下覆，中剜三门，水由叶上漫顶而下，如鲛绡^⑧万幅，横罩门外，直下者不可以丈数计，捣珠崩玉，飞沫反涌，如烟雾腾空，势甚雄厉；所谓"珠帘钩不卷，匹练挂遥峰"，俱不足以拟其壮也。

盖余所见瀑布，高峻数倍者有之，而从无此阔而大者；但从其上侧身下瞰，不免神悚。而担夫曰："前有望水亭，可憩也。"瞻其亭，犹在对崖之上，遂从其侧西南下，复度峡南上，共一里余，跻西崖之巅。其亭乃覆茅所为，盖昔望水亭旧址，今以按君道经，恐其停眺，故编茅为之耳。其处正面揖^⑨飞流，奔腾喷薄之状，令人可望而不可即也^⑩。停憩久之，从亭南西转，涧乃环山转峡东南去，路乃循崖拾级^⑪西南下。

【注释】

①［二十三日］明崇祯十一年（1638），农历四月二十三。 ②［透］通过。 ③［阜（fù）］指山。 ④［升陟（zhì）］攀登。 ⑤［聚落］定居一年以上的村落。亦省称"聚"。 ⑥［白水铺］今乃称白水或白水河，在镇宁县西境，打帮河稍东的公路旁。这一段河道为镇宁与关岭界河。但在打帮河西岸新设黄果树镇，为旅游小镇，亦属镇宁县。 ⑦［慊慊（qiàn）］遗憾。 ⑧［鲛（jiāo）绡（xiāo）］传说中鲛人所织的绡，亦泛指名贵凉爽的薄纱。 ⑨［揖］拱手致礼。 ⑩［奔腾喷薄之状，令人可望而不可即也］水势汹涌激荡，令人只能远望而不能靠近。 ⑪［拾级］原作"石级"，据"四库"本改。

【解读】

《徐霞客游记》的精髓是真实。本段游记翔实记载了作者所游历的景观，如道路、河流、山脉的去向等，其中对景物的方向、定位竟达

17 处之多。另外，文中"二里""又二里""又西二里""共一里余"，这些以作者脚步丈量出来的里程和距离的数据，也准确表达了景物的方向与定位。我国地理学家、地图学家陈述彭院士曾用现代科学仪器对七星岩等地进行测量，绘制了七星岩洞穴平面图和山体素描图，惊讶地发现徐霞客的记录和他们的测绘结果是一致的。陈院士研究考核《徐霞客游记》所载，感慨地说："300 多年前的记述，竟然是这样的确切，这样的朴实，能够经得起历史的考验，不能不叹为观止！"

从这段不足七百字的记游文字中，我们可以体会到《徐霞客游记》巧妙的构思。游记按游踪记述，材料的剪裁与运用显示出作者的匠心。事实上，这段文字从"担夫曰：'是为白水河。前有悬坠处，比此更深'"以后，才是对黄果树瀑布的描述。在此之前，近三百字是对双明洞西至白水河地理形势的描述，山崖、水洞、壑谷、水流、大溪，详尽地交代了黄果树瀑布周边的地理环境，说明了黄果树瀑布仅是瀑布群中最为壮阔的瀑布。"水声隆隆""泻崖而下""捣入重渊""阔数丈""翻空涌雪"，读到此处，读者往往以为这就是黄果树瀑布了，然而它不是。这是作者以如此壮观的瀑布群来衬托即将出现的黄果树瀑布。与此同时，作者还不断以自己的心理牵动读者："恨不能一抵其下""余恨不一当其境，心犹怏怏""余意又奇境至矣"。作者步步急切的心情令读者心驰神往。

黄果树瀑布终于出现了："一溪悬捣""万练飞空""漫顶而下""如鲛绡万幅""不可以丈数计""捣珠崩玉""飞沫反涌""如烟雾腾空"，由上而下，赋予丰富的想象，反复打比方，百字妙语将瀑布的形成、宽度、高度、力度，以及亮度真实而细致地描绘出来，尽显作者绘景状物的功力，使读者如临其境。又如，作者把瀑布顶之岩石比作莲叶下覆，形象优美、贴切，岩石经千百年被水冲击，已无棱角，圆滑确如覆盖之莲叶。再如，"中剜三门，水由叶上漫顶而下，如鲛绡万幅，横罩门外"，这是对瀑布后面水帘洞的描写，画面唯美而精致。这些精细的描绘浸透着作者对祖国河山由衷的欣赏与热爱。

湖心亭看雪

张　岱

【题解】

　　张岱（1597—1689），字宗子，又字石公，号陶庵，又号蝶庵，山阴（今浙江绍兴）人，明末清初文学家。出身仕宦世家，早年生活豪奢，兴趣广泛，广交各路人士。将近五十岁，明朝覆亡，穷困不堪，发愤著书，以明遗民身份走完了生命的最后旅程。著有《陶庵梦忆》《西湖梦寻》等，本文选自《陶庵梦忆》。崇祯五年（1632）冬天，张岱旅居杭州，正值此地三日大雪，他在万籁俱寂的夜色中乘船至湖心亭观雪景，写了为后人称道的经典之作。

　　崇祯五年①十二月，余住西湖。大雪三日，湖中人鸟声俱绝。

　　是日，更定②矣，余拿③一小舟，拥毳衣炉火④，独往湖心亭看雪。雾凇沆砀⑤，天与云、与山、与水，上下一白。湖上影子，惟长堤一痕⑥、湖心亭一点、与余舟一芥⑦、舟中人两三粒而已。

　　到亭上，有两人铺毡对坐，一童子烧酒炉正沸。见余大喜，曰："湖中焉得更有此人⑧？"拉余同饮。余强饮三大白⑨而别。问其姓氏，是金陵人，客此⑩。

　　及下船，舟子喃喃曰："莫说相公⑪痴，更有痴似相公者。"

【注释】

　　①［崇祯五年］1632年。崇祯，明思宗朱由检年号（1628—1644）。　②［更（gēng）定］晚上天刚黑。更，古代夜间的计时单位，一夜分为五更，每更约两

307

小时。旧时每晚日落，打鼓报告初更开始，称为"定更"。　③〔拿（ná）〕牵引。这里指驾船。　④〔拥毳（cuì）衣炉火〕裹着裘皮衣服，围着火炉。拥，裹，围。毳衣，用鸟兽的细毛制作的衣服。　⑤〔雾凇沆（hàng）砀（dàng）〕冰花周围弥漫着白汽。雾凇，天气寒冷时，雾冻结在树木的枝叶上形成的白色松散水晶，也叫树挂。沆砀，白汽弥漫的样子。　⑥〔长堤一痕〕指西湖中长堤在雪中隐隐露出一道痕迹。　⑦〔一芥〕比喻舟极细小。芥，小草。　⑧〔焉得更有此人〕哪能还有这样的人呢！意思是想不到还会有这样的人。焉得，哪能。更，还。　⑨〔三大白〕三大杯酒。　⑩〔客此〕客居此地。　⑪〔相公〕旧时对士人的尊称。

【解读】

这篇游记一百六十字，短小精悍，文中的一字一句都体现作者精湛的笔力，渗透着一个遗民"国破家亡、无所归止"的辛酸与孤寂。正如著名史学家吴小如先生所说："作者并不因题材之单纯、事实之简略便掉以轻心；相反，倒是用了浓缩写法，把宏观世界置于微观视野之中，藏须弥于芥子，蕴宇宙于胸襟，把大场面画成小条幅，戢长江大河于尺寸之间，虽属小品，却显示出巨匠手笔。"

作者笔端的功力首先体现在绘景的巧妙。不同于其《西湖梦寻》和《陶庵梦忆》中写西湖娇艳迷人的多篇文字，这一篇，选择的是大雪三日之后，人鸟声俱绝之时，夜游西湖，云天山水"上下一白"，只有白色的雪同白色的雾，明净素洁，静谧淡远，一幅清绝的图景覆盖了人们对西湖西子的印象，大自然的冷峭衬托着作者的孤寂，也为"独往湖心亭看雪"做铺垫。接着，作者或平视，或俯视，写出天地一色的空蒙和湖中景物的渺小。在白雪皑皑的映衬下，作者泛舟湖上，感受到"雾凇沆砀"，分不清天水之际，唯有"天与云、与山、与水，上下一白"，作者叠用三个'与'字，生动写出天空、云层、山峦和湖水之间举目皆白、浑然难辨的景象。在这苍茫的大背景下，湖面会呈现怎样的景象呢？长堤是"一痕"，湖心亭是"一点"，余舟是"一芥"，量词各异，而数字则归于"一"，所有景物之精妙都归于这个"一"，令人无限想象，无穷回味。作者曾说"余爱眼界宽，大地收隙蠛"，西湖雪景在作者笔下正是如此！正可谓惜墨如金。在这幅西湖雪景图中，作者写景不是站在一个固定的立足点上。文中的"两三粒"似乎是作者又换了观景的角度，这一句写的倒是湖心亭所见。作者以想象将自己与童子与仆人同置画中，真可谓疏而不漏。

最后，文章做结处竟起一澜："到亭上，有两人铺毡对坐。""这两个坐亭上相对饮酒的人，正是作者对沆砀雪意深表酷爱的'同志'，无论作者笔下所写的'见余大喜''拉余同饮'和'强饮三大白'而别，还是结尾处舟子说的'更有痴似相公者'，看似叙事，实为抒情。时而出于亭中对饮之人惊异之言，再则出于舟子喃喃自语之口，都是极写作者内心世界的不同凡俗，也写出在湖上'人鸟声俱绝'的冷寂境界中遇到知音而欣然色喜的狂热。"（吴小如）可见，文章不仅是描写客观的雪景，而且是借景以生情，尤其是以知音同好助其性情，使雪景画面的背后层层绽出非凡的逸趣和情感。

这篇游记小品文的精湛笔力，还体现于叙事不雕琢，自然而然。开端两句即将时间、人物和地点和盘托出，包举无遗；结尾处叙事，人物对话仅两句，句句传神，人物动作"拉余同饮"，一个"拉"字写绝了客巧遇知音的意外与欣喜，这何尝不是作者此时的心情呢！

游黄山记

袁 枚

【题解】

袁枚（1716—1797），字子才，号简斋，又号随园老人，钱塘（今浙江杭州）人，清代文学家。乾隆四年（1739）进士，历任溧水、江宁等县知县。40岁即辞官告归。袁枚为人通脱，著述颇丰，论诗主张抒写性情，创"性灵说"，影响很大。著有《小仓山房诗文集》《随园诗话》等。黄山，古称黟（yī）山，位于安徽省黄山市境内。黄山以奇松、怪石、云海、温泉、冬雪"五绝"及历史遗存、书画、文学、传说、名人"五胜"著称于世，素有"天下第一奇山"之称。乾隆四十八年（1783），68岁的袁枚不顾年老体迈，专程游览黄山，写下这篇《游黄山记》。

癸卯①四月二日，余游白岳②毕，遂浴黄山之汤泉③。泉甘且冽，在悬崖之下。夕宿慈光寺④。

次早，僧告曰："从此山径仄⑤险，虽兜笼⑥不能容。公步行良苦，幸有土人惯负客者，号海马，可用也。"引五六壮佼者来，俱手数丈布。余自笑赢老乃复作褓襁儿耶？初犹自强，至愈甚，乃缚跨其背。于是且步且负各半。行至云巢⑦，路绝矣，蹑木梯而上，万峰刺天，慈光寺已落釜底。是夕至文殊院⑧宿焉。

天雨寒甚，端午犹披重裘拥火。云走入夺舍，顷刻混沌⑨，两人坐，辨声而已。散后，步至立雪台，有古松根生于东，身仆于西，头向于南，穿入石中，裂出石外。石似活，似中空，故能伏匿其中，而与之相化。又似畏天，不敢上长，大十围，高无二尺也。他松类是者多，不可胜记。晚，云气更清，诸峰如儿孙俯伏。黄山有前、后海⑩之名，左右视，两海并见。

次日，从台左折而下，过百步云梯⑪，路又绝矣。忽见一石如大鳌鱼⑫，张其口。不得已走入鱼口中，穿腹出背，别是一天。登丹台⑬，上光明顶⑭，与莲花、天都二峰⑮为三鼎足，高相峙。天风撼人，不可立。晚至狮林寺⑯宿矣。趁日未落，登始信峰⑰。峰有三，远望两峰夹峙，逼视之，尚有一峰隐身落后。峰高且险，下临无底之溪，余立其巅，垂趾二分在外。僧惧，挽之。余笑谓："坠亦无妨。"问："何也？"曰："溪无底，则人坠当亦无底，飘飘然知泊何所？纵有底，亦须许久方到，尽可须臾求活，惜未拿长绳缒精铁量之，果若干尺耳。"僧大笑。

次日，登大小清凉台⑱。台下峰如笔，如矢，如笋，如竹林，如刀戟，如船上桅，又如天帝戏将武库兵仗布散地上。食顷，有白练绕树，僧喜告曰："此云铺海也。"初濛濛然，镕银散绵，良久浑成一片。青山群露角尖，类大盘凝脂中有笋脯蠢现状。俄而离散，则万峰簇簇，仍还原形。余坐松顶，苦日炙，忽有片云起为荫遮。方知云有高下，迥非一族。薄暮，往西海门观落日，草高于人，路又绝矣。唤数十夫芟夷⑲之而后行。东峰屏列，西峰插地怒起，中间鹘突⑳数十峰，类天台琼台。红日将坠，峰以首承之，似吞似捧。余不能冠，被风掀落；不能袜，被水沃透；不敢杖，动陷软沙；不敢仰，虑石崩压。左顾右眄，前探后瞩，恨不能化千亿身，逐峰皆到。当"海马"负时，捷若猱猿，冲突急走，千万山亦学人弃，状如潮涌。俯视深坑、怪峰，在脚底相待。

倘一失足，不堪置想。然事已至此，惴栗㉑无益。若禁缓之，自觉无勇。不得已，托孤寄命㉒，凭渠所往，党此身便已羽化。

《淮南子》有"胆为云㉓"之说，信然。

初九日，从天柱峰后转下，过白沙矼㉔，至云谷㉕，家人以肩舆相迎。计步行五十余里，入山凡七日。

【注释】

①［癸卯］天干的第十位。　②［白岳］山名，在安徽省休宁县，位于黄山之南。奇峰四起，绝壁回环，险峻而清奇。乾隆帝誉为"天下无双胜景，江南第一名山"。　③［汤泉］即温泉，在山下。　④［慈光寺］在朱砂峰下，一名朱砂庵。明万历年间僧普门改建，称法海禅院，寻敕封护国慈光寺。　⑤［仄］狭窄。⑥［兜笼］供游客乘坐、由人抬着上山的竹制器具，类似小山轿。　⑦［云巢］在文殊院下，为前海一石洞。　⑧［文殊院］寺名，在玉屏峰前。明普门和尚至此，云在代州时梦见文殊坐石情景，与此境合，遂构文殊院。遗址今为玉屏楼。⑨［混沌］天地未开辟以前的元气状态。此指笼罩在云雾之中。　⑩［前、后海］黄山多云海，因称南为前海，北为后海，中为天海，加上东、西海为五海。⑪［百步云梯］莲花峰下小道，最险处约百步，下临绝壑。　⑫［大鳌鱼］指鳌鱼背，在鳌鱼峰前。酷似鳌鱼，张口向海螺石。　⑬［丹台］炼丹台，在炼丹峰前，宽广可容万人。传为浮丘公为黄帝炼丹处。台上有炼丹灶，台下有炼丹源。⑭［光明顶］黄山主峰之一。状如覆钵，无所依傍，山顶平坦。　⑮［莲花、天都二峰］黄山最高峰。莲花峰，山形如初绽莲花，绝顶方圆丈余，名石船。天都峰，黄山主峰之一。峰顶平如掌，有石洞。古人尊之为天帝神都，故名。　⑯［狮林寺］即狮子林，明建，在狮子峰下。　⑰［始信峰］在黄山东部，峰凸起在绝壑上。峰上有接引崖，崖壁有裂隙，搭桥渡之。下有古松，名扰龙松。　⑱［清凉台］在狮子峰下，为观日出、铺海之地。　⑲［芟（shān）夷］割除。　⑳［鹘（hú）突］模糊不清。　㉑［惴（zhuì）栗］恐惧。　㉒［托孤寄命］以后代及生

命相托。语出《论语·泰伯》："可以托六尺之孤,可以寄百里之命。"这里比喻把一切都交托给背他的人,听之任之。 ㉓〔胆为云〕语出《淮南子·精神训》："故胆为云。"注云: "胆,金也。金石,云之所出,故为云。" ㉔〔白沙矼(gāng)〕在后山皮篷与云谷寺之间。沙色纯白,与四周山色迥异,故名。 ㉕〔云谷〕寺名,在香炉峰下。

【解读】

黄山有"四绝",即奇松、怪石、云海、温泉。这往往是记游黄山必备题材。此篇《游黄山记》即是如此,选择黄山奇绝的景物,尽显黄山特色。作者黄山之游"凡七日",但游记并未逐日赘述,主要记述前四日的活动,前四日中又以四月三日至五日的观感为重,择景而细描,绝非面面俱到,卓有"规范本体""剪截浮词"(《文心雕龙·熔裁》)的功夫。

黄山"四绝"中,"温泉"排第四,不是作者所要记述的重点,游记开篇便随游踪所至,一笔带过。"泉甘且冽,在悬崖之下",虽是寥寥几字,但已有"山泉鸣石涧"的意境。第二节以"次早"承上启下,开启黄山三日游。第一站"夕至文殊院"。"不到文殊院(玉屏楼),不见黄山面。"在文殊院所见云、松、石与峰的奇观,作者以浓墨重彩来描绘,而旅途中山径之险峻仅以山僧之口侧面显示。

第三节,"天雨寒甚",此时"云走入夺舍",一"入"一"夺",将云人化,写出云涌之快,雾气之浓,文殊院"顷刻"一片迷蒙,咫尺不见人影。这一笔为后文抒写黄山云海定调。云散后,立雪台上现"古松"。松,无拘无束,"根生于东,身仆于西,头向于南,穿入石中,裂出石外",其态自由自在,一个"裂"字又使它个性斐然。它与"似活""似中空"的怪石"化"在一起,"似畏天,不敢上长","高无二尺也",活如老顽童,情趣盎然。"云气更清"时,又见"诸峰如儿孙俯伏"，拟人化了，更是风趣，为后文写群峰也铺垫了一笔。

第四节"次日"，上光明顶，登始信峰。在此之前于绝路处，须经过鳌鱼洞，"一石如大鳌鱼""走入鱼口中，穿腹出背，别是一天"，穿洞而过，情趣盎然。上光明顶，呈鸟瞰之势。作者以粗线条勾勒出黄山三大主峰光明顶、莲花峰、天都峰"三鼎足"之势，尽显黄山之巍峨。"晚至狮林寺宿"，但作者游兴未尽，又登始信峰，只勾画一句，两峰"夹峙"，一峰"隐身落后"。这里只是略写山势，至四月五日，即黄山第四日游，作者站在狮子峰清凉台上观云峰，尽情铺写所见"峰"与"云"的奇观，与第三节简略写"诸峰"相映衬。七个"如"，将黄山奇峰之众多、之奇绝、之峻拔，铺写得淋漓尽致、生动形象，一气呵成。"白练绕树""镕银散绵"，作者将洁白的云雾比作白色的丝绸，缠绕青山，又似熔化的白银、散开的丝绵，舒卷着四处扩展，逐渐"浑成一片"，弥漫四空。此时的群峰沉浸在云海中，只露尖角，"类大盘凝脂中有笋脯蠢现状"，奇妙的比喻，以小喻大，"大盘凝脂"喻云海，"笋脯蠢现状"喻云峰，新颖极了。"俄而离散"，则"万峰簇簇"，正如元张养浩诗句"云来山更佳，云去山如画"。作者这里以山衬云，写云也是为了衬托山，山与云相辅相成，可谓"云共山高下"。

这篇游记不仅写了古松、奇峰和云海，而且写了温泉、怪石、落日，也写了山僧、"海马"，看似无关紧要，实则他们或衬托峰高，或衬托作者观山之迫切，或映出作者的快感，使文章情感更丰满。作者对于文学创作主张"性灵说"，这篇游记，作者笔下的松、石、云、山，无不通性灵，有情趣，饱含作者的情感，文中处处"神与物游"，写出作者酷爱自然的天性和审美的情趣。

登泰山记

姚　鼐

【题解】

　　姚鼐（1732—1815），字姬传，因其室名惜抱轩，世人称惜抱先生，桐城（今属安徽）人，清代文学家。乾隆年间进士，官至刑部郎中。曾入四库馆为纂修官。他是清代影响较大的古文流派"桐城派"的代表作家之一。主张议理、考据、辞章三者的统一。著有《惜抱轩全集》（三十八卷）。《登泰山记》记述了作者1774年自京师辞官归乡，应挚友朱子颖之邀，同登泰山游览的经过。

　　泰山①之阳，汶水②西流；其阴，济水③东流。阳谷④皆入汶，阴谷皆入济。当其南北分者，古长城⑤也。最高日观峰⑥，在长城南十五里。

　　余以乾隆三十九年十二月⑦，自京师乘风雪⑧，历齐河、长清⑨，穿泰山西北谷，越长城之限⑩，至于泰安。是月丁未⑪，与知府朱孝纯子颖⑫由南麓登。四十五里，道皆砌石为磴⑬，其级七千有余。泰山正南面有三谷。中谷绕泰安城下，郦道元所谓环水⑭也。余始循以入⑮，道少半⑯，越中岭⑰，复循西谷，遂至其巅。古时登山，循东谷入，道有天门⑱。东谷者，古谓之天门溪水，余所不至也。今所经中岭及山巅崖限当道者⑲，世皆谓之天门云。道中迷雾冰滑，磴几⑳不可登。及㉑既上，苍山负雪，明烛天南㉒。望晚日照城郭，汶水、徂徕㉓如画，而半山居㉔雾若带然。

　　戊申晦㉕五鼓㉖，与子颖坐日观亭㉗待日出，大风扬积雪击面。亭东自足下皆云漫㉘。稍见㉙云中白若樗蒱㉚数十立者，山也。极天，云一线异色㉛，须臾成五采，日上，正赤如丹㉜，下有红光，动摇承之。或曰，此东海^㉝也。回视日观以西峰，或得日或否^㉞，绛皓驳色^㉟，而皆若偻^㊱。

亭西有岱祠^㊲，又有碧霞元君祠^㊳；皇帝行宫^㊴在碧霞元君祠东。是日，观道中石刻，自唐显庆^㊵以来，其远古刻尽漫失^㊶。僻不当道者，皆不及往。

山多石，少土；石苍黑色，多平方，少圜^㊷。少杂树，多松，生石罅，皆平顶。冰雪，无瀑水，无鸟兽音迹。至日观数里内无树，而雪与人膝齐。

桐城姚鼐记。

【注释】

①〔泰山〕在山东泰安北，故称岱宗，又称东岳，为五岳之长。　②〔汶（wèn）水〕今称大汶河，源于山东莱芜东北原山，向西南流经泰安，汇入东平湖。　③〔济水〕源于河南济源市西王屋山，流经山东入海。清代末年，济水河道为黄河所占。　④〔阳谷〕山南面山谷中的水。　⑤〔古长城〕古代的长城。指战国时齐国修筑的长城遗址，古时齐鲁两国以此分界。　⑥〔日观峰〕泰山顶峰，观日出之胜地。　⑦〔乾隆三十九年十二月〕即 1775 年 1 月。　⑧〔自京师乘风雪〕京师，清首都，即今北京。乘，这里是"冒"的意思。　⑨〔齐河、长清〕都是县名，在山东泰安西北。　⑩〔限〕界限。　⑪〔是月丁未〕这个月的丁未日，即乾隆三十九年十二月二十八日（1775 年 1 月 29 日）。　⑫〔朱孝纯子颖〕朱孝纯，字子颖，号海愚，山东历城人，当时是泰安知府，姚鼐挚友。⑬〔磴〕石头台阶。　⑭〔环水〕水名，又名"梳洗河"。郦道元《水经注·汶水》："又合环水，水出泰山南溪。"　⑮〔循以入〕顺着（中谷）进山。　⑯〔道少半〕路不到一半。　⑰〔中岭〕山名，又名"中溪山"。　⑱〔天门〕泰山地名，为登泰山顶峰通常经由的山口，有南天门、东天门、西天门。　⑲〔崖限当道者〕像门槛一样横在路上的山崖。限，门槛。　⑳〔几〕几乎。　㉑〔及〕等到。　㉒〔明烛天南〕意谓雪光明亮，照耀着南边天空。烛，动词，照耀的意思。㉓〔徂徕（cú lái）〕山名，在泰安东南。　㉔〔居〕停留。　㉕〔戊（wù）申晦（huì）〕戊申，二十九日。晦，农历每月最后一日。　㉖〔五鼓〕五更。　㉗〔日

观亭〕亭名，曰日观峰。　㉘〔亭东自足下皆云漫〕亭子以东从脚下始都是弥漫的云雾。　㉙〔稍见〕依稀可见。　㉚〔樗（chū）蒱（pú）〕古代的一种赌具，像后来的色（shǎi）子。这里比喻远方云雾中带雪的山峰。　㉛〔极天，云一线异色〕在天的尽头有一缕云颜色很特别。　㉜〔正赤如丹〕正红如同朱砂。㉝〔东海〕泛指东面的海。这里是想象，实际上在泰山顶上并不能看见东海。㉞〔或得日或否〕有的被日光照着，有的没有被照着。　㉟〔绛皓驳色〕或红或白，颜色错杂。绛，红色。皓，白色。驳，杂。　㊱〔偻〕弯腰曲背的样子。引申为鞠躬的样子。这里形容日观峰以西的山峰都低于日观峰，如同弯腰曲背地站着。　㊲〔岱祠〕一名岱庙，泰山顶的东岳庙，奉祀东岳大帝的庙宇。　㊳〔碧霞元君祠〕在泰山绝顶，奉祀东岳大帝女儿碧霞元君的庙，也叫娘娘庙。　㊴〔皇帝行宫〕指乾隆皇帝去泰山住过的房子。行宫，皇帝出巡时的住所。　㊵〔显庆〕唐高宗李治的年号（656—661）。　㊶〔漫失〕（石碑经风雨剥蚀）字迹模糊不清。㊷〔圜（yuán）〕同"圆"，圆形。

【解读】

　　泰山为五岳之首，是著名的登览胜地，千百年来的文人墨客为其而所倾倒，他们以诗文、辞赋、书法、绘画等艺术形式生动地描绘泰山胜景。几百年来，姚鼐这篇《登泰山记》以它独有风格与特点传诵至今。

　　《登泰山记》第一个特点是选材新颖——雪中登泰山。全文无处不紧扣"雪"字，不仅表现了时令的特点，而且可衬托作者冒雪登山的游兴。作者在寒冬时节"乘风雪"攀登泰山，并观赏泰山雪后日落与日出的瑰丽景象，其所见所写景致富有不同凡响的审美情趣。作者首先描绘的是一幅风雪映照的绚丽夕照图："苍山负雪，明烛天南。望晚日照城郭，汶水、徂徕如画，而半山居雾若带然"。作者和友人踏雪登至泰山峰顶，往下鸟瞰，山、水、城郭尽收眼底，落日、青山、流水、白雪、城郭，构成了罕见的画卷。更为引人注目的是，在一年中最冷的一天的最冷的时刻，作者不顾恶劣天气，和友人怡然自得地坐在海拔一千五百米的日观亭上等待日出，这种探寻奇景的执着，这种对大自然的热爱，令人感佩。

语言凝练生动是《登泰山记》的又一大特点。作者不仅以凝练的语言准确地介绍了泰山的位置和地理形势，交代了登泰山的时间和历程，而且形象、生动、色彩鲜明地描绘了风雪中日落和日出的瑰丽画面。如"苍山负雪"，一个"负"字将青山拟人化，赋予它一种精神，一种不屈的生命力，富有神韵。对日出的精妙描绘更是无与伦比："极天，云一线异色，须臾成五采。日上，正赤如丹，下有红光，动摇承之"，短短的二十余字分三层描绘出日出的艳丽动态图：首先是日将出——天云一线异色；再是日正出——须臾成五采；最后是日已出——正赤如丹。作者又随手一句"或曰，此东海也"，这一句与"下有红光，动摇承之"相连，将日出置于无限广阔的远天、云彩、大海的烘托中，绽放强大的生命力！看完日出"回视日观以西峰"，有的披上了灿烂的朝霞，有的未被阳光照到保持着原来的晶莹，这一笔七个字而意味无穷。还有，作者以凝练的语言精要地介绍所见的泰山古迹，一句"道中石刻，自唐显庆以来，其远古刻尽漫失"，风雨残蚀，战祸兵燹，使奇珍异宝遭受毁坏，既流露作者"重考据"的痛心，也为后人提示教益。文章最后，作者以凝练的语言，把自己所见所闻归结为三多、三少、三无，将泰山冬季的特点概括无余，石峰峻峭，青松苍劲，冰雪覆盖，众鸟飞绝，给人荒凉之感。

结构完整、线索清晰、剪裁得益、详略有序，是本文又一突出特点。文章结尾"至日观数里内无树，而雪与人膝齐"一句既照应开端的日观峰，又强调贯穿全文扣紧的"雪"字，以突出作者冒雪登山的兴致。全文重点描绘登顶日观峰所见日落与日出的瑰丽景色，略写登山沿途所见，以最典型最奇异的画面彰显雪中泰山之美。

思与行

【记诵与积累】

◎忽逢桃花林，夹岸数百步，中无杂树，芳草鲜美，落英缤纷。

(《桃花源记》)

◎问今是何世，乃不知有汉，无论魏晋。(《桃花源记》)

◎春冬之时，则素湍绿潭，回清倒影。绝巘多生怪柏。悬泉瀑布，飞漱其间，清荣峻茂，良多趣味。

(《三峡》)

◎巴东三峡巫峡长，猿鸣三声泪沾裳。(《三峡》)

◎夜登华子岗，辋水沦涟，与月上下。寒山远火，明灭林外，深巷寒犬，吠声如豹，村墟夜舂，复与疏钟相间。(《山中与裴秀才迪书》)

◎当待春中，草木蔓发，春山可望，轻鲦出水，白鸥矫翼，露湿青皋，麦陇朝雊，斯之不远，倘能从我游乎？(《山中与裴秀才迪书》)

◎水抵两岸，悉皆怪石，欹嵌盘曲，不可名状。清流触石，洄悬激注；佳木异竹，垂阴相荫。

(《右溪记》)

◎潭中鱼可百许头，皆若空游无所依。日光下澈，影布石上，佁然不动，俶尔远逝，往来翕忽。似与游者相乐。 (《小石潭记》)

◎古人之观于天地、山川、草木、虫鱼、鸟兽，往往有得，以其求思之深而无不在也。

(《游褒禅山记》)

◎夫山刹当以老树古怪为胜，得其一者皆可居，不在整丽。

(《卧佛寺之树》)

◎雾凇沆砀，天与云、与山、与水，上下一白。湖上影子，惟长堤一痕、湖心亭一点、与余舟一芥、舟中人两三粒而已。

(《湖心亭看雪》)

◎台下峰如笔，如矢，如笋，如竹林，如刀戟，如船上桅，又如天帝戏将武库兵仗布散地上。 （《游黄山记》）

◎苍山负雪，明烛天南。望晚日照城郭，汶水、徂徕如画，而半山居雾若带然。 （《登泰山记》）

【熟读与精思】

熟读下面一段文字，从中提炼作者的观点，结合现实生活，分析其现实意义。

于是余有叹焉。古人之观于天地、山川、草木、虫鱼、鸟兽，往往有得，以其求思之深而无不在也。夫夷以近，则游者众；险以远，则至者少。而世之奇伟、瑰怪非常之观，常在于险远，而人之所罕至焉，故非有志者不能至也。有志矣，不随以止也，然力不足者，亦不能至也。有志与力，而又不随以怠，至于幽暗昏惑而无物以相之，亦不能至也。然力足以至焉，于人为可讥，而在己为有悔；尽吾志也，而不能至者，可以无悔矣，其孰能讥之乎？此余之所得也！（王安石《游褒禅山记》）

【学习与践行】

在古人的山水游记中，不是名山，却可驻足，不是名水，仍可凭栏。山不在高，水不在深，重要的是要有怎样的游兴。一处山水，一串足迹，即一次心灵的旅行。于是赏山品水也有了流芳千古的价值。从孔子"登泰山小天下"的感怀到杜甫的"会当凌绝顶，一览众山小"的气魄，广为人们传颂。姚鼐在酷冬的风雪中，仍要冒着"迷雾冰滑"登泰山，欣赏泰山雪后奇特瑰丽景象。请结合阅读本单元获得的启示与自己的游历，写一篇山水游记。

第八单元　台阁名胜记

导与引

　　台阁名胜记是一种记述亭、台、楼、阁、寺、观及其他名胜古迹的杂记类文体。古人在修筑亭台楼观以及观览某处名胜古迹时，常常撰写记文，以记叙建造修葺过程、历史沿革，以及作者的种种感慨等。这类记文写法灵活，不拘一格，可记事，可写景，可抒怀，可议论。台阁名胜记一般是刻石的，但与古代的碑文是有区别的。碑文重点在记事的基础上记德颂功，一般前有序后有铭，语言典雅，风格矜重；而台阁名胜记文，记事只是其缘由，重点在发挥议论，抒写个人怀抱，行文相对随意，除个别外，没有铭文。因此，台阁名胜记从性质上讲属于文学小品，描写生动，议论风发，以情味隽永深厚取胜。

　　我国古代建筑历史悠久，台阁名胜遍布大江南北，留下了许多脍炙人口的台阁名胜记。唐代前期，为记体文创作的发轫期，台阁名胜记随之渐兴。到了宋代，台阁名胜记的写作蓬勃兴盛，作家群体之庞大、作品数量之丰饶、个性风格之鲜明都前所未有，这个时期的作品对后世传作影响深远。至明、清，虽不如唐、宋作品繁盛，亦时有佳作诞生。台阁名胜记反映了一个时代的文化精髓，同时也反映了文学的发展，体现了一代士人的精神风貌。登楼而赋、倚亭而作的文章成了民族文化中的瑰宝。其中部分名胜还在历史洪流中得以保存，供后人游览，如岳阳楼、浣花溪等。

本单元精选了从唐代到晚清具有代表性的台阁名胜记12篇。其中有久为传诵的《岳阳楼记》《醉翁亭记》，有气势恢宏的《燕喜亭记》《峡江寺飞泉亭记》，有人事关联的《浣花溪记》《喜雨亭记》《黄鹤楼记》，有豁然达观的《黄州快哉亭记》，有诚恳劝学的《墨池记》，还有抒写情趣抱负的《黄州新建小竹楼记》《永州龙兴寺东丘记》《沧浪亭记》。阅读这些文章，我们既可身临其境地感受古代建筑之美、自然之美、记游之美，也可从中领会作者的情趣、志趣和理趣。

本单元记文结构严谨、主旨深厚，遣词造句各有特色，且多用典故，多有历史遗迹，多含作者情志。阅读时，需勤翻词典，多阅资料，多动笔墨，品味作品里文采斐然的文章样式，以及集记叙、抒情、议论于一体的表达方式，积累重点语词语句，做到熟读成诵；阅读时，还需深入体会文章的内容与主旨，体悟作品的悠远意境，理解作者见解透辟、理趣横生的情思；阅读时，还需细细分析文章的结构，学习"记"文的结构样式和行文方式，学会寓理于物、借景抒情、托物言志的写作手法，不断提升自己的阅读能力、审美能力与践行能力，在学中行、行中信，使学、行、信三者融为一体。

黄鹤楼记

阎伯理

【题解】

阎伯理，唐代人，生平、籍贯均不详。黄鹤楼，位于湖北省武汉市武昌区，地处蛇山之巅，濒临万里长江，始建于三国吴黄武二年（223），因唐代诗人崔颢登楼所题《黄鹤楼》一诗而名扬四海。自古有"天下绝景"之美誉，世称"天下江山第一楼"。

　　州①城西南隅②，有黄鹤楼者。《图经》③云："费祎④登仙⑤，尝⑥驾⑦黄鹤返憩⑧于此，遂⑨以⑩名楼。"事列⑪《神仙》⑫之传，迹存《述异》⑬之志。观其⑭耸构巍峨⑮，高标巃嵸⑯，上倚河汉⑰，下临江流；重檐翼⑱馆，四闼⑲霞敞⑳；坐窥井邑㉑，俯拍云烟，亦荆吴㉒形胜之㉓最㉔也。何必濑乡九柱㉕、东阳八咏㉖，乃可赏观时物、会集灵仙者哉。

　　刺使兼侍御史、淮西租庸使、荆岳沔等州都团练使，河南穆公名宁，下车而乱绳皆理，发号而庶政其凝。或逶迤退公，或登车送远，游必于是，宴必于是。极长川之浩浩，见众山之累累。王室载怀，思仲宣㉗之能赋；仙踪可揖，嘉叔伟㉘之芳尘。乃喟然曰："黄鹤来时，歌城郭之并是；浮云一去，惜人世之俱非。"㉙有命抽毫，纪兹贞石。

　　时皇唐永泰元年㉚，岁次大荒落㉛，月孟夏㉜，日庚寅㉝也。

【注释】

①〔州〕指鄂州，治所在今湖北武汉市武昌区。　②〔隅〕角落。　③〔《图经》〕记载某地风俗、物产，附有地图的书籍。　④〔费祎〕字文伟，三国时蜀汉大将军。　⑤〔登仙〕成仙。　⑥〔尝〕曾经。　⑦〔驾〕骑。　⑧〔憩〕休息。　⑨〔遂〕于是，就。　⑩〔以〕用。　⑪〔列〕记载。　⑫〔《神仙》〕即《神仙传》，晋代葛洪著，专记神仙故事。　⑬〔《述异》〕即《述异记》，南朝梁任昉著，多载志怪故事。　⑭〔其〕代词，指黄鹤楼。　⑮〔巍峨〕高大雄伟的样子。⑯〔巃嵸〕高耸的样子。　⑰〔河汉〕银河。　⑱〔翼〕古代建筑的飞檐。⑲〔闼〕门。　⑳〔霞敞〕高大宽敞。　㉑〔井邑〕城乡。　㉒〔荆吴〕楚国和吴国，这里泛指长江中下游地区。　㉓〔之〕的。　㉔〔最〕最美的地方。　㉕〔濑乡九柱〕指位于濑乡的老子祠，故址在今河南鹿邑。柱，屋柱，代指屋宇。九，泛指多数。　㉖〔东阳八咏〕指南齐文学家沈约任东阳太守时所建八咏楼。楼原名元畅楼，沈约有《登台望秋月》等八首诗，称八咏诗，故称。　㉗〔仲宣〕汉文学家王粲（177—217），善诗赋。所作《登楼赋》颇有名。　㉘〔叔伟〕荀叔伟，曾于黄鹤楼上见到仙人驾鹤而至。事见《述异记》。　㉙〔"乃喟然曰"五句〕传说汉辽东人丁令威学道成仙，化鹤归来，落城门华表柱上。有少年欲射之，鹤乃飞鸣作人言："有鸟有鸟丁令威，去家千年今始归，城郭如故人民非，何不学仙冢垒垒。"事见晋陶潜《搜神后记》。　㉚〔永泰元年〕即 765 年。永泰为唐代宗的年号。　㉛〔大荒落〕《尔雅》纪年，太岁运行到地支"巳"的方位。　㉜〔孟夏〕四月。　㉝〔庚寅〕二十七日。

【解读】

本文短小精悍，内容充盈，极具文采。文章开篇，点出黄鹤楼所在地在武昌城西南角，给人留下深刻印象。《图经》以下五句，阐明黄鹤楼取名的由来。仙人乘鹤，本属虚无，而作者却以无作有，给这座楼平添了神秘的色彩。作者运用对偶、夸张的手法写出黄鹤楼气势雄伟的外观和登楼感受，继而描写景物，上下、远近、内外、虚实相间，行文变化多端，情趣盎然。接下来，作者介绍了这篇文章的促成者穆宁，颂扬了其政迹，点出了黄鹤楼实在是游览的好去处。紧接着，作者登楼远望，触景生情，不免追忆东汉末年因见王室衰微，登楼兴感作《登楼赋》的王粲；想到当年曾在黄鹤楼上见到仙人驾鹤而至、进而宾主畅叙的荀叔伟。这两句是交代穆刺史兴感之曲，因而才有了嘱咐阎伯理撰写《黄鹤楼记》付刻碑石的行动，情节推进顺理成章，行文通畅自然。

文章层次分明，取材结构得当，用精练的语言高度概括，黄鹤楼概况一览无遗，有掌故、有景物、有事实、有议论，也有感慨。成为"楼"记的典范之作。

［明］安正文《黄鹤楼图》

燕喜亭记

韩　愈

【题解】

本文作于唐德宗贞元二十年（804），当时韩愈为连州（今广东连州市）阳山令。贞元十九年（803），王仲舒被贬为连州司户参军，其人以文章德行而知名，且为官刚正，体察民情，为时人敬仰。二人交谊深厚，此时同贬一地，韩愈便为王仲舒所作之亭命名为记。

太原王弘中①在连州，与学佛人②景常、元慧游。异日，从二人者行于其居之后、丘荒之间，上高而望，得异处③焉。斩茅④而嘉树列⑤，发石⑥而清泉激⑦，辇粪壤⑧，燔椔翳⑨。却立而视之：出者突然成丘，陷者呀然⑩成谷，洼者为池而缺者为洞，若有鬼神异物阴⑪来相之。自是，弘中与二人者晨往而夕忘归焉，乃立屋⑫以避风雨寒暑。

既成，愈请名之，其丘曰"竢德⑬之丘"，蔽于古⑭而显于今⑮，有竢之道也；其石谷曰"谦受之谷"，瀑曰"振鹭之瀑⑯"，谷言德，瀑言容也；其土谷⑰曰"黄金之谷"，瀑曰"秩秩之瀑⑱"，谷言容，瀑言德也；洞曰"寒居之洞"，志⑲其入时⑳也；池曰"君子之池"，虚㉑以钟㉒其美，盈㉓以出其恶㉔也；泉之源曰"天泽㉕之泉"，出高而施下也；合而名之以屋曰"燕喜之亭"，取《诗》所谓"鲁侯燕喜"者颂也。

于是州民之老，闻而相与观焉㉖，曰："吾州之山水名天下，然而无与'燕喜'者比。经营于其侧者㉗相接也，而莫直其地㉘。"凡天作而地藏之㉙以遗其人㉚乎？弘中自吏部郎㉛贬秩㉜而来，次其道途所经㉝，自蓝田㉞入商㉟洛㊱，涉淅、湍㊲，临汉水㊳，升岘

326

首^㊴以望方城^㊵；出荆门，下岷江，过洞庭，上湘水，行衡山之下；濉郴逾岭，蝯狖^㊶所家，鱼龙所宫，极幽遐瑰诡^㊷之观，宜其于山水饫^㊸闻而厌^㊹见也。今其意乃若不足^㊺。传曰："智者乐水，仁者乐山。"弘中之德，与其所好，可谓协矣。智以谋之，仁以居之，吾知其去是而羽仪于天朝^㊻也不远矣。遂刻石以记。

【注释】

①［王弘中］即王仲舒，唐朝文学家。　②［学佛人］信佛之人，即佛徒。③［异处］指景物异常之地。　④［斩茅］剖去茅草。　⑤［嘉树列］好的树木一排排显露出来。　⑥［发石］拨开乱石。　⑦［清泉激］清澈的泉才喷涌而出。⑧［辇（niǎn）粪壤（rǎng）］运走污秽之物。　⑨［燔（fán）楛（zī）翳（yì）］焚烧枯死的杂树。　⑩［呀（yā）然］裂开的样子。　⑪［阴］暗暗。　⑫［立屋］修建房屋，指燕喜亭。　⑬［竢（sì）德］具有耐心等待的道德修养。竢，同"俟"。　⑭［蔽于古］指荒丘昔日一直被掩盖。　⑮［显于今］今天才显露其光彩。　⑯［振鹭之瀑］形容瀑布像一群展翅飞翔的白鹭。　⑰［土谷］沃土形成的谷地，土壤肥沃，适于耕种。　⑱［秩（zhì）秩之瀑］瀑布被安排得秩序井然。　⑲［志］标志。　⑳［入时］进洞之季节。　㉑［虚］指池子容量大，文章比喻主人有君子之器量。　㉒［钟］聚积，集中。　㉓［盈］指水满溢出池外。㉔［出其恶］排除其恶行。　㉕［天泽］上天的恩泽。　㉖［相与观焉］结伴来此观看。　㉗［经营于其侧者］指在燕喜亭附近经营农业的人。　㉘［莫直其地］没有人认识燕喜亭这块地方的价值。　㉙［天作而地藏之］大自然创造了这样的胜景，而大地将它保存起来。　㉚［遗其人］预备送给应得其地之人。文章指王仲舒得此佳境是天意。　㉛［吏部郎］指其原任吏部员外郎。　㉜［贬秩］贬官。㉝［次其道途所经］依次记录王仲舒从长安来连州途中所经过的地方。　㉞［蓝田］地名，今陕西省西安蓝田。　㉟［商］唐代商州，其辖境相当于今陕西秦岭以南、洵河以东及湖北省上津镇一带。　㊱［洛］指今河南省洛阳地区。　㊲［淅（xī）、湍（tuān）］均为水名，在今河南省。　㊳［汉水］即今之汉水，在湖北省武汉市之汉口长江。　㊴［岘（xiàn）首］岘首山，一名岘山，在湖北省襄阳市。㊵［方城］山名，在湖北省竹山县东南。　㊶［蝯（yuán）狖（yòu）］猿类动

物。 ㊷〔幽遐瑰诡（guǐ）〕指幽僻荒远之处的种种奇异瑰丽的景物。 ㊸〔饫（yù）〕饱。 ㊹〔厌〕即"餍"，饱。 ㊺〔乃若不足〕好像尚未看够。 ㊻〔羽仪于天朝〕回到朝廷去做官。文章是借以称王仲舒必将进居讳位，而为人们敬重。羽仪，比喻被人尊重，可作为表率。

【解读】

《燕喜亭记》整体构思新颖。新在哪里呢？文章开篇点出王弘中后，即大写他对自然美景的留恋和开发，似乎意在写景，实则出人意料地转写人物之爱好，最终落脚于德行，令人有豁然开朗之感。整篇文章用衬托手法把人和物融合起来，首尾呼应，神回气合，作者谋篇布局高超，则给人一种平中出奇、曲折有致的感觉。文中对于景物的描写，作者只用了四句话概括其地势状貌，且主要都是客观描述，丘、谷、瀑、洞、泉、亭的命名则是该文叙述的重心。作者在对这些命名进行解释时，所宣扬的是君子之德，这也是作者用心之处。文中还运用了拟人、拟物、排比等多种修辞手法，使行文层峦迭出，美不胜收。

这篇记文的内容主旨，深藏着作者自身的思想境界与生命情调，读来可隐约感受到儒家哲学与庄子哲学的高度融合。一方面，作者受儒家思想影响，渴望实现自己的政治理想，非常注意个人的品德修养，甚至将德行投射于山水自然中。另一方面，他遭受政治挫折，不甘沉沦，努力从山水中寻找精神的寄托。在庄子看来，于山林中修道较之尘俗更能使人超凡脱俗。文章深刻反映了天人合一、自强不息的传统文化精神。

永州龙兴寺东丘记

柳宗元

【题解】

唐顺宗永贞元年（805），永贞革新失败，柳宗元被贬为邵州刺史，赴任途中，又被加贬为永州司马，在永州谪居长达十年。在此期间，柳宗元读书游历，写下了大量诗文，本文即作于这一时期。永州在今湖南永州市，龙兴寺在零陵城东南潇水东岸，柳宗元曾寄住于寺内西厢房，题目中的东丘指的是龙兴寺东边的小山丘。

游之适①，大率②有二：旷如③也，奥如④也，如斯而已。其地之凌阻峭，出幽郁，寥廓悠长，则于旷宜；抵丘垤⑤，伏灌莽⑥，迫邃回合⑦，则于奥宜。因其旷，虽增以崇⑧台延阁，回环日星，临瞰风雨，不可病其敞也⑨；因其奥，虽增以茂树丛石，穹若洞谷，蓊若林麓⑩，不可病其邃也。

今所谓东丘者，奥之宜者也。其始龛⑪之外弃地，予得而合焉，以属于堂之北陲⑫。凡坳垤⑬坻⑭岸之状，无废其故⑮。屏以密竹，联以曲梁。桂桧松杉梗楠⑯之植，几三百本⑰，嘉卉美石，又经纬之。俛⑱入绿缛⑲，幽荫荟蔚⑳。步武错迕㉑，不知所出。温风不烁㉒，清气自至。水亭狭室，曲有奥趣。然而至焉者，往往以邃为病。

噫！龙兴，永之佳寺也。登高殿可以望南极，辟大门可以瞰湘㉓流，若是其旷也。而于是小丘，又将披而攘之㉔。则吾所谓游有二者，无乃阙焉而丧其地之宜乎？丘之幽幽，可以处休。丘之窅窅㉕，可以观妙。溽暑㉖遁去，兹丘之下。大和不迁㉗，兹丘之巅。奥乎兹丘，孰从我游？余无召公㉘之德，惧翦㉙伐之及也，故书以祈后之君子。

【注释】

①［适］适意。　②［大率］大概，大略。　③［旷（kuàng）如］开阔的样子。　④［奥（ào）如］深邃的样子。　⑤［垤（dié）］蚁穴外隆起的小土堆，此指小山丘。　⑥［灌（guàn）莽（mǎng）］灌木与草。　⑦［迫（pò）遽（jù）回合］迂回曲折。　⑧［崇］高。　⑨［不可病其敞也］不会损害其开阔。　⑩［蓊（wěng）若林麓（lù）］草木蓬勃兴盛貌。　⑪［龛（kān）］龛室，安放佛像的小阁。　⑫［陲（chuí）］边，际。　⑬［坳（ào）洼（wā）］凹陷低洼处。　⑭［坻（chí）］小洲。　⑮［无废其故］不改变其原来的样子。　⑯［楩（pián）楠（nán）］木名。　⑰［本］棵。　⑱［俛（fǔ）］同"俯"，弯腰。　⑲［绿缛（rù）］绿茵。　⑳［荟（huì）蔚（wèi）］繁密的样子。　㉑［步武错迕（wǔ）］步伐错杂。　㉒［烁（shuò）］热。　㉓［湘］此指潇水。　㉔［披而攘（rǎng）之］离而散之。　㉕［窅（yǎo）窅］深远的样子。　㉖［溽（rù）暑］酷暑。　㉗［大（tài）和不迁］阴阳冲和的元气不离散。　㉘［召公］姓姬，名奭，周武王的大臣，因封地在召，故称召公或召伯。　㉙［翦（jiǎn）］同"剪"，文章指的是砍伐。

【解读】

这篇文章短小精悍，结构严谨，融记事、抒情、议论于一体，意旨深厚，启人思想。第一段先就"游之适"发表议论，总领全文。作者列出了适宜于游历的两类景致。一类是"旷如"，即开阔远大的境界，另一类是"奥如"，即深邃荫蔽的境界。接着讲"旷如"和"奥如"的具体内容。文中运用整齐对称的对偶句，如"因其旷，虽增以崇台延阁，回环日星，临瞰风雨，不可病其敞也；因其奥，虽增以茂树丛石，穹若洞谷，翳若林麓，不可病其邃也。"增强了美感，提升了情趣。第二段紧承上文，议论兼抒情，直接写东丘的景色是"奥之宜者也"，交代作者自己如何因其"奥"对它进行改建。最后写作者触景生情，内心的幽怨惆怅同环境的清冷发生共鸣，寂寞孤独的情绪也油然而生，发出了触景生情的感叹。

在艺术手法上，作者引用典故，加深了文旨。如"余无召公之德，惧翦伐之及也，故书以祈后之君子"，运用了《诗经·召南·甘棠》中"蔽芾甘棠，勿翦勿伐，召伯所茇"（意思是郁郁葱葱棠梨树，不剪不砍细养护，曾是召伯居住处）的典故。从字面上看，是要人们爱护小丘，不要损坏它。实际上是借此曲折地表述自己的心情：前途渺茫，常存隐忧。文中的一个"惧"字，凸显了作者的心境。文章句法参差，对偶句、散句和韵语错落有致，读来朗朗上口，增强了文章的美学效果。

柳宗元在《邕州柳中丞作马退山茅亭记》一文中，曾提出"美不自美，因人而彰"的美学主张。本文延续了这一观点，展示了作者对"美"的理念。作者的《永州八记》，从人出发，尊重自然，发现自然美，融入自然，欣赏自然美。这篇文章给我们一个重要启示，应当充分发挥主观能动性，懂得享受、领略、欣赏、爱护自然，与自然和谐共处。

黄州新建小竹楼记

王禹偁

【题解】

王禹偁（954—1001），字元之，济州钜野（今山东巨野）人，北宋文学家。王禹偁为北宋诗文革新运动的先驱，文章多反映社会现实，风格清新平易，著有《小畜集》30 卷等。他敢于直谏，屡受贬谪，曾被贬黄州，世称王黄州。宋真宗咸平元年（998），当时担任知制诰的王禹偁参加了《太宗实录》的编写，因直书史事，被贬为黄州刺史；次年到达黄州，不久修建竹楼两间，作文记之。

黄冈^①之地多竹，大者如椽^②，竹工破之，刳^③去其节，用代陶瓦^④。比屋^⑤皆然，以其价廉而工省也。

子城^⑥西北隅，雉堞圮毁^⑦，蓁莽^⑧荒秽，因作小楼二间，与月波楼^⑨通。远吞^⑩山光，平挹^⑪江濑^⑫，幽阒辽夐^⑬，不可具状。夏宜急雨，有瀑布声；冬宜密雪，有碎玉声；宜鼓琴，琴调和畅；宜咏诗，诗韵清绝；宜围棋，子声丁丁^⑭然；宜投壶^⑮，矢声铮铮然；皆竹楼之所助^⑯也。

公退^⑰之暇，被鹤氅衣^⑱，戴华阳巾^⑲，手执《周易》一卷，焚香默坐，消遣世虑^⑳。江山之外，第^㉑见风帆沙鸟，烟云竹树而已。待其酒力醒，茶烟歇，送夕阳，迎素月，亦谪^㉒居之胜概^㉓也。

彼齐云、落星^㉔，高则高矣；井干、丽谯^㉕，华则华矣；止于贮妓女，藏歌舞，非骚人^㉖之事，吾所不取。

吾闻竹工云，竹之为瓦，仅十稔^㉗。若重覆之，得二十稔。噫，吾以至道乙未岁，自翰林出滁上^㉘，丙申^㉙移广陵^㉚；丁酉^㉛

又入西掖㉜，戊戌岁除日㉝有齐安㉞之命，己亥㉟闰三月到郡。四年之间，奔走不暇，未知明年又在何处，岂惧竹楼之易朽乎！后之人与我同志，嗣而葺之㊱，庶㊲斯楼之不朽也！

咸平二年八月十五日记。

【注释】

①〔黄冈〕地名，在今湖北省黄冈市。　②〔椽（chuán）〕椽子，架在屋顶承受屋瓦的木条。　③〔刳（kū）〕削剔，挖空。　④〔陶瓦〕用泥烧制的瓦。⑤〔比屋〕挨家挨户。比，紧挨，靠近。　⑥〔子城〕城门外用于防护的半圆形城墙。　⑦〔雉堞（dié）圮（pǐ）毁〕城上的矮墙倒塌毁坏。雉堞，城上的矮墙。圮毁，倒塌毁坏。　⑧〔榛（zhēn）莽（mǎng）〕丛生的树木和草。　⑨〔月波楼〕黄州的一座城楼。　⑩〔吞〕文章指望见。　⑪〔挹（yì）〕汲取，文章指望见。　⑫〔濑（lài）〕沙滩上的流水。　⑬〔幽阒（qù）辽夐（xiòng）〕幽静辽阔。幽阒，清幽静寂。夐，远、辽阔。　⑭〔丁（zhēng）丁〕形容棋子敲击棋盘时发出的清脆悠远之声。　⑮〔投壶〕古人宴饮时的一种游戏。该游戏以矢投壶中，投中次数多者为胜，胜者斟酒使败者饮。　⑯〔助〕助成，得力于。　⑰〔公退〕办完公事，退下休息。　⑱〔鹤氅（chǎng）衣〕用鸟羽制的披风。　⑲〔华阳巾〕道士所戴的头巾。　⑳〔世虑〕世俗的念头。　㉑〔第〕但，只。　㉒〔谪（zhé）〕封建王朝官吏降职或远调。　㉓〔胜概〕美好的生活状况。胜，美好的。概，状况，文章指生活状况。　㉔〔齐云、落星〕均为古代名楼。　㉕〔井干、丽谯（qiáo）〕均为古代名楼。　㉖〔骚（sāo）人〕屈原曾作《离骚》，故后人称诗人为"骚人"，亦指风雅之士。　㉗〔稔（rěn）〕谷子一熟叫作一稔，引申指一年。　㉘〔至道乙未岁，自翰林出滁上〕宋太宗至道元年（995），作者因讪谤朝廷罪由翰林学士贬至滁州。出，贬往。　㉙〔丙申〕宋太宗至道二年（996）。㉚〔广陵〕古郡名，即扬州。　㉛〔丁酉（yǒu）〕宋太宗至道三年（997）。㉜〔又入西掖（yè）〕指回京复任刑部郎中知制诰。西掖，中书省。　㉝〔戊（wù）戌（xū）岁除日〕戊戌年除夕。戊戌，宋真宗咸平元年（998）。　㉞〔齐安〕古郡名，即黄州。　㉟〔己亥（hài）〕宋真宗咸平二年（999）。　㊱〔嗣（sì）而葺（qì）之〕继我之意而常常修缮它。嗣，接续、继承。葺，修整。㊲〔庶（shù）〕表示期待或可能。

【解读】

本文是著名的"记"类抒情作品。全文以清雅的文字，寄托了作者的志向，申叙了复杂的情感。文章结构严谨，构思巧妙，层次分明，多用排比，寓情于景，轻快自然，富有艺术特色。

本文具有三个显著特点。一是思路结构明晰。文章开篇即写黄州多竹和用竹造屋的好处，为下文详写竹楼作了很好的铺垫。接着写在楼中可以领略到别处无法领略的清韵雅趣。第三段写作者悠闲自得、幽雅飘逸的谪居生活，最后一段借竹楼的命运表达了自己对前途的自信。二是情感寄寓深远。黄冈竹楼不仅是一栋建筑，更是作者洁身自好人格力量的象征，是作者苦闷心灵聊以栖居的寓所。宦海沉浮的不幸遭遇不但没有消弭作者积极入世的热情，而且使他有竹楼"听雨如瀑""闻雪若玉"的从容，有"岂惧竹楼之易朽乎"的自信。三是修辞精警。全文广泛采用了对比的手法——作者将简易的竹楼与四大名楼对比，以"贮妓女、藏歌舞"的腐朽与"焚香默坐，消遣世虑"的儒雅对比，抒写了作者高洁的品格和磊落的襟怀。

本文既抒写了作者随遇而安、贬谪不惧的心态，也含蓄地表达了愤懑不平之情。最后作者发出喟叹："四年之间，奔走不暇，未知明年又在何处，岂惧竹楼之易朽乎！"这句话既是对眼前之景的哲思，也是对自己命途多舛的坦然，给人以大气开阔之感。同时，也提升了文章的意旨和境界。

岳阳楼记

范仲淹

【题解】

本文是范仲淹于庆历六年九月十五日（1046 年 10 月 17 日）应好友岳州知州滕宗谅之邀，为重修岳阳楼而创作的一篇散文。岳阳楼坐落于湖南岳阳市，紧邻洞庭湖，气象恢宏，历史悠久。文章通过写岳阳楼的景色，以及阴雨和晴朗时带给人的不同感受，揭示了"不以物喜，不以己悲"的古仁人之心，也表达了自己"先天下之忧而忧，后天下之乐而乐"的爱国爱民情怀。

庆历四年春①，滕子京谪守巴陵郡②。越明年③，政通人和④，百废具兴⑤。乃重修岳阳楼，增其旧制⑥，刻唐贤今人⑦诗赋于其上。属予作文以记之⑧。

予观夫巴陵胜状⑨，在洞庭一湖。衔远山，吞长江，浩浩汤汤⑩，横无际涯⑪；朝晖夕阴，气象万千⑫。此则岳阳楼之大观也，前人之述备矣⑬。然则⑭北通巫峡，南极潇湘⑮，迁客骚人⑯，多会于此，览物之情，得无异乎⑰？

若夫淫雨霏霏⑱，连月不开⑲，阴⑳风怒号，浊浪排空㉑；日星隐曜㉒，山岳潜形㉓；商旅不行㉔，樯倾楫摧㉕；薄暮冥冥㉖，虎啸猿啼。登斯楼也，则有㉗去国怀乡，忧谗畏讥㉘，满目萧然㉙，感极而悲者矣㉚。

至若春和景明㉛，波澜不惊㉜，上下天光，一碧万顷㉝；沙鸥翔集，锦鳞游泳㉞；岸芷汀兰㉟，郁郁㊱青青。而或长烟一空㊲，皓月千里㊳，浮光跃金㊴，静影沉璧㊵，渔歌互答，此乐何极㊶！登斯楼也，则有心旷神怡㊷，宠辱偕忘㊸，把酒临风㊹，其喜洋洋者矣。

嗟夫！予尝求古仁人之心^㊺，或异二者之为^㊻。何哉？不以物喜，不以己悲^㊼；居庙堂之高则忧其民^㊽；处江湖之远则忧其君^㊾。是进亦忧，退亦忧。然则何时而乐耶？其必曰："先天下之忧而忧，后天下之乐而乐"^㊿乎。噫！微斯人，吾谁与归^{○51}？

时六年九月十五日。

【注释】

①〔庆历四年〕1044 年。庆历，宋仁宗赵祯的年号。文章末句中的"时六年"，指庆历六年（1046），点明作文的时间。　②〔滕子京谪（zhé）守巴陵郡〕滕子京降职任岳州太守。滕子京，名宗谅，范仲淹的朋友。谪，封建王朝官吏降职或远调。守，做郡的长官。　③〔越明年〕到了第二年。　④〔政通人和〕政事顺利，百姓和乐。　⑤〔百废具兴〕各种荒废的事业都兴办起来了。百，不是确指，形容其多。废，这里指荒废的事业。具，同"俱"，全，皆。兴，复兴。⑥〔制〕规模。　⑦〔唐贤今人〕唐代和当代名人。贤，形容词作名词用。　⑧〔属（zhǔ）予作文以记之〕属，同"嘱"，嘱托、嘱咐。予，我。作文，写文章。以，连词，用来。记，记述。　⑨〔夫巴陵胜状〕夫，那。胜状，胜景，好景色。⑩〔浩浩汤汤（shāng）〕水波浩荡的样子。汤汤，水流大而急。　⑪〔横无际涯〕宽阔无边。横，广远。际涯，边。际专指陆地边界，涯专指水的边界。　⑫〔朝晖夕阴，气象万千〕或早或晚（一天里）阴晴多变化。朝，在早晨，名词作状语。晖，日光。气象，景象。万千，千变万化。　⑬〔前人之述备矣〕前人的记述很详尽了。前人之述，指上面说的"唐贤今人诗赋"。备，详尽，完备。矣，语气词"了"。之，助词，的。　⑭〔然则〕虽然如此，那么。　⑮〔南极潇湘〕南面直到潇水、湘水。潇水是湘水的支流。湘水流入洞庭湖。南，向南。极，尽，最远到达。　⑯〔迁客骚人〕迁客，谪迁的人，指降职远调的人。骚人，诗人。战国时屈原作《离骚》，因此后人也称诗人为骚人。　⑰〔览物之情，得无异乎〕看到自然景物而引发的情感，怎能不有所不同呢？览，观看，欣赏。得无……乎，大概……吧。　⑱〔若夫淫雨霏霏〕若夫，用在一段话的开头以引起下文。下文的"至若"，同此。"若夫"近似"像那"。"至若"近似"至于"。淫雨，连绵不断的

雨。霏霏，雨或雪（繁密）的样子。 ⑲［开］（天气）放晴。 ⑳［阴］阴冷。
㉑［排空］冲向天空。 ㉒［日星隐曜（yào）］太阳和星星隐藏起光辉。曜，不
为耀，古文中以此当作日光，光辉。 ㉓［山岳潜形］山岳隐没了形体。岳，高
大的山。潜，隐没。形，形迹。 ㉔［行］走，此指前行。 ㉕［樯（qiáng）倾
楫（jí）摧］桅杆倒下，船桨折断。樯，桅杆。楫，船桨。倾，倒下。摧，折断。
㉖［薄暮冥冥］傍晚天色昏暗。薄，迫近。冥冥，昏暗的样子。 ㉗［则有］则，
就。有，产生……的（情感）。 ㉘［去国怀乡，忧谗畏讥］离开国都，怀念家乡，
担心（人家）说坏话，惧怕（人家）批评指责。去，离开。国，国都，指京城。
忧，担忧。谗，谗言。畏，害怕，惧怕。讥，嘲讽。 ㉙［萧然］凄凉冷落的样
子。 ㉚［感极而悲者矣］感极，感慨到了极点。而，连词，表顺接。 ㉛［至若
春和景明］至于到了春天气候暖和，阳光普照。至若，至于。春和，春风和煦。
景，日光。明，明媚。 ㉜［波澜不惊］湖面平静，没有惊涛骇浪。惊，这里有
"起""动"的意思。 ㉝［上下天光，一碧万顷］天色湖面光色交映，一片碧绿，
广阔无边。一，一片。万顷，极言其广。 ㉞［沙鸥翔集，锦鳞游泳］沙鸥时而
飞翔，时而停歇，美丽的鱼在水中游来游去。沙鸥，沙洲上的鸥鸟。翔集，时而
飞翔，时而停歇。集，栖止，鸟停息在树上。锦鳞，指美丽的鱼。鳞，代指鱼。
游泳，或浮或沉。游，贴着水面游。泳，潜入水里游。 ㉟［岸芷（zhǐ）汀
（tīng）兰］岸上的小草，小洲上的兰花。芷，香草的一种。汀，小洲，水边平
地。 ㊱［郁郁］形容草木茂盛。 ㊲［而或长烟一空］有时大片烟雾完全消散。
或，有时。长，大片。一，全。空，消散。 ㊳［皓月千里］皎洁的月光照耀千
里。 ㊴［浮光跃金］湖水波动时，浮在水面上的月光闪耀起金光。这是描写月
光照耀下的水波。有些版本作"浮光耀金"。 ㊵［静影沉璧］湖水平静时，明月
映入水中，好似沉下一块玉璧。这里是写无风时水中的月影。璧，圆形正中有孔
的玉。沉璧，像沉入水中的璧玉。 ㊶［何极］哪有穷尽。何，怎么。极，穷尽。
㊷［心旷神怡］心情开朗，精神愉快。旷，开阔。怡，愉快。 ㊸［宠辱偕忘］
荣耀和屈辱一并都忘了。宠，荣耀。辱，屈辱。偕，一起，一作"皆"。 ㊹［把
酒临风］端酒面对着风，就是在清风吹拂中端起酒来喝。把，持，执。临，面对。
㊺［予尝求古仁人之心］尝，曾经。求，探求。古仁人，古时品德高尚的人。心，
思想（感情心思）。 ㊻［或异二者之为］或许不同于（以上）两种心情。或，近
于"或许""也许"的意思，表委婉口气。为，这里指心理活动，即两种心情。二

者，这里指前两段的"悲"与"喜"。　㊼〔不以物喜，不以己悲〕不因为外物好坏和自己得失而或喜或悲（此句为互文）。以，因为。　㊽〔居庙堂之高则忧其民〕在朝中做官就担忧百姓。居庙堂之高，处在高高的庙堂上，意为在朝中做官。庙，宗庙。堂，殿堂。庙堂，指朝廷。下文的"进"，即指"居庙堂之高"。㊾〔处江湖之远则忧其君〕处在僻远的地方做官就为君主担忧。处江湖之远，处在偏远的江湖间，意思是不在朝廷上做官。之，定语后置的标志。下文的"退"，即指"处江湖之远"。　㊿〔先天下之忧而忧，后天下之乐而乐〕在天下人担忧之前先担忧，在天下人享乐之后才享乐。先，在……之前。后，在……之后。[51]〔微斯人，吾谁与归〕（如果）没有这种人，那我同谁一道呢？微，（如果）没有。斯人，这种人（指前文的"古仁人"）。谁与归，就是"与谁归"。归，归依。

【解读】

《岳阳楼记》是千古名作。全文分六个自然段。文章开头即切入正题，叙述事情的缘起。以"庆历四年春"点明时间起笔，格调庄重；说滕子京为"谪守"，已暗喻对仕途沉浮的悲慨，为后文抒情设伏。接着仅用"政通人和，百废具兴"八个字，写出滕子京的政绩，引出重修岳阳楼和作记一事。

第二自然段先总说"巴陵胜状，在洞庭一湖"，设定下文写景范围。以下"衔远山，吞长江"寥寥数语，写洞庭湖之大观胜概。一"衔"一"吞"，气势磅礴。"浩浩汤汤，横无际涯"，极尽水波壮阔；"朝晖夕阴，气象万千"，概说阴晴变化，简练而又生动。"前人之述备矣"一句承前启后，从而构出全文的主体。第三、第四两段并行而下，一悲一喜，一暗一明，像两股不同的情感之流，传达出景与情互相感应的两种截然相反的人生情境。第五自然段为全篇的核心，以"嗟夫"开启，兼有抒情和议论的意味。作者在列举了悲喜两种情境后，笔调突然激扬，道出了超乎这两者之上的一种更高的理想境界，那就是"不以物喜，不以己悲"。于是联想到古代的仁人，就有坚定的意志，不为外界条件的变化动摇。于是发出了"先天下之忧而忧，后天下之乐而乐"的誓言，点明了全篇的主旨。

全文融记叙、写景、抒情、议论为一体，动静相融，明暗相衬，文辞简约，音节和谐，用排偶方法作景物对比，使景中含情，情景交融。文章完全超越了单纯写山水楼观，将自然界的晦明变化、风雨阴晴和"迁客骚人"的"览物之情"相结合，将文章的重心放到伟大的政治抱负上，从而升华了文章的境界。正如清代吴楚材、吴调侯在《古文观止》所言："岳阳楼大观，已被前方人写尽，先生更不赘述，只将登楼者览物之情写出。悲喜二意，只是翻出后文忧、乐一段正论。以圣贤忧国忧民心地，发而为文章，非先生其孰能之！"

［元］夏永《岳阳楼图》

醉翁亭记

欧阳修

【题解】

欧阳修（1007—1072），字永叔，号醉翁，晚号六一居士，庐陵（今江西永丰）人，北宋政治家、文学家。谥号文忠，故世称欧阳文忠公。欧阳修是宋代开创一代文风的文坛领袖，"唐宋八大家"之一，有《欧阳文忠公集》传世。在史学方面，也有较高成就，曾主修《新唐书》，独撰《新五代史》。本文为作者于庆历四年被贬滁州期间所作。

环①滁②皆③山也。其④西南诸峰，林壑⑤尤⑥美。望之蔚然而深秀者，琅琊也⑦。山⑧行六七里，渐闻水声潺潺⑨而泻出于两峰之间者，酿泉⑩也。峰回路转⑪，有亭翼然⑫临⑬于⑭泉上者，醉翁亭也。作⑮亭者谁？山之僧智仙也。名⑯之者谁？太守自谓⑰也。太守与客来饮于此，饮少辄⑱醉，而年又最高⑲，故自号⑳曰㉑醉翁也。醉翁之意不在酒㉒，在乎㉓山水之间也。山水之乐，得㉔之心而寓㉕之酒也。

若夫㉖日出而林霏㉗开㉘，云归㉙而岩穴暝㉚，晦明㉛变化者，山间之朝暮也。野芳㉜发㉝而幽香，佳木秀㉞而繁阴㉟，风霜高洁，水落而石出者㊱，山间之四时也。朝而往，暮而归，四时之景不同，而乐亦无穷也。

至于㊲负者㊳歌于途，行者休于树㊴，前者呼，后者应，伛偻㊵提携㊶，往来而不绝者，滁人游也。临㊷溪而渔㊸，溪深而鱼肥。酿泉㊹为酒，泉香而酒洌㊺；山肴㊻野蔌㊼，杂然㊽而前陈㊾者，太守宴也。宴酣^㊿之乐，非丝^㊿非竹^㊿，射^㊿者中，弈^㊿者胜，觥筹交错^㊿，起坐而喧哗者，众宾欢也。苍颜^㊿白发，颓然乎其间^㊿者，太守醉也。

已而^㊿夕阳在山，人影散乱，太守归^㊿而宾客从也。树林阴翳^㊀，鸣声上下^㊁，游人去而禽鸟乐也。然而禽鸟知山林之乐，而不知人之乐；人知从太守游而乐，而不知太守之乐其乐^㊂也。醉能同其乐，醒能述以文者^㊃，太守也。太守谓^㊄谁？庐陵^㊅欧阳修也。

【注释】

① ［环］环绕。　② ［滁（chú）］滁州，今安徽省东部。　③ ［皆］副词，都。　④ ［其］代词，它，指滁州城。　⑤ ［壑（hè）］山谷。　⑥ ［尤］格外，特别。　⑦ ［蔚然而深秀者，琅琊也］树木茂盛，又幽深又秀丽的，是琅琊山。蔚然，草木繁盛的样子。　⑧ ［山］名词作状语，沿着山路。　⑨ ［潺潺（chán）］流水声。　⑩ ［酿泉］泉水名，原名玻璃泉，在琅琊山醉翁亭下，因泉水很清可以酿酒而得名。　⑪ ［峰回路转］山势回环，路也跟着拐弯。比喻事情经历挫折失败后，出现新的转机。回，回环，曲折环绕。　⑫ ［翼然］四角翘起，像鸟张开翅膀的样子。　⑬ ［临］靠近。　⑭ ［于］在。　⑮ ［作］建造。　⑯ ［名］名词作动词，命名。　⑰ ［自谓］自称，用自己的别号来命名。　⑱ ［辄（zhé）］就，总是。　⑲ ［年又最高］年纪又是最大的。　⑳ ［号］名词作动词，取别号。　㉑ ［曰］叫作。　㉒ ［醉翁之意不在酒］后来用以比喻本意不在此而另有目的。意，这里指情趣。　㉓ ［乎］相当于"于"。　㉔ ［得］领会。　㉕ ［寓］寄托。　㉖ ［夫（fú）］语气助词，无实意，多用于句首。　㉗ ［林霏］树林中的雾气。霏，原指雨、雾纷飞，此处指雾气。　㉘ ［开］消散，散开。　㉙ ［归］聚拢。　㉚ ［暝（míng）］昏暗。　㉛ ［晦明］指天气阴晴昏暗。晦，昏暗。　㉜ ［芳］花草发出的香味，这里引申为"花"，名词。　㉝ ［发］开放。　㉞ ［秀］植物开花结实。这里有繁荣滋长的意思。　㉟ ［繁阴］一片浓密

的树荫。　　㊱〔风霜高洁，水落而石出者〕秋风高爽，霜色洁白，溪水滴落，山石显露。水落石出，原指一种自然景象，大多比喻事情终于真相大白。　　㊲〔至于〕连词，于句首，表示两段的过渡，提起另事。　　㊳〔负者〕背着东西的人。㊴〔休于树〕倒装，"于树休"，在树下休息。　　㊵〔伛偻（yǔ lǚ）〕腰背弯曲的样子，这里指老年人。　　㊶〔提携〕小孩子被大人领着走，这里指小孩子。㊷〔临〕来到。　　㊸〔渔〕捕鱼。　　㊹〔酿泉〕用酿泉。　　㊺〔洌（liè）〕清澈。㊻〔山肴〕用从山野捕获的鸟兽做成的菜。　　㊼〔野蔌（sù）〕野菜。蔌，菜蔬的总称。　　㊽〔杂然〕杂乱的样子。　　㊾〔陈〕摆开，陈列。　　㊿〔酣〕尽情地喝酒。　　○51〔丝〕弦乐器的代称。　　○52〔竹〕管乐器的代称。非丝非竹，不是音乐。○53〔射〕这里指投壶，古人宴饮时的一种游戏，把箭向壶里投，投中多的为胜，负者照规定的杯数喝酒。　　○54〔弈〕下棋。这里用做动词，下围棋。　　○55〔觥筹交错〕酒杯和酒筹交互错杂。觥（gōng），酒杯。筹，行酒令的筹码，用来记饮酒数。　　○56〔苍颜〕容颜苍老。　　○57〔颓然乎其间〕醉醺醺地坐在宾客中间。颓然，原意是精神不振的样子，这里是醉醺醺的样子。　　○58〔已而〕随后，不久。○59〔归〕返回，回家。　　○60〔阴翳〕形容枝叶茂密成荫。　　○61〔鸣声上下〕意思是鸟到处叫。上下，指高处和低处的树林。　　○62〔乐其乐〕乐他所乐的事情。第一个乐，以……为乐。第二个乐，乐事。　　○63〔醉能同其乐，醒能述以文者〕醉了能够同大家一起欢乐，醒来能够用文章记述这乐事的人。　　○64〔谓〕为，是。○65〔庐陵〕古郡名，庐陵郡，宋代称吉州，今江西省吉安市。欧阳修先世为庐陵大族。

【解读】

《醉翁亭记》是广为传诵的名篇，其艺术手法高超，写景极具特色：

一是从大到小，移步换形。如，作者先写"环滁皆山也"，范围缩小，再指"琅琊"，再缩小指山上的醉翁亭，再缩小至作者所见。一路写来景物各个不同，是移步换形，写出所见所闻，引人入胜。行文自然。在描写景物上详略结合，使得文章富于变化。二是情景结合，转换无迹。"醉翁之意不在酒"是流传千古的名句，我们现在多用来表示"言在此而意在彼"。欧阳修因支持范仲淹的革新政治主张，被贬官做太守，并自称"醉翁"。文章里暗暗透露着对被贬官的不平的感慨，而"在乎山水之间也"，则使作者的情感从抒发不平之情到意不在酒，转到在乎山水，顺理成章地接着描绘山水景物，这样转变得很自然。从意在山水，再转到寓之于酒，他把感情写得不落痕迹。三是善用虚词，一唱三叹。这篇文章的描写，多用"也"字做句尾，使行文一气贯注、摇曳灵动。四是对偶与散行错综，整齐活泼。全篇对偶句较多，同时富有变化，使行文整体灵动变化。

文章中连用十个"乐"字表达自己虽处贬谪的逆境，但不失儒家乐观精神的意思。虽然被贬谪的现实没有给"醉翁"更多的快乐，但山林美酒却给了"醉翁"闲适的快意。寄托于山间醉乡，可以让他暂时忘记尘世的烦忧。应当说浮在"乐其乐"表层的是儒家的一层薄纱，而其下却是老庄皈依自然的思想，这在中国古代贬谪文人身上很常见，我们在读的时候可以采用知人论世的方法来理解作者的情感思想。

墨池记

曾　巩

【题解】

　　曾巩（1019—1083），字子固，江西抚州南丰（今江西省南丰县）人，世称南丰先生，北宋文学家、史学家。曾巩为政廉洁奉公，勤于政事，关心民生疾苦。曾巩文学成就突出，其文"古雅、平正、冲和"，位列于唐宋八大家，著有《元丰类稿》等。本文是曾巩于庆历八年（1048）应教授王盛的请求而写的一篇记文。文中所记墨池，在临川（今江西省临川区）城东，相传是晋代大书法家王羲之练习书法时洗笔砚之处。

　　临川①之城东，有地隐然而高②，以临③于溪，曰新城。新城之上，有池洼然④而方以长⑤，曰王羲之⑥之墨池者。荀伯子《临川记》云也。羲之尝慕张芝⑦，临池学书，池水尽黑，此为其故迹，岂信然⑧邪⑨？

　　方⑩羲之之不可强以仕⑪，而尝极东方⑫，出沧海⑬，以娱其意⑭于山水之间。岂有⑮徜徉肆恣⑯，而又尝自休⑰于此邪？羲之之书⑱晚乃善⑲，则其所能，盖⑳亦以精力自致㉑者，非天成也。然后世未有能及㉒者，岂其学不如彼邪㉓？则学固岂可以少哉㉔！况欲深造道德㉕者邪？

　　墨池之上，今为州学舍㉖。教授㉗王君盛恐其㉘不章㉙也，书"晋王右军墨池"之六字于楹间㉚以揭㉛之，又告于巩曰："愿有记。"推㉜王君之心，岂爱人之善，虽一能㉝不以废㉞，而因以及乎其迹㉟邪？其亦欲推㊱其事，以勉其学者㊲邪？夫㊳人之有一能，而使后人尚之如此㊴，况仁人庄士㊵之遗风余思㊶，被于来世㊷者何如哉^㊸！

庆历八年九月十二日，曾巩记。

【注释】

①〔临川〕宋代的抚州临川郡（今江西省临川区）。　②〔隐然而高〕微微地高起。隐然，不显露的样子。　③〔临〕从高处往低处看，这里有"靠近"的意思。　④〔洼然〕低深的样子。　⑤〔方以长〕方而长，就是长方形。　⑥〔王羲之（321—379）〕字逸少，东晋人，官至右军将军，会稽内史，世称王右军。他是古代有名的大书法家，世称"书圣"。荀伯子，南朝宋人，曾任临川内史。著有《临川记》六卷，其中提道："王羲之尝为临川内史，置宅于郡城东高坡，名曰新城。旁临回溪，特据层阜，其地爽垲，山川如画。今旧井及墨池犹存。"　⑦〔张芝〕东汉末年书法家，善草书，世称"草圣"。王羲之"曾与人书云：'张芝临池学书，池水尽黑，使人耽之若是，未必后之也'"。（《晋书·王羲之传》）　⑧〔信然〕果真如此。　⑨〔邪〕吗，同"耶"。　⑩〔方〕当……时。　⑪〔强以仕〕勉强要（他）做官。王羲之原与王述齐名，但他轻视王述，两人感情不好。后羲之任会稽内史时，朝廷任王述为扬州刺史，管辖会稽郡。羲之深以为耻，称病去职，誓不再仕，从此"遍游东中诸郡，穷诸名山，泛沧海"。　⑫〔极东方〕游遍东方。极，穷尽。　⑬〔出沧海〕出游东海。沧海，指东海。　⑭〔娱其意〕使他的心情快乐。　⑮〔岂有〕莫非。　⑯〔徜徉肆恣〕尽情游览。徜徉，徘徊，漫游。肆恣，任意，尽情。　⑰〔休〕停留。　⑱〔书〕书法。　⑲〔晚乃善〕到晚年才特别好。《晋书·王羲之传》："羲之书初不胜庾翼、郗愔，及其暮年方妙。尝以章草答庾亮，而翼深叹伏。"　⑳〔盖〕大概，副词。　㉑〔以精力自致者〕靠自己的精神和毅力取得的。致，取得。　㉒〔及〕赶上。　㉓〔岂其学不如彼邪〕是不是他们学习下的功夫不如王羲之呢？岂，是不是，表示揣测，副词。学，指勤学苦练。　㉔〔则学固岂可以少哉〕那么学习的功夫难道可以少下吗？则，那么，连词。固，原来，本。岂，难道，表示反问，副词。　㉕〔深造道德〕在道德修养上深造，指在道德修养上有很高的成就。　㉖〔州学舍〕指抚州州学的校舍。　㉗〔教授〕官名。宋朝在路学、府学、州学都置教授，主管学政和教育所属生员。　㉘〔其〕指代墨池。　㉙〔章〕通"彰"，显著。　㉚〔楹间〕指两柱子之间的上方一般挂匾额的地方。楹，房屋前面的柱子。　㉛〔揭〕挂起，

标出。　㉜［推］推测。　㉝［一能］一技之长，指王羲之的书法。　㉞［不以废］不让它埋没。　㉟［因以及乎其迹］因此推广到王羲之的遗迹。　㊱［推］推广。　㊲［学者］求学的人。　㊳［夫］语气词，放在句首，表示将发议论。㊴［尚之如此］像这样尊重他。尚，尊重，崇尚。　㊵［仁人庄士］指品德高尚、行为端庄的人。　㊶［遗风余思］遗留下来令人思慕的美好风范。余思，指后人的怀念。余，也是"遗"的意思。　㊷［被于来世］对于后世的影响。被，影响。㊸［何如哉］会怎么样呢？这里是"那就更不用说了"的意思。

【解读】

这篇文章的显著特点是小中见大。什么是小？即文中的临川墨池，相传为东晋大书法家王羲之洗涤笔砚之池，然而曾巩对此地是否确为王羲之真迹，持怀疑态度。那什么是大？曾巩仅对墨池的处所、形状作简要说明后，就把笔锋转向探讨王羲之成功的原因，将小小的一方墨池写得境界开阔。

作者充分发挥其长于说理的艺术才能，文章紧紧围绕墨池这一线索，夹叙夹议，挥洒自如。记叙部分既描写了新城的方位、地势、环境，又叙说了墨池的来历、王羲之的生活经历和他的志向。议论部分文笔精练，逻辑性很强。例如，作者依据王羲之书法"晚乃善"的史实，只用一个"晚"字，便理由充足地说明了王羲之的精湛笔艺，是"精力自致"的道理。至于后世没有人赶超王羲之，也不是由于缺乏天分，而是没有主观努力，所以最后的结论便落到了"学岂可少"上。通篇论述皆如此，使得这篇"记"体散文，成为一篇文情并茂而又议论风生、结构谨严而又笔法活脱的说理小品。

阅读文本，还可发现作者用了很多设问句、反问句和感叹句，例如，"而又尝自休于此邪？""况仁人庄士之遗风余思，被于来世者何如哉！"，使得文章的情感更加饱满，有一唱三叹的情韵。

喜雨亭记

苏　轼

【题解】

《喜雨亭记》作于北宋仁宗嘉祐七年（1062）三月下旬，是苏轼早期散文作品。文章从该亭命名的缘由写起，记述建亭经过，表达人们久旱逢雨时的喜悦心情，反映了作者重农、重民的仁政思想。文章句法灵活，笔调活泼，在风趣的对话中轻松含蓄地发表见解。

亭以雨名，志喜也。古者有喜，则以名物，志①不忘也。周公得禾，以名其书②；汉武得鼎，以名其年③；叔孙胜狄，以名其子④。其喜之大小不齐，其示不忘一也。

余至扶风⑤之明年⑥，始治⑦官舍。为亭于堂之北，而凿池其南，引流种木，以为休息之所。是岁之春，雨麦⑧于岐山之阳，其占⑨为有年⑩。既而弥⑪月不雨⑫，民方以为忧。越三月，乙卯⑬乃雨，甲子⑭又雨，民以为未足。丁卯⑮大雨，三日乃止。官吏相与⑯庆于庭，商贾⑰相与歌于市，农夫相与忭⑱于野，忧者以喜，病者以愈，而吾亭适⑲成。

于是举酒于亭上，以属⑳客而告之，曰："五日不雨可乎？"曰："五日不雨则无麦。""十日不雨可乎？"曰："十日不雨则无禾㉑。""无麦无禾，岁且荐饥㉒，狱讼繁兴，而盗贼滋㉓炽㉔。则吾与二三子，虽欲优游㉕以乐于此亭，其可得耶？今天不遗斯㉖民，始旱而赐㉗之以雨。使吾与二三子得相与优游以乐于此亭者，皆雨之赐也。其又可忘耶？"

既以名亭，又从而歌之，曰："使天而雨珠，寒者不得以为襦⑱；使天而雨玉，饥者不得以为粟。一雨三日，伊⑲谁之力？民曰太守。太守不有，归之天子。天子曰不㉚然，归之造物㉛。造物不自以为功，归之太空。太空冥冥㉜，不可得而名。吾以名吾亭。"

【注释】

①［志］记。　②［周公得禾，以名其书］周成王得一种"异禾"，转送周公，周公遂作《嘉禾》一篇。　③［汉武得鼎，以名其年］汉武帝元狩六年（前116），得一宝鼎，于是改年号为元鼎元年。《通鉴考异》认为得宝鼎应在元鼎四年，元鼎年号是后来追改的。　④［叔孙胜狄，以名其子］鲁文公派叔孙得臣抵抗北狄入侵，取胜并俘获北狄国君侨如。叔孙遂更其子名为"侨如"。　⑤［扶风］凤翔府。　⑥［明年］第二年。　⑦［治］修建。　⑧［雨麦］麦苗返青时正好下雨。　⑨［占］占卜。　⑩［有年］年将有粮，引申为大丰收。　⑪［弥］整、满。　⑫［雨］下雨。　⑬［乙卯］农历四月初二。　⑭［甲子］农历四月十一日。　⑮［丁卯］农历四月十四日。　⑯［相与］汇聚。　⑰［贾］指坐商。　⑱［忭］欢乐、喜悦。　⑲［适］恰巧。　⑳［属］同"嘱"，意为劝酒。　㉑［禾］谷子，即小米。　㉒［荐饥］古人说："连岁不熟曰荐"，因此"荐饥"意应为连续饥荒。　㉓［滋］增多。　㉔［炽］旺盛。　㉕［优游］安闲舒适、无忧无虑的神态。　㉖［斯］这些。　㉗［赐］给予。　㉘［襦（rú）］本意短衣，此处代表所有的衣服。　㉙［伊］语助词，无意。　㉚［不］同"否"，意为不然。　㉛［造物］造物主（即上帝）或指上天。　㉜［冥冥］高远渺茫。

【解读】

苏轼这篇笔调流丽轻灵的文章背后，有一桩饶有趣味的求雨故事。当时，凤翔数月无雨，人们遵循习俗祭祷神灵，祈求降雨。苏轼作为地方官不辞辛劳，亲自登上太白山，在上清宫前高声朗诵祝文，后来又请皇帝封山神"明应公"并举行祈雨仪式。最后天从人愿，暴雨骤降，而且连下三天。这时他新建的亭子刚好修成，苏轼便将这座亭子命名为"喜雨亭"，并欣然撰写了《喜雨亭记》。

为此，苏轼特意在文章中记载"雨麦于岐山之阳，其占为有年"，无疑是有意为之的。他不禁设问：一连下了三天的喜雨，是谁有如此这般的"神力"呢？他既否定了官吏的"德行"、皇帝的"圣明"，也否定了"造物"具有护佑众生的功能。他认为，降雨之功是上天对人们的眷顾和恩赐。但是颇有深意的是，苏轼偏偏又宕开一笔，说苍天虚无缥缈，虽然看得见但也无从感恩。因此他决定脚踏实地地用"喜雨"来命名亭子。对他而言，这座亭子是老百姓一砖一瓦修建而成的，也是"官"和"民"休戚与共的见证。还有什么比"与民同乐"更可欣喜的事情呢？

本文在写法上，多用排比。第一段，作者使用了三个排比句连举三个例子，说明"亭以'雨'名"的合理性，文字新鲜活泼又充满力量。第二段结尾部分先用三个排比句，再接以"忧者以喜，病者以愈"，一气呵成，"喜雨"的欢愉之情达到高潮。文章以"喜雨"命亭作结，戛然而止，匠心独运。这正是曲终奏雅，照应"喜雨亭记"的题目，由小及大，推出精深的道理。写作本文时，苏轼只有27岁，入仕不久。他胸怀经世济民的宏大抱负，关心现实，体察民情，"喜雨"之情折射出的是与民苦乐与共的情怀。

黄州快哉亭记

苏 辙

【题解】

苏辙（1039—1112），字子由，一字同叔，晚号颍滨遗老，眉州眉山（今属四川）人，北宋文学家，"唐宋八大家"之一，与其父苏洵、兄长苏轼合称"三苏"。其生平学问深受其父兄影响，以散文著称，擅长政论和史论，苏轼称其散文"汪洋澹泊，有一唱三叹之声，而其秀杰之气终不可没"。有《栾城集》等行于世。快哉亭在湖北黄州，为张梦得（字怀民）元丰六年（1083）贬谪黄州时所建，同在黄州的苏轼为之取名"快哉亭"。当时苏辙谪居筠州（今江西高安），应张梦得之邀写下了这篇文章。

江①出西陵②，始③得平地。其流奔放④肆大⑤，南合沅湘⑥，北合汉沔⑦，其势益张⑧。至于赤壁⑨下，波流浸灌⑩，与海相若。清河⑪张君梦得⑫，谪⑬居齐安⑭，即⑮其庐之西南为亭，以览观江流之胜⑯，而余兄子瞻名之曰"快哉"。

盖亭之所见⑰，南北百里，东西一舍⑱。涛澜汹涌，风云开阖⑲。昼则舟楫出没于其前，夜则鱼龙悲啸于其下，变化倏忽⑳，动心骇目㉑，不可久视㉒。今乃得玩之几席之上㉓，举目而足㉔。西望武昌诸山，冈陵起伏，草木行列㉕，烟消日出。渔夫樵父之舍皆可指数㉖。此其所以为快哉者也。至于长洲㉗之滨，故城之墟㉘，曹孟德、孙仲谋之所睥睨㉙，周瑜、陆逊之所骋骛㉚，其流风遗迹，亦足以称快世俗㉛。

昔楚襄王从宋玉、景差于兰台之宫㉜，有风飒然至者，王披㉝襟当㉞之，曰："快哉，此风㉟！寡人所与庶人共者耶？"宋玉曰：

“此独大王之雄风耳，庶人安得共之！”玉之言盖有讽焉[36]。夫风无雌雄之异，而人有遇不遇之变[37]。楚王之所以为乐，与庶人之所以为忧，此则人之变也，而风何与[38]焉？士生于世，使[39]其中[40]不自得[41]，将何往而非病？使其中坦然，不以物伤性[42]，将何适[43]而非快？今张君不以谪为患[44]，窃[45]会计之余功[46]，而自放[47]山水之间，此其中宜有以过人者。将蓬户[48]瓮牖无所不快，而况乎濯[49]长江之清流，揖[50]西山之白云，穷耳目之胜[51]以自适[52]也哉！不然，连山绝壑，长林古木，振之以清风，照之以明月，此皆骚人思士之所以悲伤憔悴而不能胜者，乌[53]睹其为快也哉！

元丰六年十一月朔[54]日，赵郡[55]苏辙记。

【注释】

①［江］长江。 ②［西陵］西陵峡，又名夷陵峡，长江三峡之一，在湖北宜昌西北。 ③［始］才。 ④［奔放］水势疾迅。 ⑤［肆大］水流阔大。肆，极，甚。 ⑥［沅湘］沅，沅水（也称沅江）。湘，湘江。两水都在长江南岸，流入洞庭湖，注入长江。 ⑦［汉沔（miǎn）］就是汉水。汉水源出陕西宁羌，初名漾水，东流经勉县南，称沔水，又东经褒城，纳褒水，始称汉水。汉水在长江北岸。 ⑧［益张］更加盛大。张，大。 ⑨［赤壁］赤鼻矶，现湖北黄冈城外，苏辙误以为周瑜破曹操处。 ⑩［浸灌］浸，灌，意思都是“注”。此处指水势浩大。 ⑪［清河］县名，现河北清河。 ⑫［张君梦得］张梦得，字怀民，苏轼友人。 ⑬［谪］贬官。 ⑭［齐安］宋代黄冈为黄州齐安郡，因称。 ⑮［即］就着，依着。 ⑯［胜］胜景，美景。 ⑰［亭之所见］在亭上能够看到的（范围）。所见，所看到的景象。 ⑱［舍（shè）］三十里。古代行军每天走三十里宿营，叫作“一舍”。 ⑲［风云开阖（hé）］风云变化。意思是风云有时出现，有时消失。开，开启。阖，闭合。 ⑳［倏（shū）忽］顷刻之间，一瞬间，指时间短。 ㉑［动心骇目］犹言“惊心动魄”。这是指景色变化万端，能使见者心惊，并不是说景色可怕。这里动和骇是使动用法。解释为使……惊动，使……惊骇。 ㉒［不可久视］这是说，以前没有亭子，无休息之地，不能长久地欣赏。 ㉓［今乃得玩之几席之上］可以在亭中的几旁席上赏玩这些景色。几，小桌，茶

几。㉔［举目而足］抬起眼来就可以看个够。㉕［草木行列］草木成行成列非常茂盛，形容草木繁荣。㉖［指数］名词作状语，用手指清点。㉗［长洲］江中长条形的沙洲或江岸。㉘［故城之墟］旧日城郭的遗址。故城，指隋朝以前的黄州城（唐朝把县城迁移了）。墟，旧有的建筑物已被毁平而尚留有遗迹的空地。㉙［曹孟德、孙仲谋之所睥睨］曹操（字孟德）、孙权（字仲谋）所傲视的地方。睥睨，斜视的样子，引申为傲视。赤壁之战时，曹操、孙权都有气吞对方的气概。㉚［周瑜、陆逊之所骋骛（chěng wù）］周瑜、陆逊均为三国时东吴的重要将领。周瑜、陆逊活跃的地方。周瑜曾破曹操于赤壁，陆逊曾袭关羽于荆州，败刘备于夷陵，破魏将曹休于皖城。骋骛，犹言"驰马"，形容他们驰骋疆场。㉛［称快世俗］使世俗之人称快。称快为使动用法，使……称快。㉜［楚襄王从宋玉、景差于兰台之宫］宋玉有《风赋》，讽楚襄王之骄奢。楚襄王，即楚顷襄王，名横，楚怀王之子。宋玉、景差都是楚襄王之侍臣。兰台宫，遗址在湖北钟祥东。从，使……从。㉝［披］敞开。㉞［当］迎接。㉟［快哉，此风］即"此风快哉"，解释为这风多么让人感到畅快啊！㊱［盖有讽焉］大概有讽谏的意味在里头。讽，讽喻。宋玉作《风赋》，讽楚襄王之骄奢。焉，兼词于之，在那里。㊲［人有遇不遇之变］人有遇时和不遇时的不同时候。遇，指机遇好，被重用。㊳［与（yù）］参与，引申为有何关系。㊴［使］假使。㊵［中］内心，心中。㊶［自得］自己感到舒适、自在。㊷［以物伤性］因外物（指环境）而影响天性（本性）。㊸［适］往，去。㊹［患］忧愁。㊺［窃］偷得，这里即"利用"之意。㊻［余功］公事之余。㊼［自放］自适，放情。放，纵。㊽［蓬户］用蓬草编门。㊾［濯］洗涤。㊿［揖（yī）］拱手行礼。这里的意思是面对（西山白云）。(51)［胜］承受。(52)［自适］自求安适。适，闲适。(53)［乌］哪里。(54)［朔］夏历每月初一。(55)［赵郡］苏辙先世为赵郡栾城（今河北赵县）人。

【解读】

这篇文章写于宋神宗元丰六年（1083 年），当时的作者和其兄苏轼及二人之友张梦得同遭贬谪，人生失意。梦得在"不快"的处境当中修建了可览江山之胜、"快眼快心"之亭，苏轼以"快哉"名亭，苏辙记"快哉亭"。今天再读，依然有神清气爽、痛快淋漓之感。

文章始终在"快哉"二字间穿行，行文思路和脉络十分清晰。起笔便有一种超拔之气扑面而来，"以览观江流之胜"七字，总写建亭和命名"快哉"的缘由；同时又引起下文。第二段承接首段，写了亭上的所见和所感，精析亭以"快哉"为名的含意，为下文有关人生态度的议论作了很好的铺垫。第三段在第二段写景的基础上，进一步就"快哉"二字发挥，通过议论着重阐释了人生哲理，但在写法上又出人意料——从天外落笔，追溯到战国时期，从人之"遇"与"不遇"同忧与乐的关系，引入命题，展开议论。整个议论又分作数层，层层递进，引人深思，回味无穷。文章融描写、议论、抒情于一体。以写景始，带出张梦得被谪黄州临江建亭事；以议论终，再回到亭上，回环流转，赞美其坦荡的胸怀和超旷的人生态度，首尾呼应，脉络贯通，构思细密，结构严谨。

在我国古代，修筑亭台楼观通常要撰写记文，记述建造、修茸的过程，以及登临所见和引起的感慨。本文在记述了建造亭子的有关问题之后，即描绘登临所见的景色并由此而引起感慨，抒发议论：认为士处于世，应像张梦得这样心中坦然，"何适而非快"，并以此慰勉包括作者自己在内的所有被贬的人，显示出作者开阔的胸襟和高远的境界。诚如吴楚材、吴调侯在《古文观止》里的评价："前幅握定'快哉'二字洗发；后幅俱从谪居中生意。文势汪洋，笔力雄壮。读之令人心胸旷达，宠辱都忘。"

沧浪亭记

归有光

【题解】

　　沧浪亭在今苏州市南三元坊附近，是江南现存最久的古园林之一。在宋庆历年间，文学家苏舜钦因贬官来苏州，临水筑亭，名之曰"沧浪"，并写有一篇《沧浪亭记》。至明嘉靖间，有僧人文瑛来此重建沧浪亭，并求归有光写文作记，于是有了这篇散文。

　　浮图①文瑛②居大云庵③，环水，即苏子美④沧浪亭之地也。亟⑤求余作《沧浪亭记》，曰："昔子美之记，记亭之胜也。请子记吾所以为亭者。"

　　余曰：昔吴越⑥有国时⑦，广陵王⑧镇吴中⑨，治南园⑩于子城⑪之西南；其外戚⑫孙承祐⑬，亦治园于其偏。迨⑭淮海纳土⑮，此园不废。苏子美始建沧浪亭，最后禅者⑯居之。此沧浪亭为大云庵也。有庵以来二百年，文瑛寻古遗事⑰，复⑱子美之构⑲于荒残灭没之余。此大云庵为沧浪亭也。

　　夫古今之变，朝市⑳改易㉑。尝登姑苏之台㉒，望五湖㉓之渺茫㉔，群山之苍翠，太伯㉕、虞仲㉖之所建，阖闾㉗、夫差㉘之所争，子胥㉙、种、蠡㉚之所经营，今皆无有矣。庵与亭何为者哉？虽然，钱镠㉛因乱攘窃，保有吴越，国富兵强，垂及四世㉜。诸子姻戚㉝，乘时㉞奢僭㉟，宫馆苑囿，极一时之盛。而子美之亭，乃为释子㊱所钦重如此。可以见士之欲垂名于千载，不与其渐然而俱尽㊲者，则有在㊳矣。文瑛读书喜诗，与吾徒㊴游㊵，呼之为沧浪僧云。

①〔浮图〕即浮屠，梵语音译，指佛。这里是指信奉佛事的僧人，也叫和尚。
②〔文瑛〕生平不详。　③〔庵〕小庙，多为女尼所居。　④〔苏子美〕苏舜钦，字子美，北宋诗人。他曾建沧浪亭，自号沧浪翁。该亭在今江苏省苏州市。
⑤〔亟〕屡次。　⑥〔吴越〕指吴越王，即唐末钱镠，官拜节度使。后拥兵自重，建国吴越，称吴越国王，是五代十国时的十国之一，辖地包括今浙江、江苏西南、福建东北部地区。　⑦〔有国时〕国家存在的时候。　⑧〔广陵王〕指吴越王钱镠的儿子钱元璙。　⑨〔吴中〕指苏州一带地区。　⑩〔治南园〕辟建南园。
⑪〔子城〕附属于大城的小城，这里指内城。　⑫〔外戚〕指帝王的母族或妻族。
⑬〔孙承祐〕钱镠的孙子钱俶的岳父，故说为"外戚"。　⑭〔迨〕到，等到。
⑮〔淮海纳土〕指吴越国主钱俶献其地于宋。纳土，指将国土贡献给了宋王朝。
⑯〔禅者〕指信奉佛教的人，即佛教徒。　⑰〔遗事〕前人或前代留下来的事迹。
⑱〔复〕恢复。　⑲〔构〕指建筑。　⑳〔朝市〕人世，尘世。　㉑〔改易〕改变，变化。　㉒〔姑苏之台〕姑苏台，在今苏州城西南。据传是春秋末期由吴王阖闾、夫差两代君主所建，工程浩大，越灭吴，被焚毁。　㉓〔五湖〕这是泛指包括太湖在内附近所有的湖泊。　㉔〔渺茫〕形容一望无际。　㉕〔太伯〕周代太王古公亶父的长子。　㉖〔虞仲〕古公亶父的次子。传说太子准备将幼子季历立为王，于是长子太伯、次子虞仲就远避江南，遂为当地君长，成了春秋时吴国的开国者。　㉗〔阖闾〕春秋时吴国的国王（前514—前496）。　㉘〔夫差〕阖闾的儿子，吴国的国王（前496—前475）。　㉙〔子胥〕姓伍，名员，字子胥，春秋时楚国人。他的父亲伍奢、哥哥伍尚，被楚平王杀害，他投奔到吴国，曾辅助吴王夫差伐越。　㉚〔种、蠡〕指文种和范蠡。文种，春秋末年越国大夫。范蠡，春秋末年楚人，曾辅助越王灭吴。　㉛〔钱镠（liú）〕吴越国的建立者，在位二十五年（907—932）。　㉜〔四世〕四代。吴越国共历五主，故云。　㉝〔姻戚〕因婚姻关系而结成的亲戚。　㉞〔乘时〕趁机。　㉟〔奢僭（jiàn）〕奢侈豪华过度而不合礼制法度。僭，超越本分。　㊱〔释子〕佛教徒的通称。因出家修行的人，都舍弃了俗姓，以佛释迦为姓，又取其弟子意，故称为释子。　㊲〔浙

然而俱尽]犹一同消亡。渐，冰块消融的样子。　㊳［有在］犹言就在这个地方。
㊴［徒］门生，学生。　㊵［游］交游。

【解读】

本文三百余字，却全面记述了沧浪亭的历史变迁，并通过古今对比，抒发了作者对世事变化的感慨，表现了作者对名利等的淡泊。

首先作者把重建沧浪亭一事放到沧海桑田、历史变迁中来写，并由讲这一景点的变化，推及"今古之变，朝市改易"这一观点。进而又联想起往昔登姑苏台遥望五湖、环顾群山的感受：一群历史人物在这块土地上孜孜以求，转眼消逝无踪了。与《墨池记》一样，作者广泛使用设问、设答的手法，使转折处的"急弯"变得流畅舒缓起来，自然过渡，进一步引发读者思考。"庵与亭何为者哉？"设问极妙。有了这一问，才引出后边的议论：五代吴越极一时之盛的宫馆苑囿都不复存在了，而苏子美的沧浪亭却为后世僧人所钦重；士之欲垂名千载之后，还是靠他的道德文章。

本文语言极为精彩，句式整齐而间又参差，语气连贯又有变化，波澜起伏，富有魅力，颇有欧阳修散文俯仰沉吟的风格。

浣花溪记

钟　惺

【题解】

　　钟惺（1574—1625），字伯敬，号退谷，湖广竟陵（今湖北天门）人，明代文学家，为诗提倡幽深孤峭的艺术风格，是"竟陵派"代表诗人。其诗文被编在《隐秀轩集》中。明万历三十九年（1611），钟惺奉命使蜀，《浣花溪记》是他游览成都浣花溪杜工部祠后所写的记文。浣花溪又称百花潭，在成都西部，唐代诗人杜甫曾居于此，并在溪畔建有草堂。

　　出成都南门，左为万里桥①。西折纤秀长曲，所见如连环、如玦②、如带、如规③、如钩，色如鉴、如琅玕、如绿沉瓜④，窈然⑤深碧，潆回⑥城下者，皆浣花溪委⑦也。然必至草堂⑧，而后浣花有专名，则以少陵浣花居⑨在焉耳。

　　行三四里为青羊宫⑩，溪时远时近。竹柏苍然⑪，隔岸阴森者尽溪，平望如荠⑫。水木清华⑬，神肤洞达⑭。自宫以西，流汇而桥者三⑮，相距各不半里。舁夫⑯云通灌县⑰，或所云"江从灌口来"⑱是也。

　　人家住溪左，则溪蔽不时见，稍断则复见溪。如是者数处，缚柴编竹⑲，颇有次第。桥尽，一亭树道左，署曰"缘江路"。过此则武侯祠⑳。祠前跨溪为板桥一，覆以水槛㉑，乃睹"浣花溪"题榜。过桥，一小洲横斜插水间如梭，溪周之，非桥不通，置亭其上，题曰"百花潭水"。由此亭还度桥，过梵安寺㉒，始为杜工部祠㉓。像颇清古，不必求肖，想当尔尔㉔。石刻像一，附以本传，何仁仲别驾㉕署华阳时所为也。碑皆不堪读。

钟子曰：杜老二居，浣花清远，东屯险奥，各不相袭。严公㉖不死，浣溪可老，患难之于朋友大矣哉！然天遣此翁增夔门一段奇耳。穷愁奔走，犹能择胜，胸中暇整㉗，可以应世，如孔子微服主司城贞子时也。

时万历辛亥㉘十月十七日，出城欲雨，顷之霁㉙。使客㉚游者，多由监司㉛郡邑招饮，冠盖稠浊，磬折㉜喧溢，迫暮趣㉝归。是日清晨，偶然独往。楚人㉞钟惺记。

【注释】

①〔万里桥〕在今四川成都市南，旧名长星桥。传说三国时蜀国费祎（yī）出使吴国，诸葛亮在这里替他饯行说："万里之行始于此。"因此改称万里桥。②〔玦（jué）〕似环而有缺口的玉佩。③〔规〕画圆形的工具。这里指圆弧。④〔色如鉴、如琅玕、如绿沉瓜〕颜色像镜子，像美丽的石头，像绿沉瓜。鉴，镜子。琅玕，美石，诗人多以青琅玕来比竹。绿沉瓜，一种深绿色的瓜，史载梁武帝西苑食绿沉瓜。⑤〔窈（yǎo）然〕幽深的样子。⑥〔潆（yíng）回〕水流回旋的样子。⑦〔委〕江河下游。⑧〔草堂〕杜甫寓居成都时，曾在浣花溪畔盖了一所草堂。⑨〔少陵浣花居〕少陵，指杜甫，他在诗中自称"少陵野老"。浣花居，在浣花溪的住宅，就是草堂。⑩〔青羊宫〕道观名，在今四川成都市西南浣花溪附近。传说是老子与关尹喜相约会见的地方，明初蜀王朱椿重建。⑪〔苍然〕幽深碧绿的样子。⑫〔平望如荠〕平望过去，树木像荠菜一样。平望，平视。⑬〔水木清华〕水光树色清幽美丽。⑭〔神肤洞达〕指清新舒爽。⑮〔流汇而桥者三〕溪水所流经的桥有三座。⑯〔舁（yú）夫〕抬轿子的人。舁，抬。⑰〔灌县〕今四川都江堰市。⑱〔江从灌口来〕这是杜甫《野望因过常少仙》中的诗句。江，指锦江。锦江发源于郫县，流经成都城南，是岷江的支流。岷江发源于岷山羊膊岭，从灌县东南流经成都附近，纳锦江。故上文说"通灌县"。灌口，灌县古为灌口镇，西北有灌口山。⑲〔缚柴编竹〕用柴竹做门墙。⑳〔武侯祠〕诸葛亮祠，因其生前为武乡侯，故称。㉑〔水槛〕临水的栏杆。㉒〔梵安寺〕在今成都市南，本名浣花寺，宋改梵安寺，因与杜甫草堂相近，俗称草堂寺。㉓〔杜工部祠〕宋人吕大防就杜甫草堂故址建祠，因

杜甫曾任工部员外郎，称杜工部祠。　㉔［想当尔尔］谓想象中的杜甫大概是这个样子。尔尔，如此。　㉕［何仁仲别驾］何仁仲万历时为夔州通判。别驾，即通判。　㉖［严公］指严武。杜甫漂泊四川，依镇守成都的严武，在浣花溪构筑草堂，安居了几年。代宗永泰元年（765）四月，严武死，杜甫离开成都，准备出川。　㉗［暇整］即"好整以暇"，形容遇事从容不迫。《左传·成公十六年》："日臣之使于楚也，子重问晋国之勇，臣对曰：'好以众整。'曰：'又何如？'臣对曰：'好以暇。'"　㉘［万历辛亥］万历三十九年（1611）。　㉙［顷之霁（jì）］一会儿天晴了。霁，天放晴。　㉚［使客］朝廷派的使臣。　㉛［监司］监察州郡的官。　㉜［磬折］弯腰敬礼的情状。　㉝［趣（cù）］同"促"，急速。　㉞［楚人］竟陵战国时为楚地，因此钟惺自称楚人。

【解读】

　　《浣花溪记》是一篇结构清晰的文章。第一段点出了浣花溪的方位。作者共用了八个比喻，穷形尽相，引起读者联想，再点出"浣花溪"的名字。

　　在接着的两段中，作者将浣花溪这个名字与诗圣杜甫联系在一起，地因人而传，同时这一段又写了青羊宫附近的浣花溪景色，视野非常宽阔。文章重点写了溪旁人家，错错落落，景色如画。后写溪回路转，曲径通幽，最后才到了目的地浣花溪。整体行文有层次，前后呼应，一步步把读者带到浣花溪和杜甫草堂。下一段作者对杜甫颠沛流离的一生给予了深切同情。作者赞叹诗人在穷困潦倒奔走之际，夷然自若不乱的伟大胸襟。最后一段交代出游的时间和经过，从"使客游者"到"迫暮趣（促）归"是一段插叙，意在表现作者厌恶官场应酬，鄙视凡俗礼仪，追求清闲自适、超脱凡俗的理想。

　　文章末尾，作者直抒胸臆，从浣花溪周围环境的险僻说到严公杜老的思想感情。他们可以称得上是中国古代文人的典范，在艰难困苦中流离奔波，却仍能选择胜地处身，从容应付世事，这与孔子避难时的情形无异。文中用"诗圣"直接比拟"孔圣"，层层推进，赞叹了杜甫忧国忧民的情怀，体现了作者对浣花溪的热爱和对杜甫的景仰。

峡江寺飞泉亭记

袁　枚

【题解】

清乾隆四十九年（1784），袁枚往广东肇庆探望弟弟袁树，途经清远的峡山，特地到峡江寺飞泉亭观瀑览胜，写下这篇记文。峡江寺，在广东清远北峡山上，建于南朝梁武帝时，初名正德寺。峡山，一名观亭山，其隘处名为观峡，连山交枕，绝岸壁牟，江流湍急，鼓怒翻腾。

余年来观瀑屡矣①。至峡江寺而意难决舍②，则飞泉一亭为之也。凡人之情，其目悦③，其体不适④，势不能久留。天台之瀑⑤，离寺百步；雁荡⑥瀑旁无寺；他若匡庐⑦，若罗浮⑧，若青田之石门⑨，瀑未尝不奇⑩，而游者皆暴日中⑪，踞危崖⑫，不得从容以观⑬；如倾盖交⑭，虽欢易别。

惟粤东峡山高不过里许，而蹬级⑮纡曲⑯，古松张覆，骄阳不炙⑰。过石桥，有三奇树鼎足立，忽至半空，凝结⑱为一。凡树皆根合而枝分，此独根分而枝合，奇已⑲。

登山大半，飞瀑雷震，从空而下，瀑旁有室，即飞泉亭也。纵横丈余，八窗明净；闭窗瀑闻，开窗瀑至。人可坐可卧，可箕踞⑳，可偃仰㉑，可放笔砚，可瀹茗㉒置饮，以人之逸，待水之劳㉓，取九天银河㉔，置几席间作玩。当时建此亭者，其仙乎㉕！

僧澄波善弈㉖，余命霞裳㉗与之对枰㉘。于是水声、棋声、松声、鸟声，参错并奏㉙。顷之又有曳杖㉚声从云中来者，则老僧怀远抱诗集尺许㉛来索余序㉜。于是吟咏之声，又复大作。天籁人籁㉝，合同而化㉞。不图观瀑之娱，一至于斯㉟！亭之功大矣！

坐久，日落，不得已下山，宿带玉堂。正对南山，云树翁郁㊱，中隔长江㊲，风帆往来，妙无一人肯泊岸㊳来此寺者。

僧告余曰："峡江寺俗名飞来寺。"余笑曰："寺何能飞！惟他日余之魂梦，或飞来耳！"僧曰："无征不信㊴。公爱之，何不记之？"余曰："诺。"已遂述数行㊵，一以自存，一以与僧。

【注释】

①〔屡矣〕多次了。屡，多次。　②〔意难决舍〕思想感情上难以丢开。决舍，丢开。决，同诀，分别。　③〔其目悦〕他从视观中得到欣愉。悦，愉快。④〔其体不适〕他的身体不舒适。适，舒适。　⑤〔天台之瀑〕天台山的瀑布。天台山在浙江省东部，主峰华顶山在天台县城东北。　⑥〔雁荡〕山名，即雁荡山，在浙江省东南部。　⑦〔匡庐〕即庐山，又名匡山，在今江西省九江市南。⑧〔罗浮〕山名，位于广东增城、博罗等地之间。相传罗山自古有之，浮山由海浮来，与罗山并体，故名。　⑨〔石门〕山名，在浙江青田县西。　⑩〔奇〕奇观。　⑪〔暴日中〕暴露身体在日光之下。暴，即"曝"，晒。　⑫〔踞（jù）危崖〕踞，倚靠。危崖，高崖。　⑬〔从容以观〕神情舒缓地进行观赏。从容，舒缓。　⑭〔倾盖交〕用《史记·邹阳传》引古谚语"倾盖如故"，是说行车相遇，停车而语，车盖接近，因以得交。但这种停车倾盖相谈，终归要各奔前程。⑮〔蹬级〕登山的石级。蹬，同"登"。　⑯〔纡曲〕盘盘曲曲。纡（yū），曲折。⑰〔古松张覆，骄阳不炙〕古老松树的枝叶伸张遮蔽，炎热的阳光也烤不着。骄阳，炎热的阳光。炙，烤。　⑱〔凝结〕交织到一起。原指液体凝成固体。⑲〔奇已〕这就奇异了。已，语气助词，表示一种确定无疑的语气。　⑳〔箕（jī）踞〕一种坐的姿势。坐时两脚伸直叉开，形似簸箕。　㉑〔偃（yǎn）仰〕仰卧。　㉒〔瀹（yuè）茗（míng）〕烹茶。瀹，煮。　㉓〔以人之逸，待水之劳〕用人的闲逸，等待流水的辛劳。逸，安闲、怡乐。劳，辛劳。　㉔〔九天银河〕指瀑布。出自李白《望庐山瀑布》："飞流直下三千尺，疑是银河落九天。"㉕〔其仙乎〕大概是个仙人吧。　㉖〔弈〕下棋。　㉗〔霞裳（cháng）〕姓刘，山阴人。袁枚的学生。　㉘〔对枰（píng）〕对坐下棋。枰，博局，这里是比赛棋艺的意思。　㉙〔参错并奏〕杂乱不齐地一起奏起乐来。参错，杂乱不齐。

㉚〔曳（yè）杖〕拖着拐杖。曳拖，牵引。 ㉛〔诗集尺许〕书本有一尺多长的诗集。 ㉜〔索余序〕求我给作个序。索，求取。序，序言，介绍评述一部著作或一篇文章的文字。 ㉝〔天籁人籁〕天籁指自然界的音响；人籁本为古代竹制乐器，后泛指人所发出的声音。语出《庄子·齐物论》："女闻人籁而未闻地籁；女闻地籁而未闻天籁夫。" ㉞〔合同而化〕用《礼记·乐记》成语，意思是汇合融化在一起。 ㉟〔不图观瀑之娱，一至于斯〕没想到观赏瀑布的快乐，竟然到这种程度。娱，乐。 ㊱〔蓊（wěng）郁〕茂盛、浓密。 ㊲〔长江〕指峡江。 ㊳〔泊岸〕停船靠在岸边。 ㊴〔无征不信〕语出《礼记》："无征不信，不信民不从。"征，同"证"，证明。 ㊵〔已遂述数行〕完了就写了这几行。

【解读】

本文通过对峡江寺飞泉亭的记述，把飞泉亭及其景观描写得异常具体形象。不仅写出飞泉亭自身的奇伟秀美，而且写出它的环境特色和游人的感受。文章以记叙为主，熔写景、抒情、议论于一炉，紧扣一个"亭"字，形成了完整的艺术结构。

文章先借助对比的方法描写飞泉亭。"余年来观瀑屡矣。至峡江寺而意难决舍"。作者观赏过的瀑布非常多，唯独峡江寺使他在感情上难以割舍，不忍离开。为什么呢？给读者造成悬念。接着描绘飞泉亭周围环境、自身特色和亭中人物活动。作者从大处着笔，描绘游览者"蹬级""古松""骄阳""奇树"，寥寥数语，形象地描绘出苍松茂密、山路曲折，光影掩映、秀美幽深的环境，不仅为后面具体描写飞泉亭做了铺垫，而且让人有置身图画之中的感觉。最后写飞泉亭使人长记不忘和写文章的缘由。自然美景赏心悦目，令人陶醉。时间在不知不觉中流逝，转瞬间太阳已经落山，天色已晚，空山静寂，不得不依依惜别。

全文语言凝练，通灵活透，融多种表达方式于一体，将秀丽的风景与游人的心理联系在一起。这表现了袁枚畅游山水的高雅情怀，也体现出其追求天然真趣的艺术个性，读后令人心胸旷达、神清气爽。

思与行

【记诵与积累】

◎黄鹤来时，歌城郭之并是；浮云一去，惜人世之俱非。

(《黄鹤楼记》)

◎智以谋之，仁以居之，吾知其去是而羽仪于天朝也不远矣。

(《燕喜亭记》)

◎丘之幽幽，可以处休。丘之窅窅，可以观妙。溽暑遁去，兹丘之下。大和不迁，兹丘之巅。奥乎兹丘，孰从我游？

(《永州龙兴寺东丘记》)

◎夏宜急雨，有瀑布声；冬宜密雪，有碎玉声；宜鼓琴，琴调和畅；宜咏诗，诗韵清绝；宜围棋，子声丁丁然；宜投壶，矢声铮铮然；皆竹楼之所助也。

(《黄州新建小竹楼记》)

◎至若春和景明，波澜不惊，上下天光，一碧万顷；沙鸥翔集，锦鳞游泳；岸芷汀兰，郁郁青青。

(《岳阳楼记》)

◎予尝求古仁人之心，或异二者之为。何哉？不以物喜，不以己悲；居庙堂之高则忧其民；处江湖之远则忧其君。是进亦忧，退亦忧。然则何时而乐耶？其必曰："先天下之忧而忧，后天下之乐而乐"乎。噫！微斯人，吾谁与归？

(《岳阳楼记》)

◎然而禽鸟知山林之乐，而不知人之乐；人知从太守游而乐，而不知太守之乐其乐也。醉能同其乐，醒能述以文者，太守也。太守谓谁？庐陵欧阳修也。

(《醉翁亭记》)

◎涛澜汹涌，风云开阖。昼则舟楫出没于其前，夜则鱼龙悲啸于其下，变化倏忽，动心骇目，不可久视。

(《黄州快哉亭记》)

◎出成都南门，左为万里桥。西折纤秀长曲，所见如连环、如玦、如带、如规、如钩，色如鉴、如琅玕、如绿沉瓜，窈然深碧，潆回城下者，皆浣花溪委也。

（《浣花溪记》）

【熟读与精思】

◎王国维先生说："一切景语皆情语。"本单元"台阁名胜记"正好印证了此观点。请从本单元选择你最喜欢的一篇，想一想作者是如何表现"景语"的，这些景语又是如何体现作者的"情语"的，这些"情语"蕴含了何种民族精神。

◎"四面河山归眼底，万家忧乐到心头"是镌刻在岳阳楼上为歌咏范仲淹的名联，请联系范仲淹在《岳阳楼记》中写下的"先天下之忧而忧，后天下之乐而乐"，进一步思考它们的时代意义。

【学习与践行】

台阁名胜记文章往往融记叙、抒情、议论于一体，将作者的情感体验与生命情调融入其中。文章结构精巧，表达高超，语言精湛，是我们学习文章作法的典范。本单元选文都与名胜古迹相关，其中有多篇章都写在作者人生困顿之时，但都写得声情兼胜，超然快意。阅读这样的文章对你有怎样的感悟？请结合自己的旅游经历，写一篇台阁名胜记。

第九单元　四书精选

导与引

　　"四书"指《论语》《孟子》《大学》《中庸》，为儒家传道授业的基本教材。孔子不仅是伟大的思想家，而且是伟大的教育家。他擅长以对话的方式给予学生各种启发，同时阐发个人的学说观点。《论语》是孔子的弟子们根据孔子与弟子各种对话所编的语录集。相传孟子是孔子之孙孔伋（字子思）的再传弟子，《孟子》一书就是孟子和万章等弟子共同编订的师生对话录。《大学》相传是孔子弟子曾子的一篇思想著作，而《中庸》相传是子思的一篇思想著作。《论语》是古籍中保留孔子思想主张最多的书，书中包括孔子论仁义、论为学之道和论修身之道等多方面的内容。孟子身处战国乱世，不仅在思想上继承和发扬了孔子学说，而且极力在齐、魏等国宣传儒家仁政思想，《孟子》一书既记载了孟子和多位弟子之间的对话，也记载了孟子向齐宣王、梁惠王和滕文公等人宣扬儒家思想的过程。《大学》以"三纲八条目"为基本结构，系统论述了儒家修身治国之道。而《中庸》则专门深入地阐述了以"中庸"为核心的儒家人生哲学。

　　《大学》《中庸》两篇最初是单篇流传的，战国时代被儒家后学收入《礼记》之中。南宋思想家朱熹又将《大学》《中庸》抽出，与《论语》《孟子》并列，视之为儒家"四书"，也就是四部最重要的儒家思想经典著作。在元、明、清三代，"四书"甚至成为官方科举考试的必考内容。朱熹曾给"四书"明确排列了学习的先后顺序，主张按照《大学》《论语》《孟子》《中庸》这样的先后顺序去学习。之所以这么排列，他认为《大学》是"初学入德之门"，学习《大学》可以提纲挈领地把握"为德"的学问纲领；然后学习《论语》《孟子》，以全面具体地了解孔子、孟子的思想主张；最后学习《中庸》，从而明了儒家人生哲学的核心思想。

我们今天学习"四书"，当然没有必要严格遵从朱熹提倡的学习顺序。一方面，我们可以带着了解的心理和欣赏的眼光，分门别类地了解儒家的思想，例如本书对《论语》分别汇集了"仁爱""修养""为学"等方面的思想主张，对《孟子》则从"论性善""论义利"和"论仁政"的角度选择了代表性观点。另一方面，还要辩证地看到这些思想主张在现代社会的意义。例如，孔子讲"志于道，据于德，依于仁，游于艺"，对于生活在快节奏时代的现代人而言，生活中时不时还是应当"游于艺"，以陶冶性情。又如，孔子曾言"君子喻于义，小人喻于利"，孟子也提出了鱼与熊掌不可兼得之论，我们现代人面对这样的"义"与"利"选择困境，又该如何做呢？此外，孟子也是一位论辩技术高超的论说家，我们也可以从中领略并学习各种说话的技巧，提升我们的语言表达能力。

本单元所选内容皆是"四书"的精华，这些内容也是儒家的重要学术思想，要求学习者不但要学，更重要的是切实地行，不能光说不做，即所谓博学、审问、慎思、明辨、笃行是也。

文与解

《论语》二十九章

《论语》

【题解】

孔子（前551—前479），名丘，字仲尼，春秋时期鲁国人，中国古代伟大的思想家、政治家、教育家，儒家学派创始人。《论语》主要记载孔子和弟子的对话，在对话语录以外也有一些孔子和弟子单独表述的观点。东汉学者班固在《汉书·艺文志》中认为《论语》是孔子死后弟子们有条理地编纂而成的，"论"有"论次""论纂"的意思，因此书名当读为"lún yǔ"；也有学者主张《论语》重在讨论，因而书名当读为"lùn yǔ"。应该说，从《论语》的内容来看，前一种说法较为有理。古代为《论语》作注解的书有很多，其中以朱熹《论语集注》影响最大。现代学者的注解中，杨伯峻《论语译注》、孙钦善《论语本解》、钱穆《论语新解》和李泽厚《论语今读》较为适合初读。本单元以"仁爱""修养""为学"为主题，分别选取了一些具有代表性的对话或单独观点，综合参考各家说法予以注释。

（1）论仁爱

颜渊①问仁，子曰："克己复礼②为仁。一日克己复礼，天下归仁焉。为仁由己，而由人乎哉？"

颜渊曰："请问其目③。"

子曰："非礼勿视④，非礼勿听，非礼勿言，非礼勿动。"

颜渊曰："回虽不敏⑤，请事斯语⑥矣。"

（《颜渊》）

子曰："人而不仁，如礼何?⑦人而不仁，如乐何?⑧"

（《八佾》）

【注释】

①［颜渊］本名颜回，字子渊，鲁国人，孔子最重要的几位弟子之一，以德行著称。古人的名和字往往词义相近或相反。渊，水中漩涡、回水。　②［克己复礼］约束自己，使言语行动都合于礼。　③［请问其目］请问修养仁德的具体条目。目，要目、条目、大纲。　④［非礼勿视］不合礼的事和物不要去看。⑤［回虽不敏］颜回我虽然迟钝、不聪明。　⑥［事斯语］践行这些话（的精神）。斯，这，这些。　⑦［人而不仁，如礼何］人如果没有仁爱之心，还讲什么礼?　⑧［如乐何］还讲什么乐?

【解读】

究竟什么是"仁"? 在《论语》中，孔子有许多说法，"克己复礼为仁"就是其中一种。相传在西周时代，周公制礼作乐，实现了天下大治。孔子推崇周公开创的周礼，所以提倡"克己复礼为仁"。他认为"仁"与"礼"互为一体。"仁"是爱人利人的美德，是人之为人的内在德性，而"礼"则是外在的行为规范。如何才能"克己复礼"，孔子给出的做法是："非礼勿视""非礼勿听""非礼勿言""非礼勿动"。

当然，孔子不是一味地在主张复古，他所提倡的"礼"实际上被赋予了"仁"的内涵，或者说"仁"是孔子所提倡"礼"的核心。因此，对于那些不讲仁义，徒有虚表的礼乐行为，孔子是反对的，所以他说："人而不仁，如礼何? 人而不仁，如乐何?"

子曰："刚⑨、毅⑩、木⑪、讷⑫近仁。"

（《子路》）

樊迟⑬问仁，子曰："居处恭⑭，执事敬⑮，与人忠。虽之夷狄⑯，不可弃也。"

（《子路》）

子张⑰问仁于孔子。孔子曰："能行五者于天下，为仁矣。"

"请问之。"曰："恭，宽，信，敏，惠⑱。恭则不侮⑲，宽则得众，信则人任焉，敏则有功⑳，惠则足以使人㉑。"

（《阳货》）

【注释】

⑨［刚］刚强，而言语不轻易出口。　⑩［毅］果决。　⑪［木］朴质。⑫［讷］说话迟钝、口才不佳。　⑬［樊迟］樊须，字子迟，孔子弟子之一。须，有等待的意思。迟，有缓慢的意思。　⑭［居处恭］平日的容貌和态度举止端正庄严。　⑮［执事敬］工作严肃认真。　⑯［虽之夷狄］即使到了国外。夷狄，夷是古代东方的部落，狄是古代北方的部落，这里的夷狄指非华夏地区，相当于今天所说的国外。　⑰［子张］本名颛孙师，字子张，陈国人，孔子弟子之一。⑱［恭，宽，信，敏，惠］肃敬，宽厚，诚实，勤敏，慈惠。　⑲［恭则不侮］庄重肃敬就不致遭受侮辱。　⑳［敏则有功］勤劳就会有成绩、功绩。　㉑［惠则足以使人］慈惠就能够使唤人。

【解读】

在《论语》中，孔子指出"仁"可以体现为许许多多的德行。一个人的品行如果能够"刚""毅""木""讷"，已经接近于"仁"。"仁"可以体现在日常生活平常的待人处事之中，孔子提出具备对己要"恭"、做事要"敬"、与人要"忠"三种美德可以为"仁"，即平日的容貌和态度举止要端正庄严，工作要严肃认真，为人要忠信；又提出"恭""宽""信""敏""惠"五种美德可以为"仁"，如果能做到这五点，就能实现"得众""人任""有功""足以使人"这些事业上的效果。

子曰："不仁者不可以久处约㉒，不可以长处乐㉓。仁者安

369

仁^㉔，知者利仁^㉕。"

（《里仁》）

【注释】

　㉒［久处约］长久地居于穷困中。　㉓［长处乐］长久地居于安乐中。
㉔［仁者安仁］有仁德的人（实行仁德），便心安。　㉕［知者利仁］聪明人（认
识到仁德对他有利），他便践行仁德。

【解读】

　"仁"作为人的内在德性，不应该随着时间和环境的变换而减少或
消失。因此，孔子从反面告诫人们不仁的人难以长期处在穷困之中，
也难以长期处在安乐之中。而从正面来看，有仁德的人安于"仁"，有
智慧的人利于"仁"。

　子贡^㉖问为仁。子曰："工欲善其事，必先利其器^㉗。居是邦^㉘
也，事其大夫^㉙之贤者，友其士^㉚之仁者。"

（《卫灵公》）

【注释】

　㉖［子贡］本名端木赐，字子贡，卫国人，孔子最重要的弟子之一，以善言
和经商著称。　㉗［利其器］磨利他的工具。　㉘［居是邦］居住在这个国家。
是，此，这个。　㉙［大夫］有一定层级的官员。　㉚［士］比大夫层级低一些
的官员。

【解读】

　如何才能成为有仁德之人，孔子对不同的弟子有不同的回答。对
于子贡，孔子考虑到他士大夫的身份，可能想要在政治上有所作为，
因此回答说士大夫践行仁义，好比工匠要先磨好工具一样，要多去与
贤能的大夫打交道，向他们学习。

370

仲弓㉛问仁，子曰：“出门如见大宾㉜，使民如承大祭㉝。己所不欲，勿施于人。在邦㉞无怨，在家无怨。”

仲弓曰：“雍虽不敏，请事斯语矣。”

（《颜渊》）

【注释】

㉛［仲弓］本名冉雍，字仲弓，鲁国人，孔子弟子之一，以行政才干而见长。㉜［大宾］贵宾，贵客。　㉝［使民如承大祭］役使、管理百姓好像去承当大的祭祀典礼（那样庄重和谨慎）。使，役使，这里是管理、治理的意思。　㉞［邦］邦国，国家。

【解读】

相比较于对子贡的回答，孔子对仲弓“问仁”的回答更进一步指出为政者对于人民要恭敬，甚至要像对待大型的祭祀那样的恭敬。这种恭敬主要体现在对人民的恭恕，时时刻刻将心比心，推己及人，不要把自己不乐意做的事强迫给别人。

樊迟问仁，子曰：“爱人。”问知㉟，子曰：“知人。”樊迟未达㊱，子曰：“举直错诸枉，能使枉者直。㊲”

樊迟退，见子夏㊳，曰：“乡㊴也吾见于夫子而问知，子曰：‘举直错诸枉，能使枉者直’，何谓也？”

子夏曰：“富哉言乎㊵！舜㊶有天下，选于众，举皋陶㊷，不仁者远㊸矣。汤㊹有天下，选于众，举伊尹㊺，不仁者远矣。”

（《颜渊》）

【注释】

㉟［知］同“智”，智慧。　㊱［未达］理解得不透彻。　㊲［举直错诸枉，能使枉者直］把正直的人提拔出来，位置在邪恶的人之上，能够使邪恶的人正

371

直。 ㉘〔子夏〕原名卜商，字子夏，卫国人，以文学著称，曾经是《诗经》和《春秋》传承史上的重要人物。子夏晚年曾在西河讲学，魏文侯和吴起等人曾经师事之。 ㉟〔乡〕同"向"，之前的时候。 ㊵〔富哉言乎〕意义多么丰富的话。 ㊶〔舜〕传说中的三皇五帝之一。 ㊷〔皋（gāo）陶（yáo）〕舜的臣子，因为有治理的才干被舜提拔。 ㊸〔不仁者远〕坏人就难会远离。 ㊹〔汤〕商朝的建立者，曾推翻夏朝末代国王桀的统治，建立商代。 ㊺〔伊尹〕汤的大臣。

【解读】

弟子樊迟问"仁"，孔子的回答是"爱人"。究竟什么是"智"，孔子的回答是"知人"，然后解释说"知人"的关键在于要"举直错诸枉，能使枉者直"。子夏对此深有体会，举舜拔举皋陶和汤任用伊尹的历史为例子，说明为政者知人善任，才能接近于"仁"。

实际上，儒家思想中，"仁"与"智"构成辩证统一的关系。"智"是"仁"的基础，舜和汤这样的贤明仁义的君王正因为有智慧、有识人之明，所以才能发现和重用皋陶和伊尹；另一方面，"仁"又对"智"起着统率的作用，如果聪明的人不将自己的智慧用到有益的事情上，不免会对他人和社会产生伤害。

(2) 论修养

子曰："德之不修，学之不讲①，闻义不能徙②，不善不能改③，是吾忧也。"

（《述而》）

子曰："见贤思齐④焉，见不贤而内自省⑤也。"

（《里仁》）

曾子曰："吾日三省吾身：为人谋而不忠乎？与朋友交而不信乎？传不习⑥乎？"

（《学而》）

①［学之不讲］对学问不讲习、讲论。之，这里起到把"不讲"的宾语"学"提前的作用。　②［闻义不能徙］听到哪里有义，却不能亲身奔赴去追求。　③［不善不能改］有缺点不能改正。　④［见贤思齐］看见贤人，便应该想向他看齐。⑤［内自省］自己反省。　⑥［传不习］老师传授的学问不曾认真复习。

【解读】

有人说《论语》中的思想可分为"为人""为学"和"为政"三个方面。其中，"为人"的核心在于"修己"，无怪乎后人评价儒家是"修己之学"。在《论语》中孔子时时刻刻在提醒弟子们要注意提升修为，所谓"德之不修""学之不讲""闻义不能徙""不善不能改"被后人称为"孔子四忧"。"孔子四忧"实际上就是孔子对弟子们道德不修、学问不习、闻义不徙、有过不改的担忧，这些担忧也应当成为我们每个人衡量自己是否向善的标准。

曾子曰："士不可以不弘毅⑦，任重而道远⑧。仁以为己任⑨，不亦重乎⑩？死而后已⑪，不亦远⑫乎？"

（《泰伯》）

子贡问曰："何如斯⑬可谓之士矣？"

子曰："行己有耻⑭，使于四方⑮，不辱君命，可谓士矣。"

曰："敢问其次⑯？"

曰："宗族称孝⑰焉，乡党称弟⑱焉。"

曰："敢问其次？"

曰："言必信，行必果，硁硁然小人哉⑲！抑亦可以为次⑳矣。"

曰："今之从政者何如㉑？"

子曰："噫！斗筲㉒之人，何足算㉓也！"

（《子路》）

⑦〔弘毅〕宽宏坚毅。 ⑧〔任重而道远〕肩负沉重，路途遥远。 ⑨〔仁以为己任〕以实行仁德为己任。 ⑩〔不亦重乎〕不也是很沉重的吗？重，沉重。 ⑪〔死而后已〕直到死才罢休。 ⑫〔远〕遥远。这里是说士以实行仁德为己任，责任和使命重大，到死才肯罢休，时间很漫长。 ⑬〔何如斯〕怎么样。 ⑭〔行己有耻〕自己在做事的时候保持羞耻之心。 ⑮〔使于四方〕出使国外。 ⑯〔敢问其次〕请问次一等的情况。 ⑰〔宗族称孝〕宗族的人称赞他孝顺父母。 ⑱〔乡党称弟〕乡亲称赞他尊敬兄长。 ⑲〔言必信，行必果，硁（kēng）硁然小人哉〕言语必定信实，行动必定果断，这虽然是固执而不会通权达变的小人（但也可以算再次一等的士）。 ⑳〔抑亦可以为次〕也可以说是再次一等的。抑亦，大概，也许。 ㉑〔今之从政者何如〕现在的执政官员怎么样呢。 ㉒〔斗筲（shāo）〕器识狭小的人。 ㉓〔何足算〕哪里能够算呢。

【解读】

按照周代的宗法制度，居于贵族阶级的人大体可分为天子、诸侯、卿大夫和士四个阶层，孔子本人也处在最低的"士"这个阶层。孔子所处在春秋末期，礼崩乐坏，社会失去秩序，不少原来的贵族阶级沦落到了社会底层。但是孔子主张将"士"为代表的贵族阶层原本应当具有的社会责任感、使命感传承和发扬下去，所以《论语》常常对"士"提出许多期望和鼓励，如"士不可以不弘毅"。此外，孔子甚至对"士"的标准做出了三个不同层次的划分，其中"行己有耻，使于四方，不辱君命"堪称孔子理想中"士"应当达到的修为水平。

子曰："质胜文则野㉔，文胜质则史㉕。文质彬彬㉖，然后君子。"

（《雍也》）

子曰："君子之于天下也，无适㉗也，无莫㉘也，义之与比㉙。"

（《里仁》）

子曰："君子义以为质㉚，礼以行之，孙以出之㉛，信以成之。君子哉！"

（《卫灵公》）

子曰："君子喻于义㉜，小人喻于利㉝。"

（《里仁》）

【注释】

㉔［质胜文则野］朴实多于文采，就未免粗野。　㉕［文胜质则史］文采多于朴实，就未免虚浮。　㉖［文质彬彬］文采和朴实，配合适当。彬彬，相杂适中的样子。　㉗［无适］不盲目适从。　㉘［无莫］不盲目否定。　㉙［义之与比］始终以义为根据。　㉚［义以为质］（君子）把义当作自己的质量和原则。㉛［礼以行之，孙以出之］按照礼来行事，言语谨慎。孙，同"逊"，谦逊。㉜［君子喻于义］君子懂得的是义。喻，晓得，明白。　㉝［小人喻于利］小人懂得的是利。

【解读】

在《论语》中，"君子"与"小人"是一对相对身份称谓。一方面，"君子"本来泛指贵族阶级，而"小人"指社会地位低下的人；另一方面，"君子"也被孔子用来指道德修养高的人，而"小人"指的是缺乏教养，道德水平低下的人。孔子甚至常常将成为"君子"作为提升个人修为的基本目标，他给出的"君子"的标准在于"文质彬彬"，在于"义以为质，礼以行之，孙以出之，信以成之"，在于"喻于义"，等等。这些标准放在今天的社会，仍然可以作为对一个道德高尚的公民的基本要求。

（3）论为学

子曰："学而时习之①，不亦说乎②？有朋自远方来，不亦乐乎③？人不知而不愠④，不亦君子乎？"

（《学而》）

子曰："温故而知新⑤，可以为师⑥矣。"

（《为政》）

子曰："学而不思则罔⑦，思而不学则殆⑧。"

（《为政》）

子曰："三人行⑨，必有我师焉；择其善者而从之，其不善者而改之。"

（《述而》）

【注释】

①［学而时习之］学习之后定期去复习它。　②［不亦说乎］不也是很高兴的吗？说，同"悦"。　③［不亦乐乎］不也是很快乐的吗？　④［人不知而不愠，不亦君子乎］人家不了解我，我却不怨恨，不也是君子吗？　⑤［温故而知新］温习旧的知识，就会有新体会、新发现。　⑥［为师］可以做老师。　⑦［学而不思则罔］只学习而不思考，（就会没有鉴别力）则容易受骗。　⑧［思而不学则殆］只空想而不学习，就会疑惑不解。　⑨［三人行］宋代以前一般写作"我三人行"，意思是我和两三人同行。

【解读】

前一部分的选文重在讲如何修己，实际上"为学"也是实现"修己"的重要途径。孔子十分重视学习的作用，甚至开创了中国私人讲学的先河。本篇选文即以"为学"为重点，第一组选文主要是对个人学习方法的论述，如"学而时习之""温故而知新""学而不思则罔，思而不学则殆""三人行必有我师"。

需要特别指出的是，孔子的学习观特别强调"学"与"思"的相辅相成，所谓"学而不思则罔"，孔子是在反对一味地死学，而不去消化理解，不去践行。

子以四教：文⑩、行⑪、忠、信。

（《述而》）

子曰："兴于诗⑫，立于礼⑬，成于乐⑭。"

（《泰伯》）

子曰："志于道⑮，据于德⑯，依于仁⑰，游于艺⑱。"

（《述而》）

子曰："君子博学于文⑲，约之以礼⑳，亦可以弗畔㉑矣夫。"

（《雍也》）

【注释】

⑩〔文〕这里指古代文献，泛指学问。以下四个方面属于孔子教学的主要内容。 ⑪〔行〕德行，这里指个人行为的践履，要守礼行义，修养品德。 ⑫〔兴于诗〕"诗"提高我的修养。 ⑬〔立于礼〕"礼"使我立足社会。 ⑭〔成于乐〕音乐健全我的人格。 ⑮〔志于道〕有志于真理。 ⑯〔据于德〕执守于道德修养。一说是指亲近于德。 ⑰〔依于仁〕以仁德为依据。 ⑱〔游于艺〕广泛涉猎礼、乐、射、御、书、数等文化技艺。 ⑲〔博学于文〕君子广泛地学习文献。 ⑳〔约之以礼〕用礼来加以约束。 ㉑〔畔〕同"叛"，背叛。弗畔，这里指不会离经叛道。

【解读】

这一组选文主要是孔子对学习内容的说明，如"子以四教：文、行、忠、信"，"志于道，据于德，依于仁，游于艺"，"兴于诗，立于礼，成于乐"，等等。

一方面，周代的诗书礼乐文化是贵族必须接受的教育，孔子主张将这些内容扩展为儒家教育的基本内容，从而培养管理国家的人才。他强调的"礼""乐""艺"都属于礼乐文化的重要组成部分。另一方面，孔子的教学内容又有所发展，最具代表性的说法就是"文""行""忠""信"这些有道德内涵的学习内容成为孔门四教。

子贡问曰："孔文子㉒何以谓之'文'也？"

子曰："敏而好学㉓，不耻下问㉔，是以谓之文也。"

（《公冶长》）

哀公问："弟子孰为好学㉕？"

孔子对曰："有颜回者好学，不迁怒㉖，不贰过㉗。不幸短命死矣。今也则亡㉘，未闻好学者也。"

（《雍也》）

子曰："十室之邑㉙，必有忠信如丘者焉，不如丘之好学也。"

（《公冶长》）

子曰："君子食无求饱，居无求安，敏于事而慎于言㉚，就有道而正焉㉛。可谓好学也已。"

（《学而》）

【注释】

㉒［孔文子］卫国的大夫孔圉，死后被给予"文"的谥号。㉓［敏而好学］聪敏，爱好学问。㉔［不耻下问］不耻于向地位比自己低的人求教。㉕［孰为好学］谁能称得上好学之人。孰，相当于"谁"，表选择的疑问代词。㉖［不迁怒］不把怒气发泄到别人身上。㉗［不贰过］不犯同样的错误。㉘［亡］同"无"，没有。㉙［十室之邑］十户人家的小村落。㉚［敏于事而慎于言］对工作勤劳敏捷，说话却谨慎。㉛［就有道而正焉］到有道的人那里去匡正自己。

【解读】

在孔子的思想中，学习不仅是"修己"的重要途径，而且"好学"成了"德性"之一。孔子说孔文子所以被称"文子"，是因为他"敏而好学，不耻下问"，可见"好学"已经成为人们称赞他人品德好的一种评价。

如果说孔文子是孔门以外"好学"者的代表，颜回就是孔门以内

"好学"者的典型。《先进》篇中记载了孔门"德行""言语""政事""文学"四个领域杰出弟子的代表人物,其中"德行"领域的代表人物就是颜渊。这再次说明,孔子所谓"好学"的标准不单单是学习具体的技艺和礼乐文化,"德行"和"学问"应该是相辅相成的,所以孔子才说"敏于事而慎于言,就有道而正焉。可谓好学也已。"

［宋］马远《孔子像》

《孟子》六章

《孟子》

【题解】

孟子（前372—前289），名轲，字子舆，战国中期邹国人，后来成为战国时期儒家的代表人物。司马迁在《史记·孟荀列传》中曾简单论述过《孟子》的成书背景，说孟子晚年"退而与万章之徒序《诗》《书》，述仲尼之意，作《孟子》七篇"。《孟子》一书记载的就是孟子与弟子或长或短的对话，既有孟子对儒家心性之学的论说，也不乏大量宣传仁政思想的记载。古代为《孟子》作注解的书有很多，其中以东汉赵岐《孟子章句》影响最大。现代学者的注解中，杨伯峻《孟子译注》较为适合初读。本单元围绕"论性善""论义利""论仁政"三个主题，分别选取了一些具有代表性的对话和观点，综合参考各家说法予以注释。

（1）论性善

孟子曰："人皆有不忍人之心①。先王有不忍人之心，斯有不忍人之政②矣。以不忍人之心，行不忍人之政，治天下可运之掌上。所以谓人皆有不忍人之心者，今人乍见③孺子④将入于井，皆有怵惕恻隐⑤之心，非所以内交⑥于孺子之父母也，非所以要誉⑦于乡党⑧朋友也，非恶其声⑨而然也。

由是观之，无恻隐之心，非人也；无羞恶之心，非人也；无辞让之心，非人也；无是非之心，非人也。恻隐之心，仁之端⑩也；羞恶之心，义之端也；辞让之心，礼之端也；是非之心，智之端也。

人之有是四端也，犹其有四体⑪也。有是四端而自谓不能⑫者，自贼者⑬也；谓其君不能⑭者，贼⑮其君者也。凡有四端于我者，知皆扩而充之⑯矣，若火之始然⑰，泉之始达⑱。苟能充之，足以保四海；苟不充之，不足以事父母。"

（《公孙丑上》）

【注释】

①［不忍人之心］怜悯体恤别人的心理能力。 ②［不忍之政］怜悯体恤百姓的政治。 ③［乍见］突然见到。 ④［孺子］小孩子。 ⑤［怵（chù）惕恻隐］怵惕，惊惧。恻隐，同情，怜悯。 ⑥［内交］结交。内，同"纳"。 ⑦［要（yāo）誉］博取名誉。 ⑧［乡党］乡邻乡亲。 ⑨［恶（wù）其声］讨厌这孩子的哭叫声。 ⑩［仁之端］仁的发端。 ⑪［四体］四肢。 ⑫［自谓不能］自认为不行。 ⑬［自贼者］自暴自弃的人。 ⑭［君不能］君主不行、无能。 ⑮［贼］贼害，残害。 ⑯［知皆扩而充之］这句话是说凡是有这四种善端的人，知道要去扩大、充实它们。 ⑰［然］同"燃"，燃烧。 ⑱［达］这里指的是泉水汹涌。

【解读】

《论语·阳货》中记载孔子曾说："性相近也，习相远也。"孔子认为人类本性相近，但他没有对人之本性和道德根源进行深入的论说。孟子在儒家思想史上的首要贡献就是发展了儒家的心性之学，心性之学的核心就是分析人的本性和道德根源，最有名的当属孟子的"性善论"。

上述选文就是在论述人性本善。孟子采取的论证方法是借助人的经验来立说，以"孺子将入于井"这种日常生活即可遇见的危急事例为例，每个人在此时都应当会有相救的自觉心理，因而"人皆有不忍人之心"，这种"不忍人之心"可以衍生出"恻隐""羞恶""辞让""是非"四种与生俱来的善端，四种善端分别又构成"仁""义""礼""智"四种基本德性的发端。最后一段，孟子再次补充论证说这种"不忍人之心"衍生的四种善端是与生俱来的，好比人生下来就有四肢一样。虽然天生有四种善端，但是还需要后天的各种扩充和努力，才能成为真正有"仁心"的人。

（2）论义利

孟子见梁惠王①。王曰："叟②不远千里而来，亦将有以利吾国乎？"

孟子对曰："王何必曰利③？亦有仁义而已矣。王曰'何以利吾国'？大夫曰'何以利吾家'？士庶人④曰'何以利吾身'？上下交征利⑤而国危矣。万乘之国⑥弑⑦其君者，必千乘之家；千乘之国弑其君者，必百乘之家。万取千焉，千取百焉，不为不多矣。苟为后义而先利⑧，不夺不餍⑨。未有仁而遗其亲者也，未有义而后其君⑩者也。王亦曰仁义而已矣，何必曰利？"

（《梁惠王上》）

孟子曰："鱼，我所欲也，熊掌亦我所欲也，二者不可得兼⑪，舍鱼而取熊掌者也。生亦我所欲也，义亦我所欲也，二者不可得兼，舍生而取义者也。生亦我所欲，所欲有甚于生者，故不为苟得⑫也；死亦我所恶，所恶有甚于死者，故患有所不辟⑬也。如使人之所欲莫甚于生⑭，则凡可以得生者，何不用也？使人之所恶莫甚于死者⑮，则凡可以辟患者，何不为也？由是则生而有不用也，由是则可以辟患而有不为也。是故所欲有甚于生者，所恶有甚于死者。"

非独贤者有是心也，人皆有之，贤者能勿丧⑯耳。"一箪食⑰，一豆羹⑱，得之则生，弗得则死。嘑尔而与之⑲，行道之人弗受⑳；蹴尔而与之㉑，乞人不屑㉒也。万钟㉓则不辩礼义而受之。万钟于我何加焉？为宫室之美、妻妾之奉、所识穷乏者得我与㉔？乡㉕为身死而不受，今为宫室之美为之；乡为身死而不受，今为妻妾之

382

奉为之；乡为身死而不受，今为所识穷乏者得我而为之，是亦不可以已乎㉖？此之谓失其本心㉗。"

（《告子上》）

【注释】

①［梁惠王］战国时代魏国的魏惠王。因为魏国在前362年迁都大梁，所以也称之为梁惠王。　②［叟（sǒu）］老人。　③［何必曰利］为什么一定要说利呢？　④［士庶人］士子和百姓。　⑤［上下交征利］上上下下不同阶层的人互相追逐私利。　⑥［万乘（shèng）之国］拥有一万辆兵车的国家。下文以"千乘之国"指拥有一千辆兵车规模的国家，"百乘之家"指拥有一百辆兵车规模的大夫封地采邑。　⑦［弑］杀害。　⑧［苟为后义而先利］假如把义放在不重要的位置，而把利看得很重。　⑨［不夺不餍（yàn）］不把对方的一切都夺取是不会满足的。　⑩［后其君］（心中）把君王放在不重要的位置，言外之意是怠慢君王。　⑪［得兼］同时都得到。　⑫［不为苟得］不愿意做苟且偷生的事。　⑬［患有所不辟］有的灾祸我不逃避。　⑭［如使人之所欲莫甚于生］如果使人们想要的没有比生命更宝贵。　⑮［使人之所恶莫甚于死者］让人厌恶的还有比死亡更讨厌的。　⑯［贤者能勿丧］贤人能够保持它。　⑰［一箪食］一篮子饭。　⑱［一豆羹］一碗汤。豆，盛汤羹的器皿。　⑲［嘑（hù）尔而与之］吆喝着给人。与，给予。　⑳［行道之人弗受］路上饥饿的人不会接受。　㉑［蹴（cù）尔而与之］脚踏之后再给人。　㉒［乞人不屑］乞丐也不屑于接受。　㉓［万钟］形容俸禄之多。钟，古代容量的单位。　㉔［为……所识穷乏者得我与］为了我所认识的穷苦人感激我吗？与，同"欤（yú）"，句末表示疑问。　㉕［乡］同"向"，向来，一向。　㉖［是亦不可以已乎］这些不是可以停止吗？意思是这些不可以拒绝不受吗。已，停止。　㉗［失其本心］忘记、失去初心。

【解读】

《论语·里仁》篇记载孔子曾说"君子喻于义，小人喻于利"，在他眼中君子明晓于义，而小人往往看重的是利。孟子发扬了这一思想，正因为人性本善，人有道德的自觉，当面对"义"和"利"的选择困境时，孟子的主张就是"取义"。本文两个选段主要讨论的就是"义利之辨"。第一个选段是孟子劝说梁惠王不要看重各种实际的利益，正是因为国君、大夫和士庶人之间"上下交征利"，导致民不聊生；国与国之间相互争夺，导致天下混乱。解决问题的出路唯有用作为道德规范的"义"来约束各方。

第二个选段以鱼与熊掌不可兼得作为比喻，鱼是人们常吃的食物，熊掌却是不容易得到的，在二者之间做出选择时，人们自然会选择珍贵的熊掌。紧接着就类比到人生价值观的层面，"生亦我所欲也，义亦我所欲也，二者不可得兼，舍生而取义者也"，孟子认为"义"是比"生"还要珍贵的东西。"所欲有甚于生者，所恶有甚于死者"，就是说有些事的重要性超过了生命，为了这些事我们不应苟且偷生。死亡是每个人都厌恶和恐惧的，但是有些事却比死亡更令人厌恶更可怕，这些事涉及的是公共的利益，我们应挺身而出。

儒家思想是"入世"的哲学，每个人"修己"的最终目标是治国平天下，也就是为了最广大人民群众的根本利益。在个人利益和最广大人民群众的根本利益之间出现冲突时，儒家给出的选择是"舍生取义"。后世儒家士大夫在此精神影响之下，谱写过许多可歌可泣的历史故事。在我们的日常生活中，也会遭遇"义"与"利"的选择困境，孟子的主张或许能给我们许多启示。

（3）论仁政

孟子曰："民为贵①，社稷次之②，君为轻。是故得乎丘民而为天子③，得乎天子为诸侯④，得乎诸侯为大夫⑤。诸侯危社稷⑥，则变置⑦。牺牲既成⑧，粢盛既洁⑨，祭祀以时⑩，然而旱干水溢⑪，则变置社稷。"

（《尽心下》）

【注释】

①［民为贵］百姓最为重要。 ②［社稷（jì）次之］国家的重要性排在次等。社，土神。稷，谷神。社稷，这里代指国家。 ③［得乎丘民而为天子］得到百姓拥护的便做天子。 ④［得乎天子为诸侯］得到天子支持的便做诸侯。⑤［得乎诸侯为大夫］得到诸侯支持的便做大夫。 ⑥［诸侯危社稷］诸侯危害国家。 ⑦［变置］改立。这里指改立诸侯国的诸侯。 ⑧［牺牲既成］（用于祭祀的）牺牲已经准备好。牺牲，供祭祀用的牛、羊、猪等祭品。 ⑨［粢（zī）盛既洁］盛在祭器内的祭品已洁净了。粢，粟米，这里用作祭品。 ⑩［祭祀以时］祭祀按时进行。 ⑪［旱干水溢］旱灾水灾。干，干涸。

【解读】

战国时代，诸侯纷争，国与国之间时常发生战争。各国的国君既想吞并他国实现开疆拓土甚至一统天下的目的；也想争取民心，以保证稳定和充足的兵员，进而取得战争的胜利。这种时代大背景下，民不聊生。诸子百家纷纷立说，想要提出治国安邦的政治良方。

其中，孟子提出了"仁政"的政治思想，其核心思想就是"民为贵，社稷次之，君为轻"。这种思想在中国历史上影响深远，后世的士大夫为了限制君主的权力，往往用孟子的民贵君轻思想作为理论工具。即便到了现代社会，国家提倡的"以民为本"的思想，最早的源头也出自孟子的"民为贵"思想。

庄暴⑫见孟子，曰："暴见于王，王语暴以好乐⑬，暴未有以对⑭也。"曰："好乐何如？"

孟子曰："王之好乐甚⑮，则齐国其庶几乎⑯！"

他日，见于王曰："王尝语庄子以好乐，有诸？⑰"

王变乎色，曰："寡人非能好先王之乐⑱也，直好世俗之乐⑲耳。"

曰："王之好乐甚，则齐其庶几乎！今之乐犹古之乐也。"

曰："可得闻与？⑳"

曰："独乐乐㉑，与人乐乐，孰乐？"

曰："不若与人。"

曰："与少乐乐㉒，与众乐乐，孰乐？"

曰："不若与众。"

"臣请为王言乐。今王鼓乐于此，百姓闻王钟鼓之声、管籥㉓之音，举疾首蹙頞㉔而相告曰：'吾王之好鼓乐，夫何使我至于此极㉕也，父子不相见，兄弟妻子离散。'今王田猎于此，百姓闻王车马之音，见羽旄㉖之美，举疾首蹙頞而相告曰：'吾王之好田猎，夫何使我至于此极也？父子不相见，兄弟妻子离散。'此无他，不与民同乐也。

今王鼓乐于此，百姓闻王钟鼓之声、管籥之音，举欣欣然㉗有喜色㉘而相告曰：'吾王庶几无疾病与，何以能鼓乐也？'今王田猎于此，百姓闻王车马之音，见羽旄之美，举欣欣然有喜色而相告曰：'吾王庶几无疾病与，何以能田猎也？'此无他，与民同乐也。"

"今王与百姓同乐，则王矣！"

（《梁惠王下》）

孟子曰："天时不如地利，地利不如人和。"三里之城，七里之郭㉙，环而攻之而不胜。夫环而攻之，必有得天时者矣；然而不胜者，是天时不如地利也。城非不高也，池非不深也，兵革㉚非不坚利㉛也，米粟㉜非不多也，委而去之㉝，是地利不如人和也。故曰："域民㉞不以封疆之界，固国㉟不以山溪之险㊱，威天下不以兵革之利。得道者多助㊲，失道者寡助㊳；寡助之至㊴，亲戚畔之㊵；多助之至，天下顺之。以天下之所顺，攻亲戚之所畔，故君子有不战㊶，战必胜矣。"

（《公孙丑下》）

⑫〔庄暴（pù）〕齐国的大臣。　⑬〔王语（yù）暴以好乐（yuè）〕王告诉庄暴说他爱好音乐。　⑭〔未有以对〕没有什么可以回答王。　⑮〔好乐甚〕很痴迷地爱好音乐。甚，很，形容程度深。　⑯〔其庶几乎〕便会不错了。庶几，差不多。　⑰〔有诸〕有这回事吗？　⑱〔非能好先王之乐〕没能够欣赏先王喜好的雅乐。　⑲〔直好世俗之乐〕只是喜好流行音乐。　⑳〔可得闻与〕也能够听听（其中的道理）吗？与，同"欤"。　㉑〔独乐乐〕一个人欣赏音乐。　㉒〔与少乐乐〕与少数人一起欣赏音乐。　㉓〔管籥（yuè）〕古代的吹奏乐器。　㉔〔举疾首蹙（cù）頞（è）〕全都头痛而皱着眉头。举，全都。蹙，皱着。頞，鼻梁。㉕〔何使我至于此极〕为什么使得我困苦到这样的境地。　㉖〔羽旄（máo）〕带有羽毛和旄牛尾装饰的旗帜。　㉗〔举欣欣然〕全都高高兴兴。　㉘〔喜色〕面有喜色，眉开眼笑。　㉙〔郭〕城郭，这里指相对于内城的外城。　㉚〔兵革〕兵器甲胄。　㉛〔坚利〕锐利坚固。　㉜〔米粟（sù）〕泛指粮食。　㉝〔委而去之〕弃城而逃走。委，放弃。　㉞〔域民〕限制人民。　㉟〔固国〕巩固国家。㊱〔不以山溪之险〕不靠山川的险阻。　㊲〔得道者多助〕行仁政的人得到多人的帮助。　㊳〔失道者寡助〕不行仁政的人很少有人去帮助他。　㊴〔寡助之至〕帮助的人少到了极致。　㊵〔亲戚畔之〕亲戚背叛他。　㊶〔君子有不战〕君子要么不战。

【解读】

孟子提出"仁政"的政治思想，核心理念是"民为贵，社稷次之，君为轻"，这种理念又有许多具体的展开。比如上述选段中强调君王要"与民同乐"的思想；又强调君王想要"得道多助"，关键在于要明白"天时不如地利，地利不如人和"。以上这些选段都是孟子对"仁政"思想的具体论说。

《大学》二章

《大学》

【题解】

古人所谓的"大学"是相对"小学"而言的，何休《春秋公羊解诂》说"八岁者，学小学，十五者，学大学"。古人的"小学"是初级的学校，以识字教学和礼、乐、射、御、书、数这六种技艺的教学为主，而"大学"则是古代的高等教育机构，以教授为人的道理为主。《大学》原是《礼记》第四十二篇，相传是孔子的弟子曾子所作的一篇阐述"大学"之道的儒家思想作品。北宋思想家程颐称之为"初学入德之门"，竭力尊崇；南宋朱熹又将《论语》《孟子》《大学》《中庸》并称"四书"。宋元以后，《大学》成为学校官定的教科书和科举考试的必读书，影响深远。

大学之道①，在明明德②，在亲民③，在止于至善④。知止而后有定⑤；定而后能静⑥；静而后能安⑦；安而后能虑⑧；虑而后能得⑨。物有本末，事有终始。知所先后，则近道⑩矣。

古之欲明明德于天下者⑪，先治其国；欲治其国者，先齐其家⑫；欲齐其家者，先修其身⑬；欲修其身者，先正其心⑭；欲正其心者，先诚其意⑮；欲诚其意者，先致其知⑯；致知在格物⑰。物格而后知至；知至而后意诚；意诚而后心正；心正而后身修；身修而后家齐；家齐而后国治；国治而后天下平。

自天子以至于庶人⑱，壹是皆以修身为本⑲。其本乱而末治者否矣⑳。其所厚者薄㉑，而其所薄者厚，未之有也！

【注释】

①［大学之道］大学的宗旨。　②［明明德］彰明人民光明的德性。第一个

"明"是动词，后面的"明德"是名词。　　③［亲民］亲爱人民。一说"亲"同"新"，"新民"意思是鼓励人做新人，每日都有进步。　　④［止于至善］达到至善的境界。　　⑤［知止而后有定］知道应该达到的目标，然后才能有确定的志向。⑥［定而后能静］有了确定的志向，然后才能心静。　　⑦［静而后能安］心静然后才能泰然自适。　　⑧［安而后能虑］安神之后才能有深思远虑。　　⑨［虑而后能得］思虑周详然后才能行事得宜。　　⑩［近道］接近大道。　　⑪［欲明明德于天下者］想彰明人民光明德性于天下的人。　　⑫［齐其家］整顿好自己的家庭。⑬［修其身］修养自身。　　⑭［正其心］端正自己的心性。　　⑮［诚其意］诚实自己的意念。　　⑯［致其知］获得知识。　　⑰［格物］探寻、推究事物的原理。⑱［庶人］平民百姓。　　⑲［壹是皆以修身为本］一律都要以修身为根本。⑳［本乱而末治者否矣］根本乱了但是枝干还能完好，这是不可能的。　　㉑［所厚者薄］对自己有亲缘关系的人很淡漠。

【解读】

本文选取了《大学》的开篇部分，即后人所总结的大学之道的"三纲"和"八条目"。所谓"三纲"即大学之道的三大纲领："在明明德，在亲民，在止于至善"，"八条目"即八条依序排列的目标，包括"格物、致知、诚意、正心、修身、齐家、治国、平天下"，涵盖从内在到外在的学习、修身和治国平天下的过程。儒家是提倡积极入世的思想学派，《大学》的"八条目"是儒家思想发展史第一次系统地论述从内在"修己"到外在"治国"的过程和方法。

《大学》这种从学习和修身到最终实现天下太平的理想人生图景，对后世的中国文化产生了深远的影响。"格物""致知""诚意""正心""修身"和"齐家"等思想中的每一条放在今天，仍然可以作为我们安身立命的座右铭，值得我们反复品味。以"格物致知"思想为例，它教导我们对于陌生的事物，需要带着求知的心理，一步步从感性的认识升华到理性的认识。这种思想与今人提倡的唯物辩证法思想是相通的，值得我们继承发扬。

所谓治国必先齐其家者，其家不可教而能教人者㉒，无之。故君子不出家而成教于国㉓。孝者，所以事君也；弟㉔者，所以事长也；慈者，所以使众也。《康诰》曰："如保赤子。"㉕心诚求之，虽不中不远㉖矣。未有学养子而后嫁者㉗也。

一家仁，一国兴仁；一家让㉘，一国兴让；一人贪戾㉙，一国作乱：其机㉚如此。此谓一言偾事㉛，一人定国。尧、舜率天下以仁，而民从之。桀、纣率天下以暴，而民从之㉜。其所令反其所好，而民不从㉝，是故君子有诸己而后求诸人㉞，无诸己而后非诸人㉟。所藏乎身不恕㊱，而能喻诸人者㊲，未之有也。故治国在齐其家。

《诗》云："桃之夭夭，其叶蓁蓁。之子于归，宜其家人。㊳"宜其家人，而后可以教国人。《诗》云："宜兄宜弟。㊴"宜兄宜弟，而后可以教国人。《诗》云："其仪不忒，正是四国。㊵"其为父子兄弟足法㊶，而后民法之也，此谓治国在齐其家。

【注释】

㉒〔家不可教而能教人者〕家里人都不能教育好反而去教育外人。　㉓〔君子不出家而成教于国〕君子不出家门就能通过教育对全国施展影响。　㉔〔弟（tì）〕同"悌"，敬重兄长。　㉕〔保赤子〕保育婴儿。　㉖〔不中不远〕虽然不能做得完美，但也做得差不多。　㉗〔未有学养子而后嫁者〕没有先在娘家学好如何育婴然后才出嫁的人。　㉘〔一家让〕一家人相互谦让敬爱。　㉙〔贪戾（lì）〕贪婪暴戾。　㉚〔机〕关键。　㉛〔一言偾（fèn）事〕一句话可以坏掉大事。偾，败坏。　㉜〔桀、纣率天下以暴，而民从之〕夏桀和商纣王用暴政统率天下，人民就跟着他们残暴起来。　㉝〔所令反其所好，而民不从〕君王颁布的训令与他自己的作风做派相反，那么老百姓就不会听从。言外之意是君王自己做坏事，却让人民做好事。　㉞〔有诸己而后求诸人〕君王先有了好的德行，再去要求别人。　㉟〔无诸己而后非诸人〕君王没有坏的德行，再去批评别人。　㊱〔所藏乎身不恕〕藏在自身的思想没有推己及人的观念。恕，推己及人。　㊲〔喻诸人者〕让

别人明白。喻，晓谕，使其明白。　　㊳〔桃之夭夭，其叶蓁（zhēn）蓁。之子于归，宜其家人〕出自《诗经·周南·桃夭》，这里指家教良好、修为很高的女子出嫁后，能够让夫家全家和谐。　　㊴〔宜兄宜弟〕出自《诗经·小雅·蓼萧》，指兄弟友爱互敬。　　㊵〔其仪不忒（tè），正是四国〕出自《诗经·曹风·鸤鸠》，意思是容貌举止庄重严肃，可以成为四方国家的表率。忒，差错。　　㊶〔为父子兄弟足法〕作为父亲、儿子和兄弟，都值得效法。

【解读】

　　《大学》在阐述了"三纲"和"八条目"之后，分别对"诚意""修身""齐家""治国""平天下"进行了详细的诠释。上述选段就是其中"治国必先齐其家者"的一部分，核心主张是说"君子不出家而成教于国"，意思是说一个人如果在家庭内受到很好的教育，他也完全可以胜任社会上和国家的职务。

　　现代人在评价儒家思想时，不少人认为儒家的思想内核是"家国一体"或者说"家国同构"，上述选段很好地诠释了什么是"家国一体"和"家国同构"。选段中提倡家庭教育的核心是"孝""悌""慈"，而能做到"孝"的人往往也能很好地"事君"，能做到"悌"的人往往也能很好地"事长"，能做到"慈"的人往往也能很好地"使众"。所以说，家庭好比一个国家，在家庭内学会了"孝""悌""慈"，自然能胜任国家事务。你是否认同儒家这种"家国一体"和"家国同构"的思想？谈谈你的想法。

《中庸》二章

《中庸》

【题解】

《中庸》相传是孔子的孙子子思所作的一篇思想著作，最初被收入《礼记》之中。南宋思想家朱熹又将《大学》《中庸》单独抽出，与《论语》《孟子》并列，视之为儒家"四书"，也就是四种最重要的儒家思想经典。《论语·雍也》记载："中庸之为德也，其至矣乎！"可见在孔子那里，"中庸"已经被视为至高德行的标准。《中庸》一书就是对儒家中庸思想的系统阐述。本文选自《礼记》，注释和解读同时参考了朱熹《四书章句集注》和《傅佩荣译解大学中庸》。

(1)

天命之谓性，率性之谓道，修道之谓教①。道也者，不可须臾离②也，可离非道也。是故君子戒慎乎其所不睹③，恐惧乎其所不闻④。莫见乎隐⑤，莫显乎微⑥。故君子慎其独⑦也。喜怒哀乐之未发，谓之中⑧；发而皆中节，谓之和⑨。中也者，天下之大本⑩也；和也者，天下之达道⑪也。致中和，天地位焉⑫，万物育焉⑬。

【注释】

①〔天命之谓性，率性之谓道，修道之谓教〕天所赋予的人性称之为本性，顺着本性去走的路称之为正道，在正道上修养自我可称之为教化。　②〔不可须臾（yú）离〕不可以片刻离开（正道）。　③〔戒慎乎其所不睹〕君子在别人看不到的地方要保持戒惕。　④〔恐惧乎其所不闻〕君子在别人听不到的地方要有所畏惧。　⑤〔莫见（xiàn）乎隐〕（天下的事）没有比隐暗的场所更容易显现了。

意思是说君子即便在隐暗的场所也要自重，因为再隐暗的场所也可能被人发现。⑥［莫显乎微］（天下的事）没有比细微的事情更容易显现了。意思是说即便对于再微不足道的事，君子也应该自重。 ⑦［慎其独］君子独处的时候要注意自重。慎，慎重。独，独处。 ⑧［喜怒哀乐之未发，谓之中］喜怒哀乐之类的情感尚未表现出来。 ⑨［发而皆中节，谓之和］表现出来但是都比较合宜，称之为和。 ⑩［中也者，天下之大本］中的状态是天下众人相处的基础。 ⑪［和也者，天下之达道］和的状态是天下众人相处的通道。 ⑫［天地位焉］天地各正其位。 ⑬［万物育焉］万物发育成长。

【解读】

《大学》篇的篇名取自篇首二字，而《中庸》的篇名则是对全篇核心思想的提炼。何谓"中庸"？北宋思想家程颐的说法是："不偏之谓中，不易之谓庸；中者天下之正道，庸者天下之定理。"而南宋思想家朱熹的解释则是："中者，不偏不倚，无过不及之名；庸，平常也。"东汉大学者郑玄的解释简洁而不失深刻："庸，常也；用中为常道也。"通俗地讲，儒家提倡不偏不倚的中道思想，中道思想被儒家视作人生哲学的常道和定理。《中庸》堪称儒家人生哲学的核心著作，全书由三十三章组成。上段选文从根源上论述了人性的本源、人生正道的形成和后天教养的必要性。

作者认为天命赋予了人之本性，顺着本性去走的路称之为正道。但不是所有人都能保持人之本性、不是所有人都能时时刻刻沿着人生本来该有的正道，所以需要后天不断的修养。想要成为君子，就必须学会"慎独"。儒家特别强调"君子慎独"，要求君子在没有他人在场的情况下也能自敬自重。作者随后又提出"中"与"和"的观念，认为"中和"的状态是人们经过后天修养教化后的一种理想标准。

在现代人看来，《中庸》之中虽然有许多玄妙难解的说法，但是我们不必追求对《中庸》系统全面的认识，其中的某些思想不乏现代的价值。如"慎独"一类有益的观念，仍然可以作为我们今天提升个人修为的准则。

(2)

诚者，天之道⑭也；诚之者，人之道⑮也。诚者，不勉而中⑯，不思而得⑰，从容中道⑱，圣人也。诚之者，择善而固执之者也。博学之，审问⑲之，慎思之，明辨之，笃行⑳之。有弗学㉑，学之弗能弗措㉒也；有弗问，问之弗知弗措也；有弗思，思之弗得弗措也；有弗辨，辨之弗明弗措也；有弗行，行之弗笃弗措也。人一能之，己百之㉓；人十能之，己千之㉔。果能此道㉕矣，虽愚必明㉖，虽柔必强。

【注释】

⑭〔诚者，天之道〕诚，天赋的道理。　⑮〔诚之者，人之道〕学习为人诚实，是做人的基本道理。　⑯〔不勉而中〕不用勉强行事就能合乎事理。⑰〔不思而得〕不假思索就能言行得当。　⑱〔从容中道〕从从容容就能符合中庸之道。　⑲〔审问〕详细地探究。审，精审，详细。　⑳〔笃行〕笃实地践行。㉑〔弗学〕有的知识不学则已。　㉒〔学之弗能弗措〕一旦学了，学不成就不放下。　㉓〔人一能之，己百之〕别人一次能做成的，我做一百次。　㉔〔人十能之，己千之〕别人十次能做成的，我做一千次。　㉕〔果能此道〕如果能按照这个方法做下去。　㉖〔虽愚必明〕即便愚钝的人，也能变得明智。

【解读】

在《中庸》的作者看来，一个人后天提升修养和教化的一个重要方式就是努力做到"诚"。上述选段中，作者区别了"诚者"和"诚之者"，前者是天之道，是圣人那种境界才会有的德性，一般人是难以企及的；后者是人之道，一般人可以通过自身的努力而实现，实现的途径就是"博学，审问，慎思，明辨，笃行"。

如今，这些方法甚至成了某所大学的校训，类似的观念则能够成为我们日常学习的指引。例如，可以对照《中庸》对这几种方法的解释，看看自己平时的学习有没有做到这几条。如果没有，请努力践行。

思与行

◎非礼勿视，非礼勿听，非礼勿言，非礼勿动。（《论语》）

◎工欲善其事，必先利其器。（《论语》）

◎吾日三省吾身：为人谋而不忠乎？与朋友交而不信乎？传不习乎？ 　　　　　　　　　　　　　　　　　　　　　（《论语》）

◎士不可以不弘毅，任重而道远。（《论语》）

◎君子喻于义，小人喻于利。（《论语》）

◎学而不思则罔，思而不学则殆。（《论语》）

◎敏而好学，不耻下问。（《论语》）

◎刚、毅、木、讷近仁。（《论语》）

◎见贤思齐焉，见不贤而内自省也。（《论语》）

◎质胜文则野，文胜质则史。文质彬彬，然后君子。（《论语》）

◎温故而知新，可以为师矣。（《论语》）

◎三人行，必有我师焉；择其善者而从之，其不善者而改之。 　　　　　　　　　　　　　　　　　　　　　　　　（《论语》）

◎君子食无求饱，居无求安，敏于事而慎于言，就有道而正焉。 可谓好学也已。 　　　　　　　　　　　　　　　　　　（《论语》）

◎天时不如地利，地利不如人和。（《孟子》）

◎民为贵，社稷次之，君为轻。（《孟子》）

◎大学之道，在明明德，在亲民，在止于至善。知止而后有定； 定而后能静；静而后能安；安而后能虑；虑而后能得。物有本末， 事有终始。知所先后，则近道矣。 　　　　　　　　　　　（《大学》）

◎天命之谓性，率性之谓道，修道之谓教。（《中庸》）

◎中也者，天下之大本也；和也者，天下之达道也。致中和，天地位焉，万物育焉。

（《中庸》）

【熟读与精思】

《论语》《孟子》《大学》《中庸》有许多话题是古往今来人们都会遇见的问题，比如《论语·宪问》篇有"或曰：'以德报怨，何如？'子曰：'何以报德？以直报怨，以德报德。'"那么，到底该"以德报怨"还是"以直报怨"？又比如《孟子·尽心下》主张"尽信书，不如无书"，到底该不该信书呢？此外，孟子主张"性善"，而另一位儒学大师荀子则主张"性恶"，那么你怎么看待"性善""性恶"呢？

【学习与践行】

《论语》《孟子》《大学》《中庸》中有许多对后世影响深远的成语，比如"死而后已""见贤思齐""三省吾身""克己复礼""文质彬彬""任重道远""温故知新""得道多助""失道寡助""修身齐家""慎思明辨"，等等；也产生了许多名言警句，如"工欲善其事，必先利其器""爱人者，人恒爱之；敬人者，人恒敬之""老吾老，以及人之老；幼吾幼，以及人之幼"，等等。请充分利用"四书"中的成语和名言警句作为中华优秀传统文化资源，为自己设计一个座右铭，谈一谈个人选择的理由以及在生活中如何践行。

后　记

　　经过几年集中研究，我们完成了教育部哲学社会科学研究重大委托项目"中国阅读文化建设的战略与策略研究"与国家语委"十三五"科研规划重点项目"中华优秀传统文化教育的目标、内容及实施策略研究"，现在，我们又承担了北京市教育科学"十四五"规划优先关注项目"中华优秀传统文化融入课程体系研究"。为更好地落实阅读文化理念，使阅读上升为一种文化，成为人们的日常习惯、生活方式和精神追求，进一步深化拓展中华优秀传统文化学习，汲取中国智慧、弘扬中国精神、传播中国价值，不断增强中华优秀传统文化的生命力和影响力，依据课题研究成果和对当前中华优秀传统文化学习情况的调查，我们认为中国和世界已发生了巨变，需要一套适应新时代国民特别是青少年阅读的中华优秀传统文化选本，以当代的视野，汲取古代文化的精华，赓续深入骨髓的精神血脉，借以育人、成人。于是决定编写一套循序渐进、适合社会各层次阅读的中华优秀传统文化分级选本，培根铸魂，为民族复兴凝聚起精神力量。

　　2020年暮春，我们启动了选本编写。由我提出编写思路，拟定编写说明。依照编写说明，编委会经过反复筛选，最后选定历代经典作品六百零三篇，名为"中华优秀传统文化六百篇"（以下简称"六百篇"）。"六百篇"不仅包括人文社会科学，还涉及古代科学技术、医学发明、中外关系等诸多内容，尤其注重编选亲情伦理、修身立德、家国情怀等主题的传世佳作。力图以当代人的眼光审视传统文化，启发引导学习者从中汲取古人的智慧和经验，注重文化熏陶和实践养成，将跨越时空的思想理念、价值标准、审美风范转化为自身的精神追求和行为习惯，不断加深对传统文化的认知和理解，增强文化自信和价值观自信。

"六百篇"依据学习者的接受心理和认知特点编排，按启蒙级、初级、中级、高级分层分级编写，对应这四个级别，形成启蒙本、初级本、中级本、高级本四本书。这四本书具体篇数为：启蒙本 208 篇，初级本 167 篇，中级本 124 篇，高级本 104 篇，合计 603 篇。四本书整体设计，纵向上，按照从经、史、子、集里择取的经典篇目有序编排，全面渗透中华优秀传统文化的思想理念、传统美德和人文精神；横向上，每本书设 9 个单元，四本书共计 36 个单元。单元内设"导与引""文与解""思与行"三个板块，各板块之间前后呼应，全面体现课题组在研究中提炼、总结、深化形成的中华优秀传统文化"学行信教育模式"，使国民特别是青少年通过系统阅读中华优秀传统文化经典篇目，达至学、行、信三者并进，使能力和素养获得双重提升。本书编排体例与风格新颖、独特，具有开创性，这种体例与样式，是我们经过十余年教材和读物编写的探索结果，也是本书的一大亮点和特色。以体现中华优秀传统文化学习的科学性、时代性、普适性，使中华文脉绵延繁盛。

在"六百篇"编写过程中，我们既立足于现实的需要，追求学术的高标准，又遵循学习的规律，兼顾不同年龄层次读者的需求，充分借鉴历代名家对选篇解说的思想精髓，根据新时代中华优秀传统文化学习要求，对每篇诗文都作了注释和解读。希望能帮助学习者深入、反复、潜心阅读中华优秀传统文化经典篇目，领会古典诗文的意境和意旨，以滋养心灵、润泽生命、成全人格，成为担当民族复兴大任的时代新人。

本书编委共 23 人，具体分工如下：李云龙、李英杰、孙凤霞、侯静雯、郭婉玉承担启蒙本编写，姚守梅、孙荻芬、吴东、黄甜甜、高杨、陈昕承担初级本编写，韩涵、罗文平、唐成军、黄利亚、谢富渝承担中级本编写，曾然非、许黄裳、马胜科、奚遥、李荣、杜雪晶承担高级本编写。李云龙、姚守梅、韩涵、曾然非分别负责启蒙本、初级本、中级本、高级本的统稿，最后由我对四本书全面统稿并审定。本书的编写虽花费了大量的时间和精力，但限于我们的水平，书中定有不当不妥之处，诚望广大读者批评指正，便于修订时再完善。

最后，感谢课题组全体成员齐心协力完成课题研究，感谢编委会同人克服重重困难完成编写任务，感谢在本书编写过程中多位专家学者提供的宝贵意见，让我们赶在壬寅年除夕见到样书。在此，还要特别感谢北京师范大学出版社各位领导和编辑为本书出版付出的辛勤劳动。

任　翔

壬寅年除夕夜

图书在版编目（CIP）数据

中华优秀传统文化六百篇．初级本/任翔主编．—北京：北京师范大学
出版社，2023.6

ISBN 978-7-303-28708-6

Ⅰ．①中…　Ⅱ．①任…　Ⅲ．①中华文化－通俗读物　Ⅳ．①K203-49

中国版本图书馆 CIP 数据核字（2023）第 018153 号

中华优秀传统文化六百篇·初级本
ZHONGHUA YOUXIU CHUANTONG WENHUA LIUBAIPIAN·CHUJIBEN

任　翔　主编

策划编辑：禹明超	责任编辑：禹明超	
美术编辑：王齐云	装帧设计：王齐云	
责任校对：陈　民	责任印制：马　洁　赵　龙	

出版发行：北京师范大学出版社	开本：730mm × 980mm　1/16	版次：2023 年 6 月第 1 版
印刷：保定市中画美凯印刷有限公司	印张：26	印次：2023 年 6 月第 1 次印刷
经销：全国新华书店	字数：350 千字	定价：72.00 元

北京师范大学出版社

http://www.bnup.com
北京市西城区新街口外大街 12-3 号
邮政编码：100088
营销中心电话：010-58805602
主题出版与重大项目策划部：010-58805385